인문학적 관점에서 본

다문화 사회의 이해

(함께 보는 태양)

성을 쌓고 사는 자는 반드시 망할 것이며,
끊임없이 이동하는 자만이 영원히 살아남을 것이다.

돌궐제국 명장 톤유쿠크(Tonyuquq)의 비문

본 서는 경북교육청의 후원으로 집필되었습니다.

경북인성인문학 교육연구소 저

인문학적 관점에서 본

다문화 사회의 이해

UNDERSTANDING OF
MULTIPLE CULTURES SOCIETY

동문사

머리말

강아지를 키우는 집에 어린아이가 있다고 생각해 봅시다. 이 아이는 태어나서 네 발 달린 동물이라고는 강아지밖에 모릅니다. 그러던 어느 날 부모님과 함께 동물원에 갑니다. 거기에서 호랑이를 처음 봅니다. 호랑이의 소리를 듣는 순간 아이는 충격에 빠집니다. 아이는 당연히 호랑이도 '멍멍'하고 짖을 것이라 생각했기 때문입니다. 순간 이 아이의 인지구조에 변화가 옵니다. "네 다리를 가진 동물은 모두 '멍멍'할 줄 알았는데, 그렇지 않은 친구들도 있구나" 그런 생각을 하게 됩니다. 이런 경험은 아이의 지적 성장에 큰 변화를 가져옵니다. **호랑이를 본 아이는 보기 전의 그 아이가 이미 아닙니다.** 그의 인지 능력은 보다 높은 차원의 단계로 성숙되어 있기 때문입니다. 만약 아이가 동물원에 가지 않았다면, 그래서 호랑이를 보지 못했다면, 아직도 네 발 달린 동물들은 모두가 멍멍이라고 생각했을 겁니다.

누구나 새로운 사건과 현상을 접하면 인지적 혼란을 겪게 됩니다. 그러나 그 혼란은 사고의 질적인 도약을 위해 꼭 필요한 과정입니다. 혼란과 갈등이 두려워 동물원에 가지 않는다면 아이는 영원히 자기 앞마당의 세계 안에 갇혀있을 겁니다. 마찬가지입니다. 낯선 세계와 그 세계를 몰고 온 이방인들이 부담스러워 그들과의 접촉을 피한다면 우리도 마당 안 어린아이의 정신세계와 다를 바 없습니다. 누구든 움켜진 진실을 의심해야 진실에 더욱 다가가는 법입니다. 어른이라는 것은 물리적 나이가 채워졌음을 의미하는 것이 아닙니다. 자기 마당을 벗어나지 못하는 자는 어른이 될 수 없습니다. 어른이라는 것은 수없이 많은 갈등과 혼란을 경험하고 그것을 평정하면서, 또다시 밀려오는 새로운 세계와 맞서는 '익은 마음'을 의미합니다. 어른이 되기 위해서라도 우리는 대문 밖을 나서야 합니다. 그리고 문밖의 사람을 초대하여 그들과 이야기를 섞어 봐야 합니다. 낯선 사람을 혐오하는 제노포비아(Xenophobia)를 넘어서야 비로소 함께 살아야 할 세상이 보입니다.

당신이 열고 내가 들어갈 때 문은 완성된다
당신의 벨 소리에 내가 응답할 때 문은 문다워진다
빈집의 적막이거나 구부정한 독거의 등 앞에서
문은 할 말을 잃고 우는 소리를 낸다

문 (이환)

한 알의 대추가 저 혼자 붉어지는 것이 아니듯이, 부족한 책이 나오기까지 많은 이들의 도움이 있었습니다. 지면으로나마 고마움을 전합니다. 본 서는 경북교육청 인성인문학 강화 프로젝트에 의해 집필되었습니다. 연구와 집필 과정의 처음부터 끝까지 경북교육청의 지원과 지지가 있었음을 밝힙니다. 연구의 결과인 지적 재산은 당연히 경북교육의 몫입니다. 어설픈 광대에게 멍석을 깔아주신 임종식 교육감님께 감사드립니다. 어떤 춤이 펼쳐질지 모르는 불확실한 상황에서도 믿고 지원해주셨습니다. 본서는 그의 교육철학인 **'삶의 힘이 되는 교육'**에 부응한 작은 결과물입니다. 김용국 국장님과 박진우 과장님, 창의인재과 김종윤 과장님, 김정한 장학관님과 김규만 장학사님의 깊은 배려에 감사드립니다. 특히 따뜻한 집필환경과 지원을 아끼지 않으신 청송 자동차 고등학교 교직원들과 이태희 교장 선생님의 속 깊은 수고에 감사드립니다. 이들의 환대와 배려는 잊을 수 없습니다. 매일 아침 이들이 준비한 아침커피에 정신이 명료해지지만, 본디 아둔하여 그에 상응한 지적 성취를 이루어내지 못해 언제나 미안할 뿐입니다. 뒤돌아보면 변함없이 등 뒤에 서 있는 오순영 형님의 응원에도 깊이 감사드립니다. 그의 응원은 필자의 학문에 대한 열정이 소진되지 않는 이유입니다. 코로나 역병으로 인해 모든 도서관이 폐관되었을 때 기꺼이 연구할 수 있도록 배려해주신 외교부 자료실 관계자들에게 감사를 드립니다. 저의 글은 무조건 믿고 지지해주신 동문사 이중수 사장님께도 진심으로 감사드립니다. 경영자로서 쉽지 않은 일입니다. 이 책을 대학의 교재로 선택해 주시는 교수님들께도 감사드립니다. 감히 말하자면 이 책은 다문화 연구에 관한 '인문학적 접근'을 처음으로 시도한 연구서입니다. 교수님들의 혜안과 졸저가 만나 이 땅의 다문화 이해의 새로운 지평이 열리기를 기대합니다.

필자에게 지난 일 년 동안의 연구는 기존의 지식과 새로운 지식이 만나서 조응하는 뜻 깊은 경험이었습니다. 배움의 세계에서는 지식이 덧셈의 공식으로 쌓아지지 않습니다. 하나의 지식과 또 하나의 지식을 더하면 둘이 되는 것이 아닙니다. 지식들 간의 만남은 파지 현상으로 인해 밤하늘의 불꽃처럼 넓게 퍼져 나갑니다. 앎의 신비스러운 지평이 열리는 것이지요. 연구자들은 그 맛에 공부를 합니다. 몰랐거나 미처 관심하지 못했던 영역의 공부는 필자를 또 다른 차원의 행복으로 이끌었습니다. 공부의 과정은 신비로워서 배우면 배울수록 배워야 할 것이 더 많아집니다. 모르는 것이 많을수록 더욱 행복한 것은 연구자에게 허락된 역설적 행복입니다.

그러나 결코 쉽지 않은 책들을 읽고 그것을 젊은이들의 이해의 수준으로 재구성하는 것은 필자에게는 고통스러운 일이었습니다. 그것은 제2의 창작입니다. 몇 번이나 원고를 수정하면서 젊은 독자의 눈높이에 맞추고자 하였지만, 막상 다시 보면 아직도 원하는 만큼은 아닙니다. 그러나 수준 조절은 이 정도에서

멈출까 합니다. 이유는 필자의 표현능력의 한계도 있겠지만, 그보다는 학습자들도 자신의 지적 수준의 향상을 위해서 까치발을 드는 정도의 노력은 필요하다고 생각했기 때문입니다. 원래 눈높이 교육의 정신은 학습자 수준의 향상에 있지, 학습자 수준에 맞추는 하향평준화에 있지 않습니다. **학습자의 눈과 수평으로 맞추는 것은 교사로서 직무유기입니다.** 교사의 눈은 학습자가 올려다보는데 불편하지 않는 수준의 높이만큼 있어야 합니다. 사람은 꼭 그만큼 성장합니다. 본 서가 젊은이들의 지적 수준을 한 차원 높이는데 기여하기를 바랍니다. 지난 일 년 동안의 연구 기간은 돌배처럼 못생기고 크지 못하는 필자의 생각이 조금은 여물어지는 시간이었습니다. 로빈 던바(R. Dunbar)가 제안한 '크게 생각하기(Thinking Big)'를 실험했던 행복하고 의미 있는 시간이었습니다. 모두에게 감사할 따름입니다.

우리는 지금 피할 수 없는 공존의 시대에 살고 있습니다. 우리는 아직도 의무와 자유 사이에서 갈등하고 있습니다. '도덕적 의무'와 '완전한 자유'라는 모순 어법 속에서 고민하고 있습니다. 그러나 고민의 답은 의외로 간단할 수 있습니다. **'참다운 자유는 필연에 복종하는 것'**이라는 칸트(I. Kant)의 철학적인 해답이 그것입니다. 이방인에게 문을 열어 그와 손을 맞잡는 것, 선택이 아닌 필연입니다. 더 이상 주저해서는 안 됩니다. 마틴 루터 킹(M.L. King)이 일침한 대로, 지연된 정의는 정의가 아닙니다.

삶은 언제나 문제를 야기합니다. 공존의 삶은 더욱 그렇습니다. 다양한 색깔은 조화의 상징이지 분열의 징표가 아닙니다. 저마다의 색깔을 수락하는 '인정의 지성'이 절실히 요구됩니다. 강제 통합은 강제 분리보다 조금도 나을게 없습니다. 어울림을 위해 우리들 마음 한 쪽에 그들을 위한 작은 공간 하나 쯤은 남겨두기를 바랍니다. 공존이란 서로가 마음을 조금씩 비워두는 것에서부터 시작됩니다. 우리는 공존의 질서와 법칙을 정함에 있어, 이방인에게 '대칭적 책임'을 요구하지 말아야 합니다. 우리도 그들도 책임이 있다는 대칭적 논리에서 벗어나, 우리가 그들보다 더 책임이 있음을 수용하고 인정해야 합니다. 모두에게 책임이 있다는 추상적 고백은 어느 누구도 책임이 없다는 것과 같은 말입니다. "모든 사람이 책임이 있지만, 내가 더 책임이 있다."는 임마누엘 레비나스(E. Levinas)의 '비대칭적'인 고백이 초대의 윤리이어야 합니다. 인간 도덕의 시작은 뺄셈에 의한 덧셈입니다. 얄팍한 자들은 덧셈에 의한 뺄셈으로 자멸하고 맙니다. 인간의 위대함은 공존의 공식을 안다는 것에 있습니다. 그 공식에 충실하고자 이 책을 썼습니다.

졸저를 나의 평생의 스승 김우창 선생님께 바칩니다. 나는 선생과 일면식도 없습니다. 그러나 얼마나 많은 밤을 그와 함께하였는지 새벽하늘의 별들은 보았을 겁니다. 그를 통해 학문함의 깊음과 엄격함을 배웠습니다. 그는 경망스러운 우리의 지적 풍토에 학문이라는 것이 무엇인지, 인문학이라는 것이 무엇이지 가르쳐주었습니다. 깊게 머리 숙입니다. 오랫동안 그의 깊은 우물 옆에 머물렀지만 나는 아직도 손바닥만 한 작은 종지에 불과합니다. 한낮의 뜨거운 태양 아래 금방 증발해버리고 마는 종지물에 비해, 아무리 퍼올려도 마르지 않는 선생의 우물은 나에겐 언제나 경외의 대상입니다. 나는 언제쯤 두레박을 품을 수 있는 우물이 될까요.

부남면에서 저자 이명선

서언

오래전 필자에게 지적 충격을 준 책이 있습니다. 에드워드 사이드의(E. W. Said) 『오리엔탈리즘 Orientalism』과 자크 아탈리(J. Attali)의 『호모노마드 Homonomad』가 그것입니다. 사이드는 동양이 서양인에 의해서 어떻게 '타자화'되고 있는가를 주도면밀하게 분석하였고, 아탈리는 정착하는 인간이 아닌 유목하는 인간, '길 위의 존재'로서의 인간이 진정한 문명인이며 그들의 노마드적 삶이 역사의 동력이라는 것을 펼쳐 보여 주었습니다. 이들에게 받은 지적 영감과 지식이 자산이 되어 감히 집필을 생각할 수 있게 되었습니다. 그리고 그러한 지적 영감과 지식은 고스란히 필자의 책에 녹아 있습니다. 그들과의 만남은 세상이 좌와 우로만 구분되어 있는 것처럼 보였던 필자에게 다른 차원의 세계를 경험하게 한 사건이었습니다. 그들은 마르크스의 경제결정론에 경도되어있던 필자에게 세상을 이해하는 다양한 시각과 차원이 있음을 알게 해 주었습니다.

켄 윌버(K. Willber)는 서구사회에서의 주요 문제는 빈부 간의 격차가 아니라, 내면의 격차, 문화의 격차, 의식의 격차, 깊이의 격차, 가치의 격차라고 지적한 바 있습니다. 다니엘 벨(D. Bell) 역시 '이데올로기의 종말'을 선언한 지 오래입니다. 사람들은 보다 깊은 심층적 차원의 목마름을 호소하고 있습니다. 이념적 설명과 처방은 세상을 근원적으로 치유하지 못합니다. 이전과는 다른 처방과 치유가 필요합니다. 세상에는 이념으로 상처받거나 고통 중에 있는 사람이 생각 밖으로 아주 적습니다. 인간의 고통은 매우 다차원적으로 경험되는 법입니다. 그중에서도 마치

가랑비에 옷 젖듯이 삶 속의 편견과 왜곡된 시선은 인간을 깊은 질곡에서 헤어 나오지 못하게 합니다. 문화적 편견이 바로 그것입니다. **문화적 차이로 겪는 갈등보다 인간을 더 고통스럽게 하는 것은 없습니다.** 이념이라는 거대담론에 가려져 우리가 미처 보지 못했던 그림입니다. 이것이 필자가 이 책을 집필하게 된 동기입니다. 필자는 다문화 전공자가 아닙니다. 그럼에도 집필하게 된 이유는 지금 우리 사회는 어느 때보다 다문화에 관한 다차원적이고 심층적인 접근이 절실히 요구되는 상황이라고 판단했기 때문입니다. 부족하지만 이 책은 그러한 요구에 응답하고자 하였습니다. '인문학적 관점'에서의 처음의 시도이기에 구성과 짜임새가 반듯하지 못합니다. 이해를 구합니다.

데이비드 베레비(D. Berrby)는 "인간은 서로 비슷한 사람들과 한패가 되는 게 아니라, 한패가 되고 나서 비슷해진다."고 하였습니다. 하나이기 때문에 우리가 하나가 되는 것이 아니라 우리라는 의식이 하나를 만든다는 것입니다. 놀라운 통찰입니다. 애당초 처음부터 짜여진 한패는 없습니다. 만약 그렇게 생각한다면 그것은 이미 이데올로기입니다. 분열과 우물 안 개구리의 이데올로기입니다. 이데올로기 중에서 가장 고약한 것은 '순수혈통'이라는 이데올로기입니다. 속없는 이들은 순수혈통을 자랑스러워하지만 사실 그것은 열등의식과 폭력의 다른 표현입니다. 아직도 '피 한 방울(One-Drop) 법칙'에 따라 인간을 분류하며 순혈주의의 순수함을 자랑하는 이들이 있습니다. 그러나 진화학자 윌리엄 해밀턴(W. hamilton)에 의하면 **"자연은 순수를 혐오"** 합니다. 따지고 보면 순수에 목숨 건 우리는 자연 질서의 역행자입니다. 순수혈통은 가능하지 않을 뿐 아니라 바람직하지도 않습니다. 혈통과 연결된 '우리'가 아닌 **의식을 공유하는 '우리'**로 판을 새롭게 짜야 합니다. 혈연적, 폐쇄적, 과거 회귀적으로서의 우리가 아닌, 민주적, 개방적, 미래지향적으로서의 '우리'로 거듭나야 합니다.

사무엘 헌팅턴(S. Huntington)은 『문명의 충돌 The Clash of Civilizations』에서 전 세계를 7개의 문명으로 나누고 국제적인 분쟁과 갈등 그리고 전쟁은 이런 문명들의 단층선에서 일어난다고 주장합니다. 각각의 문명지진대는 문화의 판들이 충돌을 일으키면 폭력적으로 폭발할 수 있다는 것입니다. 각기 다른 문화를 가진 이들은 서로 화해하지 못할 방법으로 세상을 보기에, 낯선 삶의 방식을 만나면 이해와 조정이 아닌 폭력으로 이어진다고 합니다. 그는 이질성이 분쟁의 원인이라고 판단한 듯 보입니다. 그러나 역사에서 이질성과 동질성은 그렇게 단순한 도식으로 설명되지 않습니다. 차별이 이질성에 의해서 생겨난다고 생각하기 쉽지만, 사실은 그렇지 않습니다. 차별이나 격차는 우리의 생각과는 정반대로 동질성이 높기 때문에 발생합니다. 피가 같고 정체성이 같으면 모든 것이 문제없어 보일 것이라는 생각은 유치한 발상입니다.

유발 하라리(Y. Harari)가 지적하듯이 우리가 가장 자주 싸우는 상대는 한 식구들입니다. 강한 동질성이 전제가 되어있는 사회에서는 '작은 차이'가 오히려 큰 스트레스의 원인이 됩니다. 정체성은 일치보다는 갈등과 고민으로 규정될 뿐입니다. 가인과 아벨의 이야기는 그것을 말해줍니다. 성서는 인류 최초의 살인 사건은 바로 형이 동생을 죽인 것이라고 증언합니다. 형제만큼 동질성이 강한 관계가 세상에 어디 또 있겠습니까. 우리가 몰랐거나 간과해서 그렇지, 사실 인간에게 불같은 증오의 대상은 먼 곳이 아닌 바로 옆, 가장 가까운 곳에 있습니다.

세상은 가끔씩 거꾸로 보아야 제대로 보입니다. 세상은 우리에게 다르면 배척하라고 속삭대지만, 상대가 다를수록 나의 정신세계는 오히려 그만큼 커질 수 있는 기회가 됩니다. 다르기 때문에 갈등이 유발된다는 것은 매우 제한된 경험이기에 일반화할 수 없습니다. 철학자 에릭 호퍼(E. Hoffer)는 "사람들을 자기 마음대로 하게 놓아두면, 그들은 서로 흉내 낸다."고 통찰했습니다. 우리의 예상과는 달리, 마음대로 내버려두면 인간은 대결하지 않고 서로 닮아 갑니다.

서양철학이 그리스에서 발생하게 된 가장 중요한 조건의 하나는 상품의 교환과 무역이라는 경제구조와 깊게 관련되어 있습니다. 철학은 깊은 산속에서의 명상에서 나오는 것이 아니라 물건을 사고파는 시장에서 비롯되었습니다. 그리스는 고대 해상무역의 중심지였습니다. 여러 각지에서 물건을 교환하려는 사람들이 아테네에 몰려왔습니다. 자연히 다양한 사람들의 다양한 생각들이 교환되고 상호 영향을 주면서 이해 당사자들 모두 생각의 폭과 깊이가 풍성해지게 됩니다. 여러 색깔의 사람들이 모이니 각자의 주장이 다릅니다. 동일한 사안에 대해서 어떤 이는 A라고 주장하기도 하고, 또 어떤 이는 그 반대인 not-A라고 주장하기도 합니다. 이러한 모순을 해결하기 위한 수단으로서 고대 그리스는 '형식논리'를 개발하게 되었습니다. 서양철학의 발생은 이렇게 시작되었습니다. 철학은 다양한 주장을 수용하고 조율하기 위한 필요에 의해 생겨난 것입니다. 모두가 하나의 생각이었다면 인간을 위대하게 하는 철학적 사고는 없었을 겁니다.

클로테르 라파이유(C. Rapaille)는 인도가 글로벌 CEO를 다수 배출한 이유를 인도의 다문화적 환경에서 찾습니다. 인도는 어찌 보면 부조리한 관습과 인습이 얽혀 있는 혼란스러운 곳이기도 합니다. 인도는 신들의 수가 공식적으로 3000이 넘는 다문화, 다신교의 이해하기 힘든 나라입니다. 그들은 신과 협상도 한다고 합니다. 신이 소원을 들어주지 않으면 또 다른 신을 찾습니다. 그 결과 인도인은 누구나 논쟁과 협상의 대가라고 합니다. 예측하기 힘든 정글 같은 인도의 다문화적 환경에서 살아남는 이들이 세계적 리더가 되는 것은 어찌 보면 당연한 것일지도 모릅니다.

미국 미시간대의 스콧 페이지(S. Page)교수는 '다양성이 능력을 이긴다(Diversity trumps ability)'는 이론을 창안했습니다. 덜 똑똑하지만 다양한 사람들로 구성된 그룹이 똑똑한 사람들로 구성된 동질적인 그룹보다 더 높은 성과를 낸다는 뜻입니다. 자연의 질서 역시 우리에게 공생과 공존의 지혜를 가르쳐줍니다. 들판에 맘에 드는 한 종류의 곡식만 심으면 언젠가 그 종의 약점을 익힌 벌레들에 의해 전멸됩니다. 골고루 심어 놓은 밭이 가장 건강합니다. 혼자 사육된 쥐는 발이 닿지 않는 머리 부위에 종기가 생기는 반면, 집단으로 사육된 쥐는 서로 머리를 핥아주기 때문에 종기가 생기지 않습니다. **공존의 풍경만큼 아름다운 그림은 없습니다.**

과학자들의 연구에 의하면 생명의 세계에서 절반 정도의 생물이 독자적 생존이 불가능한 상호 의존적 존재라고 합니다. 인간도 마찬가지입니다. 인간은 타인의 도움 없이는 단 한 순간도 지탱할 수 없습니다. 상호의존성은 인간관계의 본질이며 동시에 인간관계의 영원한 상징입니다. 운전 중에 터널을 만나면 순간 당황합니다. 다행히 사람은 동물과 달라서 밝은 곳에서 어둠 속으로 들어가면 동공이 확장되어 금방 어둠에 익숙해집니다. 인간은 그런 존재입니다. 인간은 어떠한 환경과도 친해질 수 있는 선천적 능력이 있습니다. 그러나 순간의 어둠이 두려워 터널을 기피한다면 애당초 가야 할 **'공존의 길'**을 어찌 갈 수 있겠습니까.

인간에게 영역을 지키려는 '영역성'은 진화의 역사에서 일찍부터 발달되어 그 자체가 본능적인 것이 되었습니다. 인간은 '영역적 동물'이어서 천성적으로 이웃에게 상당한 적대감을 품고 있습니다. 영역을 지키기 위한 공격성과 이방인 혐오증(Xenophobia)은 본능적입니다. 형제애 역시 인간에게 본능적이지만, 불행히도 공격성은 언제나 형제애에 앞섭니다. 본능의 순서를 거스르기는 쉽지 않습니다. 공격적 본능과 음험한 의도가 만나면 인류에게 재앙이 됩니다. 배타적 민족주의가 그것입니다. 우생학적 인종주의도 이에 뒤지지 않습니다. 때로는 민족주의와 인종주의가 결탁하여 세상을 지옥으로 만들기도 합니다.

그들은 배척하고자 하는 상대에게 '혐오'의 낙인을 찍습니다. 대부분의 경우 낙인찍힌 인간은 몸부림치며 저항하다가 마침내 자신마저 낙인을 수용하게 됩니다. 그로써 낙인의 의도는 완성됩니다. 언제나 그렇듯이 편견과 혐오는 공모의 결과입니다. 폴 로진(P. Rozin)에 의하면 혐오는 '더러운 것'에서 비롯되었습니다. 더러운 존재로 낙인찍힌 존재가 다시 새롭게 되기란 너무 힘듭니다. 더럽다고 낙인찍은 자 역시 그것을 마음에서부터 철회하기는 같은 무게로 힘듭니다. 이미 편견의 불로 지진 낙인은 쉽게 지워질 수 없습니다. 바퀴벌레를 깨끗이 건조시키고 위생처리하여 가루로 만들면 설탕과 똑같은 맛을 낸다고 누군가 주장을 하면, 사람들은 그 말을 믿을 수는 있어도 먹지는 않습니다. 그것은 이미 혐오의 대상으로 각인되었기 때문입니다.

혐오에는 이중의 망상이 작용하고 있습니다. 다른 사람의 더러움에 대한 망상과 자기 자신의 깨끗함에 대한 망상입니다. 누군가를 혐오할수록 자신은 더욱 깨끗해진다고 생각합니다. 완벽한 망상입니다. 칼 야스퍼스(K. Jaspers)는 망상은 병리학적으로 '위조된 판단'이라고 진단했습니다. 이웃을 초대하려면 우리의 망상적 정신질환이 치료 되어야 합니다. 그것은 환자의 의지가 중요합니다.

초대받는 이도 최소한의 준비가 필요합니다. 주지하다시피 다문화주의에도 문제가 없는 것은 아닙니다. 이방인들은 문화적 상대주의에 숨어 보편적 인권과 인류적 가치를 훼손해서는 안 됩니다. 문화적 상대주의가 곧 도덕적 상대주의는 아닙니다. 상대주의자들은 인권의 보편성이란 서구국가들이 인권담론을 지배해 오면서 만들어 낸 환상이며, 인권의 보편성은 '문화제국주의'를 위한 하나의 이데올로기적 위장 전술일 뿐이라고 주장합니다. 그들은 보편적으로 수용되는 도덕성의 원칙은 존재하지 않으며, 한 가지 원칙이 옳고 다른 원칙이 그르다는 것을 증명할 방법도 없다고 주장합니다. 도덕적 상대주의자들은 보편적 인권을 강조하는 태도를 도덕적 제국주의라고 비판합니다.

그러나 그것은 억지에 불과합니다. 역사를 돌아보면 약간의 차이는 있다 하더라도, 무엇이 옳고 도덕적인 것인 지에 대해서는 암묵적인 합의와 일치가 존재해 왔습니다. 인간은 문화는 달라도 '공통된 열망', '공통된 욕구', '공통된 역량', '인간 존엄성에 대한 공통된 생각'이 있기에 인권에 대한 보편적 진리에 합의할 수 있습니다. 우리가 추구해야 할 자유와 이성, 법치와 권리, 개인의 존중과 같은 보편적인 가치가 있음을 어느 누구도 부인할 수 없습니다. 상황 윤리에 치우쳐 인권에 대한 보편적 공통분모까지도 부정하면 세상은 최소한의 기준도 없는 혼돈과 반인류적인 무질서로 더럽혀 질것입니다. 초대하는 이의 마음가짐도 중요하지만, 초대받는 이의 도덕적 기초질서 역시 중요합니다.

우리는 지금 탈진리(Post-Truth)의 시대를 살고 있습니다. 시대정신을 반영하듯, 상호문화철학을 주장하고 있는 람 말(R. Mall)은 어떤 철학적 전통에도 '영구철학(philosophia perennis)이라는 특권적 지위를 허용하지 않겠다는 점을 분명히 했습니다. 당연합니다. 어느 누구도 자신의 목소리가 유일한 대안이며 보편적이고 영원한 지침이라고 말할 수는 없습니다. 그러나 보편적 진리를 주장하는 것과 **보편적 진리를 추구**하는 것은 전혀 다른 문제입니다. 우리는 독단적으로 자신의 생각이 보편적 진리라고 주장해서는 안 되지만, 인류적 보편성을 추구하는 지적 수고를 게을리해서는 안 됩니다. 우리는 영구철학을 주장하지는 않지만, 영구철학, 즉 보편적 진리에 대한 추구 자체를 포기해서는 안 됩니다. 다만 보편적 영구철학은 특정 집단이 아닌, 상호문화철학의 이념에 입각해서 모두의 공동적인 작업에 의해 수행되어져야 할 과제입니다.

다문화를 소중하게 생각하는 이들은 이 점을 명심하고 기억해야 합니다. 다양한 목소리는 나름의 의미가 있고 소중하지만, 그것이 곧 옳음을 담보하는 것은 아닙니다. 상대주의가 지적받고 있는 가장 큰 문제점이 바로 **'도덕적 임의성'**입니다. '너에게 유익한 것은 너에게 좋고, 나에게 유익한 것은 나에게 좋다'라는 무책임한 전제는 무원칙적인 혼돈에 불과합니다. 모든 것은 상대적이기에, '더 좋거나 더 나쁜 것은 없고 어느 입장도 다른 것보다 더 나을 게 없다'는 식의 무조망적 광기는 사회를 윤리적 마비 상태로 만듭니다. 다문화주의자들은 공존을 위한 인류적 보편가치를 위해서 함께 노력해야 할 의무가 있습니다. 자신의 방식대로 사는 것은 자유이나, 그것이 보편적 가치를 훼손하는 것은 아니어야 합니다.

사실 이미, 다문화 사회에서는 해결하기 쉽지 않은 많은 문제들이 노정되어 있습니다. 불신의 골이 깊어져서 이방인들에 대한 포용의 가슴이 움츠러진 사회도 많이 있습니다. 캔틀(T, Cantle)은 '다양성의 역설(paradox of diversity)'을 지적하면서,

사회가 다양해질수록 그리고 사람들이 직, 간접적으로 다양성에 더 많이 노출될수록, 자신의 고유 정체성 속으로 도피하고 분리주의자의 이데올로기를 수용하는 경향이 있다고 지적합니다. 최근 유럽에서 일어나는 이슬람 이주민들에 의한 반인류적 테러들은 이러한 상황을 반영합니다. 이것은 다양성을 인정하고 그러면서도 공통분모와 교집합을 찾아내어 공존하겠다는 원래적 의도와는 완전히 다른 결과입니다. 예기치 못한 불행한 결과입니다.

그러나 원인과 결과는 언제나 순환적이어서 누구의 책임이 먼저인지 구분하기 쉽지 않습니다. 책임소재가 분명한들 무슨 의미가 있겠습니까. 애당초 공존의 삶은 쉽지 않은 숙제였습니다. 위기일수록 알랭 바디우(A. Badiou)가 제안한 '공존의 원칙'을 지켜내는 것이 우선이어야 합니다. 공존의 원칙이란 **'인간이 행한 것 중 이해할 수 없는 것은 없다'**는 것입니다. 이해할 수 없다는 것은 패배를 고백하는 것에 다름 아닙니다.

이른 낙담은 공존의 가장 큰 적입니다. 우리는 희망을 학습해야 합니다. 희망은 본래적인 감정이 아닙니다. 희망은 단순한 소망이나 자생적 충동과는 구별되는 도덕적 의향입니다. 우리는 에른스트 블로흐(E. Bloch)의 희망의 원리(Das Prinzip Hoffnung)에 충실하고자 합니다. 그에 의하면 희망은 '아직 존재하지 않는 것'입니다. '아님(nicht)'이 아니라 '아직 아님(noch nicht)'입니다. 현재의 고통스러운 질병은 **아직** 치유되지 않은 상황일 뿐입니다. 마찬가지로, 현재의 다문화적 혼돈상황은 **아직** 공존의 삶이 성숙하지 않았을 뿐입니다. '아님'이 아니라 '아직 아님'이기에 우리는 내일에 대한 희망을 품을 수 있습니다.

다문화에 대한 우려가 많다는 것을 알고 있습니다. 불편함과 혐오감을 숨기기 어렵다는 고백도 있습니다. 이방인으로 인해 공동체의 안전이 위협받을 것이라는 염려 또한 있습니다. 더욱이 그들로 인한 경제적 부담은 받아들이기 쉽지 않습니다. 그러나 모든 것은 생각하기 나름입니다. **자물쇠가 어느 쪽에 있는가에 따라 침실이 감옥이 되기도 합니다.** 다문화 가정의 자녀들이 우리만의 자산, 글로벌 인재, 멀티 컬처형 인재, 잠재적 국제 전문가, 미래의 외교사절단 등으로 칭해지는 순간, 차별의 원인으로 작용했던 다문화 자녀의 혼종적 정체성은 '경쟁력 있는 희소자본'으로 치환됩니다. 그러나 불행히도 순혈주의자들에게 '다름'이라는 딱지는 항상 선/악의 대립을 함의합니다. 그들은 '걱정하는 시민'을 가장합니다. 이방인에 대해 걱정하는 사람은 상대를 '걱정하기에 적합한 사람'으로 꾸며내고 만들어 냅니다. 걱정의 이중성입니다. 그들은 사실 걱정의 내용이 해결되기를 원치 않습니다. 정신물리학 패턴에 의하면, 인간은 혐오의 대상에 대해 작은 값은 과대평가하고 큰 값은 과소평가하려는 왜곡 충동을 느낍니다. 즉 이방인의 잘못은 과대평가하고, 그의 역량은 과소평가합니다. 균형을 잡으려는 몸부림은 '염려 중독'에 걸린 이들에 의해 조롱당하곤 합니다.

지구가 평평하다고 생각하는 이들은 언젠가 추락할 것이라는 염려에 사로잡히게 되는 법입니다. 모두가 우상이며 신화입니다. 정태적 집착은 변화하는 세계를 인정하고 받아들이는 것을 방해하는 인지 함정입니다. 시대가 부여한 과제를 이해하지 못하는 상상력은 타자와의 만남의 기쁨을 두려움으로 바꾸어 버리고 맙니다. 공존을 위한 결핍된 상상력은 '정의와 해방의 적대자'라는 카롤린 엠케(C. Emcke)의 말이 가슴을 찌릅니다.

우리들의 우려와는 달리 인간 사고의 풍요로움과 진보는 **'다양한 생각과 이해가 마주치고 교환되는 곳'**에서 시작됩니다. 다양하지만 공존을 위한 합의, 이것이 인간을 성장케 하는 동력입니다. 예일 대학교의 심리학자인 어빙 제니스(Irving Janis) 교수는 아무리 개인의 지적 수준이 높아도 동질성이 높은 사람들이 모이면 의사결정의 질이 현저히 저하된다는 것을 밝혀냈습니다. 다문화는 혼돈이 아니라 정신적 풍요로움의 기회이며 원천입니다.

이방인은 '물음을 던지는 자'로서 규정됩니다. 자기만의 세계에 익숙한 우리에게 '너희의 생각과 삶의 모습은 완전한가'를 질문합니다. 비교가 허락되지 않았던 우리의 삶의 풍경 옆에 또 다른 그림 하나 걸어 놓는 이들이 바로 그들입니다. 그렇게 그는 우리에게 묻는 자로서 다가옵니다. 그들의 존재 자체가 곧 '물음'이며 문화충격입니다. 어떤 이는 그의 물음을 애써 외면하기도 하고 검지손가락에 힘을 주어 경멸하기도 합니다. 다행히도 다른 어떤 이들은 그들을 **거울**로 삼습니다. 거울에 비친 자기 모습을 보고 화장을 고치기도 합니다. 그들이 없었다면 재 묻은 자기 얼굴을 고칠 수 없었을 겁니다. 참 고마운 일입니다. 세상에는 거울도 보지 않은 채 자기 얼굴에 만족하는 바보들이 의외로 많습니다. 그들 중에 우리가 있습니다. 한 공동체의 문화적 틀을 재고하게 하는 '비교의 관점'으로서의 이방인의 존재는 우리에게 더 없는 성장의 거름입니다.

사랑은 사람들의 생각과는 달리, 10퍼센트의 감정과 90퍼센트의 기술로 이루어져 있습니다. 가을바람 불듯이 스쳐 지나가는 순간적인 감정에 목을 매는 사람도 있지만, 그것은 사랑이 아닙니다. 불같은 사랑은 상대에게도 나에게도 재만 남는 법입니다. 사랑을 사랑답게 하는 것은 감정이 아닌 '기술'입니다. 이것은 일찍이 에리히 프롬(E. Fromm)이 그의 불멸의 작품인 『사랑의 기술 The Art of Loving』을 통하여 우리에게 알려준 지혜입니다. 사랑은 상대에 대한 지식입니다. 사랑은 그를 온전히 아는 것입니다. '상대도 나와 같을 것이라고 생각하는 것'은 사랑에 대한 배신입니다. 소통과 공존의 가장 큰 적은 냉정한 마음이 아니라 상대에 대한 '지식의 부재'입니다.

인정 많은 누군가는 객지에서 몸을 의탁하는 이방인이 안쓰러워 그를 위해 돼지고기를 구워 먹이려 합니다. 그런데 그는 먹지 않고 오히려 화를 냅니다. 왜 그럴까요. 그는 이슬람교도입니다. 대접한 이는 호의가 무시당했다고 불쾌해합니다. 진심이 받아들여지지 않아 속상해합니다. 그러나 세상에 '진정성'이라는 말보다 더 큰 거짓말은 없습니다. 진심이었으나 결과는 틀렸다는 뜻입니다. 상대에 대한 지식이 없는 진정성은 도리어 적의가 되어 돌아올 수 있습니다.

'문화지능'의 결여는 자신의 의지와 관계없이 오해의 강을 더욱 깊게 합니다. 거울을 보면 나와 똑같은 사람이 보입니다. 이른바 **거울이미지**(mirror image)입니다. 어린아이란 바로 거울이미지에서 벗어나지 못한 상태를 의미합니다. 세상이 온통 자기와 같다고 생각합니다. 그러나 우리의 생각은 어디까지나 가정일 뿐, 정답이 아닙니다. 차이를 '일탈과 결핍'으로 보는 시각으로는 공존의 삶은 요원합니다. **거울을 깨야** 어른이 됩니다. 그래야 비로소 공존의 방법이 보입니다.

책의 부제를 **'함께 보는 태양'**이라고 지었습니다. 늘 그렇듯이 태양은 모두에게 비칩니다. 그러나 언제부터인지 태양마저 누군가에 의해 독점 당했습니다. 아직도 많은 이들이 태양 아래 있지만, 태양을 보지 못합니다. 무거운 삶과 문화적 편견이 그들을 누르고 있기 때문입니다. 태양 탓은 분명 아닙니다. 장 폴 사르트르(Jean-Paul Sartre)는 프란츠 파농의 책 기념 서문 첫 문장에서 다음과 같이 썼습니다. "얼마 전에 지구의 인구는 20억 명을 넘어섰다. 그중 5억 명은 인간이고, 15억 명은 원주민이다." 충격적인 표현입니다. 사르트르는 '사람'과 '사람이 아닌 사람'으로 인류가 구분되어 있다고 고발합니다. 여기에서 사람은 당연히 백인이고, '사람이 아닌 사람'은 원주민입니다. 그리고 그것의 기준은 문화입니다. 그들에게 '인류=서구' 라는 등식이 자연스럽습니다. 이것이 어찌 태양을 함께 보는 것이라고 말할 수 있겠습니까. 알랭 바디우(A. Badiou)가 간파한 것처럼, 이것은 분명 식민 제국주의의 유산입니다.

그러나 모든 것을 정상으로 되돌려놓기란 생각만큼 쉬운 일은 아닙니다. 머리로 생각할 수 있는 최적의 방법에는 한계가 있습니다. 온전한 판단을 위해서는 가슴을 빌려야 할 때가 있습니다. 태양을 함께 보는 것이 그렇습니다. 가슴과 가슴을 연결하여 마침내 태양을 함께 보려고 노력한다면, 그리고 그것이 모두에게 비친다는 것을 안다면, 세상은 분명 지금과는 다른 모습이 될 것입니다. 함께 머리를 맞대면 못 할 일도 아닙니다. 그러기 위해서는 우리의 눈물샘을 복원해야 합니다. 인종과 문화를 넘어선 감정이입을 배워야 합니다. 울리히 벡(U. Beck)은 그것을 '우주적 감정이입'으로 명명했습니다. 슬픔과 연민의 차원이 우주적 차원으로 높아지려면 음지의 일들을 세심히 살피는 온정의 노력이 필요합니다.

진화유전학자인 테오도르 도브잔스키(Theodor Dobzhansky)는 '인간이 천사로 진화할 수 있을까?' 질문해 보았습니다. 그에 의하면 날개 달린 천사는 불가능해도, 천사의 기질로 진화하는 것은 가능하다고 합니다. 필자 역시 그 믿음에 동의합니다. 불편함을 감수하고 공존의 철학을 견지할 수 있다면, 이웃의 범위를 좀 더 확장할 수 있는 인류애적 시각을 기른다면, 그리고 정의의 실천을 미루지 않는다면, 언젠가 우리의 마음에는 날개가 달려있을 겁니다.

하워드 가드너(H. Gardner)가 우리에게 주는 교훈은, 인간에게 발달이란 끝없는 **'자아 중심주의의 쇠퇴'**라고 정의해 준 것입니다. 어린아이는 전적으로 자아 중심적입니다. 그러나 성장해 가면서 인간은 자아중심주의가 지속적으로 쇠퇴하게 됩니다. 즉 '탈중심화' 되어 갑니다. 달리 표현하자면, 이기주의의 지속적인 쇠퇴입니다. 인간은 자아 중심적 조망에서 민족 중심적 조망으로, 다시 세계 중심적 조망으로 진화해갑니다. 그러나 이것은 자연스러운 현상은 아닙니다. 각고의 노력과 의지가 필요합니다. 인간은 고착적 본능이 있어서 다음의 심층적 단계로 초월하기가 쉽지 않습니다. 그러나 다음 단계로의 변용은 매우 어렵지만, 성공할 경우 삶의 새로운 차원을 경험합니다. 글로벌로 나아가는 도상에서 보편적이고 탈인습적 사고는 필수입니다.

어린아이는 자기의 눈만 가리면 아무도 자기의 위치를 모를 것이라고 생각합니다. 극도의 자아중심주의는 타인들이 그의 위치를 알아차리고 있다는 것을 식별하는 능력을 가로막습니다. 아이의 숨바꼭질이 우리의 모습이 아닌지 성찰해봐야 합니다. 아직도 신화적 소속감에서 빠져나오지 못한 채 찌질한 민족주의의 격함 속에 머물러 있는 것은 인류적 책임을 외면하겠다는 모자란 결의입니다. 자크 데리다(J. Derrida)는 '악마적인 것'의 정의를 비책임성(nonresponsiblity)이라고 규정하였습니다. 이웃에 대한 책임을 다하지 않는 자는 악마와 한 편이라는 것입니다. 목마른 이방인의 목을 적셔 주는 것은 시혜가 아니라 우리의 의무입니다. 이방인을 환대하고 그들과 연대하며, 공존의 정치를 모색하는 것 역시 우리의 책임입니다. 그것이 인류적 책임으로부터 벗어나라고 유혹하는 악마의 힘을 극복하는 유일한 방법입니다.

차례

Part 01

누구나 나그네

인간은 역사적 존재입니다. 그는 태어날 때에 단순히 공허한 공간에 떨어지는 것이 아닙니다. 누구든 문화라는 요람에 내맡겨집니다. 그러기에 문화를 떼어놓고 자기를 생각할 수는 없습니다. 인간은 그 안에서 자라고 자기를 형성합니다. 문화는 한 자리에 서있는 나무와 같지 않습니다. 문화는 여기저기 떠돌아다닙니다. 제임스 클리포드(J. Clifford)는 '여행하는 문화'라고 표현했지요. 이 표현은 마치 문화가 여행객처럼 여기저기 돌아다니는 듯합니다. 물론 문화가 여행하지는 않습니다. 사람이 떠돌아다닙니다. 그런데 사람은 혼자 여행하지 않습니다. 사람은 그를 그답게 만든 문화를 짊어지고 다닙니다. 때로는 그 짐이 못마땅해 내려놓고 싶기도 하고, 또 때로는 다른 것과 바꾸어 보고 싶기도 합니다. 그러나 문화는 옷처럼 바꾸어 입을 수 있는 것이 아닙니다. 운명이란 이럴 때 쓰는 것인가 봅니다. 인간에게 문화란 운명입니다. 낯 선 곳에서 다른 이를 만나면, 사람은 일단 경계를 합니다. 그러나 사실 그것은 등 뒤의 문화가 시킨 것입니다. 서로 다른 문화가 만나면 처음에는 경계하고 탐색하다가, 조금씩 인사를 건네고 말을 섞기 시작합니다. 이른바 문화 간의 만남과 대화입니다.

낯 섬은 그 자체가 불안입니다. 인간은 낯 섬에서 오는 불안과 두려움을 어떻게 극복하는가에 의해 삶의 질이 결정됩니다. 불안하기에 마음을 열지 못하는 이들이 있고, 새로움의 기대로 격하게 문을 활짝 여는 이들도 있습니다. 어떤 경우든 잃는 것이 있고 얻는 것도 있습니다. 그러나 문을 닫고 불안을 동결시키는 이는, 문을 열어 새로움을 호흡하는 이들보다 성장의 가능성은 닫혀 있습니다. 물론 낯 선이들과의 만남은 불안합니다. 만남에서의 불안은 서로 다르기에 오는 본능적 경계심입니다. 그러나 깊게 생각하지 않아서 그렇지, 사람은 알면 알수록 비슷합니다. 신기할 정도로 사람은 여러모로 닮았습니다. “변하면 변할수록 똑같아 진다” 프랑스 속담이 있습니다. 인간은 서로 다른 것이 운명이 아니라, 서로 닮은 것이 운명입니다. 인간은 처지가 같을수록 가까워지는 법입니다. 성숙한 사람은 상대와 나의 처지가 같다는 것을 되도록 일찍 깨닫는 사람입니다. 그것은 너 나 할 것 없이 **‘인간은 모두 나그네’**라는 사실입니다.

‘공감’과 ‘바름’은 한 쌍이어야 합니다. 자폐란 ‘공감 능력을 잃은 바른 마음’입니다. 세상이 자폐사회로 가고 있습니다. 바름은 있으나 공감이 없습니다. 공감 없는 공간엔 나그네가 쉴 곳이 없습니다. 한 사회의 품격은 나그네를 영접하는 방식에 의해 결정됩니다. 자신도 나그네의 운명임을 안다면, 우물가의 지혜로운 처녀처럼 목마른 나그네에게 나뭇잎 하나 띄운 물그릇을 내어 놓겠지요. 그리고는 그를 쉴만한 그늘로 안내할 겁니다. 이것이 성숙한 사람과 사회의 품격입니다.

1. 사람의 기원(Big History)

여러분, **빅 히스토리(Big history)**라는 말을 들어 보신 적 있습니까. 데이비드 크리스천(D. Christian)과 밥 배인(B. Bain)의 대표 저서 제목이기도 합니다.[1] 큰 이야기, 거대한 이야기라는 뜻의 이 역사 이야기는 기존의 역사와는 의미 있는 차이가 있을 듯합니다. 빅 히스토리의 순서는 몹시 흥미롭습니다. 지금까지의 역사는 예외 없이 선사시대부터 기술되어 있습니다. 즉 석기

1) David Christian, Bob Bain, Big History, 조지형 역 (2013), 빅히스토리, 서울 : 북하우스 퍼블리셔스, 빌게이츠가 추천한 책입니다. 빌게이츠 축하 서문, pp.7-9. 빅 히스토리란 무엇인가?, pp.15-28.

시대부터 인류의 흔적을 찾아서 기술하는 것이지요. 인간의 역사는 기껏해야 수십만 년, 더 멀리 잡아도 최초의 유인원인 오스트라피데쿠스가 출현했던 약 6-700만 년 전 부터 시작됩니다. 그러나 빅 히스토리는 역사를 인간의 이야기가 아닌, 지금으로부터 137억 년 전 우주의 생성시기부터 시작합니다. 빅 히스토리는 세상 모든 것의 기원 이야기(origin story)입니다.[2)]

137억년이 얼마나 긴 시간입니까. 1초에 하나를 센다고 해도 137억을 세려면 438년이 걸립니다. 빅 히스토리는 얼핏 무모하고 무의미해 보일만큼 모든 존재의 기원부터 이야기를 시작합니다. 왜 그럴까요. 그 이유는 멀리 보고자 함입니다. 멀리 보면 지금 인간이 당면한 문제의 답을 얻을 수 있기 때문입니다. 우리의 관심이 인간의 역사가 아닌, 존재하는 모든 것들의 역사에서부터 시작한다면 지금 우리가 겪고 있는 증오와 갈등 그리고 오해와 긴장은 해소될 수 있습니다.

그러나 누구도 역사를 처음에서부터 이해하려 하지 않습니다. 대부분 역사가들의 관심은 근 현대사에 집중되어 있습니다. 오늘의 문제는 근 현대사적 사건들과 맞물려 있기에 그렇습니다. 어찌 보면 당연한 것 같아도 사실은 이러한 역사탐구의 자세가 인간을 근시안적으로 만듭니다. 현대사는 지금 우리들의 이해관계와 실타래처럼 얽혀있기에, 객관적이고 합리적으로 우리가 당면한 문제를 조망할 수 없습니다. 풀리지 않는 가까운 문제는 멀리서 보아야 합니다. 이것이 우리가 빅 히스토리에 관심해야 할 이유입니다.

빅 히스토리가 전해주는 이야기에 참여하다 보면 인간은 아주 작은 존재에 불과함을 깨닫게 됩니다. 인간은 우리가 생각하

---

2) David Christian, Maps of Time : An Introduction to Big History, 시간의 지도 (빅 히스토리 입문), 이근영 역 (2018), 서울 : 심산출판사, pp.47-64.

는 것처럼 위대하고 신비스러운 존재가 아닙니다. 인간이 그렇게 위대한 존재가 아니기에, 인간이 부둥켜안고 있는 문제들 역시 중요하고 큰 문제가 아닐 수 있습니다. 단지 크게 보일 뿐입니다. 우리는 어찌 보면 작은 문제들로 인해 전쟁하고 증오하며 서로 갈등하고 있는지 모릅니다. 빅 히스토리는 인간만이 우주의 중심이라는 협소한 근대적 세계관에서 잠시 빠져나와 인간과 세계를 멀리 다른 차원에서 음미하게 합니다. 동시에 우리가 씨름하고 있는 문제들에 대해서도 다른 차원으로 이해하게 합니다.

많은 이들은 빅 히스토리의 타임라인과 거대한 이야기를 무의미하게 생각하거나 평가 절하할지도 모릅니다. 너무 먼 이야기가 지금의 우리와 무슨 관계가 있는가? 하고 말입니다. 충분히 그럴 수 있습니다. 그러나 언급하였듯이 가까운 문제는 보다 멀리 떨어진 관점에서 보면 의외로 쉽게 풀릴 수도 있습니다. 공간적으로나 시간적으로 너무 가까이 있으면 오히려 오해가 더 커질 수 있습니다. 화해와 상생의 역사는 **공통의 이야기**가 있어야 합니다. 너의 이야기만도 아닌, 나의 이야기만도 아닌, 우리 모두의 이야기가 역사가 되어야 합니다. 이해가 충돌하고 오해가 생기는 것은 공통의 이야기가 없기 때문입니다. 작게는 인간관계에서부터 크게는 전체 인류에게 까지 모든 오해와 갈등은 결국 공통의 이야기가 없기 때문에 발생합니다.

문화적 충돌도 예외가 아닙니다. **문화란 결국 자기만의 이야기**입니다. 자기만의 이야기로 세상을 보고 그것으로 가치의 척도를 삼으니 두 이야기가 만나면 충돌할 수밖에 없습니다. 서로가 화해할 수 없는 방식으로 세상을 보면 공존의 길은 요원합니다. 이제라도 서둘러 **공통의 이야기**를 복원해야 합니다. 인류갈등의 궁극적 해결은 공통의 이야기를 복원하는 것 외에 다른 방법이 없습니다. 그러기 위에서는 역사라는 강을 지류가 아닌 본류에까지 거슬러 올라가야 합니다. 갈라지기 전의 본류에 이르러서야 모든 민족의 공통의 이야기가 있기 때문입니다. 본류에 이르면 인간은 모두 **동일한 유전형질**을 공유하고 있다는 사실을 알게 됩니다.[3] 달라 보여도 사실 우리는 너무나 비슷한 사람들입니다. 빅 히스토리의 이야기는 강의 본류에서부터 시작됩니다.

'게이츠-멜린' 재단이 지원하고 있는 아름다운 사업이 있습니다. 인류가 함께 배우는 공통의 교과서를 만들자는 운동인 **'빅 히스토리 글로벌 교과서 프로젝트'**가 그것입니다. 엄청난 예산을 들인 거대한 프로젝트에 전 세계 200여 개 팀이 참여하고 있습니다. 우리나라 연구진도 각각의 분야에서 이 크고 아름다운 사업에 동참하고 있습니다. 이 프로젝트에는 큰 원칙이 하나 있습니다. 그것은 '선도 악도 우월적 지배도 없다'는 대 전제입니다. 모두 동등하게 기술되어야 합니다. 동서양을 막론하고 지역별로 동일한 비중으로 편견 없이 서술하자는 뜻입니다. 그렇게 200개 팀에서 각자 연구한 결과물들은 권위 있는 전문가들에 의해 통합되어 유네스코와 같은 국제기구의 승인을 받아 전 세계가 함께 배울 예정입니다.[4]

이 교과서 역시 137억 년 전 빅뱅(big bang)의 이야기에서부터 시작합니다. 인간의 처음 이야기를 인간에서부터 시작하지 않고 우주의 생성에서부터 시작합니다. 우주의 처음부터 시작하여 은하계가 만들어지고 태양계가 형성되는 이야기가 먼저 있은 후 한참 후에 인간의 이야기가 나옵니다. 다시 묻습니다. 왜

3) Robin Dunbar, How many friends does one person need?, 김정희 역(2018), 던바의 수-진화심리학이 밝히는 관계의 메카니즘, 파주 : 21세기북스, p.12.

4) 이희수 외 (2016), 다수를 위한 소수의 희생은 정당한가, 서울 : 철수와 영희, p.173-175

그럴까요. 여러분은 혹시 달에서 찍은 혹은 우주에서 촬영한 지구의 모습을 본 적이 있습니까. 아마도 보았을 겁니다. 검지손가락 첫 마디에 가리워질 만큼 아주 작습니다. 그 속에 온갖 사람들과 사연들이 다 있다고 생각하니 우스워집니다. 저 속에 여러 민족이 있고 다양한 문화가 있고 강대국과 약소국이 있고 잘사는 사람과 못사는 사람이 있으며 갈등이 있고 전쟁도 있다니 더욱 우스워집니다. 가까이 붙어 있을 땐 큰 일 같아도 멀리서 보면 조금 더 초연해 집니다. 인간의 역사도 그렇습니다.

인간의 이야기를 우주의 시작부터 시작한다면 인간이란 다른 존재들보다 더 우월한 위치에 있지 않습니다. 재레드 다이다몬드(J. Diamond)가 지적하였듯이 인류의 역사는 생명의 역사에서 보면 정말 하찮은 것입니다.[5] 학자마다 시기는 조금씩 다르지만 동물의 역사와 구분되는 인류의 역사는 약 600만 년 전에서부터 시작되었습니다. 그 시기에 아프리카 유인원의 한 부류가 몇 갈래로 나뉘어졌는데 그 중의 하나가 인간으로 진화되었습니다. 현존하는 화석들이 그것을 입증합니다. 137억 년이라는 빅 히스토리의 타임라인에 비하면 600년이라는 인간의 역사는 거의 순간에 불과합니다. 진화사의 관점에서 보면 그야말로 순간 같은 짧은 시간입니다. 지구의 역사를 하루에 비유하면 인간의 역사는 10초도 채 되지 않습니다. 그나마 인간이 사람답게 살림이라는 형태의 생활을 시작한지는 겨우 만년 밖에 안 됩니다. 인류역사의 99%에 해당하는 기간 동안 인간은 다른 영장류와 동일한 방식으로 포식 활동을 하며 살아왔습니다. 생명의 역사에서 인간이 차지하는 부분은 정말이지 초라할 만큼 짧습니다.

여기서 주목할 것은 인류의 기원은 유럽이 아닌 **아프리카**에서

5) Jared Diamond, The Third Chimpanzee, 김정흠 역 (2015), 제3의 침팬지, 서울 : 문학사상, p.62

시작되었다는 사실입니다. 모든 것이 시작된 지점은 분명 있을 것인데, 인류 혈통의 처음은 수백만 년 전 아프리카로 거슬러 올라가야 합니다. 그 후 오랫동안 인류의 역사는 아프리카에 국한 되어 있었습니다. 아프리카 이외의 지역에서 인류의 흔적이 처음으로 발견된 것은 자바원인(Java man)의 화석인데 그것은 약 백만 년 전의 것으로 추정됩니다. 유럽에서 사람의 흔적이 처음 발견된 것은 한참 후인 약 50만년 밖에 되지 않습니다. 놀랍지 않습니까. 이것은 자신들이 세계의 중심이라고 생각하는 백인 주류세력에게는 충격적인 사실입니다. 현대문명의 상징이며 세계권력 구조의 정점에 위치한 서구인들의 기원이 인류의 역사에서 보면 가장 늦은 후발주자였다는 것을 증명해주는 것이기 때문입니다. 이러한 관점에서 본다면, 헤겔이 아프리카에는 역사가 없다고 주장한 것이 얼마나 우습고 오만한 것입니까.[6] 아직도 정신적 물적 저개발의 낙후된 상징으로 남아있는 아프리카는 사실 인류 역사의 거의 대부분의 무대였습니다.[7] 우리는 이러한 분명한 사실을 간과해서는 안 됩니다.

근대과학과 진보, 그리고 이를 둘러싼 철학 이론들로는 더 이

6) Robert J. C. Young (1995), Colonial Desire : hybridity in Theoty, Culture and Race, London & New York : Routledge, 김용규 (2013), 혼종문화론, 서울 : 소명출판, p.89.

7) 현대 인류의 기원은 크게 두 가지 학설이 있습니다. 아프리카에서 발생한 종이 아프리카 이외의 다른 지역에 있던 종을 몰아냈다는 아프리카인 대체설(African replacement model)이 그 하나이고, 다른 하나는 아프리카뿐만 아니라 유럽과 아시아에 있던 인류의 종 역시 현대 인류의 직접적인 조상이라는 다지역 기원설(multiregional evolution model)이 있습니다. 각자의 학설마다 주장과 근거가 다르지만, 추세는 아프리카인 대체설이 학자들에게 설득력있게 받아들여지고 있습니다. John H. Relethford, Reflections of Our Past, 이경식 역 (2003), 유전자 인류학-유전자를 타고 가는 시간여행, 서울 : Human & Books, pp.90-102. Azar Gat, War in Human Civilization, 오숙은 이재만 역 (2019), 문명과 전쟁, 파주 : 문학동네, p.87.

상 설명되지 않는 아주 큰 이야기가 거대사인 빅 히스토리(Big History)입니다. 앞서 언급했듯이 '빅 히스토리 글로벌교과서 프로젝트'는 인류의 기원을 훨씬 넘어 우주의 기원과 생명체의 시작에서부터 역사를 기술합니다. 그것은 무모한 학문적 유희가 아닙니다. 재차 강조하지만 실타래처럼 꼬인 현실의 문제는 조금 멀리서 객관적으로 조망해야만 그 해결의 실마리를 찾을 수 있습니다. 민족 간의 갈등, 문화충돌과 같은 당면한 문제들은 쉽게 해결될 수 있는 문제가 아닙니다. 그것은 점진적인 의식의 진보와 깨우침을 통해서 비로소 가능한 것입니다. 그러기 위해서는 현실의 이해관계를 떠나 멀리서 우리 자신을 조망할 수 있어야 합니다. 어느 한 나라, 어느 한 지역의 문제가 아닌 전 지구적인 문제, 더 나아가 우주적인 시각에서 세계를 바라보는 통시적이고 거시적인 차원의 접근이 필요합니다. 빅 히스토리 프로젝트는 인간이 지구를 지배하는 것이 아니라 만물이 서로 협조하며 지구의 한계 내에서 지혜롭게 살아가는 법을 배우는 동시에 인간과 지구의 잠재력을 키우는 것을 목표로 삼습니다.[8)]

하버드 대학교의 고생물학자 스티븐 제이 굴드는 그의 저서 『생명, 그 경이로움에 대하여 wonderful life』에서 만일 우리가 지구의 역사가 담긴 영화를 다시 돌린다고 할 때 인간이 또다시 등장할 확률은 거의 제로에 가깝다고 말합니다. 인간은 진화과정에서 지극히 무계획적이고 무도덕적(amoral)이며 비효율적인 자연 선택 과정의 **'우연한' 결과물**에 지나지 않는다는 것입니다

8) 그것은 인류프로젝트와도 맥을 같이 합니다. 시공간을 거슬러 인류의 이동 경로를 추적하는 야심 찬 계획, 즉 세계 각지에 살고 있는 현대인의 유전자 표본을 분석해 초기 인류의 이동 경로와 기원을 연구하는 전 지구적 프로젝트인 제노그래픽 프로젝트(Genographic Project)가 네셔널지오그래픽과 IBM의 주관으로 지금도 진행 중입니다. 이들의 연구 결과는 인간이 공존해야 하고, 할 수밖에 없는 이유를 말해줄 것입니다.

다.[9] 생태학적 관점에서 볼 때 인류의 존재는 무한한 수의 고리 간운데 단지 하나의 고리에 불과합니다. 가이아(Gaia) 가설을 주장하는 제임스 러브록(J. Lovelock) 역시 인간은 우연한 유전학적 사건들을 거치면서 등장하게 되었다고 주장합니다.[10] 이들의 주장에 의하면 인간이 다른 동물과 차별화된 존재가 된 것은 순전히 **'우연'**일 뿐 자신의 노력에 의한 것이 아닙니다. 인간을 다르게 만든 것은 아주 우연한 돌연변이입니다. 자신의 노력이 아닌 지극히 우연한 힘에 의해 인간이 되었다는 사실은 분자생물학에서 진화생물학에 이르기까지 모든 생물학이 증언해주고 있습니다.[11]

우연한 돌연변이가 없었다면 인간은 여타의 동물과 하등의 차이가 없었을 겁니다. 돌연변이라는 비인격적인 힘이 현재의 우리를 만들었다는 사실을 안다면, 인간은 겸허해질 수밖에 없습니다. 실제 유전자 구성에서 인간은 다른 동물과 그리 다르지 않습니다. 인간의 DNA 염기서열은 침팬지와 98.4%가 동일하고 쥐와도 거의 90퍼센트가 일치합니다. 다윈은 장구한 시간을 거슬러 올라가다 보면 인간이 고등동물은 물론이고 하등동물과도 공동조상으로부터 유래하였다고 주장합니다. 그는 인간이 하등동물로부터 유래되었음을 입증하는 물리적 증거들을 제시함으로써, 그리고 인간의 정신능력이 하등동물과 비교할 때 '질적

9) Stephen J. Gould, Wonderful life, 김동광 역 (2004), 생명 경이로움에 대하여, 서울: 경문사

10) 제임스 러브록은 우연한 변이에 의해 진화된 지극히 작은 존재인 인간이 자신의 본래적 위치를 망각하고 지구의 운영자로서 월권을 함으로써, 대지의 신인 가이아(지구)가 신음하고 있음을 고발하고 있습니다. 이제라도 인간은 가이와와의 공존의 방법을 모색하지 않으면 인간 및 가이아는 총체적 파국을 맞을 것이라고 경고합니다. James Lovelock, Gaia, 가이아 : 살아있는 생명체로서의 지구, 홍옥희 역 (2018), 서울 : 갈라파고스, pp.211-238. 239-272.

11) Edward O. Wilson, Consilence : The Unity of Knowledge, 최재천 장대익 역 (2018), 통섭 : 지식의 대통합, 서울 : 사이언스 북스, p.235.

차이가 아닌 정도의 차이'임을 보여 줌으로써, '공동조상 논증'의 적합성을 역설했습니다.[12)]

인간은 존재하는 모든 것 중에서 가장 위대하고 신비스러운 존재라고 알려져 왔지만 거듭되는 연구결과는 그것이 터무니없음을 증명해주고 있습니다. 인간의 처음은 비천한 존재였습니다. 리처드 도킨스(R. Dawkins)는 그의 역서『눈먼 시계공 The Blind Watchmakers』을 쓰게 된 동기가 '더 이상 인간은 신비스러운 존재가 아님'을 증명해 보이고자 함이라고 말합니다.[13)] 지금까지 인간을 비롯한 생명은 마치 시계공이 시계를 만든 것처럼 누군가에 의해 계획적으로 설계된 작품으로 이해되어 왔습니다. 그냥 우연이라고 하기에는 마치 수많은 톱니바퀴들이 맞물려 있는 시계처럼 너무나 정교하게 만들어졌기 때문입니다. 그러나 모든 생명은 특히 인간은 우연한 자연선택의 결과입니다. 도킨스는 이러한 자연선택을 '눈먼 시계공(Blind Watchmakers)'으로 비유했습니다. 자연선택의 결과인 생물은 마치 숙련된 시계공의 작품처럼 정교하지만, 실제로 자연선택은 철저히 무계획적이었고 목적이 없었으며 순전히 우연히 일어난 것이었기에 눈먼 시계공의 우연한 작품과 같은 것이라는 겁니다.

다윈의 자연 선택론이 보편적으로 받아들이기 전까지 서양의 자연관은 기본적으로 아리스토텔레스의 '거대한 존재의 사슬(Great Chain of Being)' 개념이었습니다. 거대한 사다리의 저 맨 밑바닥에는 박테리아와 원생생물 등 이른바 단세포 동물들이 있고 위로 올라갈수록 복잡해져서 파충류, 포유류를 거쳐 드디어 맨 꼭대기에는 인간이 서 있다고 믿었습니다. 인간이 모든

12) 홍일립 (2017), 인간본성의 역사 (The History of Human Nature), 서울 : 한언, p.738.

13) Richard Dawkins, The Blind Watchmakers, 이용철 역 (2012), 눈먼 시계공, 서울 : 사이언스북스, p.51.

것의 정점에 위치해 있습니다. 이러한 관점에 의하면 인간 사이에도 역시 서열화 되는 것이 정당화 됩니다. 그렇게 되면 모든 만물의 꼭대기에는 백인이 자리하고 있겠지요. 그러나 빅 히스토리에서는 이러한 위계구조가 거부됩니다. 인간은 정교하게 계획된 자연계의 주인공이 아닙니다. 인간은 정말이지 별 것 아닌 존재입니다.

여러분, 혹시 루카(LUCA)라는 말을 들어 보셨습니까? 지구의 모든 살아 있는 것들은 단일한 조상 유기체로부터 유래되었습니다. 생물학자들은 이 유기체를 루카(LUCA)라고 부르는데, 이것은 '생존하고 있는 모든 생물의 공통조상'이라는 뜻입니다.[14) 즉 현존하는 모든 생물의 조상인 것이지요. 루카는 40억 년 전에 살았던 유기체입니다. 이것은 인간과 바나나가 공통의 조상을 갖고 있다는 것을 의미합니다. 인간과 침팬지가 같은 조상이라는 것도 소화하기 힘든 사람들이 많은데, 인간과 바나나가 공통의 조상을 갖고 있다는 것은 얼마나 더 충격적이겠습니까. 그러나 그것은 사실입니다. 더 구체적으로 따져 들어가면 십오억 년 전만해도 인간과 바나나의 조상은 같았습니다. 일군의 학자들이 인간을 '털 없는 원숭이'나 '제3의 침팬지'로 보는 견해는 무리가 아닙니다.

데이비드 크리스천(D. Christian)에 의하면, 다른 여타의 종들과 마찬가지로 인류의 탄생도 대단히 갑작스러운 일입니다. 거의 순식간의 일이었다고 합니다. 많은 학자들이 공통으로 주장하듯이 인간은 어떤 전능한 설계자의 작품이 아닙니다.[15) 그러나 별이 형성될 때, 아주 오랜 시간에 걸쳐 온도가 오르다가 수

14) LUCA : Last Universal Common Ancestor, David Christian, Bob Bain, Big History, p.252.

15) David Christian, Maps of Time : An Introduction to Big History, pp.234-239.

소가 융합될 때 순식간에 그렇게 되듯이, 인간의 진화에서도 아주 오랜 시간 동안 적은 기술이 진화하다가 일순간 어떤 임계점을 넘으면서 갑작스럽게 다른 차원의 변화가 일어나 이전과는 질적으로 다른 인간이 출현하게 된 것입니다.

스펜서(H. Spencer)를 비롯한 집단유전학자들은 지금 인류의 모습이 10억 년에 걸친 진화와 변형에 따른 결과라고 보고합니다. 다윈에 의하면 인간만이 갖고 있다고 생각한 도덕 감정과 부끄러움, 수치심, 겸손과 같은 행동은 생물학적 진화과정에서 유래한 표현양식입니다. 진화생물학의 도움으로 태동된 진화윤리학은 인간의 윤리적 행위의 원천 혹은 도덕규범이 진화의 산물임을 증언하고 있습니다.[16)]

현생 인류와 비슷한 동물이 250만 년 전에 출현했지만, 그들은 아주 오랫동안 다른 동물들보다 더 나은 차원이 없었습니다. 그랬던 인간이 약 7만 년 전부터 3만 년 전 사이에 인류최초의 혁명인 '인지혁명'을 맞게 됩니다. 인지혁명이란 '새로운 사고방식과 의사소통방식'을 말합니다. 이것으로 인해 인간은 다른 동물과는 완전히 다른 차원의 존재가 됩니다. 그렇다면 무엇이 이것을 촉발했을까요. 대부분의 학자들은 이것 역시 우연히 일어난 일이라는 것에 의견이 모아지고 있습니다. 유전자 돌연변이가 사피엔스의 뇌의 내부 배선을 바꿨다는 것입니다.[17)] 인간은 이것을 통해 이전과는 다른 방식으로 소통할 수 있게 되었으며 보다 복잡한 언어를 사용하여 의사소통을 할 수 있게 되었습니다.

거듭해서 말하지만 인간의 출현도, 인간을 위대하게 만든 인지혁명도 우연한 것입니다. 인간이 인간된 것은 자기의 공과 노

16) 최종덕 (2015), 생물철학-생명의 역사를 관통하는 변화의 철학, 파주 : 생각의 힘, pp.406-408.

17) Yuval N. Harari, Sapiens, 조현욱 역 (2016), 사피엔스, 파주 : 김영사, p.44.

력 때문이 아닙니다. 지금의 관점에서 보면 인간은 주체적으로 자신의 삶을 계획하고 운영하는 위대한 존재이지만, 정작 인간의 첫 출발은 우연이었습니다. 받아들이기 고통스러워도 이것은 엄연한 사실입니다. 그러나 우연의 산물인, 정말 초라했던 인간은 이 후 세계의 주인공이 됩니다. 다른 동물과는 질적이 차이를 보이는 위대한 존재가 되었습니다. 학자들은 인간이 위대해진 이유를 증가된 학습능력에서 찾습니다. 아마도 **집단학습능력**과 관계가 있을 것이라고 판단합니다. 대부분의 다른 동물들이 배우는 모든 것은 그들이 죽으면서 사라지지만, 인간만이 기술과 지식이 유전과 관계없이 세대에서 세대로 축적되어 왔습니다.

우리가 여기서 주목해야 할 것은 **집단학습**입니다. 인간은 집단학습을 통해 비로소 역사적 존재가 되었습니다. 인간은 수 없이 많은 세대에 걸쳐 수 없이 많은 사람들에 의해 축적된 지식에 의해 의존하여 삽니다. 개인으로서의 인간은 침팬지보다 나을 것이 없습니다. 그러나 인간은 세대 간의 그리고 세대 사이에 지식을 공유하고 있기에 그들에 비해 비교 불가능할 만큼 더 창조적입니다. 그렇다면 다른 동물과 비교할 수 없는 인간만의 축적될 수 있는 지식들은 어떻게 만들어졌겠습니까. 그것은 바로 **협력**과 **다양성**의 교류입니다. 집단 간 다양성의 지적충격이 교차하면서 인간은 다른 동물과 차별되는 존재가 되어온 것입니다. 다양성과 협력의 문제는 앞으로 여러분과 함께 고민하고 생각해야 할 주제이며, 또한 이 책을 관통하는 주제이기도 합니다.

2. 호모 노마드(Hommo Nomad)

자신의 고향에서만 편안함을 느끼는 사람은 여전히 유약한 초심자이다. 모든 대지를 자신의 고향으로 느끼는 자는 이미 강하다. 유약한 영혼은 세계 안의 한 곳에 자신의 사랑을 고정시킨다. 강한 사람은 그의 사랑을 모든 곳에서 확장한다. (빅토르 위고)

노마드(nomad)는 유랑자, 유목민, 떠돌이라는 뜻입니다. 어느 한 곳에 정착하지 못하고 계속해서 이동하는 사람들을 노마드라고 합니다. 집시 같은 사람들이지요. 현존하는 프랑스 최고의 석학 자크 아탈리(J. Attali)는 인류의 삶이란 곧 '여행자의 삶'이라고 규정했습니다. 예지력 있는 그의 유명한 저서인 『호모 노마드 L'homme nomade』에서 그는 인간에게 유랑자, 즉 노마드는 선택이 아니고 운명이라고 선언합니다. 그에 의하면 인간의 역사는 노마드의 역사입니다. 따지고 보면 인간은 진화론적으로 인간이 되기까지의 역사가 이미 노마드입니다.[18] 진화론적으로 인간이 되기까지의 과정을 한 번 생각해보세요. 아메바에서 꽃으로, 물고기에서 새로, 말에서 원숭이로 진화합니다. 이 생명 진화의 역사가 바로 노마드적이라는 것입니다. 아탈리에 의하면 인간의 몸과 정신은 노마디즘에 의해 형성됩니다. 두 발로 달릴 수 있다는 인간만의 특징이 그것을 말해줍니다. 인류가 쌓아 놓은 문화 역시 노마드적 에너지의 분출이며 표현입니다.

일부 역사가들은 역사를 정착세력과 유목세력 간의 투쟁으로

18) Jacques Attali, Homonomad, 이효숙 역 (2005), 호모노마드 (유목하는 인간), 서울 : 웅진닷컴, pp.41-42.

보는 이들도 있습니다. 그러나 인간의 역사를 되돌아보면 인류에게 정착은 사실 낯선 삶입니다. 600만년의 인간의 역사에서 정착의 경험은 만년 밖에 되지 않습니다. 인간은 오랫동안 마치 숙명처럼 떠돌이의 삶을 살았습니다. 지금은 당연한 것으로 되어 있지만, 우리와 타인을 구분하는 '경계' 역시 인간에게는 낯선 개념입니다. 모두가 노마드였던 시대에는 사람과 사람, 집단과 집단을 구분 짓는 경계는 의미가 없었습니다. 농업혁명을 통해 인간은 처음으로 정착을 경험합니다. 정착 이후 인류의 역사는 밀농사를 주도하던 집단이 가장 강력한 세력으로 부상하게 되면서 사냥과 어업, 채집을 하는 집단들을 밀어내거나 굴복시켰습니다.

이때부터 정착적 삶과 노마드적 삶의 구분이 시작되었습니다. 많은 이들은 정착이 인간에게 떠돌이의 삶보다 더욱 안정감과 행복을 주었으리라고 생각합니다. 그러나 역사적 사실은 그와는 정 반대였습니다. 정착은 계급을 낳았고, 계급은 착취를 낳았습니다. 모두가 평등했던 노마드의 삶에는 척박한 환경으로 인해 함께 고통당하는 상황은 있었어도, 계급에 의한 착취는 없었습니다. 그러나 정착생활은 집단의 효율적 운영을 위해 필연적으로 위계질서를 만들어 냅니다. 카스트제도가 그것입니다. 물론 떠돌이였던 시대에도 대장은 있었습니다. 그러나 노마드 집단에서의 대장은 '리더'일뿐 지배자는 아니었습니다.[19] 리더와 지배자는 다릅니다.

어설픈 역사가들은 정착이 역사상 처음으로 잉여를 가져왔고, 인간은 그 후로 굶어 죽지 않게 되었다고 합니다. 그러나 그러

19) 수렵채집인 노마드들은 누군가 지속적으로 동료들을 위협하거나 폭군처럼 굴면, 집단의 힘으로 그를 죽였습니다. 그들에게 위계는 없었습니다. Christopher Boehm, Moral Origins : The Evolution of Virtue, Altruism, and Shame, 김아림 역 (2019), 도덕의 탄생-인간 양심의 기원과 진화, 서울 : 리얼부커스, pp.74-75.

한 주장은 역사적 현실과 정 반대입니다. 오히려 정착 후 인간은 굶주림에 시달려야 했습니다. 잉여는 권력 있는 이들에게만 주어지는 사치일 뿐 대부분의 사람들은 노예가 되어 죽도록 일해야 하는 운명에 처하게 되었습니다. 가혹한 노동과 궁핍한 삶은 그 이전의 수렵인들의 삶보다 훨씬 비참했습니다. 반면에 수렵시대의 떠돌이 생활을 했던 노마드들은 가장 이상적인 영양소를 섭취할 수 있었습니다. 그들은 굶어 죽거나 영양실조에 걸리지 않았습니다. 화석 뼈에 나타난 증거는 그들이 매우 건강했음을 보여주고 있습니다.[20)]

최초의 노마드들인 수렵인들은 건강에 유익한 음식을 다양하게 먹고, 주당 일하는 시간도 상대적으로 짧았으며, 전염병도 드물었습니다. 인류학자 마샬 샬린즈(Marshall Sahlins)는 『석기시대 경제학 Stone Age Economics』에서 농경 이전의 수렵채집 사회를 '최초의 풍요사회'라고 묘사했습니다.[21)] 그에 의하면 농경사회의 시작이 곧 빈곤의 출발이었습니다. 수렵 노마드들의 삶은 물론 지금의 관점에서 비교하면 절대부족의 상태였지만, 상대적으로 당시 정착민의 노예생활과는 차별화될 만큼 여유롭고 풍요로웠습니다.

그들의 집단 도덕성 역시 그 후의 인간집단들의 그것과 비교해도 뒤지지 않았습니다. 대개의 수렵채집 사회가 아이들에게 어렸을 때부터 공유의 미덕을 주입했다는 사실이 밝혀지고 있습니다. 그들은 노마드 생활이 주는 현실적인 한계에다 물질적 위계는 비도덕적이라는 강한 인식까지 가세해 부의 축적을 제약했습니다.[22)] 이처럼 인류 초기 노마드의 삶은 우리가 생각하

---

20) Yuval N. Harari, Sapiens, p.78-89. Jared Diamond, Guns, Germs, and Steel, p.160.

21) Marshall Sahlins, Stone Age Economics, 박충환 역 (2014), 석기시대 경제학, 파주 : 한울아카데미, pp.23-78.

22) 수렵채집인은 우연히 좋은 것을 발견했을 때 남과 나누지 않는 것을 '건

는 것과는 반대로 절망적이지 않고 몸도 정신도 매우 건강했습니다. 그러나 일단 정착의 울무에 걸려든 인간은 떠나고 싶어도 떠날 수 없는 상황에 빠져들게 되었습니다. 자기가 만든 울무에 걸려들고 만 것입니다. 정착인의 대부분은 노예였고, 정착생활의 대부분 역시 노예적 삶이었습니다. 인간은 떠나려 하지만 떠날 수가 없도록 너무도 단단히 묶여있습니다.

인간은 비록 정착의 삶에 익숙해 있지만 우리들 속에 있는 노마드적 DNA는 사라지지 않았습니다. 세상이 변하면 변할수록 노마드의 정신은 실현되어 갑니다. 언제나 그렇듯이 세상은 노마드 정신으로 인해 진보되어 갑니다. 인터넷과 같은 정보화 사회의 기술들은 노마드적 정신을 실현한 것입니다. 떠나고자 하는 정신과 의지는 기술을 자극하여 세상 어디든 클릭 한 번으로 도달하게 하였습니다. 정착은 노마드적 본성을 길들이려하지만, 노마드 정신은 여전히 그리고 더욱 건재합니다. 오히려 역사가 자신의 길을 잃을 땐 노마드 정신이 그것을 교정해 주기도 했습니다. 단언컨대 앞으로 다가올 미래는 다시 노마드의 문화와 노마드의 정신으로 채워질 것입니다.

노마드의 역사를 되돌아봅시다. 초기의 호모사피엔스 중 살아남은 종들은 유랑생활에 잘 적응한 종들뿐입니다. 유인원들 중 오직 유랑에 잘 적응한 영장류들만이 살아남았으며, 그들에게는 이동하면서 사냥하고 채집할 수 있는 기술만이 발전을 거듭했습

방진'것 만큼이나 죄악시했습니다. 탐욕과 건방진 태도는 수렵채집 사회의 논리에서 하나로 통합니다. 이기적인 구성원은 물자를 공동으로 내놓으라는 강한 압박에 직면하는데, 인류학자들은 이것을 '공유 강요(demand sharing)' 또는 '묵인된 징발(tolerated scrounging)'로 부릅니다. Ian Morris, Foragers. Farmers, and Fossil Fuels, 이재경 격 (2017), 가치관의 탄생, 서울 : 반니, pp.70-71.

니다. 70만 년 전 무렵, 중국에서는 호모사피엔스(Homo sapiens)가 번개의 이치를 깨달아 불을 만들어 냈습니다. 이들은 유랑생활이 요구하는 모든 조건을 두루 갖추고 있었습니다. 이들에게는 이동하면서 할 수 있는 사냥과 채취 기술만이 진보했으며, 여행에 의미를 부여하는 신화들과 제식들만이 존속하게 되었습니다. 세상을 보는 방법도 모두 유랑의 필요성과 연결되어 있었습니다. 당시 노마드들은 전설과는 달리 일반적으로 동류인 인간들을 평화적으로 대했습니다. 그들에게 나눔은 곧 삶이었습니다. 심지어 나눔의 의무는 명예규범에 포함되기도 했습니다.[23] 그들은 땅을 차지하기위해 싸우지는 않았습니다. 그보다는 땅을 떠날 권리를 지키기 위해 싸우다 죽었습니다.

노마드는 폭력의 폐해를 익히 잘 알고 있었습니다. 그래서 폭력이 확산되는 것을 막기 위해 사물에다 폭력을 집중시켰습니다. 제물은 그 집단의 평화를 유지하기 위한 것입니다. 제사의 기원이 바로 그것입니다. 제사 역시 노마드들의 작품입니다. 기원전 1500년에는 박식한 노마드들이 교역을 더 활발히 하기위해 알파벳을 만들어냈습니다. 알파벳은 노마드적인 필요에서 생겨난 것입니다. 서구문화의 한 축을 이루고 있는 헤브라이즘, 즉 기독교와 유대교의 탄생도 기원전 15세기경에 한 목축 부족인 히브리 노마드들에 의한 것입니다. 그들은 우주를 지배하는 유일신이 자기들에게 약속한 땅으로 가라는 계시를 주었다고 말합니다. 그들의 노마드 정신은 신의 명령에서 비롯된 것이었습니다, 이들의 경전은 종교적 형식을 갖춘 최초의 것인데. 그것은 노마디즘과 정주성 간의 힘든 공존에 관한 이야기입니다. 히브리인들의 종교적 경전인 구약성서는 노마드들과 정주민들과의 치열한 투쟁의 역사가 극적으로 묘사되어 있습니다.[24]

---

23) Jacques Attali, Homonomad, p.92

24) 다음은 우리에게도 널리 알려져 있는 히브리 노마드들의 시입니다. 시편

사람은 일단 어느 한 곳에 머물게 되면 정착에 필요한 물건들이 필요하게 됩니다. 이것은 인간으로 하여금 처음으로 '소유의식'을 갖게 하였습니다. 적든 많든 '자기 것'이 생기게 됩니다. 점점 더 다시 떠나기가 어려워집니다. 노마드 시절에는 이동에 필요한 최소한의 것만으로 충분했지만, 정착은 그 보다도 훨씬 더 많은 것들이 필요했습니다. 집이 있어야 하고, 가축의 우리도 있어야 하며, 농기구도 있어야 합니다. 이것들을 장만하기 위해서는 너무 많은 고생을 해야 합니다. 그러니 이 모든 것들을 두고 떠나는 것은 결코 쉬운 일은 아닙니다. 따뜻한 아랫목의 느낌을 아는 사람은 더 이상 노마드가 될 수 없습니다. 비록 가혹할 만큼의 궁핍한 삶이라고 할지라도 이전에 경험해보지 못한 정착생활의 꿀맛 같은 안정감은 사람들로 하여금 노마드의 유전자를 거부하게 합니다. 그러나 본디 떠나야 하고 이동해야 하는 것이 운명인 노마드들은 끝없이 이동합니다. 그리고 그것은 지금도 진행형입니다.

오늘날 노마드들이 떠나는 이유도 다양해지기 시작합니다. 값비싼 비용을 지불해야 하는 정착생활에서 밀려난 이들은 농산물을 포함한 모든 물가가 가장 싼 곳으로 이주하기도 하고, 어떤 이들은 낯선 곳에서 새로운 기회를 잡으려는 희망을 품고 떠나기도 합니다. 그들은 자신들에게 부과되었던 모진 운명을 거부하고 출생지가 부과하는 생활의 틀, 가족 환경, 교육, 직업을

23편. 여호와는 나의 목자시니 내게 부족함이 없으리로다. 그가 나를 푸른 초장에 누이시며 쉴만한 물가로 인도하시는도다. 내 영혼을 소생시키시고 자기 이름을 위하여 의의 길로 인도하시는도다. 내가 사망의 음침한 골짜기로 다닐지라도 해를 두려워하지 않을 것은 주께서 나와 함께 하심이라. 주의 지팡이와 막대기가 나를 안위하시나이다. 주께서 내 원수의 목전에서 내게 상을 베푸시고 기름으로 내 머리에 바르셨으니 내 잔이 넘치나이다. 나의 평생의 선하심과 인자하심이 정영 나를 따르리니 내가 여호와의 집에 영원히 거하리로다.

벗어나려 합니다. 노마드는 크게 세 부류로 나뉩니다. 첫 첫째 부류는 비자발적 노마드입니다. 이들을 '인프라 노마드'라고 부릅니다. 주거지가 없는 사람, 이주노동자, 정치 망명객, 이동근로자 등이 이에 해당됩니다. 인류의 대부분은 빈곤한 인프라 노마드입니다. 두 번째 노마드는 정착민입니다. 농민, 상인, 공무원, 엔지니어, 의사, 교사 등이 이에 해당됩니다. 이들은 여전히 노마드의 유전자가 있으나 정착생활이 주는 안정감에 영혼을 내어준 이들입니다. 노마드의 정신을 버린 이들은 그 대가를 치러야 했습니다. 현대인의 비만은 노마드 정신이 결여된 질병입니다. 세 번째는 자발적 노마드입니다. 이들을 하이퍼 노마드라고 부릅니다. 이들은 창의적인 직업인들입니다. 소위 성공한 상류층의 사람들입니다. 정착민들의 롤 모델이 바로 이들입니다.[25)]

노마드 중에서 우리가 주목하는 이들은 **인프라 노마드**입니다. 이들은 대부분 아시아나 아프리카에 있는 사람들로서 기회만 주어진다면 언제든 이주의 기회를 놓치지 않으려는 사람들입니다. 2050년에는 이들이 전 인류의 절반 이상이 될 것이라 예상됩니다.[26)] 이들은 옛날 로마제국의 멸망의 역사에서 보여주었듯이 역사의 주요 동인이 될 가능성이 큰 집단입니다. 전 지구적 역동성은 이들에 의한 것이고, 실제로 미래의 경제적 문화적 정치적 군사적 격변은 이들이 좌우하게 될 것입니다. 이들의 생존 상황은 이들의 문화적 종교적 환경에 따라 언제든지 달라질 수 있습니다.

우리가 다문화에 대해 고민하고 그것이 현실적인 문제로 와 닿는 대상은 바로 **인프라 노마드**입니다. 인프라 노마드들의 이주

25) Jacques Attali, Homonomad, p.418-422
26) 유네스코 아시아 태평양 국제이해교육원 엮음 (2007), 다문화사회의 이해, 파주 : 동녘, p.287.

는 자율적 선택으로 보이지만, 사실은 어쩔 수 없이 고국을 떠나 다른 곳에서 피난처를 찾아야 하는 상황이 그들을 밀어낸 것입니다. 우리나라에 온 외국인 노동자들이 바로 그들입니다. 어찌 보면 그들은 강제이주자(forced migrants)입니다.

오늘날에도 5억 명 이상의 사람들이 일이나 정치와 관련된 노마드의 삶을 살고 있습니다. 이민자, 망명객, 노숙자 피난민, 일을 찾아 나선 이주 노동자들이 그들입니다. 매년 약 1천만 명이 자기나라를 떠나고 있고 앞으로 50년 후면 10억 명 이상이 고국을 떠나 다른 곳으로 가게 될 것으로 예측되고 있습니다. 실질적인 세계화는 바로 이들에 의해 주도되고 있습니다. 이주는 전 지구적 변화를 이끄는 주요 요인 중의 하나입니다. 비록 노마드들을 경계하는 장벽들이 있지만 이주의 시대가 계속될 것이라는 전망이 우세합니다. 그 이유는 첫째, 빈국과 부국 간에 부의 불평등이 더욱 확대되어 많은 사람들이 더 나은 생활수준을 찾아 계속해서 이동할 것이고, 둘째, 정치적 환경과 인구학적 압력 때문에 많은 사람들이 자신의 모국 밖에서 피난처를 찾을 것이며, 셋째, 많은 지역의 정치적 또는 종족 갈등은 향후 대규모 이주 사태로 이어질 수 있으며, 넷째, 새로운 자유무역 지역이 생성되어 관련 국가들의 의도와 무관하게 노동의 이동이 촉진될 것이라는 이유입니다.[27)]

수많은 빈곤층 노마드들은 호화롭고 풍요롭게 사는 정착한 노마드들의 영토에 진입하려 애를 쓸 것이고 안정된 노마드들은 자신의 영역을 지키려고 떠돌이 노마드들을 경계하며 불편해 합니다. 그것 때문에 갈등과 폭력 및 인권 유린, 심지어 전쟁마저도 가능하게 됩니다. 최근의 세계적 이슈가 되었던 시리아

---

27) Stephen Castles, The Age of Migration, 한국이민학회 역 (2013), 이주의 시대, 서울 : 일조각, pp.29-33

난민 문제가 바로 이것입니다. 우리나라에도 예멘의 젊은이들이 제주도에 까지 와서 망명을 신청했습니다. 이들의 처리를 놓고 국민들의 의견이 갈라지기도 했습니다. 그리고 그 문제는 아직도 분명하게 해결되지 않고 있습니다. 말처럼 쉬운 일이 아니기 때문입니다.

아직까지는 전 세계 인구 중 이주자가 차지하는 비율은 2-3퍼센트 정도로 매우 안정적입니다. 그러나 실제 이주자의 절대 수는 지난 25년 동안 두 배나 증가했습니다. 부유하고 안정적인 노마드들은 떠돌이였던 자신의 과거를 잊고 노마드의 정신이 아닌 정착민의 윤리와 세계관으로 빈곤한 노마드들을 핍박합니다. 추방과 장벽 쌓기는 마음에서부터 벌써 시작되었습니다. 가난한 사람들의 이동을 감시하고 관리하기 위해 신분증이 생겨났습니다. 이민자들에 대한 정착민의 두려움은 이주 노동자들에 대한 두려움으로 바뀌었습니다.[28] 일하는 사람들은 실업자들만큼이나 위기감을 느낍니다. 이방인들에게 자기 자리가 빼앗길까 두렵기 때문입니다. 더욱이 그들은 이방인들인 노마드들을 위해 복지비용을 부담해야 하는 상황을 몹시 불편해합니다. 이미 정착민이 된 안정된 노마드들은 떠밀려 들어온 가난한 노마드들을 위한 지출(교육, 건강, 안정)에 더 이상 인내할 수 없어 자신들의 정체성인 노마디즘 자체를 거부하게 됩니다. 그러나 그럼에도 불구하고 빈곤 노마드들은 역사와 경제 및 정치의 주요 변수와 추동력이 될 것으로 전망됩니다.

가난한 인프라 노마드들에 대한 거부와 부담감은 서구뿐 아니라 오늘날 전세계에 확산된 일반적인 감정입니다. 트럼프 대통령은 미국과 멕시코 사이에 높은 장벽을 세울 것을 공약으로 내걸기도 했습니다. 미국인들은 겉으로는 드러내지 않아도 속으

28) Jacques Attali, Homonomad, p.435-437

로는 그러한 공약에 대해 열렬히 지지했습니다. 가난한 노마드를 더 이상 받아들이지 않겠다는 공약은 트럼프가 당선되는 중요한 이유 중의 하나였습니다. 정도의 차이는 있어도 어느 나라든 노마드에 대해 우호적인 국가는 없는 듯합니다.

그러나 역사가들의 생각과 전망은 다릅니다. 역사의 증언에 의하면 노마드에게 우호적인 국가는 발전했고, 노마드를 핍박하거나 받아들이지 않는 국가는 쇠퇴했습니다. 이런 이유로 역사가들은 프랑스를 안타까워합니다. 프랑스는 이동하는 사람들을 집요하게 감시하고 그들의 입국을 금지하였으며, 추방하거나 세금을 물리고 형벌을 가했습니다. 그렇게 함으로써 프랑스는 세계 속에서 부의 중심이 될 기회를 상실하였습니다. 세계는 노마드들인 상인들, 발견자들, 탐험가들, 문명 전파자들에게 모험의 활동무대입니다. 이들은 통행의 자유를 자신들의 윤리의 초석으로 삼았습니다. 이들의 정신을 수용한 나라들은 역사의 선두에 설수 있었습니다. 포르투칼은 콜럼버스의 노마드 정신을 수용하지 못했고, 스페인은 그 정신을 적극 활용했습니다. 결과적으로 스페인은 엄청난 식민지를 얻게 되었고, 해상무역을 통한 세계의 강자가 되었습니다. 우리는 역사가 주는 교훈을 잊지 말아야 합니다.

노마드에 대한 학자들의 견해는 분분합니다. 마르크스(K. Marx)는 노마디즘을 극복해야 할 원시적 단계라고 생각했고, 반면에 라첼(F. Ratzel)은 그 반대로 보존해야할 생명력이라고 주장합니다. 그러나 모든 전체주의 체제들은 노마드들에게 적대적입니다. 안정을 중요시하는 전체주의자들은 노마드들이 자신들의 권력을 흔들어 놓는다고 의심하기 때문입니다. 그래서 출입금지법을 제정하여 노마드를 다 없애버리려고 합니다. 히틀러에 의한 유대인들의 학살이 바로 그것입니다. 그러나 노마드를 부정하든 수용하든 노마드는 현실이며 또한 미래입니다. 세계는 노마드 정신에 의해 지탱되어지고 열려질 것입니다.

노마드들은 억압과 감독, 예속에 대해 극도로 민감합니다. 이들은 본능적으로 유연한 이데올로기를 갖고 있습니다. 이들은 낯선 사고방식과 삶의 방식을 관대하게 받아들입니다. 과거에는 이런 방식으로 살아가는 것이 장점이 아니었습니다. 왜냐하면 빈틈없이 조직한 권력과 재산을 보호하고자 세워진 국가라는 성곽이 지금까지 늘 승자로서 역사에 기록되었기 때문입니다. 그러나 미래에는 상황이 반전될 것입니다. 경직된 관료주의, 중앙집권적인 행정과 권력을 둘러싼 이데올로기 투쟁은 변화의 필요성에 제동을 거는 요소가 될 것입니다.[29)]

경제 분야에서도 혁신이 일어납니다. 노마드적 기업이 얻은 이윤은 고향에만 머무르지 않게 되었습니다. 자본은 유동적이며 국경이라는 것을 모릅니다. 구글이나 페이스북과 같은 기업은 노마드의 정신으로 무장하고 그들을 대상으로 하는 기업입니다. 인터넷상에서 이루어지는 대화는 제도적 중개 없이도 가능합니다. 이들의 대화는 전통적인 의미의 국경을 뛰어넘으며, 아무도 이들을 통제할 수 없습니다. 인터넷은 노마드의 현대화된 장입니다.

미래의 움직이는 노동 세계에서는 지금까지 대립적이었던 영역들 간의 경계가 허물어지게 될 것입니다. 누구나 할 것 없이 노마드의 정신으로 무장되지 않으면 생존조차 힘든 세계가 몰

---

29) 노마드들인 유목인들의 공통적인 특징이 있습니다. 그것은 바로 제도화된 조직 체계가 없다는 것입니다. 행정기관이나 내각과 정당, 국세청과 사법기관이 없습니다. 유목민 사회는 그들의 안정과 안전을 담당하는 자체 기관이나 군사적 정치적 조직을 갖고 있지 않습니다. Gundula Englisch, Jobnomaden, 이미옥 역 (2016), 잡노마드 사회, 서울 : 문예출판사, p.209.

려옵니다. 세상은 급속도로 탈영토화 되어가고 있습니다. 탈영토화란 상호소통과 상호의존의 네트워크가 급속히 발전하고 그 네트워크 안에서 개인적 차원, 지역적 차원, 국가 국민적 차원, 국제적 차원, 지구적 차원 사이의 상호작용의 밀도가 높은 상태를 지칭합니다.[30] 물리적으로 여전히 동일한 공간에 있을지라도, 사람들은 모두 지역성의 고착으로부터 분리되고 있습니다. 섬에 고립되어 있다하더라도 휴대폰 하나만 있으면 세상 어디든 연결되며, 소통과 거래를 할 수 있습니다. 제한된 공간이 인간을 가두거나 묶어둘 수 있는 세상은 이미 아닙니다. 이른바 탈공간, 탈영토의 세상입니다. 세상은 이제 어디든 초연결(hyper-connected)된 사람들에 의해 구성되고 유지되어 갑니다. 글로마드(Glomad), 즉 글로벌 유목민(global nomad)이 세상을 이끌어갑니다. 인간의 근원적인 직업은 노마드입니다. 인간은 누구나 이방인입니다. 그리고 그들은 걸으면서 꿈꾸는 자입니다.

3. 디아스포라(Diaspora), 恨의 여정

오늘날 삶의 본거지를 송두리째 뽑아서 낯선 곳에 다시 이식하는 국제적 이주가 초국가적으로 진행되고 있습니다. 무지개를 쫓아가는 소년처럼 희망을 품고 새로운 곳을 향하는 이들도 있고, 전쟁과 기아로 인해 자신의 땅에서 강제로 쫓겨난 이들도 있으며, 정치적 이념과 종교적 신념의 차이로 망명을 청하는 이들도 있습니다. 이주에 대한 이유와 목적은 매우 다양해서 어느 하나의 해석으로 설명될 수 없습니다. 아픈 사연도 있고, 무지

30) 다문화주의의 사용, 최종렬 (2017), 서울 : 한국문화사, p.40.

개 같은 희망의 이야기도 있습니다.

국제이주에 대한 지금까지의 주도적인 해석은 신고전학파 이론입니다. 배출-흡인(Push- Pull)이론이라고 알려진 이들의 설명에 따르면, 출생지에서 떠나게 만드는 '배출 요인'과 이들을 특정한 수용 국가에서 끌어들이는 '흡인요인'이 결합된 된 것이 이주의 요인이라고 봅니다.[31] 배출요인은 인구의 증가, 낮은 경제수준과 정치적 억압 등이며, 흡인요인은 노동에 대한 수요, 좋은 경제적 기회 및 정치적 자유 등입니다. 그러나 배출-흡인 모델은 상당한 설득력이 있음에도 불구하고, 왜 특정한 집단의 사람들이 다른 국가가 아니라 특정한 국가로 이주하는지를 설명하지 못합니다. 예를 들어 왜 알제리 사람들은 대부분 독일이 아니라 프랑스로 이주하고, 터키 사람들은 왜 그 반대로 프랑스가 아닌 독일로 이주하는지 설명하지 못합니다. 이처럼 신고전학파의 이주 이론들은 실제 이동을 설명하지 못할 뿐 아니라 미래의 이동도 예측하지 못한다는 지적을 받아왔습니다. 이주자들을 마치 자기가 가고자 하는 지역에 대한 정보를 갖추고 합리적 선택을 할 수 있는 자유를 가지고 있는 것처럼, 시장원리에 따라 자율적으로 행동하는 개인처럼 간주하는 것은 상황을 너무 낭만적으로 보는 견해라는 비판을 받습니다. 사실 대부분의 이주자들은 돈도, 정보도 매우 취약한 상태에서 무작정 떠납니다.

신고전학파의 한계를 메우고자 신경제학파와 마르크스 정치경제학에 뿌리를 둔 종속이론 등이 국제이주를 설명하고자 하였지만 이 역시 부분적 진실을 설명하는데 그치고 있습니다. 최근 주목받고 있는 이론은 초국가주의(transnationalism) 이론입니다.[32] 네트워크 이론에 기반을 둔 초국가주의이론은 전 지구화의 한 측면인 교통수단과 통신 기술의 급속한 성장을 통해 국가

31) Stephen Castles. S, Miller, The Age of Migration, pp.52-64.
32) Stephen Castles. S, Miller, Ibid.

간의 이동이 자유롭게 되었고, 이주자들은 출신지역과 쉽고 빠르게 긴밀한 관계를 유지할 수 있게 되었기에 '탈영토화된 국민국가들'이 등장하게 되었다는 것입니다. 경제적 이유든 정치적 이유든 국제이주는 '바람직하지 않은 상황에서 바람직한 상황으로'의 선택적인 이동이 대부분입니다. 이러한 이동은 결과가 어떻든 주로 개인의 선택이라는 관점에서 이해됩니다. 그러나 역사를 돌이켜보면, 국제이주의 처음은 자신의 의지와는 전혀 상관없는, 마치 꽃씨를 아무 곳에나 뿌려대듯이 사람들을 자기 멋대로 그렇게 뿌려버린 사건으로 시작되었습니다. 우리는 이것을 디아스포라(diaspora)라고 합니다.[33] 그리고 디아스포라는 지금도 진행형입니다.

디아스포라의 역사는 강제로 쫓겨나 떠밀리어 유랑하는 노마드의 이야기입니다. 민족분산(民族分散) 민족이산(民族離散)으로 번역되는 디아스포라의 뜻은 같은 민족성원들이 세계 여러 지역으로 흩어지는 과정을 의미하기도 하고, 분산한 동족들과 그들이 거주하는 장소 또는 공동체를 의미하기도 합니다. 하지만 원래 디아스포라는 그렇게 우울한 뜻은 아닙니다. 고대 그리스인들은 소아시아와 지중해 연안을 무력으로 정복하고 식민지로 삼은 뒤, 그곳에 자국민들을 이주시켜 세력을 확장하였습니다. 이때 디아스포라는 식민지 건설을 의미하는 능동적이고 긍정적인 의미를 가졌습니다.[34] 그러나 이후 디아스포라는 유대인들이

---

33) 유대인의 디아스포라는 영어 대문자 'D'로 시작하여 Diaspora로 표기하는데, 옥스퍼드 영어사전에 따르면 '바빌론 유수이후 팔레스타인 밖에서 흩어져 사는 유대인 거류지', 또는 '팔레스타인 또는 근대 이스라엘 밖에 거주하는 유대인'을 가리킵니다. 어원적으로 디아스포라는 그리스 전치사 dia('over', ~를 넘어)와 동사 spero('to sow', 뿌리다)에서 유래하였습니다.

34) 윤인진 (2004), 코리안 디아스포라 : 재외한인의 이주, 적응, 정체성, 서울 : 고려대학교 출판부, pp.4-7.

자신들의 땅에서 쫓겨나 수 천년동안 전 유럽에 걸쳐 흩어져 살고 있는 유대인 공동체를 말합니다. 우리가 일반적으로 알고 있고 통용하는 디아스포라는 우울하고 슬픈 한(恨)의 이주 이야기로서의 디아스포라, 즉 유대인들의 디아스포라입니다.

유대인의 디아스포라는 기원전 6세기 바벨론 제국의 포로가 되어 끌려간 것이 그 시작입니다. 그 후 서기 65년 끝까지 저항하던 이스라엘이 로마에 의해 완전하게 멸망하게 된 후, 유대인들은 전 유럽에 마치 씨 뿌리듯이 흩어지게 되었습니다. 그때부터 그들은 고향을 떠나 기약도 없는 노마드의 고단한 삶을 시작하게 되었습니다. 디아스포라는 '예루살렘으로부터 추방당한 유대인들'을 상징하여 사용되었고, 그 후 예루살렘 영역을 포함하는 팔레스타인 지역 밖에 전 세계에 거주하는 유대인들을 의미하는 '고전적인 용어'로 일반화되었습니다. 지금도 유대인 1500여만 명 중에서 100만 여명이 전 세계 134개국에 흩어져 살고 있습니다.

그러나 현대에 와서 디아스포라(diaspora)라는 용어는 단지 유대인에게만 한정되어 사용되어지지 않고 유대인들과 같은 운명에 처한 사람들이나 자의든 타의든 자기의 땅을 떠날 수밖에 없는 이들의 이주 공동체를 비유적으로 그렇게 부르기도 합니다. 이제는 이주민, 난민, 이주노동자, 망명자공동체, 소수민족 공동체와 같은 용어도 포함하는 보다 넓은 어원을 가진 의미로서 확대 사용되고 있습니다. 이른바 집단적 노마드의 형태라고 볼 수 있습니다.

디아스포라의 의미가 보다 폭 넓게 사용됨으로써, 디아스포라의 조건에 대해 학자들 간의 다양한 견해가 나오게 되었습니다. 윌리엄 사프란(W. Safran)은 디아스포라의 특징으로 1) 특정한 기원지로부터 외국의 주변적인 장소로의 이동, 2) 모국에 대한 집합적인 기억, 3) 거주국 사회에 수용될 수 있다는 희망의 포기와 그로인한 거주국 사회에서의 소외와 격리, 4) 조상의 모국을 후손들이 결국 돌아갈 진정하고 이상적인 땅으로 보는 견해, 5) 모국에 대한 경제적 정치적 헌신, 6) 모국과의 지속적인 관계 유지의 여섯 가지를 들고 있습니다.[35] 위와 같은 사프란의 디아스포라는 유대인들의 디아스포라 정체성을 그대로 대변하는 듯합니다. 어찌 보면 디아스포라의 정체성은 어디서든 같을 수밖에 없습니다. 그들은 그저 뿌려지고 흩여지는 존재이기 때문입니다.

디아스포라는 완료형이 아니라 아직도 진행형입니다. 사실 인간의 역사는 디아스포라 그 자체입니다. 명 청시대의 중국인들의 디아스포라인 화교들은 아시아 상권의 흐름을 바꾸어 놓았고 노예로 끌려온 아프리카 원주민들의 디아스포라는 오늘날 미국의 정체성에 지대한 영향을 끼쳤습니다. 우리에게도 아픈 디아스포라가 있습니다. 일제강점기의 북간도, 연해주와 거기서 다시 중앙아시아로의 강제 이주로 인한 한민족의 디아스포라가 있었습니다. 가까이는 간호사와 광부들의 독일로의 생계형 디아스포라가 있습니다. 오늘날 전 세계에 한민족의 디아스포라가 흩어져 있습니다.

디아스포라의 삶은 고단하고 서러워도 그들에게는 희망이 있습니다. 쫓겨남과 희망은 디아스포라의 정체성을 이루는 양면입니다. 유대인 디아스포라는 '약속의 땅'에 대한 믿음과 희망이 있습니다. 그것이 있기에 그들은 특별히 고통스러웠던 그들만의 노마드의 삶을 버텨갔습니다. 지금 이 시간에도 한국은 가난한 노마드들에겐 약속의 땅입니다. 코리아 드림이 그것입니다. 한국은 아시아 각지에서 온 노마드인 이주노동자들이 곳곳에 흩

35) William Safran (1991), Disporas in Modern Societies : Myth of Homeland and Return, Diasporas 1, 83-99, Ibid, pp.5-8.

어져 있습니다. 안산과 인천, 대림동 등은 외국인 디아스포라입니다.

이주의 역사는 슬픈 이야기만을 담고 있지 않습니다. 역사적으로 이주는 인류에게 매우 긍정적인 영향을 주기도 하였습니다. 이주는 고향을 떠나 낯선 곳으로 향하는 이주자와 새로 정착한 이주지의 사회 모두에게 역동적인 결과를 만들어 냅니다. 개인에게는 새로운 꿈을 실현하는 기회이기도 하고, 이주민을 받아들이는 사회에서는 그들을 통한 사회의 질적인 발전을 기대하게 됩니다. 역사적으로 그러한 사례들이 많습니다. 미국의 경우가 대표적입니다. 미국이 가장 빠른 시간 안에 세계 최강의 부국이 될 수 있었던 것은, 세계가 혼란스러웠을 때 세계 각지에서 많은 사람들이 기회의 땅인 미국으로 몰려들었기 때문입니다. 이십세기 초에, 값싼 노동력부터 시작해서 최고급의 두뇌들까지 미국으로 유입되었고 미국은 그들의 인적자원으로 인해 최단시간에 최강의 나라가 되었습니다.

우리나라도 같은 경우입니다. 알다시피 북한은 남한에 비해 지하자원이 훨씬 풍부합니다. 그럼에도 불구하고 남한과 북한의 경제력의 차이는 2010년 기준으로 40배 차이가 납니다. 지금은 이보다 더 많은 격차가 납니다. 이 차이는 체제의 차이도 있지만, 한국전쟁 당시 우수한 북한의 인력들이 대거 남으로 몰려들었던 원인이 결정적입니다. 1945년 해방 이후부터 시작해 6.25 전쟁 중에 월남한 인구는 140만 명 정도로 추정돼 같은 기간 월북한 인구 10만 명과는 비교가 안 될 정도로 많았습니다. 북한은 인적자원의 고갈과 거대한 두뇌유출(brain drain) 현상으로 인해 더 이상 발전할 수 없는 상황에 몰렸고, 반대로 남쪽은 인적자원의 과잉으로 역동적인 발전을 할 수 있었습니다. 북한 지력을 고갈시킨 두뇌유출은 결과적으로 남한에서는 지력을 폭발시킨 멜팅팟(melting pot)현상으로 나타나고 이것이 지금의 한국

을 만든 초석이 되었습니다.[36)]

지금은 외국인 노동자들이 국내로 대거 유입되고 있습니다. 국내 거주 외국인이 200만 명을 넘었으니, 우리 국민 중 30명 중 한 명이 새로 들어온 노마드입니다.[37)] 이방인들의 갑작스러운 유입과 그 부작용을 걱정하는 사람들도 물론 많습니다. 그러나 이젠 산업현장에서 이들 없이는 아무 것도 할 수 없는 상황이 되었습니다. 심지어 1차 산업인 농업과 어업마저 이들에게 크게 의존하고 있습니다. 이들은 한국경제의 상당부분을 지탱해 주고 있으며, 우리의 미래는 이들과 분리시켜 생각할 수 없는 상황이 되었습니다.

수치를 보면 우리나라는 전체 인구 중 이민 인구가 차지하는 비율은 아직도 외국에 비해 매우 낮습니다. 미국처럼 이민자들의 국가는 제외하더라도, 이민자의 비율이 호주와 스위스가 27%, 뉴질랜드와 이스라엘이 24%, 캐나다가 20%, 유럽은 7%인데 반하여 한국은 3% 정도입니다. 프랑스의 경우는 이민자의 아들인 사르코지가 대통령으로 당선됐고, 영국의 경우 런던 시장이 이슬람 교도인 파키스탄 사람입니다. 패쇄적인 사회라면 상상할 수도 없는 현상입니다. 들어오고 나가는 문이 자유로운 나라는 그렇지 않은 나라들 보다 발전의 속도가 빠릅니다. 우리 역시 세계 175개국에 700만 명의 한인들이 살고 있습니다. 그들을 통한 한인 네트워크는 우리가 국제사회에서 정치 경제적으로 주도권을 잡는데 기여하고 있습니다.

---

36) 한국경제신문 논설위원실 (2016), 시대의 질문에 답하다, 서울 : 한국경제신문, pp.255-260.

37) 욥케(Joppke 2004)는 국가가 공식적으로 다문화주의를 표방했는지의 여부로 공식적 다문화주의(official multiculturalism)국가와 실질적 다문화주의 (de facto multiculturalism)국가로 구분했습니다. 욥케의 구분에 의하면 우리나라는 실질적 다문화주의 국가입니다.

4. 넘어야 할 산, 민족주의(nationalism)

공존을 위하여 반드시 넘어야 할 산임에도 불구하고 차마 넘지 못하는 산이 있습니다. 민족주의라는 산이 그것입니다. 이 산을 넘으려면 용기기 필요합니다. 민족주의는 합리적 이성이 아닌 뜨거운 감정에 의해 지탱되고 있기 때문입니다. 민족주의라는 산을 넘기 힘든 이유가 여기에 있습니다. 자칫 잘못하다가는 매국노라는 말을 듣기 십상입니다. 민족적 연대감이 강한 사회에서 상대를 정치적으로 올가미 씌우기 가장 좋은 명분은 그를 '반민족주의자'라고 매도하는 것입니다. 오늘날 한국사회가 그렇습니다. '토착 왜구'라는 저급한 신조어는 바로 이러한 정신적 배경에서 나온 것입니다. 한국의 정치상황에서 상대를 정치적으로 공격하기에 가장 효과적인 것은 '친일 프레임'입니다. 민족감정을 자극하는 친일프레임에 걸려들면 누구도 좀처럼 헤어 나오기 쉽지 않습니다.

그러나 산은 넘어야 하고, 넘을 수 있어야 산입니다. 그리고 감히 그 산의 꼭대기에 올라서봐야 밑에서는 미처 보지 못했던 풍경을 볼 수 있습니다. 인식의 새로운 차원이 열리기 때문입니다. **우리는 민족주의라는 산을 넘어야 진실과 공존의 문에 도달할 수 있습니다.** 그 산을 넘어야 비로소 세계인(cosmopolitan)이 됩니다. 세계인이 된다는 것은 세계인의 양심과 의식 및 소양을 갖춘다는 것입니다. 그것은 민족주의에 갇힌 협소한 의식과 양심과는 다른 차원입니다. 세계인은 국가와 민족이라는 틀에 갇힐 수 없습니다. 민족우월성에서 해방되려면 상상 속에서 조작되어진 국가와 민족의 신화가 해체되어야 합니다. 수평적이고 민주적인 소통이 이루어지는 민족 간의 대화나 국가 간의 교류에 신화적 세계관에 사로잡힌 선민의식은 장애가 됩니다.

많은 피압박 민족들에게 민족과 민족주의는 일종의 우상입니다. 우리도 예외는 아닙니다. 그래서 '민족주의자'는 우리에게 마치 최고의 가치를 품고 있는 고결한 사람으로 평가되곤 합니다. 민족이라는 말만 들어도 가슴이 뜨겁고 울컥 하는 사람들도 많습니다. 그러나 냉정히 한 걸음 물러서서 전체를 조망하면 다른 그림이 보입니다. 생각해 보십시오. 잔 다르크(St. Jeanne D'arc)는 프랑스에게는 민족을 구한 영웅이며 성녀입니다. 그러나 영국의 입장에서 보면 그녀는 악녀입니다. 그렇다면 진실은 어디에 있습니까. 민족이라는 진영의 논리로서는 진실을 구분하기 힘듭니다. 진실은 민족보다 더 큰 가치입니다. 진실을 위해서는 안타깝지만 민족을 넘어설 수도 있어야 합니다.

일제강점기 대부분의 일본인들이 자국의 정책을 열렬히 지지하고 있었지만 양심적인 일본 지식인들은 온갖 모멸을 당하면서까지 진실을 지켜왔습니다. 당시의 진실은 일본의 정책을 거부하는 것입니다. 그러나 그것은 쉽지 않은 일입니다. 엄청난 고통을 감수해야만 합니다. 우찌무라 간조(内村鑑三)와 같은 이들이 그런 사람입니다. 히틀러 치하에서의 독일의 양심인들도 역시 그러하였습니다. 디트리히 본훼퍼(D. Bonhoeffer) 목사는 히틀러 암살사건에 관여되어 처형되었습니다.

때로는 진실의 눈을 가리게 하는 가장 강력한 것이 민족입니다. 민족은 집단의 결속력을 강화시키는 긍정적인 차원이 있으나, 반대로 그것으로 인해 울타리 바깥에 있는 다른 민족들을 더욱 효과적으로 증오할 수 있게 하는 부정적 차원도 있습니다. 민족을 위해 죽을 수도 있다는 말은, 거꾸로 말하자면 민족을 위해 다른 민족을 죽일 수도 있다는 말과 같습니다. 칼 포퍼(K. Popper)가 지적하였듯이 민족주의는 탈양심적 집단으로 전락할 수도 있습니다.[38] 잘못하면 우리는 민족이라는 이름으로 반인류

38) Karl Popper, The Open Society and Its Enemies, 이한구 역 (1997), 열

적인 선택을 갈등 없이 하고, 그것에 대한 책임으로부터 자유로운 무책임한 인간으로 전락될 수 있습니다. 민족만큼 개인의 책임을 집단의 책임으로 대치할 수 있는 좋은 핑계거리는 없습니다. 민족주의는 우리로 하여금 윤리적 고뇌가 있는 개인이 아닌, 집단의 함성 속에 묻혀있는 꼭두각시로 만들기도 합니다. 의식있는 많은 지식인들은 민족과 민족주의의 우상화에 대해 경계합니다. 마르크스(K. Marx)도 그 중의 한 사람입니다. 그는 민족과 민족주의를 혐오했습니다. 그에게 중요한 것은 계급이지 민족이 아닙니다. 그에 의하면 민족은 혁명을 가로막는 심각한 장애물입니다. 이렇듯 좌든 우든 민족주의의 수구적이며 배타적인 운동방향을 우려합니다.

놀랍게도 영원한 진리체 같았던 민족 또는 민족주의와 같은 집단의식은 18-19세기의 근대적 산물입니다. 민족주의는 오래전부터 있었던 집단 감정이 아닙니다. 민족주의의 역사는 아주 짧습니다. 근대 이전에는 자연적인 혈연 공동체는 있었으나, 민족 또는 민족주의는 없었습니다. 일반인들의 상식과는 반대로 민족주의는 자연적이고 항구적인 요소가 아니며 인간의 혈통과 생물학에 뿌리를 두고 있지도 않습니다. 더욱이 민족은 항구적 형제애를 지탱해주는 연결고리도 아닙니다. 20세기 후반 유고가 해체된 후 세르비아에 의한 보스니아의 인종청소는 사실은 같은 민족 사이에 벌어진 비극입니다. 세르비아인도 보스니아인도 모두 슬라브족입니다. 우리 역시 아픈 기억이 있습니다. 같은 민족임에도 불구하고 남과 북이 원수처럼 싸운 적이 있고 아직도 화해하지 못한 채 서로를 주적(主敵)으로 경계하고 있습니다. 이처럼 민족은 따뜻한 것만이 아닙니다. 오히려 역사는 민족을 앞세운 죄악들을 고발하기에도 숨이 가쁩니다. 민족은 사람들에

린사회와 그 적들 2, 서울 : 민음사, p.84.

게 광기에 찬 배타적 호전성을 심어주었습니다. 오죽했으면 칼 포퍼와 같은 이들은 혈통을 앞세우는 모든 민족주의는 죄악이라고까지 했겠습니까.[39)]

세계 어디서든 민족의식은 오래된 집단의식이 아닙니다. 이전에는 민족, 민족주의라는 개념이 아예 없었습니다. 19세기에 이르러서야 유럽 국가들은 '민족국가'로 전환되었고, 유럽과 아메리카에서 사람들이 스스로를 민족과 동일시하고 자신들의 생사를 민족의 존망과 직결시켜 생각하게 된 것은 18-19세기, 아시아와 아프리카에서는 조금 늦게 20세기에 들어와서의 일입니다.[40)] 우리나라의 3.1운동이 이시기에 일어난 것 역시 당시의 시대적 흐름과 무관하지 않습니다. 한 민족의 언어가 그 역사와 동일시되는 현상 역시 19세기에 유럽의 단일 국가들이 형성되는 과정에서 비롯된 것입니다.[41)] 이때부터 민족주의는 대중의 감정과 마음을 지배해 왔습니다. 근대 이후 민족주의는 인간의 공적, 사적 생활을 규정하면서 집단의 공인된 감정으로 자리 잡았습니다. 20세기는 전 인류가 동일한 정치적 태도, 즉 민족주의를 국민적 이념으로 승인하고 있었던 역사상 초유의 시대였습니다. 민족주의가 절대선의 가치를 갖게 된 것이지요. 민족주의는 본질적으로 국가가 민족의 도구로 전도되고 시민이 민족의 구성원과 동일시되는 현상입니다.[42)]

---

39) K. Popper, The Lesson of this Century, 이상헌 역 (2000), 우리는 20세기에서 무엇을 배울 수 있나, 서울 : 생각의 나무, p.10.

40) 유럽에서 근대 초기, 정확히 17세기 말에야 '민족적 성격'을 가져 남과 구별되고 공통의 정체성을 갖는 인구라는 관념이 유럽의 일부 교육받은 계급 사이에 퍼지게 되었습니다. Anthony D. Smith, The Ethnic Origins of Nations, 이재석 역 (2018), 민족의 인종적 기원, 서울 : 그린비출판사, p.41.

41) Spencer Wells, The Journey of Man : A Genetic Odyssey, 황수연 역 (2007), 서울 : 사이언스북스, p.344.

민족주의는 근대의 정치상황과 밀접한 연관을 가지고 생겨났습니다. 근대화가 진행되고 동시에 각 나라마다 치열하게 경쟁하는 과정에서 자국민을 효과적으로 결집시키기 위해 **'고안되어진 것'**이 민족입니다. 즉 소규모 집단이 아닌, 수백만 명의 사람들을 모으고 그들에게 충성을 얻어내기 위한 도구로서의 민족이 고안된 것입니다. **즉 민족의식이란 정치적 목적을 위해 인위적으로 만든 집단의식 및 집단감정입니다.** 베네딕트 엔더슨(B. Anderson)에 의하면 민족이란 **상상된 공동체**(imagined communities)입니다.[43] 실체의 공동체가 아닌 상상의 공동체입니다. 그에 따르면 단일민족이라는 인종적 정체성은 대부분은 '인위적'으로 구성된 것이며 역사적으로 발전된 것이지 결코 객관적이거나 의학적인 특징에 근거하고 있는 것은 아닙니다. 인종적 정체성이란 언제나 있어왔던 것이 아니라 '만들어지고' '고안되어진 것'입니다.

세상에 단일민족이란 없습니다.[44] 거듭 말하지만, 엔더슨의

42) Hannah Arendt, The Origins of totalitarianism, 이진우, 박미애 역 (2019), 전체주의의 기원, 파주 : 한길사, p.433.

43) Benedict Anderson, Imagined Communites, 서지원 역 (2018), 상상된 공동체, 서울 : 도서출판 길, pp.24-28.

44) 우리 한국인들은 스스로 단일 민족이라고 주장하지만 연구에 의하면, 그것은 완전한 착각입니다. 경주 최씨인 최준호 기자가 자신의 핏줄에 대한 심층 취재를 했습니다. 그는 대대로 경북 경주 남산 자락에서만 살아온 토종 경주 최가, 통일신라시대 대학자 최치원의 32세 손입니다. 그의 DNA 분석 결과가 충격적입니다. 그의 피 속에는 한국 48, 일본 25, 중국 26% 섞여 있었습니다. 단일 민족은 없었습니다. 배달의 민족, 단군할아버지 자손, '토종 한국인'이란 사람들의 혈통은 한국·중국·일본, 3국의 혼혈이었습니다. 여기에 전부는 아니지만, 몽골 혈통도 살짝 섞여있다고 합니다. 중국인과 일본인도 크게 다르지 않습니다. 그들 모두 혈통 구성비의 중심은 역시 한·중·일입니다. 실험과 분석을 책임진 이원다이애그노믹스 배진식 소장에 의하면 "한국인의 DNA를 분석해보면 대부분 한국을 중심으로 중국과 일본 혈통이 섞여 있고, 구성비가 작긴 하지만 몽골 등 북방민족 혈통도 들어있다"고 합니다. "한국, 중국, 일본인들의 조상을 거슬러 올라가다 보면 큰 줄기에서 만나게 된다는 얘기"라는 것입

지적대로 민족은 상상된(immagined) 공동체입니다. 사실 고대의 마을들을 제외한 모든 공동체는 결국 '상상의 공동체'입니다. 생각해 보십시오. 아무리 작은 민족이라 할지라도 구성원들 각자는 서로 알거나 만나보지 못합니다. 서로에 대한 얘기를 들어볼 일조차도 거의 없습니다. 그럼에도 불구하고 각자의 가슴속에는 민족적 교감(communion)에 대한 심상이 살아 숨 쉬고 있습니다. 참 신기한 일입니다. 이러한 상황을 빗대어 어니스트 겔너(E. Gellner)는 "민족주의는 민족이 없는 곳에서 민족을 발명해낸다"고 시니컬하게 지적합니다. 민족주의가 상상되었다는 것은 거투르드 스타인(G. Stein)이 말한 것으로 충분합니다. 그는 빗대어서 다음과 같이 말합니다. '거기에는 거기가 없더라'(there is no there there).[45] '민족에는 민족이 없다'는 것을 비꼬아 말하는 것이지요. 민족과 민족주의는 '허구'라는 것입니다. 심지어 탈식민지 운동을 주도한 민족주의자 프란츠 파농(F. Fanon)마저 민족의식이란 속이 비어있는 껍데기일 뿐이라고 몰아세웠습니다.[46]

톰 네언(T. Nairn) 처럼 민족주의에 호의적인 연구자조차도 민족주의에 대해 다음과 같이 말할 정도입니다. 그는 "민족주의는 근대 역사 발전의 병리적 증상으로 개인의 신경증만큼이나 빠져나오기 힘든 것"이라고 정의하고 있습니다.[47] 인정하든 인정

니다. 고려시절 몽고 침입과 조선 임진왜란 때 영향도 일부 없진 않았을 것으로 추측된다는 게 배소장의 판단입니다. 오천년 역사 동안 수많은 전쟁을 겪어온 민족이 어떻게 혈통적으로 순수할 수 있겠습니까. 그렇게 믿고 싶은 믿음이 그러한 신념체계를 만들었을 뿐입니다. 더구나 '거리의 종말'의 시대인 세계화 시대에 순종성에 대한 자부심은 너무도 뒤떨어진 생각입니다. 스스로 고립을 자초하는 것이며, 동시에 타인을 폭력적으로 대하겠다는 은밀한 선언이기도 합니다.

45) Benedict Anderson, Ibid., 25.

46) Frantz Fanon, Les damnés de la terre, 남경태 역 (2010), 대지의 저주받은 사람들, 서울 : 그린 비출판사, p.157.

47) Benedict Anderson, op.cit., p.25.

하지 않든 이들의 지적은 상당한 진실을 내포하고 있습니다. 생각해보십시오. 사실 대면 접촉으로 이루어진 원초적인 촌락보다 큰 공동체는 전부 상상된 것일 수밖에 없습니다. 꾸며낸 '인위적 공동체'라는 것입니다.

과학적 연구 결과에 의하면 인간이 대면 접촉으로 관계를 유지할 수 있는 자연적 규모는 150명이라는 것이 밝혀졌습니다. 인간이 형성하는 무리의 자연적 크기에 대해서는 로빈 던바(R. Dunbar)가 확립한 '던바의 법칙'이 유명합니다. 던바의 법칙, '던바의 수(Dunber Number)'로 불리는 이론에 따르면, 150명이 넘는 사람들과 친밀하게 알고 지내며 효과적으로 교제할 수 있는 보통 사람은 거의 없습니다. 인간이 면대면으로 관계를 유지할 수 있는 임계치가 150명이라는 것입니다.[48] 그러니 민족이라는 것이 상상된 공동체가 아니고 무엇이겠습니까. 민족의 단위는 수만, 수십만에서부터 시작하여 수천만 또는 수억 명에 이를 수도 있는데, 이들이 어찌 서로 알고 관계를 맺는 사이라고 할 수 있겠습니까. 이들이 인위적으로 만들어진 공동체가 아니고 무엇이겠습니까.

그럼에도 불구하고 그들은 뜨겁게 하나가 됩니다. 서로에 대해서 완벽히 모름에도 불구하고 공통의 감정을 공유합니다. 그 이유는 다음과 같습니다. 집단 결속력이 극도로 강했던 중세의 마법에서 풀려나온 후, 사람들은 종교와 마을공동체가 주었던 안정감과 유대감이 흔들리자 그들을 묶어줄 새로운 대체재를 찾기 시작했습니다. 인간은 누구나 소속본능이 있기에 본능적으로 집단 안에 있고 싶어 합니다. 그런 그들을 이전과는 전혀 다른 새로운 틀로 묶은 것이 민족입니다. 그리고 그러한 집단의식이 민족의식입니다. 엔더슨에 의하면 종교 공동체가 해체된 후 그 공백을 메우기 위해 민족이라는 공동체가 상상되었습니다.

48) Robin Dunbar, How many friends does one person need? pp.40-44.

따라서 서구사회에서 민족의 부상은 종교, 즉 기독교의 쇠락과 밀접한 관계가 있습니다. 신의 이름으로 질서를 유지해 왔던 교회의 힘이 세속화에 의해 그 권능을 상실하면서 사람들은 자유인이 되었습니다. 이러한 상황에서 종교를 대신하여 그들을 재결합시키고 묶어 낸 것이 민족입니다.

그렇다면 어떤 힘이 이들을 결속시켜 냈을까요. 신앙이 아닌 무엇이 이들을 하나로 엮어내었을까요. 그것은 **'상상된 이야기'** 때문입니다. 전혀 누구인지도 모르는 이들이 서로 교감하고 정체성을 유지하며 공통의 관심과 목표를 가질 수 있는 것은 바로 '상상된 이야기'에 의해서 하나가 되었기 때문입니다. 신화와 같은 것이 상상된 이야기의 대표적인 사례입니다.[49] 우리의 경우 단군의 자손이라는 것 하나 만으로도 한국인의 정체성을 유지합니다. 그러나 실제로는 같은 민족이라고 해서 피가 같거나 얼굴색이 같은 것은 아닙니다. 민족은 생물학적 공동체가 아닙니다. 달라도 너무나 다른 사람들이 하나의 정체성과 지향점을 갖는 것은 철저하게 상상된 이야기, 즉 꾸며진 이야기에 의해 묶여진 것입니다. 그러한 차원에서 엔더슨이 민족은 '상상된 공동체'라고 말한 것은 너무도 적절합니다.

그러므로 민족은 가짜냐 진짜냐가 아니라, '어떤 스타일로 상상'되었는가를 기준으로 구별해야 합니다. 어차피 민족은 상상된 공동체라고 한다면, 어떤 상상에 의해서 묶여 졌는지가 중요합니다. 유대인들은 자기 민족이 신에 의해 선택된 백성이라고

49) 신화는 문화에 따라 다양한 모습을 보입니다. "신화는 가시적인 세계의 배후를 설명하는 메타포이다. 그러니 이 신화의 전통이라고 하는 것은 각 문화권에 따라 다르다. 다른 까닭은 각 문화권에 따라 마땅히 자각하여야 할 삶 자체의 양상이 서로 다르기 때문이다" Joseph Cambell, Bill Moyers, The Power of Myth, 이윤기 역 (2017), 신화의 힘, 파주 : 21세기 북스, p.18.

상상했으며, 독일인들은 자신들을 세계의 구원자로 상상하였습니다. 나라마다 각자의 정치적 이해에 따라 상상의 내용이 다릅니다.[50) 물론 그것은 자신들이 결정할 몫이지만, 그들이 어떤 상상을 하느냐에 따라서 주변 국가들과의 관계, 더 나아가서 세계평화와 공존에 심각한 영향을 미칩니다. 예를 들어 독일인들이 자신들이야말로 세계의 구원자적 사명을 받은 공동체라고 상상했을 때, 그 상상에 기초한 민족주의는 반드시 폭력적이 될 수밖에 없습니다. 로마에 의한 평화(Pax Romana)처럼, 독일 민족인 아리안족에 의한 세계평화는 힘에 의한 평화일 수밖에 없습니다. 아리안족의 위대한 미션을 수행하기 위해서 걸림돌이 되는 것은 모두 제거의 대상이 되어야 됩니다. 유대인과 집시들은 물론 자국민일지라도 열등한 지적장애인들은 가스실에 보내져야 했습니다. 아리안족의 영광을 가리기 때문입니다.

일본의 경우도 마찬가지입니다. 전쟁의 원인은 정치적, 경제적 이해관계 때문일지라도, 그들을 하나로 묶어 호전적이게 만드는 것은 바로 공동체가 만들어낸 '상상의 이야기'입니다. 그렇다면 민족주의는 부정적 차원만 있을까요? 그렇지 않습니다. 한스 콘(H. Kohn)은 민족주의를 동방형과 서방형으로 구분합니다.[51)] 독일처럼 배타적이며 호전적이고 혈통적 과거지향적 민족주의를 **동방형 민족주의**, 후진적 민족주의라고 규정합니다. 이것은 자유와 인권, 평등 그리고 미래지향적인 가치로 엮여진 **서방형 민족주의**와는 대비되는 것입니다. 서방형 민족주의를 프랑스형(形) 민족주의라고 합니다.

따라서 민족은 어떠한 성격의 이야기로 상상되었는지가 매우

50) 상상의 공통분모가 있습니다. 모든 민족은 제한적(limited)인 것으로 상상되고, 주권을 가진(sovereign)것으로 상상되며, 또한 공동체로서 상상됩니다. Benedict Anderson, Imagined Communites, pp.27-28.

51) 백낙청 편역 (1981),민족주의란 무엇인가, H. Kohn의 민족주의의 개념, 서울 : 창작과비평사, 제1부 제1장,

중요합니다. 모든 민족은 항상 깨어있어서 자신들의 민족주의가 무엇을 지향하고 있는지 감시해야 합니다. 재미있는 것은 민족은 마취제와 같아서 각각의 민족 내에서 실제로 횡행하고 있을 법한 불평등과 부조리의 모순에는 눈을 감습니다.[52)]같은 민족이기에 눈감아줍니다. 불평등의 모순과는 상관없이, 민족은 언제나 깊은 수평적 동지애의 모습으로 그려집니다. 즉 민족이라는 이름 앞에는 중산층과 서민층의 구분이 따로 없으며, 부르주아도 노동자도 같은 마음입니다. 민족 앞에는 계급의 차이로 인한 갈등마저 녹아버립니다. 마르크스(K. Marx)가 민족주의를 경계한 것은 바로 이 때문입니다. 혁명은 계급 사이의 괴리에서 비롯되는 것인데 민족주의는 이러한 갈등을 희석시킨다는 것입니다.

민족은 두 개의 얼굴을 갖고 있습니다. 해방의 얼굴과 억압의 얼굴이 그것입니다. 한스 콘(H. Kohn)이 구분한 민족주의의 두 차원, 즉 동방형, 후진적 민족주의가 억압의 민족주의라면, 자유와 인권과 평등적 가치에서 발원한 서방형 민족주의는 해방의 민족주의입니다. 동방형 민족주의의 대표적인 사례는 독일형 민족주의입니다. 자민족의 우월감에 도취되어 인종차별적 이야기를 거침없이 꾸며내고, 자신들에 의해 세계가 구원되고 정화된다고 믿는 민족주의입니다. 이것은 억압의 이데올로기로 작동합니다. 반면에 서방형 민족주의의 대표적인 사례는 프랑스형 민족주의입니다. 그것은 자유와 독립과 공존의 가치에 기반한 민

---

52) 최근 우리사회에 충격을 주고 있는 사건, 위안부 할머니의 증언으로 촉발된 위안부 지원단체인 '정의 기억 연대'의 윤미향 전 이사장과 재단 운영자들의 불미스러운 일들도, 민족감정에 도취되어 있는 이들은 애써 덮어 주려고 합니다. 그 이유는 그들이 하는 일이 민족과 관계된 것이기 때문입니다. 잘못된 민족주의는 진실과 정의 같은 숭고한 가치를 조금의 거리낌 없이 외면하거나 왜곡합니다.

족주의이며 궁극적으로 평화와 해방을 지향하고 있습니다.

그러나 민족의 성격을 이루는 '상상된 이야기'는 영원히 불변하지 않는 것이 아니라 공동체가 처한 상황에 따라서 변하기도 합니다. 경우에 따라 이중적 잣대와 가치를 갖기도 합니다. 예를 들어 자유, 평등, 박애를 기치로 한 프랑스 혁명으로 탄생된 프랑스 민족주의는 인류의 보편적 가치를 지향했습니다. 그러나 프랑스가 지배하고 있던 수많은 식민지에는 그러한 보편적 가치가 적용되지 않았습니다. 그곳에는 억압과 착취와 인권유린만 있었을 뿐입니다. 이것이 민족주의의 두 얼굴이며 민낯입니다.

민족은 생동하는 역사적 힘의 소산입니다. 따라서 끊임없이 변동하는 것이지 결코 고정되어 있는 것이 아닙니다. 그러기에 민족을 정의 내리기는 쉽지 않습니다. 비록 각 민족은 대개 같은 혈통, 언어, 영토, 정치적 실체, 관습, 전통, 종교 등과 같이 다른 민족과 구별되는 일정한 객관적인 여러 요소를 가지고 있지만, 그와 같은 여러 요소 가운데 어느 하나도 민족의 실체나 정의에 본질적인 것이 되지 못합니다. 혈통이나 언어와 같은 객관적인 여러 요소가 민족을 형성하는 데 중요하기는 하지만, 가장 본질적인 요소는 구성원들의 적극적인 **'소속 의사'**입니다. 민족주의와 민족의식은 바로 이 소속 의사를 가리킵니다.[53] 그것은 구성원의 대다수를 하나로 묶고 있고, 나아가서는 공동체 전체의 통합을 요구하는 하나의 심리 상태입니다. 민족 정체성은

53) 민족주의에 대한 다양한 정의가 존재하지만, 가장 명쾌하면서도 일반적으로 받아들여지고 있는 것은 어니스트 겔너(E. Gellner)의 정의로 보입니다. 그는 민족주의를 정치적 단위와 민족적 단위가 일치해야 한다는 정치의 원리(political principle)로 정의합니다. 즉 민족(nation)과 국가(state)가 일치하는 '하나의 공동체'로서 민족국가(nation-state)를 건설하고자 하는 정치적 운동이나 의지로 볼 수 있다는 것입니다. Ernest Gellner, Nations and Nationalism, 최한우 역 (2009), 민족과 민족주의 : 역사를 보는 새로운 관점, 서울 : 한반도국제대학원대학교출판부

언제나 진행 중입니다. 정체성은 그것의 생성 과정에서 혹은 사회적 물질적 시간적 공간적 맥락에 따라 언제나 재구성됩니다. 르낭(E. Renan)이 말한 것처럼 민족이 계속 존재할 지의 여부는 '매일 매일의 국민 결의(투표)'에 달려 있습니다. 민족이란 피에 의해 지탱되는 것이 아닙니다.

정체성은 타인 또는 다른 집단과 구별되는 차이를 인지함으로써 형성됩니다. 하지만 정체성의 진정한 의미는 **타인 또는 타집단과의 지속적인 일체화**에 있습니다. 타인 또는 타집단과 계속하여 배타적으로 분리하려는 것은 정체성이 아닙니다. 민족의 정체성을 회복하자는 말은 자기들끼리 똘똘 뭉치자는 뜻이 아니라 이웃과의 공존에 기여하라는 뜻입니다. 민족정체성은 다른 민족에 대한 배타성의 구현이 아닙니다. 우리는 고립되고 폐쇄된 공간속에서 공유되는 공통의 의식을 정체성이라고 혼동하는 이들이 많습니다. 정체성은 오히려 그것과는 다른 차원입니다. 스튜어트 홀(S. Hall)은 정체성의 가장 중요한 요소로 **변화가능성**을 지적합니다.[54)]

한 국가와 사회의 구성원이 지닌 자기 인식의 표현인 정체성은 불변하는 보편적 개념이 아닙니다. 오히려 정체성은 상황과 환경에 따라 상당히 유동적이고 가변적인 개념이라는 것을 인식해야 합니다. 정체성을 불변의 개념으로 인식할 때 차이와 다름 대신에 차별과 편견이 자리하게 됩니다. 진정한 의미의 민족정체성은 "우리가 누구인가", "어디서 왔는가"의 문제가 아니라 **"무엇이 될 것인가"**의 문제인 것입니다.[55)]거듭 강조하지만 정체성이란 원래부터 있었던 고정 불변한 실체가 아닙니다. 자크 라

54) Stuart Hall, Selection and editorial matter, 임영호 역 (2015), 문화, 이데올로기. 정체성 : 스튜어트 홀 선집, 서울 : 컬처룩, p.19.

55) Stuart Hall, Ibid.

캉(J. Lacan)의 욕망이론 중에는 '거울 단계'가 있습니다. 어린 아이가 자신이 상상하는 모습과 거울에 비친 실제의 모습을 서로 비교하면서 정체성을 형성한다는 뜻입니다.[56] 만약 상상한 모습만을 가진 채로 거울에 비친 모습을 거부한다면, 어린 아이는 어떻게 될까요. 현실을 못보고 자신이 상상한 세계에만 빠진 나르시스트가 되겠지요. 여기서 거울이란 바로 타자를 이야기한다고 볼 수 있습니다. 거울에 비친 자신을 바라보아야 하듯이, 타자에게 비친 자신의 모습을 참고해야만 자신의 정체성이 올바르게 형성된다는 뜻입니다.

마찬가지입니다. 민족, 인종, 문화, 성 등의 정체성은 타자와의 관계 속에서 형성됩니다. 타자가 없으면 자기도 구성될 수 없습니다. 타자와 무관하게 자기만의 독특한 정체성이 본래부터 존재한다고 생각하는 것이 본질주의의 입장인데 이것은 허구입니다. 본질주의자들이 주로 편집증이나 나르시즘에 빠진다고 비판 받는 이유가 그것입니다. 변화는 진보의 동의어가 아닙니다. 앞으로 정체성을 묻는 질문은 '나는 누구인가'가 아니라, '나는 어디로 가고 있는가' '무엇이 되어 가고 있는가'가 되어야 할 것입니다. 우리는 민족주의에 대한 성숙한 관점과 이해가 있어야 합니다. 이제 우리도 유엔이 정한 기준에 의하면 다문화 사회에 진입했습니다. 배타적 민족주의가 다문화 사회의 걸림돌이 되어서는 안 됩니다. 민족과 민족주의에 대한 과거 지향적이고 폐쇄적인 이해는 다문화사회의 가장 큰 장애물입니다.

56) 양석원 (2018), 욕망의 윤리 : 라캉 정신분석과 예술, 정치, 철학, 파주 : 한길사, pp.115-118.

5. 민족주의와 다문화

정치인들 사이에 암묵적으로 인정된 슬픈 농담이 하나 있습니다. 그것은 '민족을 자주 들먹이는 사람은 거의 사기꾼이거나 선동꾼일 가능성이 높다'는 말입니다. 그 이유는 사람을 흥분시키는 선동의 소재로써 민족주의만큼 좋은 것이 없기 때문입니다.[57] 많은 이들이 민족이라는 말 하나만으로 쉽게 가슴을 내어줍니다. 민족 앞에는 건전한 이성적 사고가 정지되곤 합니다. 그래서 우리는 너무 쉽고 자연스럽게 민족이라는 이름으로 '집단 악'에 가담하게 됩니다. 민족을 강조하면 할수록 배타적이고 공격적으로 되기 때문입니다. 개인적으로는 높은 차원의 교양과 도덕을 갖춘 사람도 민족이라는 우상 앞에는 증오와 같은 원초적인 감정을 여과 없이 노출시킵니다. 민족주의는 각 민족의 개별적 가치에 호소하기에, 민족주의에 대한 과도한 집착은 인류적이며 보편적인 가치를 훼손할 수 있습니다. 민족과 관계된 종교도 마찬가지입니다. 민족을 기반으로 한 종교의 교리를 보면 최후 마지막 구원의 날에 다른 민족은 초대되지 않습니다.

---

57) 연구자들에 의하면, 인간에게 동조와 공감의 강도는 그것의 내용에 의해 결정되는 것이 아니라, 대상에 의해 결정됩니다. 즉 상대가 외집단이냐 내집단이냐에 의해 좌우된다는 겁니다. 백인은 외집단인 흑인이 고통 받을 때보다 내집단인 백인이 고통 받을 때 더 큰 정서적 반응을 보였고, 흑인도 역시 그러했습니다. 똑 같은 상황에도 그것에 대한 정서적 반응이 내집단인 같은 민족의 경우와 외집단인 다른 민족의 경우가 다릅니다. 이러한 현상은 신경과학으로도 입증되었습니다. 강한 자기장으로 뇌의 표면에 전류를 발생시켜 뇌세포를 자극하는 '경두개자기자극술(transcranial magnetic stimulation, TMS)'로 감각 운동 부위를 분석해 봤더니, 은연중에 인종 차별적 태도를 갖고 있는 백인(또는 흑인)은 다른 인종의 고통에 덜 공감했습니다. 반면, 같은 인종의 고통에 훨씬 더 많이 공감했습니다. 이것은 인종과 민족이 얼마나 감정적으로 조작될 수 있는지 보여줍니다./ 장대익 (2018), 울트라 소설-사피엔스에 새겨진 '초사회성'의 비밀, pp.231-232.

이처럼 인류 보편성과 민족주의는 대부분 상충됩니다. 민족주의는 자민족에게는 무한한 긍지와 자부심을 주고, 구성원을 하나로 묶어내는 역할을 하지만, 반면에 다른 민족에게는 공존이 아닌 공격적 배타성으로 대립합니다. 민족이라는 동질성에 대한 믿음은 이방인을 받아들이기는커녕 오히려 억압하고 정복하는 지배이데올로기로 변질될 위험이 있습니다. 실제로 역사는 그것을 증언하고 있습니다. 결국 민족의식이란 엔서니 D. 스미스(Anthony D, Smith)가 정의하는 것처럼, 차별과 배제의 결과라고 할 수 있는 경계선 긋기(boundary delineation)를 통한 집단적 자기인식(collective self-definition)일 뿐입니다.[58]

상황을 더욱 어렵게 만드는 것은 민족주의는 '민족문화'를 전제하고 있다는 사실입니다. 민족에 대한 강조는 자연히 자신의 문화에 대한 애착으로 표현됩니다. 이것이 민족주의가 다문화 사회와 쉽게 대화하고 화해하기 힘든 이유입니다. 민족주의 정신이 강하게 압박하는 사회는 다문화 사회를 수용하기 매우 힘든 구조가 됩니다. 여기서는 문화충격으로 인한 갈등의 골이 쉽게 치유되지 않습니다. 우리나라가 대표적인 경우입니다. 그러나 창문을 모두 닫는다고 아침이 안 오는 것은 아닙니다.

앞에서 언급했듯이 민족주의는 근대적 개념입니다. 동 서양을 막론하고 고대 및 중세사회에서 민족은 존재하지 않았습니다. 수 천 년의 역사 동안 한 민족을 이루어 함께 살아왔다는 주장은 현재의 위치에서 자기의 민족을 미화하는 신화에 불과합니다. 단일민족이라는 것은 허구입니다.[59] 신라사람과 백제사람은

---

58) Anthony D. Smith, Ethno : symbolism and nationalism, 김인중 역, 2016, 족류-상징주의와 민족주의, 파주 : 아카넷, p.111.

59) 한국인의 DNA를 분석하면 거의 예외 없이 한·중·일 3개국의 유전자가 들어있습니다. 이원다이애그노믹스(EDGC)의 배진식 연구소장의 DNA 분석결과는 한국 46.26%, 일본 26.54%, 중국 26.01%, 몽골 1.19%입니

서로 같은 민족이라고 생각하지 않았습니다. 그들을 같은 민족으로 엮은 것은 '지금의 관점'입니다. 당시에 그들은 서로에게 철저히 이질적인 존재였습니다. 역사학이라는 것 자체가 과거의 사실에 대한 현재적 재구성일 뿐입니다.[60)]

오랫동안 인간은 자기 마을의 범주를 넘어서 생각할 수 없었습니다. 인간은 자기 마을에 대한 지방적 정체성은 있어도 그보다 넓은 범위의 민족적 정체성은 없었습니다. 사람들은 향촌을 지키기 위해 싸웠어도, 민족을 위해 싸우지 않았습니다. 민족이라는 개념이 그들에게는 없었기 때문입니다. 그러나 근대의 정치상황은 모든 것을 바꾸어 놓았습니다. 어네스트 겔러(E. Gellner)에 의하면 민족주의의 태동은 근대적 산업화에 필요한 대규모의 교육받은 계층을 만들어내려는 필요에 의해서 발생했습니다. 즉 각 나라마다 산업화에 필요한 인구를 확보해야 하는데 마을의 규모는 너무 작고 인류공동체는 너무 크기 때문에 그 중간 단계의 민족공동체가 선택되었다는 겁니다.

이처럼 민족의 태동은 근대자본주의의 발전과 긴밀한 관계가 있습니다. 자본주의 산업체계를 도입한 근대국가는 **'우리'**라는 의식을 공유한 애국심이 있는 자유로운 임금노동자를 필요로 하게 됩니다. 신분에 얽매여 있는 노동자가 아닌 자유로운 신분

다. 몽골 DNA는 다시 몽골리아 0.82%, 키르기즈스탄 0.27%, 카자흐스탄 0.11%로 세분됐습니다. 조상찾기 서비스 책임자인 권혁중 수석연구원도 배 소장과 유사했습니다. 한국 48.61%, 일본 30.39%, 중국 19.95%, 몽골 1.04%(몽골리아 0.73%, 키르기즈스탄 0.24%, 카자흐스탄 0.07%). 배 소장은 충북 보은이, 권 수석연구원은 전북 정읍이 대대로 살아온 고향입니다. 중국인도 크게 다르지 않았습니다. 베이징 출신의 중국인 직원 장위안은 '중국 62.66%, 한국 17.82%, 일본 6.94%'으로 나타났습니다. 한국인과 차이점이라면 한·중·일 이외에도 동남아 DNA(베트남 9.88%, 미얀마 1.75%, 필리핀 0.93%)가 섞여 있다는 정도입니다. 인터넷 중앙일보, 2019.11.21. 입력판

60) 최성철 (2012), 과거의 파괴 : 19세기 유럽의 반역사적 사상, 서울 : 서강대학교출판부, pp.340-341.

으로 국가에 충성하는 노동자가 절실하게 되었습니다. 그러기에 초기의 민족주의는 진보적 성격을 갖고 있었습니다. '우리'라는 집단의식을 공유하려면 신분제도를 극복해야 했기 때문입니다. 귀족과 평민은 서로를 '우리'라고 생각하지 않습니다. 우리라는 집단의식, 즉 민족의식은 처음에는 평등공동체적 성격을 갖습니다. 이러한 차원에서 민족주의는 민주주의와 밀접한 관계가 있습니다.

문제는 이 과정에서 '차이'와 '차별'의 정치가 생겨난다는 것입니다. **'우리'라는 공동체의식은 '그들'이라는 타자**를 전제로 합니다. '타자'에 대칭되는 개념이 '우리'이기 때문입니다. 비로소 '우리 민족'과 '다른 민족'이 구분되기 시작됩니다. 우리가 여기서 알아야 할 것은, 여러 민족이 이미 있었기에 그들 간의 차이가 있었던 것이 아니라는 사실입니다. 반대로 사람들 간의 차이와 경계를 만들어 놓고 그렇게 구분된 공동체를 민족이라고 했다는 사실입니다. 다시 말해서 공통된 특성 때문에 민족이 생긴 게 아니라, 민족주의가 공통된 특성을 인위적으로 만들어낸 것입니다. 다른 집단과의 차이를 인식하고 형성하면서 자신을 동질적 집단으로 재구성한 것이 민족주의입니다.[61] 여기서부터 '우리'라는 동질성과 '그들'이라는 이질성이 극명하게 대조되게 됩니다. '우리'라는 동질성은 우리와 다른 이질적인 것들을 혐오하고 경계하도록 충동합니다. 그러나 '우리'라는 집단의식으로서의 민족은 엔더슨이 지적하였듯이 '인쇄 자본주의'와 같은 18-19세기의 기술 및 상업의 발전으로부터 성장한 인위적인 가공물일 뿐입니다.[62]

61) 권혁범 (2009), 민족주의는 죄악인가, 서울 : 생각의 나무, p.50.
62) Sarah Maza, Thinking About History, 박원웅 역 (2019), 역사에 대해 생각하기, 서울 : 책과함께, p.81.

민족주의에 기반한 민족국가는 두 개의 경로에 의해 태동됩니다. 하나는 이미 존재하는 국가구성원을 조직하여 민족국가를 형성하는 경우가 있고, 다른 하나는 민족주의 이전부터 같은 혈연적 뿌리에 기초하여 살아온 종족들에 의해 민족국가를 형성하는 경우가 있습니다.[63] 다시 말하면, 처음부터 다양한 인종이 함께 얽혀 살았던 공동체가 근대 이후 그렇게 서로 다양성을 인정하고 같은 민족이라고 **'결의'**함으로써 민족국가가 되는 경우가 있고, 이전부터 혈연적으로 같은 뿌리를 둔 사람들이 자연스럽게 민족국가를 형성하는 경우가 있습니다. 우리나라와 일본과 같은 경우입니다. 전자는 법적-시민적 공동체로서 '시민적 민족(civic nation)'입니다. 반면에 후자는 혈연과 계보적 연대를 강조하는, 즉 역사적-문화적 공동체로서의 '종족적 민족(ethnic nation)입니다.

우리가 지향하는 민족국가는 당연히 전자이어야 합니다. 시민적 민족주의에서는 국가 내의 다양한 집단들이나 혈연적 집단들을 포괄하기 위해서 특정집단에 구속되지 않고, 다른 여러 집단들이 거부감 없이 받아들일 수 있는 새로운 시민적 공통문화의 구성에 합의하게 됩니다. 시민적 민족국가의 형성에서 무엇보다 중요한 것은 문화적 합의(cultural consensus)가 선행되어야 합니다. 즉 시민적 민족주의에서는 모두가 참여할 수 있는 성격의 공공문화(public culture)가 요구됩니다. 여기서 공공문화란 공공 교육제도에 의해 보급되는 표준화된 문화로서 자유와 평등, 국민주권, 국민 참여 등의 근대성을 기반으로 하는 어느 정도 새롭게 창조된 현대문화(modern culture)를 수반합니다. 이것이 진정한 근대적 민족국가의 모습입니다. 어니스트 겔너(E.

63) 종족과 (종족적)민족의 결정적 차이는 '국가구성'에 있습니다. 종족은 민족과 같이 언어, 문화 , 조상 등을 공유하는 집단이지만, 민족과는 달리 자신들만의 국가를 지향하지 않습니다. Ibid. p.46.

Gellner)는 이러한 문화를 고위문화(high culture)라고 지칭합니다.

반면에 같은 혈통의 사람들이 모여서 만든 **종족적 민족국가**는 합의나 계약이 따로 필요 없습니다. 이미 한 식구이기에 식구끼리 공존의 약속을 할 필요가 없습니다. 그러니 자연히 법이 아닌 관습에 의존하게 되고 외부의 물결에 대해서 과도하게 배타적인 모습을 보입니다. 종족적 민족국가는 사회가 **수평축이 아니라 수직축으로 결합**되어 있다고 믿고 싶어 합니다.[64] 그래서 인위적으로 같은 조상과 뿌리를 강조합니다. 독일이 종족적 민족국가의 대표적인 경우입니다. 아리안 혈통이기만 하면 외국에서 수십 년을 살았다 하더라도 독일로 돌아오면 독일인이 될 수 있습니다. 지금은 조금 완화되었지만, 터키인들은 평생 독일에서 살아도 심지어 그 자식조차 독일인이 되지 못했습니다. 종족주의가 강한 일본과 한국도 마찬가지입니다. 이러한 민족국가는 근대적 민족국가의 이상과는 상당한 거리가 있습니다. 앞에서 확인했지만 우리가 추구해야 할 민족국가는 종족적 민족이 아닌 '시민적 정체성'에 기초한 민족국가입니다. 거기에는 다양성에 대한 이해와 공존을 위한 배려가 있습니다.

민족주의의 정수는 해방과 공존입니다. 앤더슨은 실제로 민권운동과 수많은 해방적 운동들이 민족주의의 도움을 받았다고 주장합니다. 따라서 민족주의를 배타적인 이데올로기, 특히 인종주의와 동의어로 생각해서는 안 된다고 단언합니다.[65] 진정한

64) Carolin Emcke, 정지인 역 (2017), 혐오사회 (증오는 어떻게 전염되고 확산되는가), 파주 : 다산초당, p.148.

65) 민족중심주의와 인종주의는 다릅니다. 인종주의는 1.구분되는 인종이 존재하고, 2.어떤 인종은 다른 인종 보다 열등하며, 3.이러한 열등함은 사회적이거나 문화적인 것이 아니라 선천적인 것이며 생물학적으로 결정된 것이라고 믿는 것입니다.

민족주의는 평등한 우애의 사랑, 그것도 자기희생적 사랑에 기초해 있습니다. 건전한 민족주의는 자기 도취되어 타인을 모멸하고 증오하는 인종주의와는 애당초 결이 다릅니다. 문제는 **종족적 민족주의**입니다. 공존을 위협하는 요소들과 다문화의 문제는 바로 여기서 나타납니다. 근대성을 지닌 시민적 민족국가는 애당초 다양성의 기초위에 세워졌기에 당연히 다양성에 대해 우호적이거나 관용적입니다. 그러나 '종족적 민족국가'는 다양성을 수용할만한 토대가 없기에 매우 배타적일 뿐 아니라 이방인들에 대해서 강력한 동화주의 정책을 고수합니다.

이 때문에 오늘날 양식 있는 지식인들은 민족주의에 대해 매우 부정적 입장을 취하고 있습니다. 일부 코스모폴리턴 지식인들은 민족주의가 비록 인종주의는 아닐지라도 적어도 인종주의를 조장한다고 보았으며, 심지어 민족주의를 파시즘 및 나치즘과 거의 같은 것으로 보기도 합니다. 그들의 눈에는 민족주의가 종족 간 분쟁과 인종말살(genocide)을 자극하는 위험요소, 즉 세계를 어지럽히는 병폐들 중에서도 가장 질이 나쁜 악의 근원으로 보입니다. 그들에 의하면 민족주의는 차별과 억압을 정당화하는 교묘한 이데올로기라는 것입니다.[66] 그들의 주장은 역사적 정황에 비추어봤을 때 매우 타당하고 정확한 판단입니다. 실제로 열성적 민족주의자들이 저지른 범행들은 그 이상입니다.

역사가들의 판단에 의하면, 민족주의는 19세기와 20세기에 출현한 반인류적 괴물인 제국주의의 정신적 뿌리입니다. 그만큼 민족주의가 인류에게 기친 해악은 설명할 수 없을 만큼 많습니다. 지금도 광신적 민족 국가주의자들은 동질적이고 본원적이며 순수한 공동체를 이상적인 상태로 설정해놓고, 그런 집단만이 공동체 구성원에게 더 큰 보호와 안정을 줄 수 있다고 선동합니다. 다원적 사회는 공동체의 결속과 단결을 위태롭게 하여 자신

66) Anthony D. Smith, Ethno : symbolism and nationalism, pp.246-247.

들이 소중히 여기는 전통을 점진적으로 전복한다고 주장합니다. 그러나 그들의 주장은 어디에도 지지받지 못합니다. 전통이라는 것 역시 완성된 것이 아니라 만들어져 가는 진행형입니다. 어떠한 전통도 이방의 문화와 정신으로부터 완전히 독립된 것은 없습니다. 서로에게 빚지지 않은 문화나 전통은 없습니다.

그러나 종족적 민족주의 국가들은 '순수 신화'를 유포하여 의도적으로 그러한 사실을 외면합니다. 애당초 없는 '순수'를 지어내어 공동체의 정체성을 유지하려는 몸부림은 종족적 민족주의의 한계입니다. 민족중심주의와 인종주의는 문화 간 교류에 심각한 장애물이 됩니다. 종족적 광신주의자들은 끊임없이 구성원들을 결속시킬 수 있는 뭔가를 공동체의 근거로 내세우곤 합니다. 그것은 대부분 **순수혈통의 강조**와 **이방인에 대한 배제**입니다. 순수의 강조와 '차이에 대한 차별'은 종족적 민족주의 국가들이 자신의 정체성을 유지하기 위해 사용하는 일반적인 수법입니다. 우리나라와 일본이 그러한 배타적인 종족적 민족주의 국가들입니다. 오죽하면 유엔 '인종차별철폐위원회'가 2007년 한국의 '단일민족 이데올로기'가 다양한 인종들 간의 이해와 관용, 우호증진에 장애가 될 수 있다고 비판하며 시정을 요구했겠습니까.[67] 심지어 유엔은 한국정부에게 '단일민족' 신화를 강조하지 말 것을 권고했습니다. 부끄러운 일입니다.

흔히들 유대인들이 강한 혈통적 동질성으로 묶여져 있다고 생각하지만 그것은 완벽한 오해입니다. 그들의 혈통적 순수성은 수천 년 동안 디아스포라의 운명을 겪는 과정에서 물보다 묽어졌습니다. 그들을 하나로 묶는 유대인(Jewish)이란 정체성은 피가 아니라 종교적 문화적 전통에 기반한 것입니다. 실제로 '유대인 안'에는 혈통적으로 보면 비유대인이 적지 않고, 그들 중에서도 유럽계 유대인이 다수를 이루고 있습니다. 이들은 이미

67) 권혁범 (2009), 민족주의는 죄악인가, p.82.

자신들의 뿌리인 중동의 팔레스타인 사람들이 아닙니다. 순혈주의는 자랑할 것이 못됩니다. 그것은 이데올로기일 뿐입니다. 국제적 기준으로 보았을 때 그것은 오히려 국가적 신인도에 부정적인 요소입니다. 그럼에도 불구하고 지금도 우리의 순혈주의 전통에 근거한 민족주의는 해외입양인, 혼혈인, 심지어 같은 종족인 중국동포와 탈북민에게 까지도 정신적 상처를 주고 있습니다.

세상은 이제 빗장을 걸어 잠그고 살 수 있는 단계를 넘어섰습니다. 우리는 마르틴 부버에게서 공존의 지혜를 얻습니다. 마르틴 부버(M. Buber)는 "자기보존과 자기주장을 유일한 과제로 갖고 있는 민족은 세상에 없다. 모든 민족에게는 역사가 부여한 **사명**이 있다."고 말합니다. 부버는 모든 민족이 이 사명을 빨리 깨달아야 한다고 주장합니다.[68] 그것은 공존의 삶입니다.

부버에 의하면 인간의 다른 이름은 **관계**입니다. 그는 공동체란 존재하는 동일성 속에서 다름을 극복하는 것이라고 정의 하였습니다. 부버는 구체적이고 상호적인 포용 경험이 진정한 대화적 관계이기에 추상적 접근을 버리라고 촉구합니다. 구체적이고 상호적인 포용 경험이란, 자신의 가지가 그런 것처럼 다른 가지들 역시 어디서 나와서 어떻게 뻗어나가는지를 체험 할 수 있기 위해 뿌리를 경험하고 체험하는 것을 의미합니다. 뿌리를 추적하다보면 나의 가지와 상대의 가지가 결국 한 뿌리에서 나왔음을 알게 됩니다. 인간은 사실 다른 점보다도 같은 점이 훨씬 더 많습니다. 같은 뿌리에서 나왔기 때문입니다.

십자수의 예를 들어봅시다. 주부들이 취미로 많이들 하는 것입니다. 십자수의 작품을 만들려면 여러 색깔의 실들이 필요합

68) Michael Walzer, Thinking Politically : Essay in Political Theory, 최홍주 역 (2009), 마이클 왈저, 정치철학 에세이, 서울 : 모티브북, p.390.

니다. 다양한 칼라의 색들이 조화를 이루어 작품이 만들어집니다. 세계평화와 민족들의 관계가 이러해야 합니다. 서로 다른 실들처럼 민족 역시 수 없이 다르지만, 그러나 세계평화라는 공통의 비전을 위해서 각 민족은 자신의 위치에서 사명을 다해야 합니다. 마르틴 부버와 의식 있는 많은 지식인들은 이러한 구상을 했습니다. 그들은 모든 민족을 인위적으로 통합하려하지 않았습니다. 각자의 색깔로 인류에 기여하기를 희망했습니다. **다른 색깔은 배타성의 상징이 아니라 조화의 상징**입니다.

민족이 자기 보존이라는 이기적 본능에서 벗어나 공존의 삶을 위하여 나름의 기여와 헌신을 할 수 있다면 그것은 아름다운 민족주의가 될 것입니다. 다문화주의를 수용하지 않을 수 없는 현실을 감안한다면, 자신의 문화를 바탕으로 하면서 대화를 통해 서로 인정을 해야 합니다. 테일러는 그러한 차원에서 인정의 정치학(politics of recognition)을 주장합니다. 그의 인정의 정치학은 각각의 문화유형이 고유성과 차이가 있다는 점을 인정하자는 것입니다. 로마 융성의 비결은 '열린 사고'와 '관용주의'였습니다. '로마인 이야기'의 작가 시오노 나나미는 로마의 위대함을 다문화 정책에서 찾습니다.[69] 그에 의하면 로마는 로마로 들어오는 물을 가리지 않고 받아 정화시킨 '호수국가'입니다. 어떤 민족이든, 어떤 문화든 로마라는 호수에 모여 재해석되고 재가공 되어 위대한 로마의 문명이 되었다는 것입니다. 역사가 주는 교훈에 귀 기울여야 합니다. 협소한 민족주의에 갇혀 있을

---

69) 로마는 배반 국가들에게 징벌대신 로마의 시민권을 주었을 뿐 아니라, 이전의 적에게도 시민권을 주었습니다. 모든 길을 로마로 통하게 만든 것은 자신들에게 유익함도 있지만 그만큼 적의 침입에 노출되는 위험도 있습니다. 그러나 로마는 중국처럼 만리장성을 쌓는 것을 택하지 않고 자유로운 왕래를 선택했습니다. 로마가 위대한 이유입니다. 시오노 나나미, 또 하나의 로마인 이야기, 한성례 역 (2007), 부엔리브로, pp.119-122. pp.130-131.

만큼 세상은 그렇게 한가하지 않습니다.

6. 세계화의 그늘

1960년대 초 마샬 맥루한(M. McLuhan)이 지구촌(Global Village)이라는 새로운 용어를 소개한 이래, 전 세계가 과학, 경제, 사회, 교육 등 많은 분야에서 세계화를 경험하게 되었습니다.[70)]그 이후 세계화는 거역 못할 파도가 되었습니다. 이제 세계화(Globalization)라는 말은 누구에게도 익숙합니다. 김영삼 정부가 추진한 대표적 국가정책 중의 하나이기도 합니다. 문민정부는 세계화의 필요성과 과제를 제시하고 국가발전전략의 방향으로 세계화를 표방했습니다.

그러나 세계화라는 용어는 그것을 사용하는 사람마다 각기 다른 뜻으로 쓰이기도 합니다. 어떤 이는 긍정적 의미로, 어떤 이는 매우 부정적인 의미로 쓰곤 합니다. 세계화를 긍정적인 차원으로 이해하는 사람들은 인류는 '거리의 종말'의 시대에 살고 있다는 것에 방점을 둡니다. 우리는 지금 '거리가 멀다'라는 것이 의미가 없는 시대에 살고 있다는 것, 지구촌 어디에도 카톡으로 소식을 전할 수 있고 어떠한 형태의 소통도 할 수 있다는 것, 세계와의 유기적 협력관계가 반드시 필요하고 필연적이라는 차원에서 세계화를 긍정적으로 보는 이들이 있습니다. 반면에 세계화는 곧 아메리카화의 다름이 아니라고 의심하는 이들도 있습니다. 세계의 맥도날드화는 곧 미국을 중심으로 하는 문화

---

70) Marshal McLuhan & Bruce R. Powers, The Global Village-Transformations in world life and media in the 21st century, 박기순 역 (2005), 지구촌 : 21세기 인류의 삶과 미디어의 변화, 서울 : 커뮤니케이션북스, pp.vii-xvi.

제국주의의 문화침략이라는 것입니다. 문화적 식민화를 염려하는 이들은 이러한 차원에서 세계화를 경계합니다.

세계화의 평가에 있어서도 견해들이 엇갈립니다. 세계화를 긍정적으로 보는 초세계화론은 국제적 자본주의의 팽창과 동질적인 지구문화의 창출 때문에 지역문화가 쇠퇴하고 세계화가 빠르게 진행되고 있다고 주장하며, 이러한 현상은 세계가 경제성장과 번영이 촉진되고 민주주의가 확산되는 과정으로 간주합니다. 반면에 세계화에 부정적인 사람들은 세계화를 강대국의 세계 지배 내지는 신제국주의 논리로 보고 거부합니다. 경제적 정치적 사회적 문화적, 삶의 총체적 예속화의 길이라는 것입니다.[71)]

세계화라는 용어가 출현한 것은 최근 20년 사이의 일이지만, 사실 그 이전에도 세계화는 서구화(Westernization)와 현대화(Modernization)라는 이름으로 진행되고 있었습니다. 미국은 현대화로의 이행과정이 지역관념에서 시간관념으로의 전환이라는 흥미로운 관점을 제기했습니다.[72)] 현대화의 징후들은 세계 각지로 확산될 것이므로, 시간이 문제일 뿐이지 지역은 문제가 되지 않는다는 겁니다. 동아시아나 서아시아, 라틴아메리카나 유대교, 이슬람 국가를 막론하고 언젠가는 현대화의 길을 걷게 될 것이라고 장담합니다. 이것은 서구로 대표되는 제도와 가치가 보편성을 갖는다는 뜻입니다.[73)] 현대적 가치의 보편화를 주장하는 것은 아시아를 비롯한 다른 지역의 지역적 가치들은 여전히 정치질서와 인권상황이 미개하고 봉건적이라는 것을 암시하고 있

71) 이한구 (2019), 문명의 융합, 서울 : 철학과 현실사, pp.26-27.

72) 杜維明, 對話與創新, 김태성 역 (2006), 문명들의 대화, 서울 : 휴머니스트, pp.47-50.

73) 서구와 미국적 가치로 대표되는 현대화의 특징들은 시장경제와 민주정치, 시민사회, 개인의 존엄성 등입니다.

습니다. 그것들은 서구적 계몽의 빛 아래서 새롭게 되어야 할 것으로 규정됩니다. 이러한 서구 중심의 세계화를 알뱅 바디우(A. Badiou)는 자본주의에 의해 발생된 파시즘이라고 과감히 규정합니다.[74)]

명저 『트러스트 Trust』로 우리에게 알려진 후란시스 후쿠야마(Francis Fukuyama)는 '역사의 종결'이라는 관점을 제시했습니다. 그는 세계의 모든 이데올로기 충돌은 이미 끝났고 모두가 가야 할 길은 단 하나, 미국을 대표로하는 자본주의의 길 뿐이라고 주장합니다. 이 길은 오만한 미국지상주의의 길이 아니라, 그 배후에 시장경제와 민주정치를 비롯하여 자유와 인권 등 수많은 가치들을 포함하고 있기 때문이라는 것입니다. 이 길은 인류문명이 필연적으로 가야 할 길이기에, 어떤 국가나 사회든 반드시 따라야 할 길이라는 겁니다.[75)]

후쿠야마에 의하면 세계화는 필연적으로 공동진보를 향해서 나아가고 있고, 장기적인 관점에서 볼 때 세계는 결국 단일문명으로 합류하게 될 것이며 그 과정을 일부 선진국 특히 미국이 선도할 것이기 때문에, 본질적으로 세계화는 곧 서구화 특히 미국화라고 할 수 있습니다. 물론 그의 견해는 무시 못 할 나름의 이유와 타당성이 있습니다. 민주주의와 인권이라는 차원에서 볼 때 더욱 그렇습니다. 미국을 대표로 하는 자본주의 문화는 인권과 민주주의에 지대한 공헌을 했고, 이전 시대보다는 인간화의 가치에 더 근접해 있기 때문입니다. 따라서 비록 미국을 중심으로한 서구의 가치와 요구에 기반한 세계화라 할지라도, 세계화는 긍정적 차원의 순기능이 있음을 부인할 수 없습니다.

---

74) Alain Badiou, Notre mal vient de plus loin, 이승재 역 (2016), 우리의 병은 오래전에 시작되었다, 서울 : 자음과 모음, pp.65-69.

75) 杜維明, op.cit., p.50.

세계화는 개방성과 수용성을 전제합니다. 세계화된 현대 정치체제의 전형은 권력국가가 아닌 교역국가입니다. 교역국가의 역동성은 대립관계에서는 불가능한 구도이기에, 세계를 대결구도로 재설정하기 어렵게 만들어 정치폭력을 제한시킵니다. 또한 세계화된 국가, 즉 교역국가가 되려면 전제조건이 있습니다. 그것은 **'국가와 민족의 탈신화화 및 탈신성화'**입니다. 이러한 의미에서 세계화는 긍정적인 차원이 있습니다. 인프라노마드들인 가난한 노동자들이 세계화의 흐름에 의해 공간적 이동이 자유롭게 되고, 그들을 힘들게 했던 각 나라의 민족주의의 마술이 해체되어가기 때문입니다. 세계가 시장공동체가 되면서 퍼지게 된 인권의 보편화 현상은 제3세계 출신 노동자와 이민자들에 대해 우호적인 환경입니다.

그러나 후쿠야마의 이러한 견해는 서구 주도하의 세계화가 매우 긍정적 차원이 있음에도 불구하고 의심의 눈길을 거둘 수 없게 합니다. 그들이 추구하는 세계화의 성격과 방향이 어떤 것인지 극명하게 드러내주기 때문입니다. 결국 그들이 추구하는 세계화란 다양한 문화를 조화롭게 엮어서 하나의 이상적인 대안과 모델을 도출해 내는 과정이 아닌, 결국 서구를 대표하는 미국적 가치와 이상 그리고 시장경제를 통한 세계의 단일 구역화에 있음을 말해줍니다.

문화는 그것이 아무리 우월적 지위를 가진 문화라 할지라도 종착역 문화일 수는 없습니다. 문화란 생물처럼 언제나 유동적이며 변화의 과정 중에 있습니다. 더욱이 헤겔(G.W.F. Hegel)식의 역사의 종결을 상정할 수 없습니다. 하버드 대학 옌칭연구소 소장인 뚜웨이밍(杜維明)에 의하면 세계화는 결코 동질화 과정이 아닙니다. 그에 의하면 비서양 세계가 결국에는 서구가 제시한 단일한 발전 공식을 따르게 될 것이라는 생각은 지나치게 단순한 발상입니다. 이러한 통념은 각각의 민족과 문화들의 복

잡성과 색깔들을 전혀 고려하지 않는 결과라는 것입니다.[76)]

역사적으로 세계화의 발단은 알렉산더 대왕까지 거슬러 올라갑니다. 기원전 4세기 말에 이르러 세계 제국을 건설하려 했던 알렉산더는 보편주의 철학을 자극했습니다. 즉, 세계 제국을 건설하려 했던 알렉산더의 꿈은 그리스인과 외국인 사이에 놓은 차별을 허물고 모든 인종적 경계나 차이를 초월하는 보편적인 감정을 불러일으켰습니다. 알렉산더의 영향을 받은 스토아 철학자들은 각 개인의 조국은 사람이 살고 있는 세계 국가이며, 각 개인은 특정 국가의 시민이 아니라 인류의 일원이라고 생각하도록 가르쳤습니다. 세계인 즉 코스모폴리탄(Cosmopolitan)의 개념이 처음으로 등장한 것입니다. 그들에 의하면 개인은 세계와 연결되어 있고, 세계는 개인에 침투해 있습니다. 보편적 세계정신의 구현이라는 세계화는 이렇게 시작되었습니다.

그 후 세계화는 15세기 이후 중상주의 시대 혹은 서구의 강대국들이 식민지 쟁탈을 시도했던 시대에 본격적으로 다시 시작됩니다. 이 시기의 세계화는 새로운 항로와 항해술로 인한 신대륙의 발견과 서구열강들이 세계 곳곳에 식민지를 건설하는 것과 맥을 같이 합니다. 이 시기의 세계화는 오늘날 우리가 생각하는 세계화와는 전혀 다른 성격의 것이었습니다. 함께 문을 열고, 함께 참여하며, 함께 이익을 공유하자는 의미의 세계화는 더욱 아니었습니다. 그 시대는 서구 열강들에 의한 일방적이며 억압적인 의도와 방법에 의해 세계화가 추진되었습니다.

최근의 세계화는 명목적으로는 세계를 하나의 경제 울타리 속에 넣어서 세계화에 참여하는 모두가 경제적 번영을 이루자는 의도를 표방합니다. 물론 이러한 계획과 이상 역시 경제 강국들에 의해 구상되고 실행되어진 거대한 계획입니다. 세계화에

76) 杜維明, Ibid., p.99.

의해 세계시장은 각국이 잘할 수 있는 것을 하도록 장려함으로써 효율성을 향상시키고자 합니다. 이는 세계 총생산을 늘리는데 도움이 되므로 긍정적 측면이 있습니다. 때 마침 아파두라이(Arjun Appadurai)는 세계화가 사람의 흐름, 기술의 흐름, 정보의 흐름, 사상과 이데올로기의 흐름을 특징으로 하며 이 흐름들이 민족적으로 구성된 분배와 통제 양식을 약화시킨다는, 영향력 높은 도식을 제시했습니다.77)

이런 생각들은 사회가 경계로 둘러싸여 있다는 관념에 도전하는 것입니다. 상호 연결된 무수한 흐름들과 경로들이 가지각색의 상황에서 다양한 방식으로 영향을 미치기 때문입니다. 어떤 것이든 그렇듯이 세계화 역시 표면적으로는 좋은 의도와 선한 목표를 지향하고 있습니다. 그러나 다른 많은 이들은 세계화의 과정과 결과에 대하여 우려를 표하고 있습니다. 세계화의 과정이 경제의 번영만을 목표로 경제 선진국의 지휘아래 진행되었기에, 그 결과 세계화는 또 다른 이름의 현대판 식민주의가 아닌지 의심합니다.

레슬리 스클레어(L. Sklair)에 의하면 초국적 기업들은 막강한 자원을 동원하여 비슷한 취향, 라이프스타일을 창조함으로써 이익에 대한 갈증을 풀려고 합니다.78) 따라서 그들이 창조하는 세계문화는 세계시장의 수요에 적응할 뿐 아니라 실제로 그 수요를 창출해내는 소비주의 문화라고 비판받습니다. 이는 곧 세계를 이데올로기적으로 접수하는 것과 다름이 없으며, 비판가들은 그것을 '코크 식민지화(Coca-Colonization)라고 부릅니다. 조지

77) Tim Edensor, National Identity, Popular Culture and everyday life, 박성일 역 (2008), 대중문화와 일상 그리고 민족정체성, 파주 : 이후, p.80-98.

78) Frank J. Lehner & John Boli, World Culture : Origins and Consequences, 윤재석 역 (2006), 문명의 혼성, 서울 : 부글북스, p.228. pp.227-237.

리처(G. Ritzer)는 세계의 ‘맥도널드화(McDonaldization)’라고 비아냥 거립니다. 즉 ‘세계화’라는 현혹적인 낱말 배후에는 다양한 문화를 말살하고 양심도 없는 국제성만 외쳐대는 것이 아닌가 하는 의심을 지울 수가 없다는 것입니다. 자본주의 이데올로기로서의 세계문화의 보편화가 세계화가 아닌지 의심된다는 것입니다. 정말 세계화가 이런 것이라면 세계는 비슷한 소득, 비슷한 가치와 관심을 갖는 비슷한 종족의 사람들이 사는 것을 의미할지도 모릅니다. 세계화라는 이름하에 지금도 수많은 언어와 문화들이 사라져가고 있으며, 동시에 각 나라마다 영어 배우는 것을 우선의 가치로 생각하고 있는 것이 그 증거입니다.

다문화와 관련하여 우리가 우려하는 것은 세계화란 원래의 의도와는 상관없이 주변과 지역을 억압하는 성격을 갖고 있다는 사실입니다. 세계화의 걸림돌은 **‘다양성’**이기 때문입니다. 통일성과 획일적 가치만이 세계화가 구상하는 효율의 극대화를 실현할 수 있기에, 세계화는 영어를 중심으로 하는 단일 언어와 중심문화를 강조하고 있습니다. “세계화 시대에 영어를 몰라서 되겠느냐”는 말은 흔하게 떠돌아다니는 말들 중의 하나입니다. 그것은 은연중에 드러난 세계화의 단면입니다. 세계화는 곧 영어를 표준어로 삼고 영어에 반영되어 있는 서구적 삶의 가치를 우리가 지향해야 할 모범으로 인식하는 것을 의미합니다.[79)]

우리는 가끔씩 ‘세계화 시대에 세계화의 걸 맞는 행동을 하자’고 말하곤 합니다. 여기에서 세계화에 걸 맞는 행동이란 서구적 삶의 방식을 모방하는 것을 말합니다. 서구적 삶의 방식은

---

79) 헤겔과 마르크스, 베버 등은 현대 서구적 가치가 얼마나 많은 결점이 있든 간에 서양만이 의미 있는 세계의 진보를 이룩할 수 있는 유일한 무대라는 공통인식과 심리태도를 갖고 있습니다. 이것은 서구학자들의 공통된 입장이며 견해입니다.

이미 전세계적으로 정답이 되었습니다. 서구적 규범과 관습, 의식, 제도, 즉 서구의 문화는 모든 문화가 닮아가야 할 모범이며 대안이 되었습니다. 그러나 불행하게도 이러한 세계화는 자신도 모르게 주변과 지역을 초토화시키는 폭력적 결과를 가져옵니다. 지구촌 구석구석에 나름의 삶의 양식과 언어를 갖고 있는 이들의 문화를 철저히 파괴하기 때문입니다. 마치 이교도를 강제로 개종시키는 것처럼 말입니다. 세계화가 초래할 수 있는 파괴적인 결과에 대한 인식은 전세계적으로 확산되고 있지만, 정작 사람들은 이미 생활 깊숙이 침투해 있는 세계화의 정신을 어떻게 거부할 수 있는지, 거부할 수 있다면 그것은 또 다른 태풍이 아닐지 우려하고 있습니다. 세계화의 시계바늘을 돌려놓기란 너무 늦었다는 푸념만 무성합니다.

의식 있는 이들은 이제라도 국제화 대신 **'지역화'**로 방향전환을 해야 한다고 주장합니다. '지역화'로의 방향전환은 국제적인 통상무역과 세계적인 경제적 번영의 가치를 외면하거나 무시하는 것이 아닙니다. 진정한 세계화란 건강한 지역화에 기초해야 한다는 것을 강조하는 것입니다. 이것은 몸 안의 각각의 장기가 건강해야 전체가 건강한 것과 같은 이치입니다. 그러나 지금까지 근대주의적 이데올로기는 로컬적인 것에 경멸적 낙인의 이미지를 씌어왔습니다. 즉 로컬이란 진보로부터 탈락한 후진성의 고립지대로서, 자본주의의 도시적이고 산업적인 문명의 역동성에 대립되는 시골적인 정체의 영역으로서, 보편적인 과학적 합리성과 대립되는 특수주의적 문화의 영역으로서, 그리고 가장 중요하게는 근대적 정치 형식, 즉 국민국가의 실현을 차단하는 장애물로서 낙인찍혀 왔습니다.[80] 그러나 이러한 모함과 낙인찍

80) Rob Wilson, Wimal Dissanayake, Global/Local, 김용규 역 (2019), 글로벌/로컬-문화생산과 초국적 상상계, 서울 : 에코리브르, pp.40-47.

기에도 불구하고 '로컬 다시 사유하기' 운동이 전세계적으로 일어나고 있습니다. 특정 주요 국가들의 가치와 이해관계에 의해 구축된 세계화는 필연적으로 다문화, 다언어의 가치를 외면하거나 무시하는 결과를 초래하게 될 위험성을 알게 된 것입니다.

경제적 공동 번영의 의도로 시작된 세계화는 문화의 세계화로 까지 자연스럽게 전이되었습니다. 문화의 세계화로 인해 보다 강력한 문화는 더욱 영향력이 커졌고, 주변의 문화는 더욱 왜소해 졌습니다. 즉 문화와 정보의 세계화는 가까이 있는 것을 업신여기는 생활방식을 낳았습니다.[81] 우리는 바로 옆집 사람들의 이야기는 듣지 못해도 저 멀리 떨어진 외국 소식은 들으며, 오스카 상 수상식에 주의를 집중하고는 합니다. **멀리 보도록 훈련된 눈은 가까이 볼 수 없습니다.** 세계화에 익숙한 시각과 관점은 지역적인 것에 애착을 느끼지 못하고 교감도 형성하지 못합니다. 중심화, 세계화에 의해 가려진 지역화, 주변화의 가치를 회복해야 한다는 목소리가 여기저기서 들립니다. 어쩌면 거기에 우리가 놓쳤던 답과 대안이 있을지 모릅니다.

리처드 포크(R. Falk, 1994)는 세계화를 동일화(homogenizing)를 목표로 하는 '위로부터의 세계화(globalization from above)'와 다양성(pluralistic)을 허용하는 '아래로부터의 세계화(globalization from below)'로 나눕니다.[82] 위로부터의 세계화는 필연적으로 문화적 제국주의적인 성격을 갖게 되는데, 각 문화들을 서열화하고 궁극적으로는 획일화 시킵니다. 위로부터의 근대화와 세계

---

81) Jerry Mander & Edward Goldsmith (2001), The Case Against the Global Economy, 윤길순 김승욱 역 (2001), 위대한 전환, 서울 : 동아일보사, p.501.

82) Richard Falk, The Making of Global Citizenship, In B. Van Steenbergen(Ed), The Condition of Citizenship, London : Sage Publications, 박휴용, 다문화교육론, 서울 : 동문사, pp.92-93.

화의 이데올로기는 한 문화의 자생과 번영, 여러 문화의 공존, 각 문화의 자발적 변화를 이끌어내기보다는, 결국 각 문화들을 등급을 매기고 줄을 세워서 소수의 주도적 문화가 다른 문화를 압도하고 지배하고 제거하도록 합니다. 텔레비전에 나오는 아나운서의 빈틈없는 표준어는 모든 지역의 사투리들을 사라지게 했습니다. 같은 이치로 세계 공용어로서의 영어가 지구촌 곳곳의 다양한 언어들을 사라지게 했으며, 영어 속에 스며든 서구적 삶의 방식과 가치는 어느덧 국제적 표준이 되었습니다. 세계화가 표방하고 있는 '초국가적 가치'는 모든 나라들의 공통분모에서 비롯된 공통의 가치가 아니라, 세계를 중앙집권화하려는 초강대국의 가치의 반영일 뿐입니다. 초국가적인 중앙집권의 보호 아래서 자유무역을 통한 거래의 자유는 자연스럽게 모든 다양한 문화를 획일화합니다. 자연스럽게 세계는 문화제국주의 통제 아래에 놓이게 됩니다. 반면에 '다양성 속에서의 일체'(Unity in diversity)를 지향하는 **아래로부터의 세계화**는 인류공동체의 개념에 기반을 두고 광범위한 차원에서 다채로운 사회적 상호작용을 도모합니다. 결국 이주의 시대와 거리 소멸의 시대에서 세계화는 피할 수 없는 필연입니다. 다만 어떤 성격의 세계화를 지향할 것인가에 대한 고민과 선택만이 남았습니다.

세계화를 통한 거래의 자유는 만질 수 있는 상품으로만 제한되지 않습니다. 대중문화 역시 자유무역의 중요한 거래상품입니다. 그것에 편승하여 우리도 많은 덕을 본 것은 사실입니다. BTS와 같은 한류 스타들을 통해 한국을 널리 알리기도 하고, 그들을 통해 많은 돈을 벌어들이기도 합니다. 싸이와 BTS가 한국가수로는 처음으로 빌보드 차트에 올랐다고 전 국민이 자랑스러워하기도 하고 그 때문에 세계가 한국의 음악에 주목하기도 했습니다. 그러나 한류스타들의 음악은 우리의 문화를 상징하는 음악이 아니라 서구의 팝음악입니다. 일본인도 필리핀 사람도 어느 누구도 자신의 전통음악으로 빌보드 차트에 오를 수 없습니다. 대중음악은 지구촌 어느 누가 부른다 해도 그것은 서구의 팝음악입니다. 전세계 구석구석 어떠한 오지에도 마이클 잭슨의 노래가 흘러나오고, 국가차원에서 강력하게 막고 있는 이슬람나라들에서 조차 지하 비디오 클럽과 디스코 클럽이 성행 중에 있습니다. BTS의 경우를 보더라도 따지고 보면 우리의 음악이 미국에 진출한 것이 아니라 미국의 팝음악이 우리를 정복한 것이 됩니다. 전세계의 십대들은 똑 같은 옷을 입고, 똑 같은 음악을 듣고, 똑 같은 춤을 추며 결국은 정서가 똑같아지게 됩니다.

문화제국에 의해 일방적으로 받아들여야 하는 저개발 국가의 사람들은 기업적으로 만들어진 음악 상품들이 수백 년, 수천 년 전부터 내려온 전통음악을 완전히 소멸시킬지도 모른다고 우려합니다. 세계화 과정에서 중심문화의 보편화 현상은 어떤 민족, 어떤 국가, 어떤 문화든 간에 충격과 상처를 받을 것이고, 또 피할 수 없을 것이라고 전망됩니다. **타인의 삶의 방식을 이해하려고 노력하는 것과 그것을 모범으로 여기고 동일시하려는 것은 다른 차원입니다.** 앞의 것은 '문화지능'으로써 우리가 갖추어야 할 긍정적인 것이지만, 뒤의 것은 정신적 식민화입니다.

세계화와 현대화는 사람의 혼을 송두리째 뒤흔들어 놓습니다. 문화제국주의에 맞서 전통사회와 지역문화를 지키려고 투쟁하는 스웨덴의 철학자이자 운동가인 헬레나 노르베리-호지(Helena Norberg Hodge)의 '라다크'에서의 경험담을 옮겨봅니다. 그녀는 우리에게 『오래된 미래 Acient Futures』라는 책으로 이미 많은 이들에게 감명을 준 바 있습니다. 달라이 라마가 추천한 책이기도 합니다. 그녀는 라다크가 세계화의 물결을 타고 현대화되는 과정에서 라다크 사람들의 의식이 어떻게 변하고 있는지 전합니다.

라다크는 인도 북쪽의 티베트 고원에 있는 고도가 높은 사막 지역입니다. 이곳은 지구상에 사람이 사는 곳 중 가장 높고, 가장 건조하고, 가장 추운 곳입니다. 이렇게 황폐한 곳에 도로와 함께 현대의 문물이 물밀 듯이 들어왔습니다. 외부인들이 라다크인들을 처음 보았을 때, 그들은 스스로 행복하다고 생각했고, 충분히 풍요롭다고 여겼으며, 자신의 문화적 뿌리에 대해 자부심이 가득했습니다. 십년 후 그들의 생각은 정 반대로 변했습니다. 자신들은 너무 불행하고, 극도로 가난하며, 자신의 문화에 대해 필사적인 거부감을 보였습니다.

학교의 아이들은 라다크를 한 번도 온 적이 없는, 더욱이 라다크의 존재에 대해서 조금도 모르는 사람들이 쓴 교과서로 공부하고 있습니다. 그것은 당연히 문화강국의 저자들에 의해 쓰여진 것입니다. 아이들은 그런 교과서로 공부하면서 끝없이 자기를 부정합니다. 그들은 자신들의 고유문화를 전적으로 거부하고 새로운 문화를 껴안으려 하고 있습니다. 새로운 문화란 당연히 서구문화입니다. 그들은 현대화의 상징이 되는 물건들을 향해 앞 다투어 몰려듭니다. 선그라스와 워크맨, 몸에 꼭 끼는 청바지들이 그것인데, 사람들이 청바지를 입는 이유는 그것이 매력적이거나 편안한 옷이어서가 아니라 현대화의 상징이기 때문입니다.[83] 서구적 삶을 이상적으로 생각하는 라다크인들에게는 서구문화에 대한 유토피아적 이미지들과 대조해보면서, 자신들의 삶은 원시적이고 비효율적이며 한심하다고까지 생각합니다. 이와 똑같은 패턴들이 개발도상국들에서 계속 되풀이되고 있습니다. 이 지역 젊은이들은 자기 문화를 혐오하고 서구문화와 자

83) Helena Norberg-Hoge, Ancient Futures (Learning from Ladakh), 양희승 역 (2011), 오래된 미래, 서울 : 중앙북스, p.191.

신을 비교하면서 열등의식을 키우고 있습니다.

반면에 세계화의 과정에서 자신의 정체성을 지켜낸 이들은 나름의 인간적 품위를 잃지 않고 당당히 살고 있다는 사례도 있습니다. 1950년대 이래 파나마의 보카델토르 지방에 있었던 유나이티드 프루트 컴퍼니 농장에서의 **쿠나**와 **구아미** 인디언들 사이의 지위에 대한 최근 비교는 인디언성이 지닌 정치적 이점들을 증명합니다. 최근 한 미국 인류학자는 다음과 같이 기록합니다. 구아미 인디언들(인디언성의 정체성을 상실한 사람들)이 농장 주변에서 마치 인간쓰레기인 양 취급받고 극단적으로 자기-파괴적인 반응들을 보인 반면, **쿠나인**들은 인종적 위계 속에서 상당한 지위의 상승을 획득했는데, 이는 그들이 '인디언성'을 의식적으로 조직해냈기 때문이라는 것입니다. 자신들의 '인디언성'을 최소화하는 대신 오히려 강조함으로써, 쿠나인들은 아메리카 인디언들에 대한 직접적 차별을 극복할 수 있었습니다.[84)]

세계화의 파도에 민감하게 대처하는 것과 자신의 정체성을 지키는 것은 모순된 과제가 아닙니다. 세계화는 자신의 정체성 안에서 소화되고 재구성되어야 합니다. 그러나 대부분의 현실에서는 그렇지 않습니다. 컴퓨터와 전자통신기술의 발달로 전자정보초고속망이 세계 도처에 구축됨으로써 '거리의 소멸(death of distance)'현상이 초래되었습니다. 거리의 소멸은 저개발국가 사람들에게 구원의 메시지가 아닌, 그들의 영혼에 죽음을 선포하는 것과 같습니다. 아이들은 손 안의 폰을 통해 세계를 받아들이고 동시에 자신의 영혼을 토해냅니다. 스스로 문화 식민지가 됩니다.

---

84) Philippe Bourgeois, "Conjugated Oppression : Class and Ethnicity Among Guyami and Kuna Banana Workers", American Ethnologist 15, 1988, pp.330, 334./ Michael Taussig, Mimesis and Alterity : A Particular History of the Senses, 신은실 최석만 역 (2018), 미메시스와 타자성-감각의 독특한 역사, 서울 : 도서출판 길, pp.222-223. 각주 1) 참조

7. 공존의 신비

> "꽃과 벌이 동시에 변하든 아니면 하나가 먼저 변하고 다른 하나가 나중에 달라지든 서로에게 가장 적합한 모습으로 적응한다. 상호 간에 조금이라도 더 이익이 되는 구조로 변한 개체가 계속 보존되어 상호적응이 이뤄진다."
>
> C. Darwin

열정적인 과학자들에 의해 생명의 신비가 밝혀지고 있습니다. 생명 과학자들이 경탄하는 것은, 얼핏 무질서하게 보이는 생태계가 사실은 너무도 유기적이고 상호 공생적인 관계로 얽혀 있다는 것입니다. 자연세계를 탐구하면 할수록 생명계는 '너의 몫을 빼앗아야 나의 몫이 커진다는 정글의 법칙'과 정반대의 법칙에 의해 진화되고 있음을 알 수 있습니다. 너무 늦게 알게 된 사실이지만, 이제라도 겸허히 공존의 신비에 참여할 할 수 있게 되어 다행입니다.

수많은 생물 속에서 자신이 '신의 형상대로 창조되었다'고 믿는 종은 인간이 유일합니다. 이 믿음 위에 인간은 자연에 대한 지배를 정당화 하였고, 그것을 변용하여 같은 인간을 지배하게 되었습니다. 자연의 법칙은 공존인데, 인간의 삶의 법칙은 그것과는 정반대였습니다. 역주행입니다. 역주행의 결과인 차별, 편견, 착취, 지배로 인해 인간의 미래는 우울하게 전망됩니다. 공존의 법칙을 깨닫고 참여하는 것만이 우리에게 주어진 유일한 선택입니다.

현대 학문이 밝혀낸 신비중 하나는 자연세계 특히 생물세계와 인간세계가 너무도 유사하게 닮았다는 것입니다. 전혀 다른 분야의 다른 성질의 것처럼 보였던 두 분야가 사실은 같은 원리에 의해 작동되고 있다는 사실이 놀랍습니다. 자연과 인간은 같은 특징을 공유하고 있습니다. 그것은 바로 공진화(coevolution)입니다. 함께 진화한다는 뜻입니다. 존 톰프슨(J. Thompson)은 『상호작용과 공진화 Interaction and Coevolution』에서 '공진화란 상호작용하는 종들 사이에 일어나는 **호혜적인 진화**의 변화'를 말한다고 정의 했습니다.[85] 두 개의 종이 서로서로에게 환경의 일부분이 되면서, 한 종에서 진화가 일어나면 다른 종에서도 진화가 일어나는 체계가 공진화입니다.[86]

사실 자연은 공진화의 사례로 가득합니다. 오늘날 과학자들은 한 종의 진화가 다른 종의 진화를 촉진하는 것, 즉 공진화로 알려진 현상이 생명을 형성하는 가장 강한 힘 중의 하나 임을 깨닫고 있습니다. 공진화는 생물종 다양성의 원천이기도 해서, 파트너들 사이의 상호작용을 통한 공진화가 수백만 개의 종을 낳습니다.[87] 그러나 유감스럽게도 공진화는 인간이 무시하고 있는 사실이기도 합니다. 공동체 구성에 다양한 종이 참여해야 한다는 것은 생물학적 진실입니다. 땅 밑의 곰팡이가 없이는 농작물이 자라는 좋은 토양이 될 수 없습니다. 생태공동체 뿐만 아니라 사회공동체 역시 그렇습니다. 존재하는 모든 것은 모두 상호작용(Interaction)하고 공진화(Coevolution)합니다. '생명의 그물짜기'로 불리우는 공진화는 혼자 진화하는 것이 아니라 함께 서로 얽혀서 진화합니다. 모든 유기체는 '서로가 함께' '서로를 향해' 진화가 일어납니다.

---

85) Thompson. J. Interaction and Coevolution, Wiley & Sons, 1982, Kevin Kelly, Out of Control, 이충호 임지원 역 (2019), 통제불능, 파주 : 김영사, pp.159-162.

86) 파울 에어리히(Paul Ehrlich)와 페터 라우엔(Peter Rauen)은 나비와 식물의 진화적 관계를 설명하려고 공진화(coevolution)라는 용어를 처음 만들었습니다. 이한구 (2019), 문명의 융합, 서울 : 철학과 현실사, p.194.

87) Carl Jimmer, Evolution : The Triumph of an Idea, 이창희 역 (2018), 진화 : 모든 것을 설명하는 생명의 언어, 파주 : 웅진싱크빅, p.294-395.

진화생물학자 로버트 트리버스(Robert Trivers)에 따르면 서로에게 이타적인 개체, 즉 상호 이타적이며 공진화하는 개체들은 각자도생할 때보다 더 많은 이익을 얻게 된다고 합니다.[88] 모든 생명들은 공진화를 위해 호혜성과 처벌이 동원됩니다. 공진화를 거부하거나 역행하는 경우 집단 안에서 지위가 낮아진다든지 친구를 사귈 수 없다든지, 배우자를 만날 수 없게 된다든지 등의 자체적 처벌 체계를 갖추었습니다. 트리버스는 이것을 '도덕적 처벌'이라고 명명했습니다.[89] 참으로 생명의 세계는 알면 알수록 신비스럽습니다. 자연 역시 나름의 도덕률에 의해 운영된다는 것이 경이롭습니다. 폴 에를리히(P. Ehrlich)가 지적한 것처럼 **공진화는 두 적대자를 '불가피한 협동상태'**로 몰아넣습니다.

어류학자들에 의하면 가족의 생존을 유지하기 위해 적대적인 이웃의 종을 필요로 하는 어류들이 있다고 합니다.[90] 놀라운 일

---

88) 트리버스(Robert Triverse)는 상호이타성의 요체가 되는 개념을 다음과 같이 소개합니다. "서로 남남인 개체들이 오랫동안 상호작용을 계속하게 되면 양자 사이에 '특별한 행위'들이 일어날 수 있는데, 이는 당장에는 완전한 이타적 행위인 것처럼 보일지 몰라도, 나중에 두 개체 모두에게 득이 될 가능성이 높다고 판단되는 행위들이다" 트리버스는 이 '특별한 행위'를 상호이타적 행위라고 불렀습니다. Kevin Laland, Gillian Brown, Sense and Nonsense : Evolutionary Perspectives on Human Behaviour, 양병찬 역 (2014), 센스 앤 넌센스, 서울 : 동아시아, pp.120-121.

89) Robert Triverse (1971), "The Evolution of Reciprocal Altruism", The Quarterly Review of Biology, pp.35-57. / Peter J. Richerson, Robert Boyd, Not by Gene Alone : How Culture Transformed human Evolution, 김준홍 역 (2009), 유전자만이 아니다, 원주 : 이음, p.365. 호혜적 이타성은 무조건적이고 맹목적인 이타성이 아니라 조건적이고 목적을 갖는 이타성입니다. 이런 까닭에 마셜 셜린즈(Marshall Sahlins)는 트리버스의 호혜적 이타주의를 친족이 아닌 자들과의 관계에서 어느 정도의 대가를 기대하는 '균형적(Balanced) 호혜성'이라고 표현하며, 피터 싱어(Peter Singer)는 이를 진정한 이타주의가 아닌 '교환적 자기-이익(Enlightened Self-Interest)'으로 간주합니다. Peter Singer, The Expanding Circle : Ethics, Evolution, and Moral Progress, 김성한 역 (1999), 사회생물학과 윤리, 서울 : 인간사랑, p.83.

입니다. 공진화는 생물의 세계에만 일어나는 것이 아닙니다. 놀랍게도 문화에도 공진화가 일어납니다. **다문화는 문화적 공진화의 대표적인 사례입니다.** 각기 다른 문화들은 서로에게 영향을 주어 함께 발전합니다. 다문화는 갈등 유발의 원인이기도 하지만, 공존의 신비에 참여하는 유일한 길이기도 합니다. 윌리엄 파운드스톤(W. Poundstone)은 공진화는 상대방을 이기지 않고서도 우승을 거둘 수 있는 신비로운 현상이라고 말합니다. 이제는 기업에서도 공진화의 원리에 눈을 뜨기 시작했습니다. 상대 기업을 넘어뜨리지 않고서도 서로가 win-win할 수 있는 관계의 힘을 알고 있습니다. 공생관계는 힘이 동등한 관계에서만 성립되는 것은 아닙니다. 공생관계에 참여하는 대상이 서로 동등할 필요는 없습니다. 비록 어느 한 쪽의 힘이 월등하여 다른 쪽의 희생을 통해 더 많은 이득을 취한다고 하더라도 결과적으로는 양쪽 모두 관계를 통해 얻는 것이 더 많습니다. 이것은 생물학자들이 자연에서 밝혀낸 진리입니다. 관계는 곧 생명입니다. 두 개의 강이 각기 서로 흐르고 있다가 어느 지점에서 만나게 되면, 그곳은 소용돌이가 치고 물살이 거세어집니다. 그러나 어느 시점이 되면 각기 흘렀던 때보다 훨씬 더 평화롭고 잔잔하게 흐릅니다. 흐르는 강마저도 공존의 법칙에서 예외는 아닙니다.

어빙 고프만(Erving Goffman)은 행동생물학(ethology)을 빌려 자아의 영토(territory of the self)에 관련한 권리주장에 대해 설명합니다.[91] 그에 의하면 동식물은 자신이 살던 영역에서 뿌리 뽑혀 이주하게 되면 온갖 문제적 상황에 처하게 됩니다. 그러나

90) Anthony Storr, Human Aggression, 이유진 역 (2018), 공격성, 인간의 재능, 파주 : 도서출판 푸른숲, p.89.

91) Erving Goffman (1967), Interaction Ritual : Essay on Face to Face Behavior, New York : Pantheon, 다문화주의의 사용, 최종렬 (2017), 한국문화사, 서울 : 한국문화사, pp.238-239.

잊지 말아야 할 것은, 새로운 동식물이 이주해 오게 되면, 원래 그 영역에 살던 동식물에도 문제적 상황이 닥치게 된다는 겁니다. 생태계 교란이 대표적인 경우인데, 이 경우 이주 동식물과 정착 동식물 간에 문제적 상황을 해소하기 위해 온갖 생존전략이 일어납니다. 인간도 역시 마찬가지입니다. 모든 사회조직은 동식물 조직과 마찬가지로 자신들의 영역 안으로 침투해 오는 외부인에 맞서 자신들의 영토에 대한 권리주장을 하게 됩니다. 이 과정에서 외국인 혐오증은 일정 정도 자연스러운 일입니다.

인간에게 영역을 지키려는 '영역성'은 진화의 역사에서 일찍부터 발달되어 그 자체가 본능적인 것이 되었습니다. 인간은 '영역적 동물'이어서 천성적으로 이웃에게 상당한 적대감을 품고 있습니다. 저명한 진화생물학자 에드워드 윌슨(E. Wilson)에 의하면 인간에게 영역을 지키기 위한 공격성과 이방인 혐오증(Xenophobia)은 본능입니다.[92] 형제애 역시 인간에게 본능적이지만, 불행히도 공격성은 언제나 형제애에 앞섭니다. 본능의 순서를 거스르기는 쉽지 않습니다. 문제는 서로에게 불편한 상황을 어떻게 처리하고 해소할 것인지에 대한 지혜가 필요합니다. 우리는 자연의 질서에서 그 지혜를 찾을 수 있습니다. 자연의 질서는 놀랍게도 공존의 신비로 가득합니다.

『문명의 공존』의 저자인 하랄트 뮐러(H. Müller)는 우리가 진정 '공존'을 원한다면 나와는 다른 상대방, 나에게 낯선 상대방의 존재와 고유한 가치를 인정하며 헤게모니 요구를 내세우지 않아야 한다고 조언합니다.[93] 헤게모니란 지배권, 주도권을 뜻합니다. 공존을 위해 각 문명의 특이성은 인정하고, 이방인에

92) Edward O. Wilson, Consilence : The Unity of Knowledge, 최재천 장대익 역 (2018), 통섭 : 지식의 대통합, 서울 : 사이언스 북스, p.437.
93) Harald Müller, Das Zusammenleben der Kulturen, pp.319-320.

대해 지배권과 주도권을 행사하지 말아야 한다는 것입니다. 뮐러는 인류 전체의 적응 능력과 유연성을 지켜나가기 위해서는 바로 이 상이점, 복수성, 다문화성을 추구해야 하며, 서로 다른 상이한 영역 안에서 공통분모를 찾고, 각 문명들의 독자성을 보존해야 한다고 제안합니다. 그것은 **'다양성 가운데 통일성'**이라는 말로 압축될 수 있습니다.

그것을 위해 미국의 여성주의 이론가인 글로리아 안잘두아(Gloria Anzaldua)는 **경계**와 **경계지대**를 구분해야 한다고 주장합니다.[94] 가장 좋은 사회는 '다문화'가 강조되지 않으면서 자연스럽게 어울리는 사회입니다. 경계는 서로를 분리하여 관계를 나누며 때로는 대립하고 갈등하게 만듭니다. 하지만 경계지대(borderlands)는 다양한 교류가 일어나고 관계가 형성되는 절충지대이자 서로가 주체가 되는 쌍방향적 공간입니다. 그녀는 문화적 경계와 경계지대를 구분하면서, 문화적 경계는 약화시키되 경계지대의 문화는 강화시켜야 한다고 주장합니다. 예를 들어, 학교에서는 다문화친구들이 분리되는 경계를 조심해야 하지만, 대신 교실을 경계지대로 만들어 학생들이 서로의 문화를 절충하면서 서로에게 배우는 쌍방향적 공간이 되도록 해야 한다는 것입니다. 그것은 심오한 놀이(deep play)입니다.

자연의 생존경쟁에 대해서 우리가 오해하고 있는 것이 있습니다. 많은 이들은 생존경쟁을 개체와 개체간의 치열한 싸움으로 이해합니다. 예를 들어, 굶주린 늑대에 대해 생각해 봅시다. 우리는 굶주린 늑대들이 살아남기 위해 서로 치열하게 싸울 것이라고 생각합니다. 그러나 실제로는 그렇지 않습니다. 다윈에

94) Gloria Anzaldua, Borderlands : The New Mestiza (San Francisco : Spinsters/Aunt Lute, 1999), p.3, 김창근 (2018), 다문화주의의 인식과 적용, 서울 : 교육과학사, p.126.

의하면, 자연 속의 모든 유기체는 자신을 둘러싼 환경과 치열하게 싸울 뿐, 자기들끼리의 싸움은 흔하지 않다고 합니다. 우리가 미처 몰랐던 사실입니다. 생존경쟁은 개체와 개체의 투쟁보다는 악조건인 환경과의 투쟁이라는 것입니다. 식물들이 혹독한 사막에서 치열하게 환경과 싸우는 경우는 많이 있습니다. 그러나 먹이가 없는 궁핍의 상황에서도 늑대 몇 마리가 살아남기 위해 서로 싸우는 경우는 사실 드문 경우입니다.

사람들은 결핍의 상황에서는 각자의 이기심이 작동하여 공동체의 협력적 관계가 깨어진다고 생각합니다. 그러나 그것은 아주 작은 진실에 불과합니다. 극한의 상황에서 서로간의 피나는 싸움은 살아남는 여러 방법들 중 단지 하나에 불과합니다. 그러한 상황을 배제할 수는 없지만, 그것은 경우의 수에 비추어 볼 때 의미 있는 정도는 아닙니다. 오히려 먹이의 양을 줄임으로써 함께 살아남거나, 경쟁자에게는 쓸모없는 먹이를 활용하여 살아남는 방법을 선택하기도 합니다. 즉 자연환경이라는 것이 19세기의 결정론자들이 생각했던 것처럼 먹느냐 먹히느냐의 피나는 싸움의 장이 아니라는 것입니다. 세상은 적대관계라기 보다는 오히려 공생의 관계임이 입증되고 있습니다. 이러한 사실은 자연생태계 뿐 아니라 사회생태계도 자신의 생존을 위해 무자비한 선택을 해서는 안 된다는 것을 교훈적으로 가르치고 있습니다.

우리의 생각과는 달리, 공룡의 절멸을 가져온 6500만 년 전의 이변은 서로 간의 생존경쟁과 싸움으로 인한 것이 아닌, 지구환경의 변화와 같은 생명 외적인 사정으로 인한 것입니다. 이 변화의 원인은 기후변화, 공기 중 산소량의 증감, 해수면의 상승 등을 포함한 더 큰 지구의 성격 변화 또는 우주적인 사건에 원인이 있습니다. 리키(R. Leakey)는 다윈주의자들의 잘못은 생명만을 살피고, 생명의 절멸의 원인이 보다 큰 환경에 있다는 것을 간과했다고 지적했습니다.[95] 그런 의미에서 마르크스가 마르크스주의자가 아닌 것처럼, 다윈은 다윈주의자가 아니었습니다. 다윈은 그렇게 생각하지 않았기 때문입니다. 생태학적 사고는 생존경쟁을 개체적 차원에서가 아니라 생명의 총체적 차원에서 보아야 합니다. 스터트 핌(S. Pimm)과 맥 포스트(M. Post)의 컴퓨터 실험 연구 결과에서 보듯이, 종의 수가 적은 경우보다 종의 수가 많은 경우가 더 강한 공동체를 이룬다는 사실은 우리에게 많은 것을 생각하게 합니다.[96] 성숙한 공동체의 성공은 그것을 구성하는 **종의 우수성이 아닌 종의 다양성**에 기인한다는 것입니다.

그러나 불행히도, 19세기 다윈의 영향을 받은 스펜서(H. Spencer)와 섬너(W. G. Sumner)와 같은 사회적 다윈주의자들은 다윈의 연구와 생각을 곡해하기 시작했습니다. 자신들의 주장을 합리화, 정당화하려고 다윈의 이론을 이용합니다. 즉 그들은 어떠한 종이 번성하거나 도태되는 원인이 다른 종과 비교하여 '보다 뛰어난' 적응능력에 있다고 보고 그것을 사회의 진화에도 확대 해석했습니다. 즉 남들보다 뛰어난 적응능력은 다른 종과의 경쟁관계에서 비교우위를 뜻한다는 것입니다. 그들은 사회도 이와 같은 원리에 의해 지탱되고 있다고 보았습니다. 그들에게 사회란 생존을 위한 경쟁과 투쟁의 장이며, 여기에서 승자와 패자가 갈라지는 것은 당연한 삶의 원리일 뿐만 아니라 결과적으로 사회 전체의 발전에 기여하는 것이라고 생각했습니다. 더 나아가 생존투쟁 과정에서의 약자와 패자의 도태를 방지하거나 완화하려는 사회 정책적 조치는 결과적으로 사회발전을 저해하는

95) Richard Leaky and Roger Lewin, The Sixth Extinction (New York : Doubleday Anchor Books, 1995), p.51, p.56, 김우창 (2016), 깊은 마음의 생태학, 파주 : 김영사, pp.320-322.

96) 김우창, bid., pp.323-324.

일이고 부도덕한 일이라고까지 생각하기에 이르렀습니다.[97] 적자생존, 즉 살아남는 것은 우수한 능력을 나타내는 것일 뿐만 아니라 사회진화 과정에 의해 정당화되는 일이라는 것입니다.

이러한 위험한 생각은 19세기의 세계관과 인간관을 반영한 것입니다. 개체와 개체. 종과 종, 집단과 집단의 관계가 살벌한 투쟁의 관계로 생각된 것은 19세기 서구사회의 산업주의 질서의 일반화가 반영된 것입니다.[98] 당시에 여타의 다른 이들보다 경쟁에서 우위에 있는 이들이 누구였겠습니까. 세계의 지배자로서의 유럽인들, 즉 백인들입니다. 이러한 힘의 논리에 의한 진화사상은 결국 제국주의의 이데올로기가 되는 것이 당연합니다. 그러나 켄 윌버(Ken Willber)에 의하면 이러한 인종주의와 민족주의는 세계 중심적 조망에서 볼 때 우월함이 아닌 오히려 매우 열등한 것으로 판정됩니다.[99]

다행히도, 20세기의 과학적 진보는 우리에게 새로운 차원의 세계관에 눈뜨게 하였습니다. 자연과학의 발전이 우리에게 주는 교훈은, 살아있는 모든 것의 존재방식은 '협력'이라는 사실입니다. 경제학자들은 오랫동안 왜 많은 회사들이 노동자들에게 동종의 다른 회사와 비교하여 급여를 더 많이 주는지, 또는 왜 많은 노동자들이 자기가 받는 급여보다 더 많은 일을 회사를 위해

97) 스펜서는 국가의 간섭은 '사물의 자연적 질서 하에서 사회는 병들고 열등하고 게으르고 우유부단한 신념 없는 자들을 끊임없이 배제시켜 나간다'는 사실을 망각한 데서 비롯된 것이라고 비난했습니다. 즉 그들을 위한 복지정책을 멈추고 자연 도태되도록 내버려둬야 한다는 것입니다. Spencer. H (1851), Social Statics, Forgotten Books, p.323-324. / 홍일립 (2017), 인간본성의 역사(The History of Human Nature), 서울 : 한언, p.781. 각주 79참조.

98) 김우창 (2016), op.cit., p.330.

99) Ken Willber, A Brief History of Everything, 조효남 역 (2018), 모든 것의 역사 : 마음과 세계는 어떻게 태어나고 어디로 진화하는가, 파주 : 김영사, p.347.

하는지 이해하지 못했습니다. 그것은 경제학의 원리로써 이해될 수 있는 것이 아니기 때문입니다.

사실 우리의 일상은 이러한 수많은 '비정상'에 의해 움직입니다. 사회가 '호혜주의의 원리'에 의해 유지된다는 것을 경제학자들은 몰랐습니다. 로버트 라이트(R. Wright)는 넌제로(Nonzero)에서 역사는 일정한 방향이 있다고 전합니다. 그 방향은 협력을 통한 공존입니다. 한 쪽의 득이 상대에게는 손해가 되는 제로섬(zero sum)과는 달리 넌제로섬은 협력을 통한 쌍방간의 유익한 공생의 결과를 가져온다는 것입니다.[100] 인간의 역사는 협력의 수준이 높고 낮은 여러 집단 사이에 벌어진 긴 경쟁의 스토리입니다. 역사란 이 긴 싸움에서 협력이 잘 되는 쪽이 이긴다는 결론으로 끝맺음하는 이야기입니다.

협력의 유전자는 강력하게 유전되어 그 유전자를 받은 무리들이 생존 경쟁에서 우월한 위치를 점하게 됩니다. 이것이 공존의 신비입니다. 인간과 침팬지의 DNA는 98.4%가 같습니다. 1.6%만 다를 뿐입니다. 침팬지의 손은 지문도 있고, 손금도 있어서 인간의 손과 많은 면에서 너무 비슷합니다. 그러나 한 가지 결정적인 차이가 있습니다. 침팬지의 엄지는 인간의 엄지와 달라 나머지 네 손가락들과 마주 보지 않습니다. 진화 생물학자인 최재천 교수는 인간의 엄지손가락이 비틀어질 때 다른 손가락들과 마주 보게 된 사건은 인류 진화사에서 엄청난 혁명이었다고 전합니다.[101] 손가락이 다섯 개가 있다고 다 똑 같은 것 아닙니다. 손가락들이 마주보고 있어야, 즉 서로 협력해야 정교한 도구를 만들 수 있습니다.

대부분의 사람들은 육식동물과 초식동물에 대한 부당한 윤리

---

100) Robert Wright, Nonzero, 임지원 역 (2009), 넌제로, 서울 : 도서출판 말글빛냄

101) 최재천 (2017), 다르면 다를수록, 파주 : 아르테, pp.113-114.

적 척도를 적용시키고 있습니다. 예를 들어 토끼와 비둘기, 노루 등은 기질이 온순해서 싸움도 할 줄 모르고 그 존재 자체가 평화라고 생각합니다. 이에 반해 육식동물들에게는 잔인하고 파괴적인 이미지를 씌웁니다. 이것을 반영하듯 독일어에서 육식동물을 '약탈동물(Raubtier)'로 부릅니다. 이러한 관점은 약탈동물의 최정상에 위치한 인간이 제일 잔인하고 사악하다는 것을 암시하고 있습니다.

그러나 이것은 심각한 오해입니다. 비교행동학의 창시자 콘라트 로렌츠(K. Lorenz)는 우리에게 자연과 인간을 새롭게 이해하는 중요한 시각을 줍니다. 그에 의하면, 먹이사슬의 밑에 있는 순서대로 즉 연약해 보이는 동물일수록 잔인함이 더하다는 것입니다.[102] 그는 자신이 기르는 비둘기의 잔인한 싸움을 보고 크게 놀란 경험을 전합니다. 공작새와 노루의 잔인함 역시 그에 못지않습니다.[103] 반면 이들보다 훨씬 잔인할 것 같은 늑대나 개의 싸움을 보면 의외의 사실을 알게 됩니다. 그들은 결코 동족의 목을 물어 죽이지 않습니다. 패자가 항복을 하면 위계서열

102) Konrad Lorenz, Er redete mit dem Vieh, den Vögeln und den Fichen, 김천혜 역 (2000), 솔로몬의 반지, 서울 : 사이언스북스, pp.199-222.

103) 콘라트가 외출하고 돌아왔을 때, 그는 무서운 광경에 큰 충격을 받았다고 합니다. 그가 기르던 비둘기들이 잔인하게 싸움을 하고 있었기 때문입니다. 그의 표현을 옮기자면, 승자 비둘기가 패자 비둘기의 몸에 올라타서 꼼짝 못하게 하고 위에서 사정없이 쪼아대고 있었습니다. 패자 비둘기의 등 쪽은 머리에서부터 꼬리까지 털이 빠져 있을 뿐만 아니라 껍질이 벗겨져 상처투성이였습니다. 그럼에도 불구하고 이긴 놈은 약한 놈 위에 앉아서 잔인하게 상처위의 부위를 계속 쪼아대고 있었습니다. 다른 예도 있습니다. Konrad Lorenz, Ibid., 202-204. 맑은 영혼을 가진 듯한 온화함의 상징인 노루의 이야기입니다. 미국 동물원의 원장인 호나디가 조사한 통계에 의하면, 길들여진 수노루에 의한 안전사고가 사자와 호랑이에 의한 안전사고보다 매년 더 많다고 합니다. 수노루는 순진한 척 다가와서 날카로운 뿔로 사람의 배를 찌른다는 겁니다. 수노루는 날카로운 뿔로 동족인 노루를 살해합니다. 이것은 우리가 생각하지 못했던 전혀 뜻밖의 풍경입니다. Konrad Lorenz, Ibid., pp.213-215.

을 정하고, 그것으로 싸움은 끝이 납니다. 비둘기 보다 훨씬 고등한 까마귀 역시 다른 까마귀의 눈을 쪼지 않습니다. 고등한 동물일수록 이러한 현상은 두드러집니다. 신비할 만큼 놀라운 이러한 현상을 로렌츠는 **사회적 자제력**(Soziale Hummung)이라고 표현합니다.[104]

로렌츠는 고등동물일수록 사회적 자제력이 높게 나타나는데, 그 이유는 상대에게 치명적 상처를 입힐 만큼의 무기를 갖고 있는 동물들은 그 만큼의 사회적 자제력을 갖고 있도록 진화했다는 것입니다.[105] 만약 까마귀가 다른 물체를 쪼는 것처럼 동족의 까마귀들의 눈을 쪼아 버린다면 오래 전에 까마귀는 멸종하고 말았을 겁니다. 사회적 자제력의 으뜸은 인간입니다. 인간은 다른 여타의 동물보다 위험하기에, 그 만큼의 사회적 자제력이 있습니다. 공존은 사회적 자제력이 없으면 불가능합니다. 사회적 약자나 이방인들과의 공존은 더욱 그렇습니다.

한나 아렌트는『인간의 조건The Human Condition』에서 인간은 그 누구도 개별적으로 고립된 채 존재하지 않으며 복수(複數)로서 이 세계에 존재한다고 하였습니다.[106] 그녀가 말하는 '인간의 조건'은 인간이 지구 위에서 살아가는 데 필요한 근본조건을 의미합니다. 인간은 근본적으로 '조건에 의해 제한된 존

---

104) Konrad Lorenz, Ibid., p.209.

105) 세계적 정신분석학자인 엔서니 스토(Anthony Storr)는 동물들이 공격성을 표출하면서도 파괴적인지 않은 이유에 대하여 다음과 같이 설명합니다. 동물들의 몸에 유전적으로 남아 있는 것들이 관습화되었기 때문인데, 즉 공격적 위협이나 공격성의 표출은 허용하지만 살육은 배척하는 일련의 관습이 그들에게 퍼져있다는 것입니다. Anthony Storr, Human Aggression, 이유진 역 (2018), 공격성, 인간의 재능, 파주 : 도서출판 푸른숲, p.81.

106) Hannah Arendt, The Human Condition, 이진우 역 (2019), 인간의 조건, 파주 : 한길사, pp.83-84.

재(conditioned beings)'임을 강조합니다. 그렇다면 인간은 어떠한 조건에 의해 제한되어 있을까요. 그것은 **복수, 다수성이 인간의 조건입니다.** 즉 인간은 홀로 존재하는 것이 아닌 다수의 인간과 함께 살아야 할 운명이며 그것이 '인간의 조건'이라는 것입니다.

한 개인이 갖고 있는 그만의 독특한 개인성은 혼자만의 공간에서는 아무런 의미가 없습니다. **개인성**이란 서로 함께하는 관계, 서로에 대한 관계 안에서만 인식될 수 있고 실현될 수 있는 관계적 개념입니다. 개인이 자신을 온전히 실현할 수 있는 전제조건은 사회적 공존입니다. 공존을 위해서는 다양한 삶의 설계들이 동등하게 존재할 수 있는 조건과 구조를 만들어내는 토양이 필요합니다.

문화적, 종교적 다양성이 있는 사회는 개인의 신념을 제한하는 것이 아니라 오히려 널리 펼치게 하고 무엇보다 우선해서 보호합니다. 한 사회 내의 다양성과 복수성은 개인이나 집단에게서 자유를 앗아가는 것이 아니라 오히려 무엇보다 먼저 그 자유를 보장합니다. 실제로 복수로 존재한다는 것은 모든 사람이 각자의 개인성과 독특함을 서로 존중한다는 것을 의미합니다. 누구도 다른 모든 사람과 똑같이 살아갈 필요도, 똑같은 믿음을 가질 필요도 없습니다. 다른 사람들의 행동방식과 신념을 공유하지 않아도 괜찮습니다. 그들이 나에게 동조하거나 나를 이해해야만 하는 것도 아닙니다.

실제로 개방적이고 자유로운 사회가 지닌 크나큰 자유는 서로를 허용할 수 있다는 이해의 탄력성에서 생깁니다. 어떤 사람들에게는 불합리하거나 이해될 수 없다고 여겨질 수 있는 종교적 관념들도 명백히 그렇게 허용되어야 합니다. 어떤 종교적 삶의 방식은 개방적 사회에서는 아마도 다수가 일탈적이라고 여기거나 전통적이지 않거나 무신론적이라고 여길 만한 것도 있지만 그것을 선택하는 것 역시 명백히 주관적 자유에 속합니다. 한 국가가 세속적 국가라는 것은 결코 모든 시민에게 무신론자가 되라고 명령한다는 것은 아닙니다. 우리는 복수로 존재한다는 것이 무엇을 의미할 수 있고 또 의미해야 하는지 다시금 묻고 또한 천명해야 합니다. 인류 역사에서 가장 정치적인 민족이었던 로마인의 언어에서 '살다'와 '사람들 사이에서 존재하다(inter homines esse)'는 동의어였고, '죽다'와 '사람들 사이에서 더 이상 존재하지 않는다(inter homines esse desinere)'는 동의어였습니다.[107)]

107) Hannah Arendt, Ibid., p.84.

Part 02

편견과 왜곡

인류에게는 1만 가지 이상의 삶의 방식과 생존 방식이 있다고 합니다. 그 중에는 우리가 전혀 접하지도 못하고 들어보지도 못한 사람들의 삶의 모습도 있습니다. 언어 역시 7000개 이상의 언어가 있다고 합니다. 이 중에서 소위 자칭 선진 문화와 언어들만이 보존과 유지의 가치가 있고 나머지는 폄하되거나 폐기되어도 좋은 것으로 여겨집니다. 실제로 무수히 많은 언어들이 사라지고 있고, 그 언어가 품고 있는 삶의 방식 역시 언어와 함께 소멸되고 있습니다. 우리 중에는 미개해 보이는 삶의 방식 하나가 없어지는 것이 뭐 그렇게 중요할까? 생각하는 이들도 많습니다. 마치 자연 생태계에서 전혀 기억도 못할 생물종 하나가 멸종된다고 한들 무엇이 상관이 있겠는가, 하는 것처럼 말입니다. 우리는 그렇게 약자와 소수자의 삶에 무관심하며, 때로는 폭력적인 관점을 취하기도 합니다. 그렇다면 우리는 그들의 삶의 방식에 대해 계속해서 이러한 입장을 견지해야 할까요. 그것이 과연 우리의 삶과는 아무런 관련이 없을까요. 혹 그렇게 생각한다면, 그럼 비행기를 탈 때 정비사가 비행기 날개의 부속품 하나를 빼어버린다고 상상해보십시오. 비록 작은 부품 하나지만 그것이 없음으로 인해서 초래될 재앙을 생각해 보십시오. 존재해야 할 가치를 외부에서 정할 수는 없는 법입니다.

문화라는 단어는 경작(cultivation)이나 돌봄(tending)이라는 cultura라는 라틴어에 뿌리를 두고 있습니다. 그 후 시간이 흐르면서 문화의 의미는 식물과 동물의 성장을 돌본다는 뜻을 넘어 인간, 특히 마음의 성장을 돌보는 행위로 확대되었습니다.[108] 이제는 '문화란 인간을 포함한 다양한 생명을 **돌보는 행위**'라는 의미로 진화했습니다. 문화에 대한 이러한 관점은 우리가 놓쳤

108) Don Mitchell, Cultural Geography : A Critical Introduction, 류재현 외 역 (2011), 문화정치 문화전쟁, 파주 : 살림출판사, pp.64-65.

거나 외면했던 문화의 정의입니다. 우리는 자신도 모르게 문화를 찬란한 업적과 관련하여 이해하는 경우가 있습니다. 돌봄이 아니라 우월함이 문화의 상징처럼 되었습니다. 모든 것을 정상으로 되돌려 놓으려면 본래의 의미를 회복해야합니다. 우리는 가끔씩 문화강국이라는 말을 듣곤 합니다. 문화가 강하다는 의미는 무엇입니까? 사회의 구석구석 돌봄과 배려가 스며든, 그래서 공존의 지혜가 관습과 규범이 된 나라가 아니겠습니까. 다름은 배타성이 아닌 조화의 상징이어야 합니다. 야만적인 편견과 시선은 마치 안개와 같습니다. 안개가 걷혀야 사물이 명료하게 보이는 것처럼, 편견을 걷어내야 세상이 제대로 보입니다. 그것은 공존의 세상입니다.

1. 자라투스트라(Zarathusra)의 부활

예언자 자라투스트라를 아십니까. 조로아스터교(Zeroastrianism)교의 창시자입니다. 조로아스터교는 기원전 6세기경 지금의 이란, 고대 페르시아에서 예언자 조로아스터(자라투스트라)에 의해 창설되어 한때 제법 흥행했던 종교입니다. 당시의 많은 종교와 철학에 큰 영향을 주기도 했으며 지금도 막강한 영향력으로 종교와 정치, 그리고 우리들의 정신세계에 깊숙이 개입하고 있습니다. 자라투스트라에 의하면 태초에 '지혜의 주님(Wise Lord)'인 아후라 마즈다가 있었습니다. 그는 이란성 쌍둥이의 아버지였는데, 그 신은 두 쌍둥이 아들에게 각자의 길을 선택하게 했습니다. 한 아들은 선(善)을 선택했고, 다른 아들은 악(惡)을 선택했습니다. 그 결과 세상은 선과 악이 서로 투쟁하는 드라마틱한 전쟁터가 되었습니다.

조로아스터교에 의하면 세상은 서로 대립하는 두 진영으로 나뉘어져 있으며 이 두 진영사이의 전투, 즉 빛과 어둠 사이의 싸움이 세계사를 규정한다고 합니다.[109] 선하고 영적인 빛의 세계와 악하고 물질적인 어둠의 세계 간의 투쟁의 역사가 세계사라는 것입니다. 그 속에서의 인간은 끊임없이 선과 악의 투쟁을 겪어야 했고, 신의 두 아들은 서로 경쟁하고 투쟁하면서 인간을 자기편으로 끌어들이기 위해 노력합니다. 신의 두 아들의 투쟁 안에 살게 된 우리 인간은 선과 악, 어느 편에 설 것인가를 항상 스스로 결정해야만 하는 존재입니다. 조로아스터교는 선과 악이 영원히 교착상태에 놓여 있을 것이라고 생각하지 않았습니다. 역사에는 마지막 결산이 있어야 합니다. 지혜의 주님은 '마지막 창조'사건을 통해 악을 선택한 쌍둥이 아들을 파괴합니다. 그 결과 세계는 다시 새롭게 태어나고 선과 정의가 지배하는 세상이 실현됩니다.

이것은 전형적인 고대 근동의 세계관입니다. 자라투스트라의 이분법적인 세계관은 그 후 오랜 시간에 걸쳐 많은 이들의 생각에 지대한 영향을 미치고 있습니다. 세상을 **선과 악**의 두 축으로 이해하는 전투적 세계관은 우리의 삶 속에도 깊숙이 스며들어 있습니다. 우리의 일상생활에 스며든 흑백논리도 사실은 그러한 세계관의 반영입니다. 우리와 그들, 문명과 미개, 남과 북, 저소득층과 고소득층 선진국과 후진국 등 무수히 많은 이분법적 사고에 등장하는 어휘들에 우리는 익숙해져 있습니다. 그러한 세계관에 의해 세상은 문명과 야만으로 나누는 문화적 이분법에서부터 정통과 이단이라는 종교적 이분법 까지 극명하게 나누어진 듯 보입니다. '세상은 둘로 나누어진다'는 오해에 근거한 간극본능(The Gap Instinct) 역시 그러한 세계관의 반영입니다. 그것은 진실을 수용할 수 없는 무지하고 악의적인 본능입

109) Ross Holloway, A Little History of Religion, 이용주 역 (2019), 세계종교의 역사, 서울 : 소소의 책, pp.119-129.

니다.[110] 사실 세상의 모든 것들은 **양극에 치우쳐 있는 것이 아니라 중간에 모여** 있습니다. 그러나 우리는 세상을 양극으로 설정하고 그 중의 하나에 가담하여 다른 한 쪽을 혐오해야만 평안을 얻는 극단적 심리구조로 변해가고 있습니다. 분명히 정상은 아닙니다. 종교사적으로 조로아스터교는 희미해졌지만 지금도 그의 교리를 따르는 무수한 사람들이 있습니다.

자라투스트라의 세계관이 종교 안에 제한되어 머물러 있지 않고 정치와 철학에 옮겨 붙으면 상상할 수 없는 폭력의 이데올로기가 될 위험이 있습니다. 사실 조로아스터교는 우리의 생활 속에 이미 깊숙이 들어와 있습니다. 조로아스터의 교리가 가장 잘 침투되어 있는 곳이 정치입니다. 정치인들은 자라투스트라의 열렬한 추종자입니다. 대표적인 인간은 나찌의 신봉자 칼 슈미트(C. Schmitt)입니다. 슈미트는 정치의 본질이 친구와 적을 구분하는 것에 있다고 보았습니다.[111] 친구와 적을 구분 한다는 것은 '우리와 그들'을 구분한다는 것입니다. 당연히 우리는 빛이고 적은 어둠이 되겠지요. 그렇다면 그 다음 순서는 무엇이겠습니까. '그들'에 대한 폭력과 제거가 선(善)과 정의(正義)의 이름으로 거침없이 수행됩니다. 유대인들에 대한 학살은 이러한 자라투스트라의 추종자들에 의해 자행된 것입니다.[112]

현대에는 사무엘 헌팅턴(S. Huntington)에게서 자라투스트라의 영혼을 봅니다. 헌팅턴은 『문명의 충돌 The Clash of Civilizations』에서 전 세계를 7개의 문명으로 나누고 국제적인 분쟁과 갈등 그리고 전쟁은 이런 문명들의 단층선에서 일어난

110) Hans Rosling, Factfulness, 이창신 역 (2019), 팩트풀니스, 파주 : 김영사, pp.35-70.

111) Harald Müller, Das Zusammenleben der Kulturen, pp.31-33.

112) 이것을 정치학에서는 '마니교의 정치학'이라고 부릅니다. 필자는 그보다 근원적인 차원에서 자라투스트라(Zarathusra)의 종교로 명명합니다.

다고 주장합니다.[113] 그의 이론은 다른 시각과 관점을 가진 학자들에 의해 즉각적인 반박과 비판을 받았습니다. 세상은 보기에 따라서 얼마든지 문명의 충돌이 아닌, 문명의 공존으로도 해석할 수 있지만 이분법적 대결구도에 익숙한 이들은 모든 것을 갈등과 투쟁의 렌즈로 봅니다.

'우리 대 그들'의 투쟁이라는 인간의 원시적인 대립 DNA는 심리학과 철학은 물론 문학에서도 가장 원초적이며 근원적인 소재입니다. 세익스피어의 문학작품에서도 예외가 아닙니다. 로미오와 줄리엣의 뜨거운 사랑이야기와 화해의 결말은 캐풀렛가와 몬터규가의 증오적인 이분법적인 대립구도가 그 밑바탕에 깔려있습니다. 이미 언급했듯이 선과 악의 대립구도는 정치에서 그 극을 봅니다. 지난 세기 동서간의 냉전이론은 우리로 하여금 오랫동안 세상을 절반으로 나누어 서로를 악마로 규정하고 대립하게 하였습니다. '우리 대 그들'이라는 대결구도를 만들어 낸 조로아스터교의 정치학은 선동적 정치인들에 의해 지금도 십분 활용됩니다. 정치인들은 '그들 대 우리'의 도식을 유권자에게 각인시켜야만 목표를 이룰 수 있기에 민주주의가 만개한 미국에서조차 자라투스트라의 영혼은 여전히 부흥하고 있습니다. 자신들이 선과 악의 싸움에서 악으로부터 선을 보호하는 메시아적 사명을 받고 있다고 유권자들을 마취시키는 것입니다.

『문명의 공존』의 저자인 하랄트 뮐러(H. Müller)는 미국의 역사에서 위기 때 마다, 중요한 시점 마다 '우리 대 그들'이라는 대결도식이 어김없이 그 모습을 드러냈다고 지적합니다.[114] 즉 미국이 위기 때 마다 선과 악(우리와 그들)의 대립구조를 정치

113) Samuel Huntington, The Clash of Civilizations, 이희재 역 (2001), 문명의 충돌, 파주 : 김영사, pp.243-247.

114) Harald Müller, Das Zusammenleben der Kulturen, pp.33-41.

적으로 조장해 위기를 극복해 왔다는 것입니다. 이것은 단지 미국만의 문제는 아닙니다. 마르크스주의자들 역시 동일한 패턴으로 대결구도를 형성합니다. 마르크스주의 이념의 완성은 친구를 발견하는 것이 아니라 적을 발견함으로써 구현되기 때문입니다. 그들에 의하면 반동의 숙청을 통해서만이 혁명화된 세상이 가능합니다. 이처럼 좌와 우를 가리지 않고 '우리 대 그들'이라는 도식은 삶의 모든 영역에서 영원한 진리인 듯 보입니다.

이분법적인 대결구도에 매몰된 우리는 자기편에는 무한한 신뢰를 주고 그들 편에는 근거 없는 증오를 키웁니다. 그 결과 대화(對話)는 없고 대항(對抗)만이 존재합니다. 이것 아니면 저것이냐는 'Either/Or'의 대항방식만 있을 뿐 이것일 수도 있고 저것일 수도 있다는 'Both/And'의 대화방식은 존재하지 않습니다. 정치도 문화도 대결방식에 동원됩니다. 기독교 서구문화와 이슬람 원리주의들과의 대립과 갈등은 마치 끝없는 복수의 연속인 듯 보입니다. 십자군 전쟁이후 서로간의 대항의 대립구조는 더욱 심화되어 갑니다. 그들의 이야기는 "이전에는 네가 칼이고 내가 생선이었지만 이제는 내가 칼이고 네가 생선이다"는 논리의 연속인 역사입니다.[115] "지난 오백년 동안 네가 주도권을 잡았으니 이제는 내 차례다"의 논리는 게임의 주도권만 바뀌었지 정의의 이름으로 응징하는 복수의 악순환은 계속 되고 있습니다. 언제든 어디서든 옷만 바꾸어 입었지 빛과 어둠이라는 이분법적 도식의 교리는 같습니다. 히틀러, 무쏠리니, 스탈린 같은 이들도 자라투스트라 교리의 충실한 계승자였으며 트럼프 역시 그런 이들 중의 하나입니다. 그리고 그들을 보며 열광하는 사람들 중엔 **우리도 있습니다.**

지금 우리는 새로운 차원의 선과 악의 대결구도와 대면하고

115) 杜維明, 對話與創新, pp.88-89.

있습니다. 낯선 것에 대한 경계와 두려움, 즉 이방인에 대한 혐오가 그것입니다. '낯선 것'에 대한 근거 없는 적개심과 분노 역시 빛과 어둠이라는 이분법적 사고에 길들여진 결과입니다. 우리는 모두 언제든지 자라투스트라의 충실한 광신도가 될 준비가 되어있습니다. 우리 모두에게는 자라투스트라의 DNA가 있습니다. 자신에게 손해가 나고 불편하면 언제든 이방인을 '어둠'으로 몰아서 제거하고자 하는 가학적 욕망이 숨겨져 있습니다. 이방인을 어둠으로 규정하여 몰아내려는 음모는 전 세계적으로 널리 퍼져있습니다. 자신도 모르게 우리는 암묵적인 공범자일지도 모릅니다. 우리의 혐오와 증오는 얼마만큼의 근거가 있으며 정당성이 있는지 되돌아 봐야합니다. 선과 악을 규정하고 구분하는 것은 자연스럽게 집단주의의 이데올로기가 됩니다.

정치학자 로버트 엑셀로드(R. Axelrod)와 로스 해먼드(R. Hammond)는 '색깔실험'을 통하여 양극 지향의 인간의 집단화 본능을 연구했습니다. 이들에 의하면 아무 의미도 없는 무작위의 색깔만으로도 집단화가 된다는 결론에 이르렀습니다. 예를 들어 노란사람과 초록사람, 빨강사람, 파란사람이 있다고 가정해 봅시다. 색깔은 어떠한 의미도 부여되지 않고 완전히 우연에 의해 결정됩니다. 그럼에도 불구하고 시간이 흐를수록 같은 색깔의 사람들끼리만 협력한다는 것을 연구자들은 밝혀냈습니다. 단지 색깔만으로도 4분의 3정도가 이러한 편견 섞인 전략적 선택을 한다는 것입니다. '편견을 공유'하는 공동체는 이렇게 만들어 집니다.[116] 우습지 않습니까. 마치 영원한 진리인 것 같았던 빛과 어둠, 선과 악의 구분은 이렇게 근거 없이 시작된 겁니다.

공존을 위해서는 생각의 차원이 달라져야 합니다. 평면적인

116) Ross Hammond and Robert Axelrod, "The Evolution of Ethnocentrism", Buchanan. M. The Social Atom, 김희봉 역 (2010), 사회적 원자, 서울 : 사이언스 북스, pp.190-199

관점은 우리의 상상력을 한 가지 차원으로 속박해버립니다. 이분법적인 사고방식이 그렇습니다. 이러한 사고방식에서는 선이 아니면 악이고, 긍정적이지 않은 것은 곧 부정적인 것이 됩니다. 친구가 아니면 적이 됩니다. 그러나 현실세계에서 발생하는 대부분의 문제들은 이분법적으로 나누어지기보다 중의적인 내용을 포함하고 있습니다.117) 따라서 평면적인 관점은 우리의 이해와 인식을 제한하고 결과적으로 가장 단순한 해결책으로 이끌어 결국엔 폭력에 굴복하게 합니다.

2. 위기 극복 수단으로서의 희생양

사회가 정상적으로 발전하고 진행되고 있을 때는 낯선 것에 대해 상대적으로 관용적인 태도를 보입니다. 이방인도 합법적으로 공동체의 일원으로 보호받고, 인정받습니다. 그러나 사회의 위기가 도래하면 정상적일 때는 보이지 않았던 사소한 차이가 갑자기 증오와 적대감으로 바뀌게 됩니다. 이방인이 졸지에 낯선 것과 적이 되고 위협적인 존재가 됩니다. 서구사회에서 오랫동안 유대인들과 집시들은 유럽 사회가 불안정할 때마다 집단학살을 당해야 했습니다. 불안한 사회를 잠재우기 위해서는 희생양이 필요했으며 그때마다 낯선 자들에 대한 학살을 통해 성난 민심을 잠재우곤 했습니다. 일본의 관동대지진 때 조선인의 학살 역시 그러했습니다. 민심이 흉흉해지면 사람들의 분노를 다른 곳으로 돌리려는 정치 술수가 있게 마련입니다. 공산주의 같은 전체주의에서의 반동숙청 역시 그러한 마녀사냥의 연장입니다. 뮐러(H. Müller)에 의하면 낯선 이와 낯선 문명이 폭력의

117) Zachary Shore, Blunder : Why Smart People Make Bad Decision? 임옥희 역 (2009), 생각의 함정, 서울 : 에코의 서재, p.102.

원인이 아니라 **정체성의 위기를 경험한 사회가 그 원인**입니다.[118] 희생양을 찾으려는 인간의 본능은 혐오스러움과 공포의 이미지를 타인에게 뒤집어씌우려 합니다. 나치는 유대인을 쥐와 같은 혐오스러운 동물로 이미지화 했습니다.

레비-스트로스(Levi-Strauss)는 원시사회의 사람들은 낯선 타자의 신비한 힘을 얻기 위해 타자의 고기를 먹는 '식인 전략'을 취했고, 반면 공동체의 질서가 잡힌 고대국가 형성 이후의 사회는 타자에 대한 '배척의 전략'을 취했다고 합니다.[119] 후자의 경우 일정한 위계 시스템이 자리 잡고 있는 생활공간에 불확실한 위험요소를 가진 타자가 들어오는 것을 차단하기 위함입니다. 바우만(Bauman)은 타자에 대한 식인 전략과 배척 전략은 인간 공동체의 모든 사회와 조직 수준에서 동시에 작용했다고 주장합니다.[120]

참을 수 없는 고통과 혐오스러운 모습으로 인간을 파괴하는 매독은 나라마다 그 병의 이름이 달리 불러졌습니다. 매독이 러시아에서는 폴란드 질병, 폴란드에서는 독일 질병, 독일에서는 프랑스 질병, 프랑스에서는 이탈리아 질병, 그리고 이탈리아 사람은 프랑스 질병이라고 불렀습니다.[121] 대상이 혐오스럽기에 혐오낙인을 찍은 것이 아니라, 혐오하고 싶은 대상에 혐오낙인을 찍은 것입니다. 머릿속에 주입된 혐오와 공포가 가득하면 사실이 들어올 틈이 없습니다.

'용의자'와 **'객관적인 적'**은 다릅니다. 용의자는 구체적인 범죄 혐의를 받고 있는 사람입니다. 그러나 '객관적인 적'은 범죄 혐의와 관계없이 집단, 구체적으로 말하자면 정부의 정책 방향에 의해 정해집니다.[122] 어떤 이가 특별히 국가를 전복할 만한 반

118) Harald Müller, Das Zusammenleben der Kulturen, pp.78-92.
119) 김영순 (2017), 다문화교육의 이론과 이론가들, 서울 : 북 코리아, p.256.
120) 김영순, Ibid.
121) Hans Rosling, Factfulness, p.307.

정부적 행동을 한다고 해서 그가 '객관적 적'이 되지 않습니다. 그는 단지 위험한 용의자일 뿐입니다. 마치 질병의 매개자처럼 그로 인해 '나쁜 무엇인가'가 퍼진다는 느낌을 주는 자가 '객관적인 적'인데, 그것은 누군가에 의해서 계획적이고 악의적으로 의도된 것입니다. '객관적인 적' 그가 바로 희생양입니다. 그리고 역사적으로 봤을 때 그들은 언제나 이방인과 나그네였습니다. 다음은 희생양의 조작에 대한 한나 아렌트(H. Arendt)의 단상입니다.

> 자연은 통제되고, 자신들을 위협하는 야만인도 이제 없다. 이제는 문명이 그 문명의 한 가운데로부터 수백만의 사람들을 야만인의 조건이라 할 수 있는 상황으로 몰아넣음으로써 야만을 산출한다는 데에 바로 위험이 있을지도 모른다.[123)]

대체폭력(violence de rechange)이라는 것이 있습니다. 고대 근동에는 자신의 죄를 신에게 탕감받기 위하여 자신이 아닌 양과 비둘기 같은 동물을 죽여 제사지냄으로써 신의 노여움을 풀어주는 의식이 있었습니다. 자신 대신에 희생의 제물이 된 것, 그 희생양을 죽이는 것을 '대체폭력'이라고 합니다.[124)] 그것의 기능은 위기에 빠진 개인과 집단을 내적 폭력으로부터 '정화'하는 역할을 합니다. 희생의 폭력은 공동체를 화해시키는 기능을 합니다. 특히 사법제도가 없는 원시사회에서 희생제의는 예방적 기능까지 갖고 있습니다. 예를 들어, 어떤 공동체가 위기에 처해 있을 때, 그것의 책임소재를 놓고 심한 갈등상태에 빠지게 됩니다. 공동체의 내분이 일어나고 심지어는 유혈사태의 상황까

122) Hannah Arendt, The Origins of totalitarianism 2, pp.196-197.
123) Hannah Arendt, The Origins of Totalitarianism 1, p.9.
124) 김모세 (2018), 르네 지라르, 파주 : 살림출판사, pp.180-188. 희생양의 메커니즘과 조건에 대해서는 다음을 참조. pp.188-203. 204-214.

지도 가게 됩니다. 이때 사람들은 공동체를 위기에서 구해 줄 수 있는 방법을 생각해내게 됩니다. 그것은 바로 구성원들 내부의 폭력을 단 하나의 대상, 즉 희생양에게 집중시키는 것입니다. 희생양에 대한 이러한 폭력을 통해 집단은 위기에서 해방되어 옛 질서를 회복하거나 새로운 질서를 구축할 수 있게 됩니다. 따라서 희생양에 대한 집단 전체의 폭력은 한 공동체가 파멸에 이르지 않고 번영해 나가는 데 있어서 필수적인 하나의 단계를 이룬다고 할 수 있습니다.

이러한 의미에 있어서 프랑스의 문화 연구가인 르네 지라르(R. Girard)는 희생양에 대한 폭력을 초석적 폭력(violence fondatrice)이라고 부르기도 합니다.[125] 희생양의 희생이 공동체의 결집에 기초가 된다는 뜻입니다. 또한 공동체는 위기의 재발을 막기 위해 처음의 위기를 극복한 수단이었던 희생양 메커니즘을 일정한 형식을 통해 반복하는데, 이렇게 해서 '희생제의'가 생겨납니다. 원시 사회는 위기의 상황이 다가올 때마다 희생제의에 도움을 청했습니다. 여기서 우리는 모든 사회질서가 죄 없는 희생물에 대한 폭력에 기초해 있다는 사실을 알 수 있습니다.[126] 시간과 공간을 막론하고 인간이 공동체를 이루어 삶을

125) 하나의 공동체가 지속적으로 존재하고 번성해 나가기 위해서는 문화의 시발점으로 기능하는 집단의 폭력, 이른바 '초석적 폭력'을 필요로 하는데 여기서 '초석적'이라 함은 그 폭력이 공동체의 위기를 초래하는 내부-발생적 폭력을 제거하는 최초의 집단적 사건이자, 이후 사회질서를 다져나가는 원동력으로 작용한다는 의미입니다. Ibid., p.182.

126) 르네 자라르(R. Girard)는 희생양에 대한 집단적 박해 서사들이 가지는 네 가지 본질적 특성을 열거합니다. 1) 사회적이고 문화적인 위기 2) 이러한 위기의 원인이 된 것으로 생각되는 죄악 3) 위기와 직접적인 관련이 있기 때문이 아니라, 어떤 연관성이 있기 때문에 고발당한 죄인, 즉 희생양으로서의 이방인 4) 많은 경우 성스러운 것으로 여겨지는 폭력. "Myth and Sacrificial Scapegoat : On René Girard" in our Poetics of modernity : Toward a Hermeneutic Imagination, Humanities Press, New Jersey, 1995, pp.136-147. Richard Kearney, Strangers, Gods, and Monsters, 이지영 역 (2010), 이방인, 신, 괴물-타자성 개념에 대한

영유하는 곳에는 근본적으로 유사한 형태의 갈등이 존재하고, 이를 해결하기 위한 유사한 방법, 즉 희생제의가 사용되어졌습니다. 희생제의는 일종의 정화작용(purification)의 의미가 있습니다. 폭력을 통해 폭력을 제어하는 것, 이것이 희생양의 메커니즘입니다.127) 그렇다면 누가 희생양이 되어야 하겠습니까. 희생제의의 제물이 되는 것은 누구이겠습니까.

지금이야 제사나 고사를 지낼 때 돼지머리를 올리지만 고대 중국에서는 노예들의 머리가 제사 상위에 올려 졌습니다. 고대 근동에서도 그리고 잉카와 아즈텍 제국에서도 사람이 제물이 되었습니다. 따지고 보면 사람을 제물로 삼는 제사풍습은 어느 특정지역에 국한된 것이 아닌, 고대 사회에서는 널리 보편화된 것이었습니다. 사회적 약자는 언제든 제사 날의 희생양이 될 처지에 놓여 있었습니다. 그 후 제물은 사람이 아닌 짐승으로 대체되었지만, 역시 죄 없는 희생양이라는 것에는 변함이 없습니다. '어린 양'을 희생 제물로 삼는 것은 성서와 근동의 기록물에도 충분히 나와 있습니다.

그러나 이미 진부해지고 감흥이 없는 틀에 박힌 제사로는 군중들의 분노를 잠재우지 못할 상황이 닥쳐올 때가 있습니다. 그럴 경우 사람들은 다시 고대 풍습에 기대어 위기를 모면하고자 하는 유혹에 빠지게 됩니다. 교활한 정치인들은 흥분한 대중들을 달래기 위해 희생양을 조작하여 그들에게 내어줍니다.

희생양의 조건으로는 **주류사회에서 어느 정도 배제되어 있거나 주변적인 인물**들이 희생양으로 선택됩니다. 공동체의 구성원들과 여러 면에서 다르고 예외적인 특성을 가진 사람들이 여기에 해당됩니다. 즉 평균적 기준에서 멀어진 것이 그 대상입니다.

도전적 고찰, 서울 : 개마고원, p.80.

127) 김모세, op.cit., pp.185-186.

희생물은 정상적인 인간관계에서 분리되어 있는 사람, 무엇인가 독립적이고 다른 부류에 속한 사람들 중에서 선택합니다. 가장 이상적인 희생물의 조건은 공동체에 속하면서 동시에 속하지 않은 존재, 다시 말해 공동체의 경계에 위치한 존재이어야 합니다. 정확히 말하자면 희생물은 공동체의 입장에서 너무 낯설어도 안 되고, 충분히 낯설지 않아서도 안 됩니다. 이러한 조건을 모두 갖춘 이들이 바로 이미 공동체 안에 함께 살고 있는 **이방인**입니다.128)

인류 문화 대부분에 이방인을 희생양으로 삼은 신화가 있음은 잘 알려져 있습니다. 이방인을 사회의 만연한 악에 대한 책임을 지우는 의도인 것입니다. 그때마다 이방인은 격리되거나 제거됩니다. 리처드 커니(R. Kearney)는 이러한 희생양 전략은 공동체를 하나로 묶고 정체성의 기준을 제공하여, 누가 우리에 속하고 누가 배제되는가에 대한 의미를 부여한다고 주장합니다.129) 따라서 공동체의 안녕을 위해서는 주기적으로 이방인인 아웃사이더들의 희생과 배척이 있어야 했습니다.

김애령(2020)은 이방인의 정의를 낯섦을 간직하고 있는 자, 즉 '가까이 있으면서 동시에 멀리 떨어져' 있는 긴장 속에 있는

---

128) 다문화주의와 다문화 정책에서 규정하는 소수자란 무엇을 의미하며 누구를 지칭하는지를 규정하는 것은 매우 중요합니다. Dworkin에 의하면 소수자를 규정하는 데 보통 다음의 몇 가지 조건이 필요합니다. 첫째 식별가능성(identification)으로 신체적 또는 문화적 특징에 의해 다른 집단과 구별되어야 합니다. 둘째, 권력적 열세입니다. 수적인 열세만이 아니라 경제력, 사회적 지위, 정치력 등 다양한 측면에서 실질적인 차이 또는 자원 동원 능력의 차이가 존재합니다. 셋째 조건은 차별의 존재입니다. 즉 특정 집단의 구성원이라는 이유로 사회적 차별의 대상이 되는 상황을 말합니다. 마지막으로 소수집단 구성원으로서의 집단의식 즉 정체성과 연대의식을 의미합니다. 오만석 외 (2018), 글로벌시대의 다문화교육 (차별 재생산과 그 해결 방향, 정미량), 서울 : 한국학중앙영구원 출판부, pp.288-289.

129) Richard Kearney, Strangers, Gods, and Monsters, p.49.

자로 규정합니다.[130] 그녀에 의하면 아주 멀리 떨어져 있는 자는 낯설지 않습니다. 그는 직접적인 대면과 접촉으로부터 떨어져 있기 때문입니다. 반면 완전히 동화된 자 역시 낯설지 않다고 합니다. 그의 존재 방식은 다르게 드러나지 않을 것이기 때문입니다. 따라서 가까이 머물면서도 여전히 다름을 간직한 존재만이 낯설다는 것입니다. 그들이 바로 우리 옆에 머물고 있는 이방인입니다. 우리의 주위를 돌아보면 그러한 조건을 갖춘 이방인들이 많이 있습니다. 우리나라처럼 단일민족이라는 환상이 국민정체성에 절대적 요소가 되어 있는 폐쇄적 사회에서는 이방인이 분노와 혐오의 대상이 될 가능성이 매우 높습니다. 히틀러 시대의 독일에서는 유대인들이 바로 그들입니다. 유대인과 집시들의 박해, 이방인과 외국인 노동자들에 대한 혐오 등은 모두 희생양의 조건과 연관되어 있습니다.

희생 대체에는 항상 일정한 '오해'가 내포되어 있습니다. 이것은 폭력에 참가하는 자들의 무지에서 비롯된 것입니다. 밀턴 마이어(Milton S. Mayer)는 '진짜 악'은 수백 만 명위에 군림하는 악마적인 소수의 독재가 아니라 오히려 다수 대중의 동조와 협력의 산물이었음을 밝혀내었습니다.[131] 그는 나치의 시대는 선한 사람들의 침묵이 만든 오욕의 역사라고 규정합니다. 그에 의하면 나찌 시대의 독일인들은 침묵하면서 자신들은 스스로 자유롭다고 생각했습니다. 악의 심각성은 바로 여기에 있습니다. 한나 아렌트(H. Arendt) 역시 인간은 '악의가 없어도 누구나 악인이 될 수 있다'고 경고했습니다. 그녀는 『예루살렘의 아이히

130) 김애령 (2020), 듣기의 윤리 : 주체와 타자, 그리고 정의의 환대에 대하여, 서울 : 봄날의박씨, pp.158-160.

131) Milton S. Mayer, They thought they were free : The German 1933-1945, 박중서 역 (2017), 그들은 그들이 자유롭다고 생각했다, 서울 : 갈라파고스, pp.74-109.

만 Eichmann in Jerusalem』이라는 책에서 **'악의 평범성'**에 대해 고발합니다. 유대인 학살의 계획과 집행에 깊이 관여한 아이히만이라는 자를 잡고 보니 그는 차가운 악당의 모습이 아닌, 너무도 평범한 사람이었다는 것입니다. 보통 악이라는 것은 악을 의도한 주체가 적극적으로 저지르는 행동이라고 생각하지만, 아렌트는 오히려 **악을 의도하지 못하고 수동적으로 저지르는 데에 악의 본질**이 있다고 보았습니다. 악행은 잔인한 괴물이 저지르는 것이 아니라 생각하기를 멈추고 평균적 사고에 집착한 평범한 인간이 저지르는 것이고, 그들이야말로 극도의 악이 될 수 있다고 경고합니다.132)

우리도 생각을 멈추면, 누구나 아이히만이 될 수 있습니다. 희생양을 통해 자신과 공동체의 위기를 모면하고자 하는 마음이 있다면, 그리고 그 위기의 책임을 약자와 이방인에게 전가하려 한다면 우리는 아이히만과 다를 바 없습니다. 사르트르에 의하면 타자는 곧 지옥이며 동시에 구세주입니다.133) 그가 지옥으로 경험되는지 아니면 구세주로 경험되는지는 우리에게 달려 있습니다. 타자, 즉 이방인을 배척하고 그와 대립할 것인지, 아니면 그를 통해 우리를 한 차원 더 높은 수준으로 고양시킬 것인지는 우리의 역량에 달려있습니다.

3. 우생학, 편견이 범할 수 있는 악

> 이날 경찰관 피격은 최근 잇단 경찰의 흑인 총격살해에 따른 후폭풍이 미국 전역에 확산하는 상황에서 발생했다. 지난 5일 흑인

132) Hanna Arendt, Eichmann in Jerusalem, 김선욱 역 (2017), 예루살렘의 아이히만 (악의 평범성에 대한 보고서), 서울 : 한길사, pp.391-392.

133) 박이문 (2014), 왜 인간은 남을 도우며 살아야 하는가, 고양 : 소나무, pp.82-93.

남성의 피살이 도화선이었다. 당시 루이지애나주 배턴루지의 한 편의점 바깥에서 흑인 남성 앨턴 스털링(37)이 경찰 2명에게 제압당하던 중 총에 맞아 숨졌다. 행인이 스마트 폰으로 찍은 스털링의 사망 순간 동영상이 공개되자 흑인사회는 격앙됐다. 다음날인 6일 밤에는 미네소타주 미니애폴리스에서 또 다른 흑인이 역시 백인 경관의 총격에 숨지는 사건이 발생해 흑인의 분노를 증폭시켰다. 흑인 남성 필랜드 캐스틸(32)은 여자 친구와 함께 차를 타고 가던 중 경찰의 검문을 받았고, 경찰의 지시에 따라 신분증을 꺼내던 중 네 발의 총격을 받았다. 여자 친구의 동영상이 역시 SNS에 공개되자 흑인사회는 물론 시민단체가 백인 경관의 과잉진압에 항의하는 단체행동에 나섰다. (2016. 7. 9 한국일보)

몇 년 전 미국을 충격으로 빠지게 한 사건들입니다. 두 번째 사건의 상황을 생각해봅시다. 경찰의 검문을 받던 흑인이 경찰의 지시에 따라 신분증을 꺼내던 중 네 발의 총격을 받았다고 합니다. 이러한 상황은 불행하지만 미국에서 간혹 있는 일입니다. 신분증을 꺼내는 것을 경찰입장에서는 총을 꺼내는 것으로 오해되는 상황입니다. 총기소지가 가능한 미국사회에서 손을 안주머니에 넣는 순간 경찰도 긴장할 수 있습니다. 그 상황에서 판단을 잘못한 경찰이 총을 발사하는 경우도 있습니다. 흑인들도 이것을 모르지 않습니다. 그러나 흑인사회가 분노하는 것은 그 상황에서 '편견'이 작용했다는 것입니다. 만약 검문을 받고 있었던 사람이 백인이었다면, 신분증을 꺼내기 위해 안 주머니에 손을 집어넣는 것을 총을 꺼내는 것으로 오해 했겠느냐는 것입니다. 혹 그렇게 생각했다 하더라도 경계심을 더욱 강화할 뿐, 과연 총을 발사했을까 하는 것입니다. 그러한 경찰의 경솔한 판단에는, 그들의 의식 속에 이미 '흑인은 범죄자'일 것이라는 편견이 각인되어 있었기에 가능한 것입니다.

세상에 편견만큼 무섭고 잔인한 것 없습니다. 편견이란 똑 같은 상황에서 똑같은 대우와 처분을 하지 않는 것을 의미합니다. 사실 편견으로 가득 찬 사회에서는 이러한 상황들로 인해 사회적 어려움을 가중시킵니다. 편견은 개인적 차원에 그치는 경우도 있고 사회적 차원의 것도 있습니다. 그러나 사실, 개인적 차원과 사회적 차원의 편견은 사실 크게 다르지 않습니다. 집단적 편견이 개인에게 내면화되기 때문입니다. 집단적 편견은 '인종 편견'과 '종교적 편견'이 대부분입니다. 공공의 영역에서는 사회적 편견을 금지하기에 대부분의 인권국가에서 공적인 인권침해는 사라졌습니다. 특정 인종과 종교에 대한 편견을 공적으로 말할 수도 없고 해서도 안 됩니다. 하지만 사적 공간에서나 양심의 공간에서는 제재 받지 않기에 개인적 차원에서의 편견은 해소되기가 어렵습니다. 아무리 노력해도 편견의 극복은 아직은 너무나 먼 길 같아 보입니다.

편견의 극한은 우생학(eugenics)입니다. **우생학은 편견의 악이 만들어낸 괴물**입니다. 편견은 우생학을 만들어 내고, 우생학은 편견을 더욱 심화시킵니다. 우생학적 편견의 뿌리는 그 역사가 오래되었습니다. 고대 그리스까지 올라갑니다. 야만족(barbarian)이라는 말은 단순히 비그리스인, 외국인을 의미하는 그리스어 '바르바로이(barbarioi)'에서 유래되었습니다. 그리스인의 눈에는 자신 외에는 모두 '바르바로이'일 뿐입니다.[134] 어느 사회에서나 마찬가지처럼 고대 그리스는 모든 인간을 동등하게 생각하지 않는 것이 그들에게는 지극히 당연하고 이상적인 생각이었습니다. 같은 맥락으로 서구인들에게 식민지 원주민들은 하나 이상의 얼굴을 가진 존재입니다. 야만인 이면서 동시에 이방인으로서 인식하기도 하고, '반은 악마, 반은 아이 얼굴'을 가진 존재로 보기도 합니다. 서구인들의 눈에는 원주민들이 '악마'이기에 멸절해야 하는 존재이기도 하고 한편으로는 '아이'이기에

134) Jared Diamond, The Third Chimpanzee, p.440.

교화해서 문명으로 이끌어야 하는 존재이기도 합니다.[135] 악마든 아이든 어떤 경우든 그들에 대한 공통분모는 자신들과 같은 위치의 인간은 아니라는 것입니다.

이렇듯 인간의 역사, 특히 서구의 역사는 곧 차별의 역사입니다. 차별의 원리는 똑 같지만 방법은 나라마다 다르게 사용되었습니다. 그 중 독일의 경우가 가장 고약합니다. 과거 스페인은 식민지를 건설할 대 종교를 내세웠지만, 독일을 비롯한 후발 침략 국가들은 '인종학'이라는 새로운 명분을 내세웠습니다. 이 명분은 '사회적 다윈주의'라는 사회진화론으로 무장하고, 사람들로 하여금 적자생존의 관점으로 세상을 보게 만들었습니다. 이런 사상은 열등한 존재로 여겨지던 민족을 지배하는 데 매우 신선하고도 강력한 구실이 되었습니다.[136]

나인호(2019)에 의하면, 우생학에 근거한 인종주의의 가장 큰 특징은 그 중심에 고유의 역사관, 즉 인종사관 및 인종의 역사철학이 자리 잡고 있습니다. 인종주의자들은 '인종'이념으로 현실을 설명하고 미래에 대한 희망과 공포를 이야기하면서, 궁극적으로는 자신들이 꿈꾸는 새로운 현실을 만들려고 한다는 것입니다.[137] 그 결과 인종주의는 반드시 민족주의 및 제국주의와 결합되어 적대인종을 만들어내는 '배제와 말살'의 이데올로기가 됩니다.

우생학의 창안자는 빅토리아 시대의 탐험가이자 사상가이며 다윈의 사촌인 프랜시스 골턴(F. Galton, 1822-1911)입니다. 그는 1883년 그리스어로 '좋다'는 뜻의 'eu'와 '태어나다'라는 뜻

---

135) Charles W. Mills, The Racial Contract, 정범진 역 (2006), 인종계약, 서울 : 아침이슬, p.103.

136) David Day, Conquest : A New History of The Modern World, 이경식 역 (2006), 정복, 서울 ; Human & Books, p.172.

137) 나인호 (2019), 증오하는 인간의 탄생 : 인종주의는 역사를 어떻게 해석했는가, 고양 : (주)역사비평사, p.10.

의 'gene'를 조합해서 우생학(eugenics)이라는 단어를 고안했습니다.[138] 골턴은 『유전적 천재성』이라는 저서를 통해 자기 이론을 정립하였는데, 그의 기본 방법은 유명한 사람들의 부고와 명단을 이용해서, 이른바 가계에 흐르는 '자연적 능력'의 개념을 뒷받침하는 통계적 증거를 찾아내는 것이었습니다. 그는 개나 말의 우수한 품종을 얻을 수 있듯이, 인간도 연이은 몇 세대에 걸친 현명한 결혼을 통해 매우 재능이 뛰어난 인류를 생산해 내는 것이 가능하다고 믿었습니다. 우수한 품종의 생산을 위해서는 재능이 뛰어난 자들은 일찍 결혼해서 아이를 많이 낳도록 권고하고, 약한 자들은 결혼을 늦게 하거나 아이를 낳지 않도록 유도해야 한다고 주장했습니다. 좋은 유전자를 확보할 수만 있다면 다른 나라에서 그들을 초청하거나 받아들여야 한다고 했습니다. 그는 좋은 유전자의 확보와 약한 유전자의 도태를 위해서라면, 가난한 사람과 덜 똑똑한 사람, 정신장애가 있는 사람들을 돕기 위한 사회적 복지정책은 제한되어야 한다고까지 주장했습니다.[139]

영국에서 미국으로 건너간 우생학은 인간 생물학의 이론적 울타리에서 벗어나서 반도덕적인 정치운동으로 변질되었습니다. 영국의 칼 피어슨(K. Pearson)과 미국의 찰스 대븐포트(C. Davenport)는 우생학이라는 사이비 종교의 열렬한 계승자입니다. 피어슨은 고도의 문명은 인종 간의 투쟁에 의해 산출되었으며, 이 게임에서 신체적으로나 정신적으로 더 적합하고 우수한 인종이 승리한다고 믿었습니다. 생물학자인 대븐포트는 한 걸음 더 나아가서, 광기, 알콜중독, 빈곤, 매춘, 범죄 등이 유전 때문이라는 증거를 찾아 나섰습니다.

---

138) Scott L. Montgomery, Daniel Chirot, The Sape of the New, 박중서 역 (2018), 현대의 탄생, 서울 : 책세상, p.292.

139) Scott L. Montgomery, Daniel Chirot, Ibid.

이러한 광기의 노력들에 의해 1910년대에 이르러 우생학은 미국에서 가장 호소력 있게 받아들여졌습니다. 당시 미국의 주류세력은 자신들 즉, 초창기 정착민인 북유럽 인종(영국, 독일, 프랑스북부, 스칸디나비아 사람들)과 1880년 이후에 이주해온 남유럽과 동유럽 이주민들은 인종의 결이 다르다는 것을 증명해 보이고자 하였습니다. 주류세력들은 남유럽과 동유럽 사람들의 열등함을 증명해 보이기 위해 그들을 상대로 지능검사를 실시하였습니다. 그 검사 결과를 토대로 이민 제한이 주장되었으며, 1924년에는 실제로 이민규제법이 시행되어 동, 남부 유럽인들의 이민이 제한되기도 했습니다.[140)]

지능이론과 지능 검사자료는 우생학의 정당성을 증명하는 데 이용되었습니다. 이 같은 분위기에 힘입어, 당시에는 심지어 다음과 같은 구호가 정부 정책의 슬로건이 될 정도였습니다. "적합자에게는 더 많은 자녀를, 부적합한 자에게는 더 적은 자녀를! 이것이 진정한 산아제한의 주된 목표다." 생물학자이자 스텐포드 대학의 총장이였던 데이비드 스타 조던(D. S. Jordan)은 "한 나라의 피가 그 역사를 결정한다, 한 나라 역사가 그 피를 결정 한다"고 말할 정도였습니다. 이런 풍조의 영향으로 당시에는 지능검사가 유행이었습니다. 미국 정부는 지능이 낮은 사람들의 출산을 막기 위하여 IQ점수 100이하인 사람이 불임수술을 받을 경우 1점당 100불씩을 지불하였습니다.[141)]

이러한 우생학의 열풍은 급기야는 정치적이고 법적인 차원에

140) 앵글로색슨계 미국인들은 저능한 사람들의 이민을 제한함으로써 동유럽의 슬라브족과 남유럽의 라틴족을 포함한 다른 종족의 미국 진입을 원천적으로 봉쇄하려고 하였습니다. 미국은 동양인의 이주를 막기 위해서 다양한 이민법을 제정하였습니다. 오욱환 (2004), 교육사회학의 이해와 탐구, 서울 : 교육과학사, p.250.

141) Shockley, W. (1972). Dysgenics, geneticity, raceology : A Challenge to the intellectual responsibility of education. Phil Delta Kappan, 297-307. 오욱환, Ibid., p.248.

까지 영향을 미치게 되었습니다. 낮은 지능지수가 범죄, 난혼, 정신적 퇴화와 밀접한 관계가 있다는 연구 결과는 다른 종족과의 혼인을 금지하는 법을 제정하는 근거가 되었습니다. 미국사회에서는 우생학에 의해 열등한 사람들을 단종시키기 위해 6만여명에게 강제 불임수술이 자행되었습니다.[142] 1890년대에는 정신적 질환이 있는 사람들에게 매우 불리한 혼인법이 통과 되었으며, 1907년에는 급기야 유죄가 선고된 범죄자, 천치, 강간범들을 대상으로 강제불임 수술을 집행하기에 이르렀습니다. 1924년 버지니아주에서는 정신지체자에 대한 불임수술을 법제화했는데, 미국연방법원은 이것에 대해 합헌 판결을 내렸습니다. 판결의 요지는, 자기 몸에 대한 개인의 권리보다 공공의 부담을 줄이려는 주(州)의 이익이 우선한다는 것이었습니다. 당시의 이 판결은 교양 있고 영향력 있는 사람들은 물론이고 여론의 강력한 지지를 받았습니다. 이러한 미국의 우생학은 후에 나치 독일에 의해 대량학살의 과학적 근거로 이용되었습니다.

미국에서 우생학에 근거한 인종차별과 인간차별적인 행위들이 시도되고 있을 때, 독일은 미국에서 사용되는 우생학 수단을 모델로 삼아 추종했습니다. 히틀러가 우생학의 철저한 계승자이며 후원자가 되었음은 너무도 당연한 일입니다. 히틀러는, 세계는 독일적 영혼에 의해 치유될 것이며, 그래서 독일은 모든 것 위에, 세상의 모든 것 위해 존재한다고 망상했습니다.[143] 그는 열등하고 퇴보적인 요소들 때문에 독일이 약해지고 있다고 믿었습니다. 그는 독일의 피를 정화할 필요를 느꼈습니다. 히틀러와 같은 극우적인 독일인들은 열등한 민족들에게 둘러싸인 주

142) 오육환, Ibid., p.150.

143) Karl Raimund Popper, The Lesson of this Century, 이상헌 역 (2000), 우리는 20세기에서 무엇을 배울 수 있나, 서울 : 생각의 나무, p.260.

인 민족으로서의 게르만 민족만이 영토와 문화적 지배에 대한 천부적 권리를 가지고 있다고 선언했습니다.[144] 1933년 권력을 잡은 히틀러는 '결함 혈통 방지법'을 제정하여 대량 불임 수술을 제도화 했으며, 급기야 유대인을 '인종적 부적합자'로 간주하여 이들과의 결혼과 성 접촉을 모두 범죄화 했습니다. 1930년대 말에 이르러 법적 조치는 '안락사'로 변모했고, 악명 높은 T-4조치 프로그램에서는 '살아갈 가치가 없다'고 판정된 자들을 처형할 권한을 특정 의사와 공무원에게 부여했습니다.[145] 이 모든 비인간적인 조치들은 우생학의 후원아래 가능했으며, 나치 강제수용소의 대학살의 예고편이었습니다.

나치가 폴란드 지식인을 제거한 것은 이들이 저항했기 때문이 아니라 폴란드 사람들은 지성이 없다는 믿음 때문이었습니다. 심지어 폴란드 안에 거주하는 파란 눈의 금발의 독일 아이들을 '게르만의 피'를 구원하고자 하는 명분으로 집단 납치 계획까지 하였습니다.[146] 실제로 1944년 6월 제9군단은 4-5만 명에 이르는 아이들을 유괴해서 본국으로 이송했습니다.[147] 나치는 1941년 소비에트 연방에 침입할 때도 병사들에게, 그 전쟁이 '아시아적 방식으로 원시적인 본능에 따라서 사는 적들을 섬멸하려는 인종 전쟁'이라고 부추겼습니다. 유목민족의 확산을 저지했던 역사적인 전투들을 상기시키며, 독일뿐 아니라 유럽 전체를 '아시아적 유목민'으로부터 지켜야 한다고 독려했습니다. 과거 수많은 침략자들이 그랬던 것처럼, 나치 역시 군사들에게 적이 인간 이하의 문명 수준을 가지고 있다고 믿게끔 만들었습

144) Richard Kearney, Strangers, Gods, and Monsters, p.131.

145) Michael Burleigh, Death and Deliverance : Euthanasia in Germany, c. 1900-1945 (Cambridge : Cambridge University Press, 1995), Robert O. Paxton, The Anatomy of Fascism, 손명희, 최희영 역(2017), 파시즘, 서울 : 교양인, p.100.

146) Hannah Arendt, The Origins of totalitarianism 2, p.73.

147) Hannah Arendt, Ibid.,73. 각주 3) 참조.

니다.[148] 이처럼 침략하고자 하는 땅에 사는 사람들을 인간 이하의 수준으로 묘사함으로써 침략 자체가 정당화되고, 침략자가 새로운 땅에 정착하는 것 역시 정당화되었습니다.

20세기 초에 파도처럼 밀려온 파시즘의 광기 역시 우생학의 후원 아래 진행되었습니다. 파시즘의 광기는 언제나 '적'을 상정함으로써 유지됩니다. 파시스트들은 나라 밖뿐만 아니라 '안'에서도 적을 찾아냈습니다. 처음의 내부의 적은 이방인, 유대인과 같은 이들이었습니다. 그러나 루이 파스테르(L. Pasteur)가 전염병에서 박테리아의 역할을 규명하고, 그레고어 멘델(G. Mendel)이 유전의 메카니즘을 발견하면서 새로운 '내부의 적'을 상상하고 찾아내는 것이 가능해 졌습니다. 이전 시대의 과학적 연구가 파시즘에게는 내부의 적을 골라서 제거하는 데 이용되었습니다. 이제 전염병 보유자, 불결한 자, 유전적으로 병들거나 범죄 성향을 지닌 자들이 새로 내부의 적으로 분류되었습니다.[149]

공동체를 의학적으로 정화하려는 광기는 미국과 유럽에서 마치 유행처럼 되었습니다. 이러한 유행은 파시즘이 지배하는 국가를 넘어 자유주의 국가에도 영향을 끼쳤습니다. 미국과 스웨덴은 상습적인 범법자들에게 강제 불임 수술을 실시하였는데, 미국의 경우 특히 흑인들이 그 대상이었습니다. 내부의 적을 색출함에 있어서 인종적 편견이 작동하였음은 의심의 여지가 없습니다.

이후 반인권적인 법률과 상식들은 20세기 후반에 이르러서도 지속되었습니다. 사회적으로 가장 큰 파문을 일으킨 논쟁은 1969년 캘리포니아대학교의 교육심리학자이며 검사전문가인 젠

---

148) Day. D. Conquest : A New History of The Modern World, pp. 172-173.

149) Robert O. Paxton, The Anatomy of Fascism, pp.98-99.

선(Jensen)에 의해서 촉발되었습니다. 그는 "우리는 얼마나 지능지수와 학업성취를 높일 수 있나?"(How much can we boost IQ and scholastic achievement?)라는 제목의 논문에서 지능이 낮은 사람에게 생후의 조치를 통해서 지능을 높이거나 학업성취를 향상시킬 수 없다고 단언하였습니다.[150] 그의 이러한 주장은 흑인들의 지능이 백인들의 지능보다 낮다는 사실을 경험적으로 밝혀내는 작업과 병행하였습니다. 흑인들의 낮은 학업성취는 유전적으로 결정된 그들의 낮은 지능에서 유래하므로 환경의 변화를 통해서 지능과 학업성취를 높이려는 작업은 무의미하다는 결론이 도출되었습니다. 이러한 결론은 "낮은 학업성취에서 비천한 직업과 빈약한 소득이 야기 된다"는 상식과 어울려 흑인들의 빈곤이 종족적 열등함에서 기인한다는 주장으로 확대되었습니다.[151]

칼 린네(C. Linne)는 인간의 종인 호모 사피엔스를 네 인종으로 나누었습니다. 그는 각각의 인종에 대한 서술의 마지막 줄에서 분명하게 인종차별적인 딱지를 붙입니다. 아메리카 원주민 인종에 대해서는 '습성(consuetudine)에 의해', 유럽인종은 '관습(ritibus)에 의해', 아시아 인종은 '신념(opinionibus)에 의해', 아프리카 인종에 대해서는 '변덕(arbitrio)에 의해' 지배된다고 규정했습니다.[152] 여러분은 이 네 가지 특성 중에서 가장 우월하고 이상적인 것은 무엇이라고 생각하십니까. 신념이라고 생각하는 사람도 있겠지요. 린네는 '관습'이 상대적으로 다른 특성들보다 우월하다고 판단하였습니다. 그 이유는 이미 확립되고 숙고된 관습에 의해 지배되는 행동이 습성이나 신념처럼 사고가

150) Jensen, A. (1969). How much can we boost IQ and scholastic achievement? Harvard Educational Review, 39, 1-123, 오욱환., p.241.

151) 오욱환, Ibid, pp.239-243.

152) Stephen J. Gould, The Mismeasure of Man, 김동광 역 (2003), 인간에 대한 오해, 서울: 사회평론, pp.585-587.

수반되지 않는 지배보다 우월하기 때문입니다. 신념은 개인의 주관적 판단 아래에 있지만 관습은 많은 이들의 생각과 경험이 누적된 공통분모입니다. 이러한 구분은 유럽 인종이 최상위에 오고 중간에 아시아 인종과 아메리카 인종, 그리고 맨 아래에 아프리카 인종이 놓인다는 암시입니다. 인종차별의 서열화인 것이지요. 그러나 이것이 얼마나 과학적이며 근거가 있는 것일까요.

다행히도 최근의 연구자들에 의해 우생학은 과학이 아닌 지배이데올로기였음을 밝혀졌습니다. 사실 골턴의 시대에도 그의 주장에 반박하는 이들이 많았습니다. 골턴의 주장과는 달리 대부분의 학자들은 골턴이 유전의 역할을 과대평가하고 양육과 가정환경의 중요성을 무시했다고 생각했습니다. 대표적인 사람이 스위스 식물학자 알퐁스 드 캉돌(A. de Candolle)입니다. 그는 이전 두 세기 동안 위대한 과학자들을 배출한 곳은 종교적 관용, 광범위한 교역망, 온화한 기후, 민주적 정부를 가진 나라나 도시였음을 지적합니다. 위대한 업적이 타고난 천재성보다는 환경과 기회에 더 크게 의존한다는 증거였습니다.153)

주목할 만한 인류학자인 마거릿 미드(M. Mead) 역시 생물학적 결정론에 저항하며 서구인들이 다른 문화권 사람들보다 우수한 존재라는 통념에 반기를 들었습니다.154) 그녀는 두 가지

---

153) Candolle. A. de. 1872, Histoire des sciences et des savants depuis deux siecles, Ridley. M. Nature via Nurture, 김한영 역 (2017), 본성과 양육 : 인간은 태어나는가, 만들어지는가, 파주 : 김영사, p.109.

154) 마거릿 미드는 “인간 집단은 타고나면서부터 서로 구별되는 것이 아닌, 각 집단이 경험을 조직화하고 영속화하는 방식, 그리고 또 다른 생존양식에 대한 접근 형태를 조직화하고 영속화하는 방식에 따라 구별되는 것”이라고 주장합니다. Howard Gardner, Leading Mind, 송기동 역 (2007), 통찰과 포용, 제4장 마거릿 미드 (원시문화 속에서 미래를 발견한 인류학자), 서울 : 북스넛, p.165.

사항을 근거로 들면서 그러한 통념에 반대했습니다. 첫째, 서구 문화권에서는 해결하지 못했던 골칫거리들을 다른 문화권에서는 성공적으로 해결했고, 둘째, 모든 인간은 호모 사피엔스라는 단일한 종(種)에 속하기 때문에 생물학적으로 우열이 있을 수 없다는 것입니다.

이후의 연구들 역시 유전이 절대변수가 아님을 증명해주고 있습니다. 이들에 의하여 환경과 유전은 서로 분리되어 작용하는 것이 아니라 상호작용하는 관계임이 밝혀지고 있습니다. 이러한 현상은 IQ에도 그대로 적용됩니다. 플린 효과(Flynn Effect)가 그것입니다.[155] 발견자 제임스 플린(J. Flynn)의 이름을 딴 이른바 플린 효과는 세대가 증가하면서 IQ가 증가하는 현상입니다. 플린 효과에 의하면 평균 지능지수가 10년 마다 최소 5점씩 꾸준히 상승하고 있습니다. 이것은 놀라운 발견이며 현상입니다. 이것은 IQ가 환경의 영향을 받는다는 것을 증명한 것입니다. 불과 몇 십 년 전만해도 일본인과 한국인 성인의 평균 신장은 오늘날과 비교하여 많은 차이가 있었습니다. 영양 환경이 개선된 때문입니다. 마찬가지의 이유로 신장 뿐 아니라 지능지수 역시 우호적인 환경에 의해 얼마든지 향상될 수 있습니다. 할아버지 시절로 돌아가면 우리 모두는 거인이며, 천재입니다.

우생학적 관점에서 보면 인간은 환경적 요인보다 유전적 요인에 의해 더 많이 의존되어야 합니다. '좋은 씨'를 강조하려면 환경보다는 유전적 요소가 더 강조되어야 하기 때문입니다. 좋은 씨는 열악한 환경 속에서도 그것을 이겨내고 자랄 수 있지만, 품질이 좋지 않은 씨는 우호적인 환경에서도 제대로 못자란

155) James Flynn, What is Intelligence?, 이금숙, 조선희 역 (2015), 플린 이팩트, 서울 : 도서출판 MID, pp.38-44.

다는 것입니다. 그러나 지금까지의 연구결과는 유전과 환경, 어느 쪽에도 손을 들어주지 않습니다. 즉 '본성 대 양육'의 논쟁은 아직도 끝나지 않았습니다. 후학들에 의해 더욱 치열하게 논쟁되지만 서로 동문서답과 같은 주장만 되풀이 될 뿐이었습니다. 그러나 평행선과 같은 논쟁은 잠정적 합의에 이르게 됩니다. 그 합의된 결론은 메트 리들리(M. Ridley)에 의해 선언적으로 요약됩니다. **'본성과 양육은 서로 대립되는 것이 아니라, 유전자는 양육에 의존하고 양육은 유전자에 의존한다'**는 것입니다.[156] 리들리는 본성과 양육의 논쟁이 다른 차원, 즉 **'양육을 통한 본성'**이라는 새로운 틀로 이해해야 한다고 주장합니다. 양육과 유전은 보완관계라는 것입니다. 그는 "게놈을 덮고 있는 뚜껑을 많이 열면 열수록 유전자는 경험에 더 약해진다"고 자신의 주장을 요약했습니다. 환경의 중요함을 암시하는 말입니다.

진화심리학자인 스티븐 핑거(S. Pinker) 역시 유전과 환경의 복잡한 상호작용이 인간의 행동에 영향을 미친다는 사실을 인정합니다. 관련된 학자들에 의하면 행동은 유전자로부터 완성된 형태로 튀어나오지 않는다고 합니다. 유전자가 뇌를 형성하면 뇌가 경험을 흡수한 다음 행동을 내보낸다고 합니다. 더욱이 인종 간의 지적인 차이를 당연한 것으로 생각했던 우생학적 전제는 유전학자 리처드 르윈틴(R. Lewontin)에 의해 근거 없음이 밝혀졌습니다. 그는 "한 인종 내에서 무작위로 선택한 두 개인 간의 유전적 차이는 인종 간의 평균적 차이보다 훨씬 크다"는 것을 입증해 내었습니다.[157]

156) Matt Ridley. M. Nature via Nurture, pp.14-22.
157) Richard Lewontin, Biology as Ideology : The Doctrine of DNA, 김동광 역 (2001), 파주 : 궁리, p.52.

4. 근대이성과 인종주의

> 다른 사람을 내려다볼 수 있는 유일한 때는 넘어진 사람을 일으켜주기 위해 도움을 줄 때뿐이라는 것을 나는 배웠다.
>
> (가브리엘 가르시아 마르케스)

우리는 살아가면서 자신이 우월하다고 생각하는 사람들을 만나곤 합니다. 그것에 대한 우리의 반응이 중요합니다. 동시에 우리도 그만큼의 열등의식을 갖고 있다면 그와 우리와의 자존감의 차이는 더욱 벌어지겠지요. 그 차이에 대한 책임은 상대뿐만 아니라 우리에게도 있습니다. 흑인의 정신분열증과 신경증을 정신분석학적으로 분석한 프란츠 파농(F. Fanon)은 『검은 피부 하얀 가면』에서 백인의 근거 없는 우월감 못지않게 흑인의 열등감도 삶을 식민지화 한다고 주장합니다. 흑인이 자신의 존재 가치를 백인에게 증명하려고 애쓰는 강박관념이 있을 때, 인간의 진정한 자유는 요원하다는 것입니다.[158] 흑인은 백인과의 관계에서만 흑인일 뿐입니다. 흑인도 흑인이기 이전에 그냥 인간입니다.

문제는 대부분의 흑인들이 백인들의 인종차별적 태도에 맞서 싸우기보다 오히려 그런 백인을 닮아가려고 애쓴다는 것입니다. 세계적인 흑인 팝 가수 마이클 잭슨 역시 백인 얼굴로 성형했습니다. 흑인들은 백인이 설정한 가치 기준이 억압적이고 편파적임에도 불구하고 그 기준을 무너뜨리기보다는 자신들의 모든 삶을 그 기준에 맞추려 하는 '의존 콤플렉스'에서 헤어 나오지 못합니다. 억압자의 시각으로 자신을 보는 것이지요. 억압하는

158) Frantz Fanon, Peau noire, masques blancs, 노서경 역 (2019), 검은 피부, 하얀 가면, 파주 : 문학동네, pp.83-105.

자와 억압당하는 자에게 검은 색과 흰색의 차이는 단순히 명도의 차이가 아닙니다. 그것은 가치의 차이이자 높낮이의 문제입니다. 그렇다면 이러한 인종주의는 어디에서부터 비롯되었을까요.

여러분은 계몽주의라는 말을 들으면 어떤 생각이 듭니까? 길고 긴 중세의 어둡고 야만적인 터널을 지나서 비로소 인간이 역사의 주체가 되고 자기 삶의 주인으로 자리 매김하는 시대의 서막을 알리는 것이라고 생각하시겠지요. 맞습니다. 미신적 사고를 배척하고 합리성과 이성으로 무장한 인간이 신(神)의 감독과 통제에서 벗어나 자신의 삶을 스스로 개척하는 인간중심의 시대가 계몽주의이며, 역사는 그것을 높이 평가 합니다. 계몽주의 시대의 인간은 진보적 세계관으로 무장하여 이전 시대와는 질적으로 차별되는 새로운 시대를 경험하게 되었고, 미래에 대해 무한히 낙관적인 청사진을 그릴 수 있게 되었습니다.

그렇다면 무엇이, 어떤 힘이 그들을 그렇게 강하게 만들었을까요. 그것은 **이성**이라는 삶의 무기를 통해 가능한 것이었습니다. 이성은 현상의 원인과 결과를 추론하는 힘입니다. 번개를 예로 들어 봅시다. 이전 시대의 번개는 신앙적 렌즈에 의해 해석되었습니다. 오랫동안 인간은 번개를 신기한 현상으로 여겼고, 거기에는 신의 계시가 암시되어 있다고 생각했습니다. 번개가 치면, 혹시 신이 노여웠을까, 우리가 무엇을 반성해야 할까, 이런 식의 해석이었습니다. 그러나 이성은 번개의 원인을 삶과 분리시켜 이해합니다. 그것은 신의 노여움이 아닌 자연의 질서에 포함된 현상으로 파악합니다. 이른바 과학적 사고입니다.

계몽주의 시대가 도래한 후, 이성과 합리성이 삶의 무기가 됨에 따라 자연히 이전 시대의 삶의 무기였던 경건과 신앙은 과감히 폐기되었습니다. 그리고 감히 神의 자리를 이성적 인간이 대신하게 되었습니다. 그러면서 근대이성으로 무장한 서구인들은 스스로를 '보편적이고 객관적'인 존재라고 공언합니다. 그렇게 주장하는 이유는 보편적이고 중립적인 사고야 말로 '과학적 사고'라고 생각했기 때문입니다. 과학적 사고는 감정을 철저히 배제해야 합니다. 서구인들은 엄밀한 과학성에 기대어 스스로 객관적이고 이성적 지각을 갖고 있는 존재라고 자평합니다. 그들이 스스로 이성적 존재라고 느끼며 강한 자부심을 갖는 이면에는 이성과 대칭되는 감정에 대한 폄하가 깔려 있습니다. 그들은 의도적으로 이성과 감정을 대칭시킵니다. 그 이유는 결론적으로 말하면, 문명인이며 계몽인인 자신들과 야만인이며 미개인인 다른 인종과의 차별화를 위한 프레임을 구축하기 위한 것이었습니다. 이성적 존재로서의 자신들과 충동적이며 감정적 존재인 다른 인종과의 차이를 의도한 것입니다.[159)]

그러나 양심 있는 과학자들은 과학 역시 그 시대의 문화적 산물이라는 것에 동의합니다. 스티븐 제이 굴드(Stephen J. Gould)에 의하면 과학이 시대에 따라 변하는 것은 절대 진리에 좀 더 가깝게 다가가기 때문이 아니라 과학에 영향을 미치는 문화적 맥락이 변하기 때문입니다.[160)] 과학적 진실이란 순수하고 더럽혀지지 않은 객관적 진리가 아니라 문화의 반영, 즉 문화에 의해서 오염된다는 것입니다. 더욱이 과학이론 역시 사실로부터 얻어지는 냉엄한 귀납이 아니라 사실에 상상적 관점이 더해진 것이며, 그 상상력의 근원 역시 문화에 기초해 있습니다. 과학 역시 초문화적 진리가 아니라 문화의 산물이라는 것입니다.

159) 좀 더 조밀하게 말하자면 유럽 백인 남성들은 자신들을 같은 유럽 백인 여성들과도 차별화 했습니다. 같은 백인 사이에도 남성과 여성은 위계 관계가 성립합니다. 근대성의 상징인 이성과 합리성은 '백인 남자'의 속성일 뿐 백인이라고 해도 여성은 제외됩니다.

160) Stephen J. Gould, The Mismeasure of Man, pp.67-69.

예를 들어 뉴튼의 고전 물리학은 순수한 과학적 진실처럼 보이지만, 그것은 당시의 계몽주의적인 근대적 세계관이 반영된 과학이론입니다. 그래서 날카로운 페미니스트들은 뉴튼의 물리학이 남성주의적 세계관을 반영하고 있다고 비판하기도 합니다. 리처드 르원튼(R. Lewontin)은 '이데올로기로서의 과학'을 주장합니다.161) 과학은 실험실 실린더 안의 무균상태와 같은 것이 아니라는 것입니다. 과학이라는 이름의 이면에는 정치적, 경제적, 사회적 이데올로기가 깔려 있으며 현실적으로 그러한 이해관계와 분리시켜 생각할 수 없습니다.

굴드는 "과학자도 특정한 사회의 구성원이므로 과학은 문화적 맥락 속에 있다"고 주장합니다.162) 더욱이 레비스트로스와 같은 이는 과학적 사고가 유일한 세계관이 아니며 그것에 대칭하는 '야생적 사고'를 제시하기도 합니다. 그에 의하면 과학적 사고는 소수의 특수한 사례에 불과할 뿐이며, 야생적 사고야 말로 인류문화의 뿌리이자 보다 보편적인 사고 형태임을 주장합니다.163) 이처럼 과학의 중립성과 객관성 그리고 항구성이 흔들

---

161) 유전자 중심주의의 생물학적 결정론자들은 인간 본성의 불변성을 보편화함으로써 인간 사회의 평등, 계급, 인종, 그리고 성차 등을 오도하고 있습니다. 이들의 시각으로는, 유전자 결정론은 뚜렷한 과학적 증거가 없음에도 불구하고 인간 본성이 유전자에 새겨져 있음을 가정하고, 개인의 의지와 인성의 성패를 가늠하는 요인들이 마치 유전자 속에 대부분 부호화되어 있음을 우리에게 주입시키려 합니다. 개개인의 생물학적 차이가 지위, 부, 권력의 위계들을 형성하는 인간 본성의 일부로 간주된다면, 사회적 평등의 이념은 원천적으로 결정된 불평등의 숙명에 가려져 실현 불가능한 환상으로 전락될 위험이 있습니다. 르원튼과 로우즈 등은 이것이야말로 생물학적 결정론에 담겨진 총체적 이데올로기라고 주장합니다. 홍일립 (2017), 인간본성의 역사(The History of Human Nature), 서울 : 한언, pp.962-964. Richard Lewontin, Biology as Ideology : The Doctrine of DNA.

162) Gould, S.J (1978). "Sociobiology : The Art of Storytelling", New Scientist, pp.530-533, 홍일립, Ibid., p.967.

163) Yang Zaho, 世界就像一隻小風車: 李維史陀與 憂鬱的熱帶, 박민호 역 (2019), 레비스트로스의 슬픈 열대를 읽다, 파주 : 유유, pp.327-329.

리고 있습니다. 과학은 과학 그 자체로 보존되지 않고 사회적으로 재구성되기 때문입니다.164) 이러한 비판적 연구들에 의해 근대 유럽인들의 위상 역시 흔들리고 있습니다. 그들은 자신들이 과학적 사고를 가진 존재라고 강변하지만, 과학이야 말로 이데올로기의 산물이라는 것입니다.

유럽인들은 이성 중심적 사고로 무장된 자기들이야말로 이전 시대와는 차별되는 근대인이라고 주장하지만, 그러나 많은 학자들은 이성적 가치가 과연 '중립적'인가를 의심합니다. 오히려 근대이성이야 말로 철저히 비중립적이고 그 속에 악의적인 편견이 숨어있지 않나 의심합니다. 근대이성으로 무장된 서구인들은 자신의 주장과는 반대로 오히려 특정 집단을 평가절하하고 배제하기 때문입니다.

이성 중심적 세계관은 다양성을 포용하지 않습니다. 모든 것의 기준은 자기이므로 자기 외의 모든 것은 새로운 것이 아니라 **'이상한 것'**이 됩니다. 서구인들이 아메리카 신대륙과 아프리카

---

164) 리차드 레원틴(Richard Lewontin)에 의하면, 과학의 이념이 사회사상에서 출발하고 있음이 분명합니다. 그가 BBC 라디오 방송에서 한 루이스 월포드(Lewis Wolpert)와의 대담을 옮겨봅니다. 과학자는 사회적 관계라는 거울에 비춰진 자연을 보고 있습니다. 인간은 우선 첫째로 사회적 존재이고, 둘째가 과학자임에 지나지 않습니다. 사회적 다위니즘이라고 하면 사회학의 이론이 다윈에서 적자생존의 개념을 가져왔다고 생각하기 쉽습니다만, 사실은 **그 반대입니다.** 다윈은 스스로가 살고 있었던 사회 환경에서 선택이라는 개념을 끌어왔습니다. 다윈은 스코틀랜드 경제학자들의 저술을 읽었습니다. 주식 투자에서 수입을 얻고 있었기 때문에 매일 한 시간씩 신문의 주식란을 읽었습니다. 자연선택, 적자생존, 차이 있는 자본재생산 등의 개념을 다윈은 잘 이해하고 있었습니다. 그것들이 그의 적자생존론의 발상이었습니다. 자연이라는 측면에서 본 세계가 항상 변화하고 있다는 사상은 부르주아적 생각입니다. 따라서 진화론적인 세계관을 믿는다는 것은 당대의 어떤 사회사상을 믿는 일과 같습니다. Lewis Wolpert, Passionate Minds : The Inner World of Scientists, 이숙연 역 (2001), 안양 : 다빈치, pp.164-166.

의 원주민을 처음 만나서 그들의 이질적인 삶의 방식을 처음 접했을 때, 그들에 대한 서구인들의 즉각적인 반응은 '미개'와 '야만'이었습니다. 그들은 원주민들의 삶을 '새로운 것'으로 이해하지 않고 계몽을 통해 '문명화'해야 할 대상으로 인식했습니다.[165] 즉 원주민들의 생활을 새로운 문화나 삶의 방식으로 평가하지 않고 자신들의 과거였던 '미개'상태로 생각했다는 것입니다.

야만인(savage)이란 말은 '숲'을 뜻하는 라틴어의 silva에서 유래되었습니다. 그들의 머릿속에 자리 잡은 야만인의 이미지는 숲의 야생 인간(silvaticus, homo sylvestris)으로, 황야 곧 황무지가 그의 존재에 너무 깊숙이 침투해 들어와서 문명으로 가는 길이 막혀 있는 인간들입니다.[166] 따라서 유럽인에게 야만인은 언젠가 계몽이 되어 자신들의 문명 안에 들어와야 할 미계발과 미계몽 상태의 인간으로 인식됩니다. 이것은 인식의 오류입니다. 자신이 A라면 상대를 B로 인식해야 하는데, 상대를 not A로 보는 것입니다.[167] 이러한 인식은 상대를 다른 존재로서 이해하지 않고, **'틀린 존재'**로 파악하는 것입니다. 이것은 엄청난 폭력입니다. 자신이 기준이고 표준이라면 자신 외의 것은 폐기되거나 교정되어야 하기 때문입니다.

물론 인류의 역사에서 인종간의 차별과 차이가 있었던 것은 근대에서만은 아닙니다. 그러나 그 차이가 조직적이고 체계적으로 강조되기 시작한 것은 근대와 더불어서 시작되었습니다. 아

165) 이진경 (2003), 노마디즘1, 서울 : 휴머니스트, pp.95-96.

166) 야생인간(Wild Man)은 중세 사상에서 중대한 비중을 차지하는 존재로, 문명의 내부 적대자이며 훗날 유럽 바깥에 있는 야만인의 개념상의 조상입니다. Charles W. Mills, p.79.

167) 오래전 아리스토텔레스가 여성을 미완성의 남성으로 본 것과 같은 맥락입니다. 그에 의하면 세상에는 남성과 여성이 있는 것이 아니라, 오직 남성 하나 밖에 없으며 여성은 불구의 남성일 뿐입니다. 이러한 서구적 차별의 전통은 계몽주의에서 극에 달하게 됩니다.

그네스 헬러(A. Heller)는 그녀의 책 『편견』에서 편견이란 근대적 산물임을 밝힙니다.[168] 그녀에 의하면 근대의 차별주의는 중세 암흑시대로부터 넘어온 미신적 이월물이 아니라 그 반대입니다. 근대의 과학적 철학적 사고야말로 인종, 성, 나이, 민족적 우월성을 노골적으로 드러내고 정당화했다는 것입니다. 심지어 노예해방을 선도한 링컨(A. Lincoln)에게서 조차 예외는 아닙니다. 링컨은 그의 정치적 라이벌인 스티븐 더글러스(S. Douglas)와 논쟁하면서 다음과 같이 말했습니다. 그가 한 말이라고 누가 믿을 수 있겠습니까.

그렇다면 나는 어떤 식으로도 백인종과 흑인종의 사회적, 정치적 평등을 도모하는 일은 하지 않을 것이며 한 적도 없을 것이라고 말하겠습니다. 또 흑인에게 투표권이나 배심원 자격을 주자고 한 적도, 공무원 임용 자격을 주자고 한 적도, 백인과의 결혼을 허용하자고 한 적도 없었으며 그것은 지금도 마찬가지입니다. 거기에 덧붙여서 나는 백인종과 흑인종 사이에는 신체적 차이가 있으며 그 때문에 두 인종이 사회적으로나 정치적으로 평등하게 사는 것은 영구히 불가능할 것이라고 믿습니다. 그리고 평등하게 살 수 없지만 함께 지내야 하므로 분명 우열관계가 있을 것이고, 나 역시 남들과 마찬가지로 백인종이 우월한

168) 게오르그 가다머(H.G. Gadamer)에 의하면 편견은 누구에게나 있고, 그것은 심지어 삶의 조건입니다. 그에 의하면 편견은 좋지도 나쁘지도 않은 가치중립적인 그 자체로 당연한 것입니다. 빨강색을 좋아하는 이가 있고, 파랑색을 좋아하는 이가 있듯이 편견 역시 개인 취향의 영역이었습니다. 전통사회에서의 편견(Praeiudicium)은 '모든 사람이 옳다고 인정하는' 의미를 갖고 있습니다. 따라서 이 세상의 모든 편견들은 당연한 것입니다. 그러나 아그네스 헬러는 근대이후 가치중립적인 개념인 '편견'이 나쁜 것으로 규정되었다고 주장합니다. 근대는 바로 '차이'의 철학에 기초하기 때문입니다. Agnes Heller, Die Welt der Vorurteile, 서정일 역 (2015), 편견-다양한 편견의 양상과 우리가 가진 편견에 관하여, 서울 : 이론과 실천, pp.11-18. 71-109.

지위에 놓여야 한다고 봅니다.169)

더욱이 19세기 초의 과학적 미학적 도덕적 문화는 중립적이고 합리적이라는 공언과는 달리 공공연하게 특정 집단을 추하거나 퇴화한 몸으로 모멸했습니다. 페미니스트 운동가인 아이리스 영(I. M. Young)에 의하면, 근대의 과학적 이성의 시선은 **'표준화하는 시선(normalizing gaze)'**입니다. '표준화하는 시선'이란 모종의 기준을 표준으로 삼아 정상적인 것으로 설정하는 것입니다170). 그리고 평가 대상을 그 표준에 비추어 정상과 비정상으로 분류한 후, 정상적인 것은 맞고 우수한 것으로, 표준에 벗어난 비정상은 틀리고 열등한 것으로 평가하는 시선입니다. 즉 모종의 위계서열 기준에 따라 평가하는 시선인 것이지요. 그렇다면 표준화하는 시선의 '이상적인 모델'은 누구이겠습니까. 정상과 비정상의 기준은 무엇이겠습니까. 그리고 누가 그것을 분류할 자격이 있습니까. 당연히 그것은 백인입니다. 좀 더 조밀하게 표현하자면, 백인이면서 남자이며 중산층인 사람입니다. 역사적이고 계급적 용어로 표현하자면 부르주아(bourgeois)입니다.

들뢰즈와 가타리(G. Deleuz & P. Guattari)가 지적한 '얼굴'을 예로 들어 봅시다. 그들은 '얼굴은 보편적이지 않다'고 말합니다.171) 이 말이 무슨 뜻입니까. 우리가 무심코 그리거나 상상한 얼굴은 '넓은 흰 뺨과 검은 구멍을 가진 사람'입니다. 그가 누구

129) http//www.Clssic-literature.co.uk/american-authors/19th-century/abraham-lincoln/the-writings-of-abrahamlincoln-04/Richard Dawkins, The God Delusion, 이한음 역 (2019), 만들어진 신, 파주 : 김영사, p.403.

170) Iris Marion Young, Justice and the Politics of Difference, 김도균, 조국 역 (2018), 차이의 정치와 정의, 서울 : 모티브북, pp.276-286.

171) Gilles Deleuze, Pelix Guattari, Mille Plateaux, 김재인 역 (2003), 천개의 고원, 서울 : 도서출판 새물결, pp.337-338.

입니까. 그는 바로 백인입니다. 미술의 역사, 초상화의 역사에서 얼굴의 주인공(모델)은 모두 백인이었습니다. 다른 인종의 얼굴은 모델이 될 수가 없었습니다. '얼굴은 보편적이지 않다'는 말이 바로 이런 의미입니다.

미술사에서 얼굴은 언제나 특정한 인종을 대표하고 있었습니다. 서구의 역사에서 얼굴은 언제나 특정한 인물을 암시하고 있는데, 그것은 전형적인 '백인 중년 남자'의 얼굴입니다. 그리고 이 백인 중년 남자의 평균적인 얼굴이 미술가들에 의해 **'예수'의 얼굴**로 그려졌습니다. 자신들이 인류를 구원한 구세주라고 믿고 있는 예수의 얼굴이 바로 자신들의 얼굴, 백인 중년 남자의 평균적인 얼굴인 것입니다. 만인의 사랑을 받아 마땅한 얼굴, 모든 이들이 항상 흠모하고 신앙하는 얼굴, 구원자이자 심판자인 예수 그리스도의 얼굴이 바로 자신들의 얼굴인 것입니다.

예수라는 神의 얼굴을 자신들의 얼굴로 형상화한 서구인들은 이제 자신들의 얼굴을 '척도적인 얼굴' 즉 모든 얼굴의 기준과 표준으로 조작해 내었습니다. 이것이 앞에서 말한 '표준화한 시선'의 의미입니다. 백인 중년 남자의 얼굴이 표준이 되어, 그것에서 벗어난 정도에 따라서 야만성이 결정됩니다. 그들이 조작해 낸 '표준화된 시선'에 의하면 흑인은 표준에서 가장 멀리 떨어져 있는 사람들입니다. 들뢰즈와 가타리는 이것을 '얼굴의 정치학'이라고 부릅니다.

사실 배제보다 '차이'가 더 무섭고 잔인합니다. 어느 사회에서나 이방인이나 외국인을 두려워하고 의심하는 것은 일반적인 현상입니다. 그래서 그들을 '타자화'하고 그에 따라 배제합니다. 우리는 그 정도의 낯가림과 경계는 이해합니다. 그러나 유럽적 인종주의는 고약하게도 배제가 아닌 **편차**에 의해 작동되고 있습니다. 이방인이나 다른 인종을 '타자'로 파악했던 원시인들과는 달리 유럽인들은 이방인을 백인남자의 기준에서 이탈한 존재로 생각했습니다. 즉 모든 것의 기준인 자신들에게서 멀어진 정도에 따라서 그들을 평가했습니다. 서구인들에게서 인종이란 그리스도와의 편차, 즉 백인 중년 남자 얼굴과의 편차에 의해서 정의됩니다. 표준적인 백인 중년 남자의 얼굴에서 멀어질수록 범죄, 광기, 병 등과 같이 나쁜 의미의 얼굴, 더 나아가 악인의 얼굴로 평가됩니다.[172] 이러한 기준에 의하면 흑인은 제일 절망적인 상태입니다. 우리와 같은 중간 정도의 황인종 역시 백인들의 기준에서 어느 정도 멀어진 만큼, 그 정도의 차별을 감수해야 합니다.

문제는 황인종이든 흑인종이든 이러한 억압의 굴레를 '정체성 투쟁'을 통해 극복하려하지 않고, 최선을 다해서 백인을 닮아가려 한다는 사실입니다. 모든 성형 수술은 백인화라고 해도 지나치지 않습니다. 심지어 흑인 해방운동가인 프란츠 파농 마저도 "내 영혼의 가장 어두운 부분에 난 틈 사이로 나는 백인이고자 하는 욕망이 솟아난다"고 고백할 정도입니다.[173] 황인종은 흑인이 아님을 다행으로 여기며 백인보다 더 흑인을 모멸하기도 합니다. 그 결과 우습게도 황인종들은 유럽인보다 더 유럽적인 인종주의에 마취되어 있습니다. **얼굴은 단지 생김새를 의미하는 것이 아닙니다. 얼굴은 차이를 드러내는 일종의 이데올로기입니다.**

얼굴의 권력화는 얼굴로 그치는 것이 아닙니다. 얼굴은 몸과 분리되지 않습니다. 자신들의 얼굴을 예수의 얼굴과 일치시킨 서구인들은 자신들의 몸도 예수의 몸과 일치시킵니다. 예수의 전신 초상화를 보면 그것은 중동의 한 남자가 아닌, 유럽의 백인 중년 남자의 모습임을 알 수 있습니다. 얼굴이 몸으로, 몸이

---

172) 이진경 (2003), 노마디즘1, 2, 서울 : 휴머니스트, pp.561-574.

173) Guillaume Le Blanc, Dedans, debors : La condition d'etranger, 박영옥 역 (2014), 안과 밖, 파주 : 글항아리, p.162.

정신으로까지 확대되어 마침내 백인 남자는 예수처럼 인류의 구원자가 되었습니다. 자연스럽게 근대의 백인 남성들은 진리를 결정하는 권위 있는 지위를 획득하게 되었습니다. 반면에 특권 집단인 그들과 다른 집단들은 차별의 대상이 되는 지위로 미끄러져 갔습니다. 이제 그들에 의해 세계는 구원자들과 구원받을 자들로 과감히 나뉘어졌습니다.

사뮤엘 헌팅턴(S. Huntington)의 『문명의 충돌』은 그러한 우월적 도식 속에서 나온 발상입니다. 헌팅턴의 문명충돌론이 근거로 삼고 있는 것은 단순히 문명들 간의 갈등과 충돌이 아니라, 서양과 비서양이라는 대립구도입니다. 우월한 서양과 계몽되어야할 비서양의 충돌입니다. 헌팅턴은 노골적으로 '나머지 속의 서양(The West is in the Rest)'이 아니라 '서양과 나머지(The West and the Rest)'를 주장합니다.[174] 자신들은 세계 속에서 다른 족속들과 함께 공존하는 존재가 아니라는 것입니다. 계급이 다르다는 말입니다. 그들은 자신 외에는 뭉뚱거려서 '나머지로' 취급해 버립니다. 그들이 나머지라고 부르는 곳에는 사실 이전에 그들보다 더욱 찬란한 문명을 일구어낸 사람들이 살고 있습니다. 그럼에도 불구하고 '나머지' 속에 사는 사람들은 예수의 얼굴, 즉 서구 중년 남성의 평균 얼굴에서 벗어났기에 벗어난 정도에 따라 차별과 배제의 대상이 되어야 합니다. 동시에 구원의 대상이 되기도 합니다.

19세기 인종이론은 공공연하게 유럽 백인 남자의 신체 유형과 얼굴 특징을 유일한 척도 규범이자 인간의 완벽한 형태로 상정했고, 이와는 다른 신체 유형은 퇴화하거나 미개발된 것으로 간주하였습니다. 더욱이 이들 규범들이 과학과 의학의 이론 속으로 들어오면서 이 규범들은 자연 법칙화 되었고, 백인이 우월

174) 杜維明, 對話與創新, pp.51-52.

하다는 주장은 '자연의 진리'라는 권위를 추가로 확보하게 되었습니다. 19세기 생물학과 의학의 체계에서는 백인, 남성, 부르주아, 유럽인의 몸이 자연에 의해 만들어진 최선의 몸 유형이었습니다.

백인우월주의는 자신들 외의 다른 인종들에 대해 도덕적 동등성과 능력적 동등성뿐 아니라 심미적 동등성까지도 부인합니다. 그들에 의하면, 북유럽 백인이 도덕적 및 생물학적 그리고 심미적 차원에서도 가장 이상적인 존재입니다. 물론 백인도 똑같은 백인이 아닙니다. 크리스토프 마이너스(C. Meiners)는 '가장 희고, 우아한 피부'를 가진 사람들은 켈트 인종 가운데서도 게르만 혈통을 지니고 있다고 합니다. 그는 모든 유럽인이 희긴 하지만 전부 똑같이 희지 않다는 것을 강조합니다. 훈족의 후예들, 유대인, 아르메니아인, 터키인, 집시들은 '더러운 흰색' 피부를 가지고 있으므로 육체적 정신적 능력이 열등하고 따라서 유럽인에서 제외되어야 한다고 주장합니다.[175)]

사실 이러한 차별적 주장은 매우 오래된 기원을 갖고 있습니다. 그것은 그리스에 기원을 두고 있고 중세시대부터 받아들여져 18세기에 로크(J. Locke)와 라이프니츠(W. Leibniz)에 의해 널리 확산되었습니다. 이 이론에 따르면 세상의 모든 존재는 신과 천사로부터 시작하여 백인 남자를 거쳐 백인 여자, 아시아인, 아프리카인, 원숭이, 그 외의 동물, 식물, 광물로 차례로 내려갑니다. 이 위계에 근거해서 다른 인종에 대한 백인의 억압은 충

---

175) Susanne Zantop, "The Beautiful, the Ugly, and the German : Race, Gender, and Nationality in Eighteenth-Century Anthropological Discourse", in Patricia Herming house / Magda Mueller (eds.), Gender and Germaness : Cultural Productions of Nation, Providence, RI : Berghahn Books, 1997, pp.21-35. 나인호 (2019), 증오하는 인간의 탄생 : 인종주의는 역사를 어떻게 해석했는가, 고양 : (주)역사비평사, p.66.

분히 정당화 될 수 있게 됩니다.[176]

이러한 오래된 서구의 억압적 전통에 기초하여 계몽주의 시대의 백인들은 자신들의 몸이 자연적으로 가장 우월하다는 것을 부각하였고, 그것으로부터 백인 주류 집단에 속한 사람들이 그 집단에 속하지 않는 모든 다른 유형의 사람들보다 지적, 미적, 도덕적으로도 가장 우월하다는 결론을 만들어냈습니다. 노골적인 인종차별적 서열화가 미국에서도 공공연하게 진행되어 왔습니다. 제임스 버넷(J. Burnett)과 헨리 홈(H. Home)과의 논쟁은 인종논쟁의 결정판입니다.[177] 헨리 홈은 감히 대담하고 교만하게도 인종을 종(種)으로 간주한 철저한 인종주의자였습니다. 오늘날 우리는 백인종 황인종 흑인종이 피부색의 차이일 뿐 이들이 각자 다른 종이라고 생각지 않습니다. 생물학적으로 동일한 한 종임을 의심하지 않습니다.[178] 다윈 역시 인간은 다양하지만 그러나 하나의 종이라고 믿었습니다. 그러나 헨리 홈과 같은 인종주의자들은 **인종간의 차이는 곧 종의 차이**라고 주장합니다. 즉 백인종과 흑인종은 전혀 다른 종이라는 것입니다. 그의 주장에 의하면 마치 인간과 원숭이가 다르듯이 그렇게 인종은 서로 다른 종입니다.

---

176) Charles W. Mills, The Racial Contract, p.37, 각주참조

177) Alan Banard, History and Theory in Anthropology, 김우영 역 (2003), 인류학의 역사와 이론, 파주 : 한길사, p.48-50.

178) 백인과 흑인의 차이는 마치 치와와와 진돗개의 차이와 같습니다. 비록 같은 종이라고 할지라도, 각자 매우 넓은 지역에 걸쳐 분포할 때 그 종에 속하는 여러 종내 집단은 서식환경과 적응에서의 차이로 인해 형질적 특징이 크게 다를 수 있습니다. 종의 정의는 생물체의 외형과 무관합니다. 일반적으로 종의 정의는 생물학적 종 개념(Biological Species Concept : 약칭 BSC)을 따라 이루어집니다. BSC를 따를 때, 종이란 그 종에 속하는 개체 사이에서는 서로 생식이 가능하여 생물학적 생산력이 있는 2세를 낳거나 혹은 낳을 수 있지만 그 종이 아닌 개체와의 사이에서는 생식이 불가능하거나 혹은 가능하더라도 생물학적 재생산이 불가능한 2세를 생산하는 개체로 구성된 집단을 가리킵니다. 이선복 (2018), 인류의 기원과 진화, 서울 : (주)사회평론아카데미, pp.23-24.

이러한 위험한 견해는 19세기 인류의 기원을 한 종이 아니라 복수의 종으로 보는 '복수기원론'에 근거한 것입니다.[179] 19세기 백인들은 수렵생활을 하는 아메리카나 아프리카 원주민들의 문명을 보고 그들을 도저히 자신들과 같은 류의 인간이라고 생각하지 않았습니다. 헨리 홈은 인종들 간에는 문화적 차이가 너무 크기 때문에 지구상에 존재하는 다양한 민족 집단들을 독자적인 종으로 보아야 한다고 주장했습니다.

유감스럽게도, 드러나게 표현하지는 않지만 지금도 그렇게 생각하는 인종주의자들이 많습니다. 인식의 편차를 좁히는 작업은 아직도 멀기만 합니다. 그러나 진화생물학자인 르원틴에 의해서 이들의 편견과 오만은 터무니없음이 밝혀졌습니다. 르원틴은 연구결과 인류의 여러 인종이 92퍼센트 정도의 유전적 특징을 공유하고 있다는 사실에 놀랐습니다.[180] 그의 연구는 인류를 여러 개의 아종으로 분류하는 것이 전혀 의미가 없다는 것을 증명해 주었습니다.

---

179) 현대에 들어와서 다원발생설을 주장한 사람들 중 가장 잘 알려진 인물로는 칼터 쿤(Carleton Coon)을 들 수 있는데, 그는 인류를 오스트레일리아인(Australoid), 백인(Caucsoid), 흑인,(Congoid, Capoid) 그리고 동양인(Mongolid)으로 분류하는 이전의 학설을 설명하면서, 이 여러 인종이 공통의 유인원 조상에서 갈라져 나와 지구상의 다른 지역에 각각 자리를 잡고 살게 되었다고 주장합니다. 이 중에서 흑인이 가장 먼저 생겨났지만 더 이상 진화하지 못해서 오늘날까지도 원시적인 상태로 남아 있는 것이라고 주장합니다. 그는 또 현대에 세계가 유럽인의 지배를 받게 된 것은 그들의 우월한 유전자를 감안할 때 당연한 결과라고 주장합니다. Spencer Wells, The Journey of Man : A Genetic Odyssey, 황수연 역 (2007), 서울 : 사이언스북스, p.35.

180) 리차드 르원틴(Richard Lewontin)은 연구결과 인류의 아종 집단이 85퍼센트의 유전적 특징을 공유하고 있다는 사실을 알고 놀랐습니다. 또한 이들이 공유하지 않는 15퍼센트 중에서 약 7퍼센트가 아종 내부의 변이, 즉 예를 들면 백인 중에서 그리스 사람과 스웨덴 사람을 구별하도록 해 주는 따위의 특징임을 감안한다면, 결국 간 인종 사이의 유전적 차이는 8퍼센트에 불과하다는 결론이 나옵니다. Spencer Wells, The Journey of Man : A Genetic Odyssey, pp.48-49.

이는 그 후 30여 년에 걸쳐 시행된 다른 여러 학자들의 연구에서도 마찬가지였습니다. 최근의 연구 결과들에 의하면, 백인들이 그토록 자랑스럽게 생각하는 '하얀 피부'와 '푸른 눈'과 같은 인종 차이의 대부분은 인류 진화에서 매우 최근에 일어난 변화입니다.[181] 원래부터 그런 것은 아니었습니다. 계속되는 연구 결과에서도, 모든 인종의 유전적 차이는 아주 미미하다는 것이 밝혀지고 있습니다. 결국 인류는 생각하면 할수록 '하나'입니다.

앞에서 언급하였듯이 19세기 유럽과 미국에서 '표준화하는 시선'은 객관적 진리라는 권위를 갖고서 몸에 대해 미적 등급을 매겼습니다.[182] 몸에 등급을 매기는 척도는 최소한 세 가지 중요한 속성을 측정합니다. 즉 신체적 건강, 도덕적 선전함, 정신적 균형이 그것입니다. 백인들은 위의 세 가지 속성을 완벽하게 갖고 있다고 믿었습니다. 이들은 더 나아가 얼굴 생김새의 세밀한 특징, 발모의 정도와 체모의 종류, 피부의 색깔과 안색, 머리 모양, 눈의 위치, 성기의 구조, 엉덩이, 골반, 흉곽, 가슴 등에 따라 몸의 아름다움과 추함을 객관적으로 측정할 수 있다고 생각했습니다.

인류학자들은 한 술 더 떠서, 그런 터무니없는 주장을 증명하러 나섰습니다. 양각기와 자를 든 골상학자들은 과학이라는 명분 아래 두개골 형태의 미세한 차이를 측정하고 기록하였습니다. 두개골 형태 차이가 선천적 지능 차이를 나타낸다고 가정하였기 때문입니다. 뒤를 이어 등장한 형질 인류학자들 역시 전 세계 민족의 사진을 찍고 신체를 측정했습니다. 그들은 신체 부위, 엉덩이 모양, 머릿결 그리고 피부색을 비교함으로써 인류를

181) Donald R. Prothero, Evolution, 류운 역 (2019), 화석은 말한다, 서울 : 바다출판사, p.614.

182) Iris Marion Young, Justice and the Politics of Difference, pp. 278-286.

완벽히 분류할 수 있고 서열화 할 수 있다고 믿었습니다.

여기에 지능이라는 결정적 요소가 더해지면서 인종주의는 완성됩니다. 지능은 합리적으로 사고하고 행동하는데 필요한 인지적 능력 또는 잠재력을 의미합니다. 그러나 지능검사의 본래적 의도는 역사적으로 언제나 왜곡되었습니다. 불행히도 지능에 관한 연구는 종족(種族)간의 격차를 증명하기 위한 목적에서 시작되었습니다. 계몽주의 시대의 서구인들은 종족사이의 지적격차가 존재한다고 믿었고 그것을 입증하기위해 지능검사를 실시하게 되었습니다. 즉 그들은 인간과 동물 사이에 격차가 있듯이 인간의 종족들 사이에도 우열이 있음을 확신하였습니다. 즉 초기의 지능이론은 진화론에 기초를 둔 생물학적 결정론(biological determination)에 빠져있었던 것입니다. 이러한 생물학적 결정론은 당시에 서구사회에서는 상식이었으며 심지어 자유와 평등의 수호자인 제퍼슨과 링컨조차도 이러한 사고를 갖고 있었습니다.[183] 지능이론이 인종 간의 차이를 위해 얼마나 왜곡되어 이용되어왔는지는 다음 장에서 밝히겠습니다.

인종 간의 차별과 차이를 조장한 것은 단지 의학과 과학, 지능이론만이 아닙니다. 앞에서 언급하였듯이 인류학은 더욱 고약합니다. 인류학은 인간을 연구하는 학문으로 우리와 다른 사람들의 삶을 해석하고 이해하려는 시도에서 출발했습니다. 전혀 다른 신기한 문화적 가능성을 포용함으로써 인간 본성과 인간다움을 더 깊숙이 이해하게 되리라는 기대였습니다. 그러나 인류학은 일찌감치 당대 이데올로기의 포로가 되고 말았습니다. 인류학은 이미 루이스 헨리 모건(L. H. Morgan)이나 허버트 스펜서(H. Spencer) 같은 19세기 학자들의 사회진화론에 의해 오

183) 황정규 (1985), 지능과 이데올로기 : 하나의 시도, 교육학 연구, 23권 1호, pp.73-84.

염되었습니다.[184] 이들은 사회가 야만-미개-문명으로 이어지는 단선적인 발달단계를 거쳐 진화한다고 보았습니다. 그리고 각 발달 단계는 특정한 기술 혁신과 상호 연관한다고 추측했습니다. 불, 도기, 활과 화살은 야만의 표식이었고, 가축을 기르고 농사를 짓고 금속을 세공하는 인간 세계는 미개 단계로 진입한 것이며, 문자사용은 문명의 표상이었습니다. 모든 사회가 동일한 순서로 동일한 단계를 거쳐 발전한다는 가정입니다.

이러한 오만에 대해 버나드 맥그레인(B. McGrane)의 고발은 통렬합니다. 그에 의하면, 19세기 인류학은 다양성을 차이로 인식했습니다. 유럽인들에 의해 **유럽 너머는 유럽 이전**이 되었고, 비유럽인의 '지금의 삶'이 유럽인의 '그때의 삶'으로 재현되고 있습니다. 이리하여 유럽 밖은 마치 선사시대의 박물관처럼 인식되기에 이르렀습니다. "우리가 과거에 어찌 살았는지를 보려면 저들의 삶을 보면 된다"는 듯한 오만입니다. 이제 현존하는 다른 민족들은 마치 유럽인들이 역사상(과거에) 존재했던 민족인 것처럼 계층적으로 재배열되었습니다.[185] 동시대의 사람이 유럽 밖에 있다는 이유로 졸지에 과거의 사람이 된 것입니다. 이렇게 19세기 인류학으로 인해 **과거와 현재라는 시간은 동시대가 되었습니다.** 그들에게 있어서 유럽을 넘어서는 것은 이제 시간을 되돌아가는 것의 의미를 가졌습니다.[186]

---

184) 인류학뿐만 아니라 기업가들은 '사회진화론'에 더욱 열광했습니다. 석유왕 록펠러(J.D. Rockefeller), 철도 소유주인 제임스 힐(J. Hill), 철강왕 엔드류 카네기(A. Carnegie) 등은 '적자생존'을 좌우명으로 삼았습니다. 이들은 자본들 간의 충돌과 경쟁 등의 자본주의적 양상을 인류사회의 자연법칙으로 번안하면서, 이 법칙이 미래의 인류 발전에 도움이 될 뿐만 아니라 필수적이라고 역설했습니다. Andew Carnegie (1900), The Gospel of Wealth, 박별 역 (2014), 부의 복음, 서울 : 예림북, pp.108-133.

185) Bernard McGrane, Beyond Anthropology-Society and The Other, 안경주 역 (2018), 인류학을 넘어서-사회와 타자, 서울 : 이학사, pp. 168-170.

기술의 발달이라는 관점에서 본다면 각 집단들마다의 문화적 격차와 차별은 합리화됩니다. 저급한 문화와 고급문화의 차이를 인정하고 받아들일 수밖에 없습니다. 많은 이들도 이러한 기준으로 문화의 차이를 구분하는 것에 암묵적으로 동의합니다. 어찌됐든 마천루가 있는 뉴욕의 뉴요커들의 삶이 아마존 강가에서 수렵생활 하는 원시인들 보다 더 세련되고 문화적으로 발전되어 있다는 생각을 지울 수가 없을 테니 말입니다. 그것이 살아가는 삶의 양식의 차이일 뿐 두 문화사이의 질적이 차이가 없다고 우기는 것도 사실 좀 억지스러워 보이기도 합니다.

그러나 문화를 이런 방식으로 차별화하는 것이 정당한가에 대한 물음이 양식 있는 학자들에 의해 제기되어 왔습니다.[187)] 기술문명이라는 것은 그 자체가 소중한 인간의 자산인 것을 부인할 수 없지만, 그렇다고 그것이 인간의 삶과 존재를 전부 대변할 수 있는 것은 아니기 때문입니다. 기술문명은 문화의 한 축 일뿐, 문화를 구성하는 구성요소의 전부가 아닙니다.

문화는 다른 다양한 차원도 있습니다. **종교적이며 영적인 차원**

---

186) 레비 스트로스(Claude Lévi-Strauss)는 문명과 야만을 구분하는 서구인들의 비양심을 고발하면서 '우리는 모두 식인종'이라고 폭로합니다. 그에 의하면 서구인들은 식인풍습을 야만과 문명을 구분하는 기준으로 삼지만, 사실은 현대인들도 병을 치료하기 위해 사람의 뇌에서 추출한 물질을 섭취한다고 고발합니다. 다만 방식에 있어서 입으로 먹느냐 주사액을 통해 혈관으로 받아들이느냐의 차이일 뿐이라는 것입니다. Claude Lévi-Strauss, Nous Sommes Tous des Cannibales, 강주헌 역 (2015), 우리는 모두 식인종이다, 파주 : 아르테, pp.121-129.

187) 미국 온라인 매체인 「인터셉트」가 보도한 바에 따르면 2012년 1월-2013년 2월 사이에 아프가니스탄 동북부에서 이뤄진 드론 공격으로 200명 이상이 사망, 그중 목표로 했던 타킷은 35명에 불과했고, 나머지는 오폭의 희생자였습니다. 이 기간 중 특정 5개월의 통계를 보면 공격목표와 상관없이 사망한 민간인 비율은 90퍼센트에 달합니다. (출처 : Jeremy Scahill 외, 'The Dron Papers', in The Intercept, 2015년 10월 15일자), 알랭 바디우(Alain Badiou)는 아무 이유 없이 사람을 죽이는 것을 야만이라고 규정한다면, 서구인은 매일매일 야만인임에 분명하다고 고발합니다. Alain Badiou, Notre mal vient de plus loin, p.73-78.

과 도덕적이며 공생적인 삶의 방식 역시 문화의 중요한 요소입니다. 예를 들어 어떤 부족의 원시인들은 사냥을 한 후 사냥물을 함께 나눕니다. 배분을 결정하는 사람은 사냥꾼이 아니라 화살의 주인입니다. 남자들은 항상 서로 화살을 선물로 주고받습니다. 놀랍지 않습니까. 비록 내가 잡은 사냥물이라 하더라도 다른 사람에게 건네받은 화살을 이용 했다면 그에게 배분의 결정권을 준다는 것은 현대인에게는 상상할 수 없는 일입니다. 그리고 그러한 나눔이 생활 속에 스며들게 하기 위해서 관습적으로 화살을 서로 교환하는 것은 놀라울 정도로 지혜롭고 아름답습니다. 과학적 사고와 합리적인 이성의 힘을 강조했던, 소위 고급문화의 주체라고 자처하는 근대인들조차 이런 삶의 방식과 질서를 구축하지는 못했습니다.

보르네오 섬의 프난족은 "한 사람의 가난은 모두의 수치"라는 금언을 믿으며 살아갑니다. 실제로 그들은 나눔의 불이행을 뜻하는 시훈(sihun)이라는 죄를 가장 큰 잘못으로 여깁니다.[188] 문화를 삶의 양식이라는 총체적 차원에서 이해한다면, 수렵인들의 문화가 현대인들의 문화보다 열등하다고 감히 말하기 힘듭니다.[189] 이러한 관점에서 본다면, 수렵인들과 현대문명의 첨단에 있는 서구인들 사이에 질적이 차이가 있다는 것 역시 수용하기 어렵게 됩니다. 자신들이 뛰어난 과학기술을 개발하고 전파하는

---

188) Wade Davis, The Way Finders, 이승민 역 (2014), 웨이파인더, 서울 : 정은문고, p.190.

189) 진보는 '특정한 가치판단'이 개입된 개념입니다. 예를 들어 인간이 호랑이 보다 지능이 더 높은 것은 사실이지만, 달리기 능력만을 따지면 호랑이가 훨씬 더 우월합니다. Charles Darwin 원저, 심원 지음 (2010), 청소년을 위한 종의 기원 (The Origin of Species), 서울 : 두리미디어, pp.187-193. 따라서 진보를 말하려면 어떤 것, 어떤 분야에서 더 우월한 것인지 기준이 있어야 합니다. 막연히 서구인들이 다른 문화권에 있는 사람들보다 더 진보되었다고 말할 수는 없습니다. 공존의 지혜와 능력은 오히려 비서구문화권의 사람들이 더 진보되었습니다.

동안 다른 민족은 지적으로 나태한 답보 상태에 머물렀다는 생각은 서구인의 자만입니다. 이것은 진실과 거리가 먼 생각입니다.

변화는 역사의 불변하는 상수입니다. **그러나 어떻게 변화해야 할지는 그 집단의 선택에 의해 규정되는 것일 뿐, 어떤 모범답안이 있는 것은 아닙니다.** 더욱이 서구인의 잣대에 의해 만들어진 것이 보편적 문화의 기준이 되는 것은 아닙니다. 그러한 기준에 의해 나누어진 차이는 결국 본질적 차이가 아닌, '만들어진 차이'입니다. 스튜어트 홀(Stuart Hall)은 차이를 억압하기 보다는 차이와 씨름할 것을 제안합니다.[190] 차이를 겸손하게 들여다보면 분명 공존을 위한 거름과 공통분모가 있을 것입니다. 인류적 가치와 보편적 인권을 훼손하지 않는 조건이라면, 어느 민족이든 새로운 삶의 가능성에 맞추어 자신 만의 춤을 출수 있는 권리와 자유가 있습니다.

5. 지능의 이데올로기 속성

나쁜 연구는 결론을 정해놓고 그것에 맞추어 자료를 수집하는 것입니다. 이것보다 더 못된 연구는 나쁜 편견을 정당화해주는 것입니다. 악의적인 편견을 정당화하고 합리화해주는 것에 이용되는 연구야 말로 가장 나쁜 연구입니다. 역사적으로 볼 때 지능에 관한 연구가 그렇습니다. 상식적으로 생각하면 지능이론은 학습에 관한 것이어야 합니다. 지능지수와 학습 간의 상관관계를 규명하여 학습자에게 적합한 배움의 차원을 접하게 하기 위한 것이 지능이론의 목적이어야 합니다. 여기에 어떤 다른 의

190) Stuart Hall, Selection and editorial matter, p.541.

도나 목적이 개입되어서는 안 됩니다.

그러나 지능이론의 처음 시작은 그렇게 순수하지 않았습니다. 오히려 매우 불순한 의도를 갖고 시작되었습니다. 지능에 관한 연구는 순수한 과학정신의 추구에 앞서서 이미 그 속에 사회적 정치적 이데올로기적 관념이 먼저 지배하고 있었습니다. 악의적인 선입관 위에 세워진 고정관념 즉, 인간의 지적능력은 '백인이 가장 우수하고 그 다음에 다른 동족이 그 뒤에 서열을 잇는다'는 주장을 합리화해주기 위해 생물학적 과학적 증거가 왜곡 또는 변형되기도 했고 때로는 날조되기도 했습니다.

19세기의 유럽인 남성들은 자신들이 창조물 중에서 최상에 있다고 확신하고 이를 과학적으로 증명하기 위해 측정이 가능한 대상물을 찾는데 심혈을 기울였습니다. 지능이론은 그들의 잘못된 욕구와 확신을 정당화해주기 위해 고안된 것입니다. 즉 지능연구는 종족(種族)간의 격차를 증명하기 위한 목적에서 시작되었습니다. 따라서 초기의 지능이론은 진화론에 기초를 둔 '생물학적 결정론'의 영향을 받을 수밖에 없었습니다. 생물학적 결정론은 인간과 동물 사이에 격차가 있듯이 인간의 종족들 사이에도 격차가 있을 것이라고 단언하였습니다.

소르본 대학의 심리학 실험실 실장이었던 알프레드 비네(Alfred Binet, 1857-1911)는 지능과 머리의 크기 사이에 관계가 있다는 당시의 일반적인 견해를 입증해 보이고자 지능연구에 착수했습니다.[191] 그 역시도 그렇게 믿고 있었습니다. 그것은 지능이 선천적으로 타고난 것이라는 전제였습니다. 그러나 연구가 거듭될수록 그러한 전제는 편견임을 알게 되었고, 마침내 비네는 IQ를 선천적인 지능으로 인정하는 것을 거부하게 되었습니다. 더 나아가 비네는 "한 번 바보는 영원한 바보"라는 모토를 맹렬히 공격했으며, 지능이 낮은 학생에게 관심을 보이지 않

191) Stephen J. Gould, The Mismeasure of Man, pp.253-266.

는 교사들을 비난했습니다. 비네는 IQ 테스트의 결과가 '낙인'이 되어서는 안 되며, 오히려 정상으로의 회복을 위해 도움을 주는 것이어야 한다고 주장했습니다. 그리고 실제로 지능이란 후천적 노력과 지지에 의해서 주목할 만한 수준만큼 향상될 수 있다고 확신했습니다.

그러나 이러한 비네의 지능연구는 미국에서 완벽히 왜곡되기 시작했습니다. 미국에서 지능연구의 구체적 정황으로는, 미국의 주류세력인 북유럽계가 20세기 초에 물밀 듯이 들어오는 남유럽과 동유럽의 사람들 그리고 아시아인들을 어떻게 사회에 배치할 것인가에 대한 고민의 결과로 지능연구가 시작되었습니다. 같은 백인이라고 하더라도 주류 백인인 와스프(WASP)는 자신들을 남유럽과 동유럽의 백인들로부터 차별화 했습니다.[192] 당시의 미국 이민법은 노골적으로 '지중해 인종'보다 '북유럽인'을 선호했습니다. IQ 테스트는 당시의 이민 상황과 관련된 미국의 독자적인 발명품입니다. 이전에도 지능연구와 테스트는 있었지만 그것을 인종차별을 위한 정치적 목적으로 이용한 것은 미국이 처음입니다. 유전적 결정론이 평등주의의 전통을 가진 이 나라에서 행해졌다는 것이 아이러니합니다. 일차대전을 전후해서 유럽 남부와 동부에서 밀려오는 이민자들의 값싼 노동력의 유입에 직면한 기존 미국인들의 두려움, 무엇보다 주류 백인을 보호하고자 하는 의도가 반영된 것이 지능연구입니다. 비네의 테스트를 왜곡하여 IQ의 '유전결정론'을 고안한 이들은 헨리 고더드(H.H. Goddard), 루위스 터먼(L.M. Terman), 로버트 여크스(R.M. Yerkes) 등입니다.[193] 이들의 이론은 편협한 호전적 애국

192) 와스프(WASP)는 미국의 주류세력으로서, White Anglo-Saxon Protestant, 즉 백인이면서 앵글로색슨 족이어야 하며 종교적으로는 가톨릭이 아닌 개신교이어야 합니다.

193) 굴드(Gould)는 비네의 지능테스트가 미국에서 Goddard, Terman, Yerkes

주의와 인종주의의 이론적 배경이 되었습니다. 그들은 '유전성'을 '피할 수 없는' 것과 동일시하였습니다.

그러나 중립적이고 객관적인 지능 테스트의 결과는 그들이 의도했던 것을 충족시켜주지 못했습니다. 백인 남성들은 여성들보다 그리고 다른 유형의 인간들 보다 지적으로 우수하다는 근거 없는 확신을 갖고 있었지만, 막상 테스트의 결과는 그것을 정당화해주지 못했습니다. 지능 테스트를 통하여 자신들이 지적으로 우월하다는 것을 입증하는데 성공하지 못했던 것입니다. 어떤 면에서는 여성과 다른 유색인종이 더 탁월한 결과를 보여주었습니다. 백인 남성들은 자신들이 지적으로 당연히 더 우월할 것이라고 생각했기에 이러한 결과를 받아들이기에는 너무 충격적이었습니다.

그렇다면 그들은 이 상황을 어떻게 돌파했겠습니까. 두 개의 선택이 있을 수 있습니다. 하나는 결과를 겸허히 인정하고 자신들이 가장 우수한 종족이라는 확신을 철회하는 것이고, 다른 하나는 결과를 조작하는 것이 있습니다. 백인남성들은 과연 어떤 선택을 했을까요? 안타깝게도 그들은 조작을 선택했습니다. 이들은 지능검사에서 여성들이나 비유럽인들이 자신들보다 우위로 드러나는 경우에는 그 측정 항목들을 버리고 자신들의 우수성을 증명해 줄 수 있는 항목으로 대치했습니다. 어떤 검사의 초판에는 여자 집단의 정답률이 남자 집단의 정답률보다 훨씬 높은 문항이 있었는데 개정판을 만들면서 이 문항들이 삭제되기도 했습니다.[194] 이러한 행위는 과학적 엄밀성에 정면으로 위배되는 것이었습니다.

너무 노골적이고 유치하기까지 한 지능 검사 항목도 있습니

등에 의해 어떻게 악의적으로 왜곡되어 왔는지 반박할 수 없을 만큼 자세히 설명하고 있습니다. Stephen J. Gould, Ibid., pp.271-382.

194) 황정규 (1984), 인간의 지능, 서울 : 민음사, p.79.

다. 북유럽 앵글로 섹슨(영국인)계 남자와 멕시코계 미국인 남자를 그림으로 제시하고 6세 아동으로 하여금 '누가 더 멋있습니까'라는 물음에 답하도록 요구한 문항도 있었습니다.[195] 아동은 정답을 맞추기 위해서는 반드시 북유럽계 영국인형(形) 남자를 선택해야 했습니다. 만약 아동이 멕시코계 아동이라면 어떠했겠습니까. 이 아동이 점수를 얻으려면 자신들을 억압하는 사회가 요구하는 정답을 선택해야 하고, 높은 점수를 위해 자존심과 자신의 종족에 대한 정체성을 버려야 했습니다. 북유럽계 영국인 여자와 흑인 여자 가운데 예쁜 사람을 선택해야 하는 문제가 6세 흑인 아동에게 주어지기도 했습니다.[196] 중국인 이민자를 대상으로 한 지능 테스트에는, 양복을 입고 파이프 담배를 피우고 있는 백인 남성의 모습과 중국식 전통 옷을 입고 있는 중국인 남자를 제시하고 누가 더 멋있느냐고 묻는 항목도 있었습니다. 노골적으로 드러난 것이 이정도면 숨겨진 항목은 얼마나 많았겠습니까. 이것이 지능이론의 원래 의도였습니다.

지능검사의 불결한 의도성은 히틀러에 의해 수행된 유대인들에 대한 지능검사에서 극명하게 드러납니다. 모든 지적인 영역에서 선도적 역할을 하고 있고 실제로 노벨상 수상자를 가장 많이 배출한 유대인들이 히틀러 정권하에서 실시된 지능검사에서 80을 겨우 넘겼다는 사실은 지능검사의 이데올로기적 속성을 말해줍니다. 악의적 편견과 의도적인 배제를 드러낸 지능검사임에 틀림없습니다. 히틀러는 이 지능검사의 결과를 토대로 유대인의 '짐승화'를 시도했습니다.

생각해보십시오. 인간은 어쩔 수 없이 다른 생물들의 생명을

---

195) 오욱환, 교육사회학, p.249.

196) 케리어(Karier)는 1960년도판 스텐퍼드-비네 지능검사에 포함된 종족 및 인종차별 문항을 예시하였습니다. Ibid., p.247.

빼앗기도 합니다. 그 과정에서 양심의 고통을 느끼는 경우도 있고, 전혀 그런 감정을 느끼지 못하는 경우도 있습니다. 어떤 경우에서 그렇습니까. 예를 들어 우리가 파리나 모기를 박멸하는데 양심의 고통을 느끼지 않습니다. 쥐 역시 그러하지만 그래도 파리나 모기와는 다른 차원의 감정이 듭니다. 닭이나 돼지 소 등은 어쩔 수 없는 상황에서 도살하기도 하지만 마음이 영 깔끔한 것은 아닙니다. 그렇다면 개나 고양이는 어떻습니까. 몹시 고통스러운 상황이겠지요. 이 감정의 차이는 어디에서 비롯된 것일까요. 그것은 다름 아닌 지능입니다. 지능의 차이만큼 인간이 느끼는 감정이 다릅니다. 지능이 높은 동물일수록 생명을 빼앗는 것이 고통스럽고 불편하게 되는 것이지요. 당연히 지능이 낮은 동물일수록 양심의 가책에서 자유롭게 됩니다.

히틀러 정권의 유대인에 대한 지능검사가 그들의 가스실 대학살 이전에 실행되었다는 것은 의미 있는 진실을 말해줍니다. 유대인들의 지능을 낮추어서 즉 그들을 '동물화'해서, 그들을 학살하는 것이 비윤리적거나 반인권적이 아니라고 변명하려는 의도입니다. 유대인은 비록 사람이지만, 그러나 동물보다 조금 높은 수준의 지력을 가진 가장 저급한 인간으로 묶어두려는 악의적인 의도가 있었던 것입니다. 인류전체를 위해서 유대인들은 해로운 종족이기에 말살되어야 마땅하다는 생각을 사람들에게 심어주려면 유대인들의 집단평균지능을 조작해야 했습니다. 유대인들을 동물 수준의 지능을 가진 존재로 만들어 놓아야만 집단학살이 가능했기 때문입니다.

나찌는 노골적으로 자신들에게는 '상위인간', 유대인들에게는 '하위인간'이라는 표현을 썼습니다. 그들은 상위와 하위의 갭이 너무 크기에 넘어설 수 없다고 판단했습니다.[197] 이러한 악의적

197) Jacques Derrida, Pardonner, 배지선 역 (2019), 용서하다, 서울 : 이숲, p.78.

인 의도는 상당한 효과가 있어서, 실제로 유대인의 학살에 공모했거나 집행한 이들은 조금의 양심의 가책을 느끼지 못했다고 증언하고 있습니다. 이차 대전 중에 독일군들이 포로들을 대할 때 인종적 편견이 얼마나 작용했는지 그들 스스로가 고백한 적이 있습니다. 포로 학살에 참여했던 독일군에 의하면, 영국군 포로를 학대할 때에는 양심의 가책을 느꼈지만 폴란드군 포로를 죽일 때에는 그보다 훨씬 더 마음의 부담이 없었고, 유대인을 학살할 때에는 전혀 거리낌이 없었다고 증언하고 있습니다.

사람들은 지식이란 객관적이고 보편적인 사실이라고 생각합니다. 특히 과학적 지식은 어떤 외부의 입김이 스며들지 않는 공정한 것이라 생각합니다. 그러나 정말 그럴까요. 『지도와 권력』이라는 책이 있습니다.[198] 저자는 왜 유럽은 지도 상단에 그려져 있고, 아프리카는 지도 하단에 표시되어 있는지 그 의도를 묻습니다. 지구는 둥근데 말입니다. 아프리카가 위에 있어도 아무런 문제가 없습니다. 저자는 지도 제작자의 관점과 의도가 지도에 반영되었다고 의심합니다. 우리가 일반적으로 보는 지도에는 위도가 적도에서 북쪽으로 갈수록 면적이 넓게 그려져서 북아메리카와 유럽이 아프리카나 인도보다 훨씬 크게 보입니다. 실제로는 북아메리카는 아프리카 면적의 3분의 2 정도이며, 유럽 전체는 인도와 비슷합니다. 저자는 그 이유로 16세기 제국주의적인 유럽의 야망이 지도에 반영되었다고 분석합니다. 아울러 저자는 이러한 지도는 결과적으로 지도를 접하는 사람들에게 서양 중심의 세계관을 심어주는 역할을 하게 되었음을 지적하

198) 원제는『투영된 권력: 지도는 어떻게 국제 정치와 역사를 반영하는가(The Power of Projection: How Maps Reflect Global Politics and History)』입니다. Arthur J. Klinghoffer, The Power of Projection, 이용주 역 (2007), 지도와 권력, 서울 : 도서출판 알마

고 있습니다.[199] 결국 지도에도 권력이 작용한다는 것입니다.

객관적일 수밖에 없는 지리학에도 권력이 작동하는데, 하물며 다른 학문과 지식은 어떠하겠습니까. 지식이 절대적 진리로 인정되는 과정에는 반드시 지배 집단의 이데올로기가 개입됩니다. 지능이론 역시 그렇습니다. 특정 집단의 이데올로기가 가장 많이 반영된 것이 지능이론입니다. 모든 개념들처럼 지능이라는 개념도 어떤 현상을 설명하기 위해 만들어진 것입니다. 앞에서 지적하였듯이 지능검사를 통해 학습자의 지적발달을 촉진하고자 하는 의도는 애당초 없었습니다. 우생학적으로 자신들의 우월성을 입증해 보이기 위한 테스트일 뿐입니다. 지능이론이란 자신들이 이미 정해놓은 결론을 정당화하기 위한 것임이 드러났습니다.

우생학의 창시자인 프란시스 골턴(F. Galton)은 '지능의 계통발생 이론'을 통해 인종 간 지능의 우열이 실재한다는 확신을 갖고 있었습니다. 그의 이론과 주장에 의하면 인종간, 종족간, 가계(家系)간에는 지능의 격차가 상존하고 이 격차는 유전에 의해 지속되기 때문에 생후의 조치로 지능 격차를 줄이기는 거의 불가능합니다.[200] 골턴 뿐 아니라 당시의 많은 서구인들은 자신들의 우월적 존재에 대한 확신이 있었습니다. 이들은 이런 확신을 증명하고자 지능검사를 이용했습니다.

결국 지능검사의 목적은 불평등의 합리화입니다. 지능검사의 점수를 통해 개인 간 우열은 물론이며 집단 간 격차까지 분명히 파악되면서, 사회경제적 불평등이 인간의 강제력에 의해서 부당하게 형성된 인위적 산물이 아니라 자연법칙에 의한 불가피한 현상으로 정당화되는 계기가 마련된 것입니다,[201] 지능검사는

199) Arthur J. Klinghoffer, Ibid.
200) Matt Ridley, Nature via Nurture, pp108-109, pp.112-113.
201) 오욱환, 교육사회학, p.231.

종족, 인종, 남녀, 계층 등 집단 격차를 자연스럽게 보이게 함으로써 현재의 사회 불평등구조를 유지하려는 지배집단에게는 더없이 유용한 도구가 될 수 있습니다.

그러나 앞에서 지적하였듯이. 많은 이들에 의해 지능검사의 객관성이 의심되어 왔습니다. 질문 항목이 중립적이지 않다는 것입니다. 심하게 왜곡되었다는 것입니다. 생각해보십시오. 무엇인가를 측정하려면 '기준'이 있어야 합니다. 기준을 어디에 두느냐에 따라 측정의 결과, 즉 평균값이 달라집니다. 지능검사도구는 백인 중류계층을 기준으로 삼았습니다. 질문항목이 중산층 백인 남자를 기준으로 삼았기 때문에 흑인이나 하류계층은 이 도구로 지능을 측정할 경우 지능지수가 낮게 나올 수밖에 없었습니다.[202] 따라서 지능검사는 평등주의자들에 의해 사회경제적 불평등구조를 정당화하고 재생산하는 도구라고 비판받고 있습니다.

생물학적 결정론에 의한 지능검사에 격렬하게 저항하는 이들은 인간의 자질이 너무나 다양하고 복잡하며 변화무쌍함을 지적합니다. 더욱이 인간의 능력은 문화적 맥락에 의해 좌우되기도 하고, 그것의 평가가 주관적이기 때문에 지능검사의 단순한 문항들에 대답한 결과만으로 인간의 지력을 측정할 수 없다고 주장합니다. 월터 리프먼(Walter Lippman)이 그 대표적 이론가입니다. 여기에 하버드 대학교의 심리학자인 하워드 가드너(Haward Gardner)가 동참하게 됩니다. 가드너에 의하면 인간의 지적 역량은 문제나 난관에 직면했을 대 해결하는 능력과 필요한 경우에는 문제를 제기하고 만들 수 있는 능력을 의미한다고 주장하였습니다.[203] 그는 모든 사람이 다양한 지능을 개발할 수

202) Ibid., p.233.

203) Haward Gardner, Multiple Intelligence, 문용린 이경재 역 (2007), 다

있는 잠재력을 가지고 태어났지만 그 다양성이 검사로 모든 것을 측정하려는 사회에서 무시되고 있다고 주장합니다.

사실 오래전부터 양식 있는 학자들에 의해 지능검사의 무용론이 주장되고 있습니다. 그 이유는 지능테스트는 취학 후, 그 이전이라고 해더라고 최소한 3-4세는 되어야 가능한데, 교육심리학자들의 견해에 의하면 이 시기는 벌써 자기 문화에 영향을 받은 상태이기에, 거기서 유전적 요인만 따로 빼내어 판별하기는 힘들기 때문입니다. 더욱이 지능검사는 질문항목이 문화적 학습내용을 측정하는 경향이 있기에, 어린 시절의 환경과 학습된 지식이 지능검사의 결과에 영향을 미친다는 것은 의심할 여지가 없습니다.[204] 이러한 이유들로 인해 사실 순수하게 유전적 요인에 근거한 지능검사는 애당초 불가능하다는 주장들이 많습니다.

따라서 유색인종의 지능에 유전적 결함이 있다는 가정을 증명하려는 노력은 지금까지 의미 있는 성공을 거두지 못했습니다. 스티븐 제이 굴드(S. J. Gould)는 지능검사의 역사를 검토한 후에 이 검사가 사기꾼들, 인종차별주의자들에 의해 지배되고 있다고 주장하였으며, 의도된 방법으로 측정된 지능지수를 가지고 사람들을 순위 매기는 인종론자들의 행위는 어떠한 경우에도 합리화될 수 없다고 결론지었습니다.[205] 지능에 관한 양심과 양식이 있는 학자들의 견해는 다음과 같이 요약됩니다.

지능은 파산된 개념(bankrupt concept)이다. 그것이 무엇을 의미하든, 어느 누구도 그것을 정확히 측정할 수 없다. 모든 지능

중지능, 서울 : 웅진씽크빅, pp.21-27.

204) Jared Diamond, Guns, Germs, and Steel, p.26.

205) Stephen J. Gould, The Mismeasure of Man, pp.266-270.

검사에는 문화적 편견이 개입되어 있다. 예를 들면, 유태인들의 IQ점수가 20세기 초에는 평균 이하였지만, 현재에는 평균을 훨씬 넘는다는 것이 그것을 말해준다. 더구나 지능은 고정된 것이 아니다. 지능은 일생동안 의미 있게 변화한다. 인생의 성공을 의미하는 소득, 직업, 생산성 등은 지능검사 점수와 무관하다. 검사가 실제로 수행하는 일들은 낙인찍는 것(stigmatizing)에 불과하다. 사회경제적으로 불리한 위치에 처한 사람들과 흑인들에게 부정적 자성 예언(self-fulfilling prophecy)을 갖게 하는 것뿐이다.[206]

6. 세계의 권력자(모든 것의 표준)

여러분은 중세와 근대 구분의 기준이 무엇이라고 생각하십니까. 그리고 이러한 시대구분은 누구에 의해서 정해진 것이라고 생각하십니까. 우리는 누군가에 의해 구분해 놓은 것을 아무런 비판이나 의심 없이 받아들이고 있습니다. 살펴보자면, 서구사회에서의 근대란 인간이 세계의 중심이고 역사의 주체임을 처음으로 인식하는 시대입니다.[207] 신의 통제와 간섭에서 벗어나 인간이 자신의 삶을 스스로 설계하고 경영하는 시대의 시작이 근대입니다. 이러한 자신감은 합리성과 과학정신에 의해 비롯됩니다. 믿음과 순종이 아닌 원인과 이유를 캐어 묻는 이성적 탐구 정신이 근대성의 기초입니다. 근대의 시대정신은 인간의 덕

206) 오욱환 (2004), p.249.

207) 네덜란드 과학자 파울 크뤼천(P. Crutzen)은 1800년 이후 지구가 인류세(Anthropocene)라고 부르는 전적으로 새로운 지질학적 시대에 진입했다고 주장했습니다. 인류세는 지난 40억 년 동안 처음으로 하나의 종이 생물권에서 변화의 지배적인 추동력이 된 시기입니다. 그 종은 바로 우리 인류입니다. David Christian, Bob Bain, Big History, p.398.

목까지 바꾸어 놓았습니다. 신에 대한 경외감과 순종적인 신앙적 삶이 이전의 인간의 덕목이었다면, 끝없이 의심하고 회의하면서 신의 영역에까지 도전하여 마침내 세계의 경영권을 행사하는 도전정신이 이 시대의 가장 큰 덕목입니다. 인간이 세계의 중심이 되고 기준이 되기에 이전에 불경스러운 것으로 치부되었던 인간중심적 사고는 오히려 근대인의 이상이며 기준이 됩니다. 그렇다면 서구적 근대성은 누구에 의해서 가능했으며, 근대정신을 대표하는 이는 누구이겠습니까.

우리는 물어야 합니다. '근대적 인간'이란 누구이며, 근대인의 속성과 자격을 갖춘 사람은 어떤 사람인지를 진지하게 물어야 합니다. 세계의 중심으로서의 인간, 신의 권위에서 정신적으로 독립한 인간, 자신의 삶을 자신이 개척하고 운영하는 인간, 이 인간이 누구일까요. 유감스럽게도 여기에서의 인간이란 유럽인을 말하는 것입니다. 좀 더 좁혀서 말하자면, '백인이면서 남자이며 중산층'인 사람을 의미합니다. 이들을 역사에서는 부르주아라고 합니다. 여러분은 부르주아라는 말을 많이 들으셨을 겁니다. 아마도 분명 여러분들 중의 대부분은 부르주아라는 단어를 부정적으로 배우셨을 겁니다. 돈과 연관하여 이해했을 것이며, 노동자를 착취하는 악덕 자본가의 모습으로 배웠을 것입니다. 그러나 역사에서 부르주아 계층의 출현은 매우 혁명적이고 긍정적인 의미를 갖습니다. 부르주아는 인류의 역사에서 계급사회를 계층사회로 만든 처음의 혁명집단입니다. 계급의 구분은 운명이며 팔자이지만, 계층의 기준은 능력입니다. 인간의 역사에서 운명의 영역을 능력의 영역으로 바꾸어낸 집단은 부르주아 말고는 또 없습니다. 그만큼 서구사회에서 부르주아는 역사의 새로운 동력이며 미래의 희망이었습니다.

모순되게도 부르주아를 마치 천박한 복부인 취급하는 나라들

마저, 가장 이상적인 사회를 '중산층이 두터운 상태'로 설정하고 그것을 위해 국가가 총력을 다 하고 있습니다. 중산층이 두터운 안정된 나라가 어떤 나라입니까. 그것이 바로 '부르주아 시민 사회'입니다. 그러나 부르주아들에 의해 형성된 이러한 이상적이고 완벽해 보이는 근대성은 또 하나의 보이지 않는 억압이라는 지적과 비판이 있어왔습니다. 다음은 그것을 밝힙니다.

근대란 유럽인의 역사 구분이며, 삶의 이해입니다. 엄밀한 의미에서 동양과 제3세계의 민족과 국가들에게 근대란 없습니다. 그들에게 근대화(近代化)란 말은 있어도 근대란 없습니다. 언급했듯이, 근대는 백인이면서 남자이며 중산층인 사람, 즉 부르주아라고 불리우는 집단들에 의해 열려진 시대입니다. 따라서 자연스럽게 부르주아는 세계의 중심으로서의 위치를 차지하고 그 밖의 계층과 다른 민족(인종)들은 주변부에 있게 됩니다. 이른바 인간의 역사에서 처음으로 표준과 기준, 즉 '모범으로서의 삶'이 등장하게 된 것이지요. 그 이전에는 각자 어디에 있던지 저마다의 삶의 방식에 따라서 살았지만, 그러면서도 불편함을 못 느꼈지만 **'근대인의 생활양식'**이 모범으로 제시되면서 서구 중산층 외의 다른 사람들은 결손이 있는 사람으로 인식되기에 이르렀습니다.

표준이란 이래서 무서운 것입니다. 표준이 없다면 인간은 저마다의 삶에서 결손을 모르고 살아갑니다. 그러나 일단 기준과 표준이 제시되면 그것과 비교하게 되고 그 차이를 결손으로 인식하게 됩니다. 이전에 없었던 열등감과 결손감이 자신도 모르게 스며들게 됩니다. 반면에 삶의 모범답안인 서구인들은 우월감에 사로잡히게 됩니다. 이러한 근거 없는 우월감과 열등감은 서구인들의 팽창적인 세계진출에 의해 더욱 퍼져나갔습니다. 서구인들은 자신들이 근대적 세계관을 연 것으로 확신하고 자신의 정체성인 근대성을 확산 보급하려 했습니다.

우리가 무심코 사용하는 근대화란 서구적 사고와 삶의 양식으로 변화되는 것을 의합니다. 서구문명의 비판 철학자 미셸 푸코(M. Foucault)는 지식(知識)과 권력(權力)은 깊이 연관되어 있으며 그것은 일상생활의 가장 깊숙한 곳까지 침투해 있음을 고발합니다.[208] 날카로운 통찰입니다. 상식(common sense)이라는 말을 생각해봅시다. 무엇이 상식입니까. 상식의 기준은 무엇입니까. 상식은 누가 정하는 것입니까. 소위 우리가 말하는 에티켓 역시 마찬가지입니다. 품위 있는 언행과 삶의 기준은 누가 정한 것입니까. 예를 들어, 레스토랑에서 식사장면을 생각해봅시다. 그곳에는 나름의 규칙이 있습니다. 포크 사용법이라든가, 레프킨 사용법, 웨이터를 대하는 법 등의 기본예절이 있습니다. 이것을 모르면 기본상식이 없는 사람처럼 취급됩니다. 그렇다면 그러한 식사규칙은 누가 정한 것이며 누구의 삶을 기준으로 삼은 것입니까. 상식이라는 것이 하늘에서 갑자기 떨어진 것은 아니지 않습니까. 그것은 분명 누군가가 만든 것입니다. 놀랍게도 상식이란 서구 유럽 중산층의 삶의 방식을 말합니다. 서구 유럽 중산층의 삶의 방식이 '상식의 기준'이 된 것입니다. 자신들의 삶의 방식인 상식은 어느새 모든 이들이 모방해야 할 모델이 되어 도덕교과서의 내용을 이룹니다.

우리도 한 때 초등학교의 도덕교과서를 '바른생활'이라고 한 적이 있었습니다. 그렇다면 바른생활은 누구의 생활을 반영한 것입니까. 어떠한 삶이 바른 생활입니까. 전 세계에서 공통으로 인정되는 바른생활은 다름 아닌 서구인들의 삶을 모델화 한 것입니다. 이것뿐이 아닙니다. 세계적으로 표준적인 교과서를 집필하고 그에 따른 교과과정을 계획한 이들은 예외 없이 백인들

---

208) Mark Poster, Foucault, Marxism and History, polity (1984), 이정우 역 (1997), 푸코, 마르크시즘, 역사, 고양 : 인간사랑, p.94-99.

입니다.[209] 그들은 교과서에 자신들의 정치적 입장과 자신들이 추구하는 가치를 담습니다. 물론 아무도 눈치 채지 못합니다. 따라서 비판적 지식인들은 아이들이 교과서를 배우면 배울수록, 모범생이 되면 될수록, 정신은 식민지화된다고 주장합니다.

교과서는 모든 책 중에 최고의 권위를 갖고 있습니다. 배워야 할 강제성과 규범성을 갖고 있기 때문입니다. 그리고 그 내용들은 시험이라는 과정을 통해 최종적 권위를 획득하게 됩니다. 서구적 삶의 가치와 방식들은 이상적인 모델이 되어 표준 교과서의 내용으로 구성됨으로써 일차적 권위를 획득하게 되고, 시험이라는 권력행위를 통해 누구도 거역 못할 진리로서 최종적으로 인정되기에 이릅니다.

다른 예를 하나 더들어봅시다. 정신병원의 의사는 환자의 상태를 확인하고 정상과 비정상을 진단합니다. 치료가 필요한 사람과 완쾌된 사람을 구분합니다. 그렇다면 정신과 의사에게 정상과 비정상의 판단의 기준은 무엇입니까. 그것은 당연히 정상적인 사고로의 회복이겠지요. 그러면 정상적인 사고의 기준은 또한 무엇이겠습니까. 미쉘 푸코가 지적했듯이 그것은 다름 아닌 **'이성적 사고'**를 말합니다. 이성적이고 합리적이 사고가 정상의 기준이 되는 것입니다. 논리적 사고와 추론의 근거인 이성과 합리성은 바로 유럽 백인의 속성 더 좁게 말하자면 백인중년남성, 즉 부르주아의 속성입니다. 백인 남성의 속성으로 간주되는 '이성'이 정신병원에서의 정상과 비정상을 구분하는 기준이 되는 것입니다.

이러한 기준에 의하여 백인 이외의 다른 인종은 이성과 합리성이 결여된 인간, 치료가 필요한 인간, 격한 감정에 매몰되어 자기 자신을 제대로 운영하지 못하는 열등한 인간으로 처리되고 맙니다. 한때 교황 바오로 3세와 같은 이들이 아메리카 원주

209) Charles W. Mills, The Racial Contract, P.14.

민들도 합리적인 인간으로, 가톨릭 신앙을 이해할 수 있는 존재로 인정해 주기도 했습니다. 그러나 로버트 윌리엄스(R. Williams)가 예리하게 지적하고 있듯이 여기에서의 합리성이란 기독교 신앙을 수용하는 능력과 동일시되므로, 만약 기독교의 수용을 거부하는 것은 그 자체가 곧 야만이며 비합리성의 증거가 되는 것입니다.210)

마치 가치중립적인 것 같은 이성과 합리성이 서구 중산층 남성적 사고의 속성이며 서구 근대성의 이데올로기 역할을 한다는 것에 많은 이들은 충격을 받습니다. 어떤 이들은 그것은 이성과 합리성에 대한 모함이라고 말하는 이들도 있습니다. 그러나 이성은 자신이 보편성, 필연성, 절대성, 확실성을 자처하기에, 이성은 필연적으로 독선적이며 행동주의적으로는 전체주의적 태도를 벗어날 수 없습니다. 이성 중심적 태도는 또한 필연적으로 자신과 배치되는 모든 타자를 억압하거나 때로는 제거하는 결과를 낳게 됩니다. 이성의 내재적 의미가 갖고 있는 이러한 결과는 문화적 측면으로 보았을 때, 서양의 근대적 합리주의에 대한 문화적 우월감으로 드러나며, 이러한 우월감은 다른 문화와 다른 지역의 사람들을 억압하면서 서양의 문화적 지배를 정당화하는데 이용됩니다.211)

요약하면 서구인의 삶의 양식이 모든 가치의 기준이며 모범이 되고, 그것을 가능케 하는 합리적 정신과 이성적 사고는 정상과 비정상을 구분하는 척도가 됩니다. 자연히 이성과 합리성에 대칭되는 '감정'적 차원은 좀 모자란 사람의 속성으로 폄하되겠지요. 이러한 이성 중심적 서구인의 세계관을 남근이성중심주의(Logocentrism)라고 부릅니다. 남근이성중심주의는 언제나

210) Charles W. Mills, Ibid, p.45-49.
211) 박이문 (1996), 이성은 죽지 않았다, 서울 : 도서출판 당대, p.26-27.

‘이항대립구조’를 형성합니다. 이항대립구조란 바람직한 것과 바람직하지 않은 것, 즉 추구해야 할 것과 폐기해야 할 것을 대립시키는 것입니다. 예를 들어 봅시다. 이성/감성, 합리/불합리, 문화/자연, 진리/비진리, 의식/무의식, 중심/주변 과 같은 것이 이항대립구조입니다. 이항 대립구조에서 앞의 것은 선하고 정상적이며 장려되어야 할 것이고, 뒤의 것은 악하고 비정상적이며 폐기되어야 할 것입니다. 앞의 것은 당연히 백인 중산층 남성의 가치이고, 뒤의 것은 유색인종과 여성의 속성이 되겠지요. 다시 정리하면, 이성/감성, 합리/불합리, 문화/자연, 진리/비진리, 의식/무의식, 중심/주변, 서구적 가치/비서구적 가치....남성/여성, 서구인/비서구인, 중심문화/주변문화 이러한 대립구조가 됩니다. 뒤의 항들은 진정한 인간적 가치가 결여되어 있다는 부정적 의미로 정의 됩니다.

즉 두 번째 항들은 귀중하게 평가되는 첫 번째 항의 보완물로 정의되고, 주체에 대응되는 객체로 정의됩니다.212) 뒤의 항들은 앞의 항들의 은혜와 보충에 의해 완성될 수 있는 불완전한 것들입니다. 여성은 남성의 사랑과 보살핌에 의해 온전한 인간으로 완성되고, 야만인은 서구인에 의해 교육되어야 비로소 문명화되며, 동양인은 유럽인의 지도하에 자신의 길을 찾을 수 있다는 것입니다. 세상에 이것만한 폭력은 없겠지요? 물론 모든 이항대립구조가 부정적인 차원만 있는 것은 아닙니다. 동양적 사유에서 비롯되는 처음/끝, 앞/뒤, 부분/ 전체 등의 대립구조는 상호영향과 상호의존의 개념으로써 서구의 배타적 이항구조와 그 결이 다릅니다.213)

---

212) Iris Marion Young, Justice and the Politics of Difference, p.366.

213) 동양의 유학전통에서의 처음/끝, 깊음/얕음, 앞/뒤, 위/아래, 시작/끝, 부분/전체, 안/밖 등의 개념은 상호영향, 상호의존, 상호교감의 표현으로 사용되어지는 것일 뿐 서구적 이항대립과는 근본적으로 다릅니다. 중국의 전통적 사유방식 또한 이분법이기는 하지만 그것은 전체와 부분처럼

7. 포스트모더니즘(Postmodernism), 다문화를 위한 대안적 사고

여러분은 혹시 **포스트모더니즘**이라는 말을 들어보신 적이 있습니까. 아마도 처음 접하는 이들이 많을 겁니다. 다문화와 관련하여 우리가 주목할 것은 바로 포스트모더니즘입니다. 아시다시피 근대성, 근대정신을 모더니즘이라고 하지요. 그리고 근대성은 바로 서구 남성적 가치인 이성 중심적 세계관임을 설명했습니다. 물론 역사에서 근대정신은 인간과 사회를 계몽하고, 이전 보다 한 단계 발전시키는 동력이 된 것은 부인할 수 없습니다. 그러나 근대정신의 일방적인 획일성과 강제성은 어느새 폭력이 되었고, 이에 대한 내부 반발 즉 근대성의 오만함에 대한 피로감과 저항의식이 서구사회에서 오랫동안 잠재되어 있었습니다. 그것을 대신할 수 있는 새로운 세계관과 삶의 방식들을 계속 추구해왔습니다. 이러한 맥락에서 서구 남성적 세계관의 반영인 근대성의 한계와 폭력성을 고발하고 그 대안을 찾고자 하는 지적 몸부림을 포스트모더니즘(postmodernism)이라고 합니다. 포스트모더니즘은 근대성, 근대정신을 뜻하는 모더니즘(modernism)에 ~후(post)라는 의미의 전치사를 붙인 것입니다. 우리말로 옮기자면 근대후기 또는 탈근대로 번역됩니다. 학술적으로는 영어발음 그대로 포스트모더니즘이라고 씁니다.

포스트모더니즘에 대해 간략하게 소개하겠습니다. 조금은 어렵고 낯설어도 함께 고민해 봅시다. 세상을 새롭게 이해하는데

배타적인 것이 아니라, 부분이 없으면 전체도 없고 안이 없으면 밖도 없으며 본(本)이 없으면 말(末)도 없고 아래가 없으면 위도 없으며 먼저가 없으면 나중도 없는 상호 보완적인 관계입니다. 양자가 상호의존하는 동시에 상호작용하는 관계입니다. 杜維明, 對話與創新, pp.357-358.

꼭 필요한 지적 수고입니다. 근대후기의 시대 즉 포스트모던 시대의 세계관은 이전 시대의 그것과는 극명한 차이가 있습니다. 포스트모던적 사고에 의하면 세계는 상대적이고, 비결정적이며, 참여적입니다. 다시 말하면 스스로 독립되어 존재하는 것은 아무것도 없습니다. 존재한다는 것은 어떠한 형태로든 반드시 '관계를 맺는 것'입니다.[214] 한 준거 틀에서의 거리와 진동의 측정이 다른 준거 틀에서도 동일한 측정 결과를 보여 줄 것이라는 막연한 기대는 이제 더 이상 불가능합니다. 어렵지요? 쉽게 예를 들어보겠습니다. 용수철에 힘을 주면 용수철은 움크렸다가 떨면서 진동을 하겠지요. 다시 평형상태를 유지할 때까지 진동합니다. 그런데 똑같은 용수철에 똑 같은 무게의 충격을 주어도 부산에서의 진동과 서울에서의 진동이 다르다는 겁니다. 장소에 따라 다릅니다. 그 이유는 존재하는 모든 것은 어떠한 형태로든 주위의 사물과 관계를 맺고 상호 영향을 주기 때문입니다. 따라서 주위에 무엇이 있는가에 따라 진동의 내용이 다릅니다. 옆에 나무가 있을 때와 바위가 있을 때가 다르다는 것입니다. 사람도 마찬가지 입니다. 내 옆에 누가 있느냐에 따라 느낌이 다르지 않습니까. 같이 있고 싶은 사람이 옆에 있으면 가슴이 뛰지만, 보기 싫은 사람이 옆에 있으면 괜히 불쾌하고 짜증나는 이유와 똑 같습니다. 사물의 이치도 그렇다는 말입니다. 이것은 시공간을 초월한 절대 기준과 진리가 없음을 말해주는 것입니다.

모든 것은 상대적 일뿐입니다. 더욱이 베르너 하이젠베르크(W. Heisenberg)의 불확정성의 논리(principle of uncertainty)는 이전

---

214) 뉴톤적 세계관에서는 한 대상이 고립되어 존재할 수 있는 절대시간과 절대공간을 가정하는 것이 가능했지만, 아인슈타인의 상대성 물리학은 이러한 상식에 속하던 절대 시공의 개념을 해체하였습니다. Werner Karl Heisenberg, Physics and philosophy-The Revolution in Modern Science, 조호근 역 (2018), 물리와 철학-근대과학의 혁명. 서울 : 서커스, pp.135-158.

의 근대 물리학적 세계관을 송두리째 흔들어 놓았습니다.[215] 이 원리의 핵심은 모든 실재들에는 수없이 되풀이하여 관찰하고, 제아무리 관찰 방법이 우수하다 하더라도 결코 극복할 수 없는 일종의 불확정성 같은 것이 존재한다는 것입니다. 이러한 결론은 근대 과학의 대전제, 즉 이 세계는 원칙적으로 완벽하고 충분하게 기술될 수 있다는 신념에 정면으로 도전하는 것입니다. 곧 모든 만물의 중심에는 그 깊이를 도저히 잴 수 없는 '신비'가 있음을 고백하는 것입니다.

토마스 쿤(T. Kuhn)은 일찍이 『과학 혁명의 구조 The Structure of Scientific Revolutions』에서 과학적 진리란 패러다임(paradigm)에 의해 지배되고 있음을 주장했습니다.[216] 그의 정의에 의하면, 패러다임이란 특정 공동체 구성원들이 공유하고 있는 신념이나 가치, 기술 등의 총체를 가리키는 개념입니다. 객관적이고 절대적인 것처럼 보이는 과학적 진리도 결국 그 시대의 문화적 가치의 반영이라는 것입니다. 이해하기가 어렵죠? 간단하게 결론을 말하자면 포스트모더니즘은 절대 진리를 부정합니다. 시공간을 초월한 영원한 진리는 없다는 말입니다. **바로 이 점이 포스트모더니즘과 다문화가 만나는 지점입니다.**

다문화는 절대 진리를 주장하는 곳에서는 존재할 수 없습니다. 다문화는 다양한 가치의 공존을 전제해야만 되는데 절대 진리를 고수하는 모더니즘, 즉 근대성은 그것을 인정하지 않습니다. 획일성과 통일성 객관성을 생명으로 하는 모더니즘의 토양에서는 다문화가 질식당하고 맙니다. 따라서 그러한 모더니즘의 폭력에 저항하는 것이 포스트모더니즘이기에, 다문화와 포스트모더니즘은 서로 공감하며 정신을 공유하게 되는 것입니다. 자

215) Werner Karl Heisenberg, Ibid., pp.208-232.
216) Alan Francis Chalmers, What is this thing called Science? : An assessment of the nature and status of sciense and its method, 신일철 신중섭 역 (1985), 현대의 과학철학, 서울 : 서광사, pp.150-167.

연히 포스트모더니스트들은 다문화자이고, 다문화자들은 예외 없이 포스트모더니스트들입니다.

포스트모더니스트들은 현대문명이 가진 병폐는 이성에서 찾아야 하며, 이성적 사유가 서양사상의 근원적 바탕이라면 이성은 현대문명의 피할 수 없을 재난적 운명의 원인이라고 비판합니다. 포스트모더니즘은 근대성에 대한 반발로 나온 것이기에 당연히 근대적, 서구적, 남성적 가치를 해체하려고 합니다. 자크 데리다(J. Derrida)의 '해체론(deconstruction)'은 그런 뜻입니다.[217] 포스트모더니즘은 근대적 가치위에 세워 놓은 탑, 즉 이성중심주의, 남성중심주의, 서구적세계관을 해체하고자 합니다. 그 자리에 그동안 소외되고 잊혀 진 가치들을 복원하려합니다. 중심적 가치를 해체하고 주변적 가치를 복원하려고 하는 것이지요. 당연히 남성에 의해 소외되었던 여성적 가치, 이성이 추방했던 감성적 가치, 서구적 가치에 의해 폄하되었던 주변세계에 대한 가치, 그리고 정주민이 아닌 **이방인의 가치**를 새롭게 해석하고자 합니다. 포스트모더니즘과 다문화 정신이 통하는 이유를 아시겠지요?

물론 이러한 포스모더니즘의 파격성에 대하여 우려를 표하는 이들도 많습니다. 위르겐 하버마스(J. Habermas)가 대표적입니다.[218] 그는 포스트모던 철학이 주관적 오류에 빠질 수 있음을

217) 서울대학교 철학사상연구소 엮음 (2013), 처음 읽는 윤리학, 파주 : 동녘, pp.287-289.

218) 하버마스(Jürgen Habermas)는 포스트모더니스트들을 주관성의 철학을 견지해온 철학자들이라고 비판합니다. 주관성의 철학이란 철학의 '공적 유용성(public utility)'을 도외시하고 철학적 성찰을 통해 '철학의 장' 내에서 생성된 문제에만 천착하는 철학을 말합니다. 하버마스는 철학은 '합리성의 수호자'로서 공적 정당화를 수반해야 함에도 불구하고, 이들 주관성의 철학자들은 그들의 '사적 완성'에만 천착한 나머지 공적가치와 사명을 무시해 왔다고 비판합니다. Jürgen Habermas, "Philosophy as Stand-in and Interpreter", pp.291-318 in After Philosophy : End or Transformation?, Edited by K. Baynes et. al (Cambridge, MA :

경고합니다. 그럴 경우 철학이 공적기능을 상실한다는 것입니다. 요약하면 모더니즘은 동질성(homogeneity)을 추구하고, 포스트모더니즘은 이질성(heterogeneity)을 강조합니다. 다문화와 관련하여 우리가 주목하고자 하는 것은 동질성의 폭력성과 이질성의 호혜성입니다. 포스트모더니즘에 우호적인 학자들 뿐 아니라 각계의 많은 학자들도 근대성이 낳은 동질성의 위험에 대해 심각하게 논의하고 있습니다. 반면 그동안 이단으로 취급받아 왔던 이질성에 대해서는 다른 차원의 이해와 연구가 우호적으로 진행되고 있습니다. 예일 대학교의 심리학자인 어빙 제니스(Irving Janis) 교수는 아무리 개인의 지적 수준이 높아도 동질성이 높은 사람들이 모이면 의사결정의 질이 현저히 저하된다는 것을 밝혀냈습니다. 제니스의 연구 외에도 많은 분야에서 동질성의 위험을 증명하는 연구들이 계속해서 나오고 있습니다. 이 연구들의 공통의 결론은 아무리 지적 수준이 높은 사람이라도 비슷한 의견이나 지향성을 가진 사람들이 모이면 지적 생산의 질은 더 낮아진다는 것입니다.[219] 동질성이 높은 집단은 응집력으로 인해 이견이나 의심을 억누르고 암암리에 통일된 의견을 강요할 가능성이 높기 때문입니다. 반면에 다양한 의견에 따른 인지 부조화는 질 높은 의사 결정으로 이어진다고 보고하고 있습니다.

이성 중심적 사고가 해체된 이후의 상황을 우려하는 이들이 많습니다. 그러나 철학자 박이문(朴異汶)은 절대적인 지적 권위를 갖는 이성의 종말로 생기게 될 지적 상대주의와 다원주의는 한탄의 대상이 아니라 축복의 대상이라고 평가합니다.[220] 공존

Mit Press, 1986), 김경만 (2015), 진리와 문화변동의 정치학-하버마스와 로티의 논쟁, 파주 : 아카넷, pp.171-172.

219) Yamaguchi Shu, Buki Ni Naru Tetsugaku, 김윤경 역 (2019), 철학은 어떻게 삶의 무기가 되는가, 파주 : 다산초당, p.138-139.

과 공생의 밑거름은 상대주의와 다원주의이기 때문입니다. 포스트모던 지식인들은 서구인들이 만들어 놓은 '야만과 문명'이라는 도식의 허구를 벗겨야 한다고 주장합니다. 유럽인들은 세상 어느 곳이든 자신들이 먼저 탐사를 하고 측량을 한 뒤 유럽의 이주자들이 정착할 때 비로소 문명이 일어난다고 믿고 있습니다. 그렇기 때문에 그들은 미지의 세계가 문명화되려면 우선은 이 '야만의 땅'이 백인 탐험가의 눈에 띄어야 하며, 이어서 상징적인 의미로 백인이 만든 지도에 표기되어야 하며, 백인이 만든 문명의 힘 아래 정복당해야 한다고 주장합니다. 이미 그 땅에 사는 사람들이 문명인이 아니라 야만인이라면 그들의 소유를 인정할 수 없다는 것입니다.

반면 정복자들이 문명인이면 정복으로 인한 땅의 점유가 합법적으로 인정됩니다. 결국 땅의 소유에 관한 결정적 근거는 문명이냐 야만이냐, 이것으로 결정됩니다. 만약 원주민의 삶이 야만이라면, 그렇다면 그들의 삶의 방식은 물론 그들의 삶의 터전도 인정받지 못합니다. 유럽인들이 원주민들을 야만인이라고 부르기도 하지만 '이방인'이라고도 부르는 이유가 그것입니다.[221) 남의 땅에 와서 그들을 이방인이라고 부르는 것은 어떠한 경우입니까. 그리고 과연 누가 야만과 문명을 판단합니까. 누가 그러한 권능을 부여받았습니까. 영국이 아메리카를 식민지로 삼아야 한다고 열성적으로 주장했던 역사학자 리처드 해클루트는 친구에게 이렇게 말했습니다.

> 야만인의 땅을 정복해서 문명의 길로 이끌고 무지한 사람들을 이성의 궤도에 올려놓는 것보다 더 영광스러운 일이 어디 있겠습니까?[222)]

---

220) Yamaguchi Shu, Ibid, p.27.
221) Charles W. Mills, The Racial Contract, p.33.

그러나 문화인류학자들은 오히려 서구적 세계관에서 찾을 수 없는 놀라운 지혜들을 소위 우리가 미개사회라고 부르는 미개인들의 삶에서 발견할 수 있다고 놀라워합니다. 문화인류학자인 클로드 레비-스트로스(C. Lévi-Strauss)는 『가까이서 그리고 멀리서』에서 다음과 같이 썼습니다. "우리가 미개하다고 생각하는 사회는 결코 미개한 것이 아니다. 그들은 그러기를 바랄 뿐이다. 그들은 미개사회에 남기를 원한다. 왜냐하면 그들의 이상은 태초에 신들이나 조상들이 창조했던 상태 그대로 머무는 것이기 때문이다. 물론 우리의 관점에서 보면 그들은 헛된 꿈을 꾸고 있지만 다른 사회보다 역사로부터 더 벗어나 있는 것은 아니다"[223] 레비-스트로스가 바라본 원시인들의 삶의 관점은 우리가 미처 몰랐거나 아니면 의도적으로 외면했던 놀라운 세계관입니다. 과연 레비스트로의 주장처럼 원시인 그들이 스스로 미개발의 상태로 남기를 원한 것인지, 아니면 개발의 능력을 애당초 갖지 못한 것인지 필자는 알 수 없습니다. 그러나 분명한 것은 신과 조상들이 물려준 처음의 상태를 지키려 한 정신이 그들의 문화에 반영되어 있다는 것입니다. 이것은 자신의 욕심을 신의 명령이라는 이름으로 포장하며 정복전쟁을 벌였던 서구인들과는 너무나 다른 가치관입니다.

문화인류학자들은 기술적 수준과 더불어 문명의 또 하나의 축인 '도덕적 차원'은 원시인들이 우리보다 못하다는 하등의 이유를 찾지 못한다고 고백합니다. 인간의 기술문명은 최소한의 생물학적 법칙을 위배하면서, 중력과 산소가 부족한 외계에서도 생명을 유지할 수 있도록 발전하였습니다. 그러나 마셜 살린즈(M. Sahlins)는 그러한 문명의 진보는 '한 걸음 나아가면 두 걸

222) David Day, Conquest : A New History of The Modern World, p.174.

223) Jean-Pierre Warnier, La mondialisation de la culture, 주형일 역(2000), 문화의 세계화, 서울 : 도서출판 한울, p.93.

음 후퇴하는' 신비한 길과 같은 것으로 일축합니다.[224)]

이제 포스트모더니즘에 기초한 해체론적 비판에 의해 서구사회 근대성의 허구성이 폭로되기 시작했습니다. 소위 남근이성중심주의(Logocentrism)의 위계질서에 대한 통렬한 비판입니다. 이러한 비판은 무모한 측면도 있지만 우리가 간과했던 부분을 예리하게 지적하고 있습니다. 서구인들은 자신들만이 보편적이고 진보적인 삶의 주체라고 착각하지만, 사실 역사에 있어서 '보편적이고 객관적인 진보'란 없습니다. 인류가 존재한 시간은 약 7-600 만년입니다. 근대 산업사회의 역사는 3백년에 불과할 뿐입니다. 인류가 마주할 모든 과제에 대한 해답을 산업사회의 주역인 서구인들이 독점하고 있다는 것은 그 자체가 근시안적이며 오만입니다.[225)]

물론 우리 역시 문화적 근시안들이라서 우리가 역사의 물결을 대표하지 않고 단지 수많은 세계관 중 하나의 세계관을 대변할 뿐입니다. 마찬가지로 서구의 근대성 역시 인류 문화적 가치의 한 가지 표현일 뿐이라는 사실을 잊어서는 안 됩니다. 웨이드 데이비스(W. Davis)는 서구적 근대성은 문화의 속박으로부터 자유로운 어떤 객관적인 동력이 아님을 지적합니다.[226)] 서구 근대 문화가 하나 뿐인 역사의 참된 맥박이 분명 아니라는 것입니다.

근대성으로 표상되는 진보성은 인류에게 비약적인 발전을 가

---

224) Marshall Sahlins, Stone Age Economics, p.76.

225) 서구뿐 아니라 모든 문화는 자민족중심주의이며, 자신들의 현실 해석을 맹신합니다. 예를 들어 中國이라는 말 자체가 오만한 문화적 편견이 있습니다. 세계의 중심이라는 뜻으로써 자신들의 울타리를 벗어난 곳의 사람들은 모두 오랑케, 즉 야만인입니다. 고대 그리스 시대에도 역시 그리스어를 하지 못하는 자가 야만인이었습니다.

226) Wade Davis, The Way Finders, pp.208-209.

져온 것은 사실입니다. 그러나 그러한 업적이 있다고 해서 서구적 근대성이 모든 문화의 대표성과 모범성을 부여받는 것은 아닙니다. 미래로 가는 행로에 서구식 패러다임이 독점권을 행사할 근거도 되지 않습니다. 근대성에 대한 가장 날카로운 비판으로 유명한 미셸 푸코(M. Foucault)는 계몽주의 시대의 박애주의는 솔직히 말하면 권력의지나 별반 다를 것이 없다고 분명하게 말합니다.[227] 그에 의하면 인간의 해방이라는 고상한 이름으로 계몽주의는 도덕적 기술(道德的 技術)을 사용하여 이전보다 더 사회를 통제하고 있다고 비난합니다. 겉으로는 자유와 해방이지만 안으로는 교묘히 도덕과 인권의 이름으로 통제와 억압을 구조화 한 것이 바로 계몽주의라고 비판합니다. 그의 비판은 근대적 우상을 해체하는 포스트모더니스트들과 안티모더니스트들에게 고스란히 전이되었습니다. 그들에 의하면 근대성과 계몽주의적 세계관은 억압의 도구에 불과하며 자신과 세계를 총체적으로 파괴한다고 주장합니다.

생각해 봅시다. 미국이 연간 생산하는 공업용 화학물질은 2억톤에 달합니다. 미국인이 전세계 항우울제 약품 생산량의 3분의 2를 소비합니다. 캘리포니아 주는 대학보다 감옥에 더 많은 예산을 지출합니다.[228] 문화적으로 우월하다고 자부하는 산업사회는 사실 재생불가능한 에너지에 의해 지탱되고 있습니다. 제레미 리프킨(J. Rifkin)은 재생불가능한 에너지의 종말은 곧 산업사회의 종말을 예고하는 것이라고 경고합니다.[229] 이것은 곧 그들이 쌓아놓은 문화의 토대가 무너지는 것을 의미합니다. 재생불가능한 에너지에 의해 유지되는 현대인의 삶을 모범이라고

---

227) José Guilherme Merquior, Michel Foucault, 이종인 역 (1998), 푸코, 서울, 시공사, p.145.

228) Wade Davis, op.cit., 219-210.

229) Jeremy Rifkin, Entropy, 이창희 역 (2018), 엔트로피, 서울 : 세종연구원, pp.241-243.

말할 수 있는지는 의문입니다. 근대화된 유럽인들은 그들의 기준에서 미개발된 원주민들에게 문명의 시혜를 주었다고 자랑하지만 실제는 그렇지 않습니다. 신대륙은 유럽에 담배, 감자, 토마토, 옥수수, 땅콩, 초콜릿, 고추, 호박, 파인애플, 고구마 등을 주었습니다. 이 뿐 아니라 서양의학에 지대한 영향을 끼친 식물들은 신대륙에서 전해진 것입니다. 반대로 유럽이 아메리카에 건네준 것은 밀, 보리, 귀리, 염소, 젖소, 흑인노예제, 발진티푸스, 말라리아, 홍역, 인플루엔자, 천연두, 페스트였습니다.[230] 이것은 무엇을 의미합니까.

지배의 가장 완벽한 모델은 '문화적 지배'입니다. 지배하지 않으면서 지배하는 것이 문화지배입니다. 우리말에 '부러우면 진 것'이라는 말이 있습니다. 누군가를 부러워하면 자신도 모르게 그와 자신을 동일시하게 됩니다. 그를 닮아가려 합니다. 그를 닮아 가려고 하면 할수록 본래의 자신과는 더욱 멀어지게 됩니다. 정신적 식민지, 밧줄 없는 포로가 되는 것이지요. 나라와 나라사이에도, 문화와 문화 사이에도 이러한 관계가 성립됩니다. 그것을 문화제국주의라고 합니다. 정신적(문화적)으로 지배하는 것입니다.

어떤 특정한 집단의 문화를 보편적인 것으로 주장하는 것은, 문화제국주의의 원인이 됩니다. 그것은 이제껏 중국이나 서구가 저질러온 인류에 대한 중대한 범죄입니다. 문화제국주의의 핵심은 지배 집단의 경험과 문화를 보편화하고 유일한 규범으로 확립하는 것입니다. 지배 집단들의 삶의 양식과 경험이 인간성 그 자체를 대표하게 되는 것이지요. 지배 집단의 가치만이 표준적인 것이거나 보편적인 것, 정상적인 것으로 됩니다. 나머지 다른 집단들의 삶의 방법과 표현 방식은 결핍의 상징이 되어 부정

230) Wade Davis, op.cit., pp.75-76.

됩니다.

문화제국주의 하에서 살아가는 사람들은 자신들의 위치가 외부로부터 정의됩니다. 문화적으로 억압받는 자들은 두 보이스(W. E. B. Du Bois)의 이중의식(double consciousness), 즉 타인의 눈을 통해서 자기 자신을 바라보고, 조롱과 연민으로 자신을 바라보며, 세상의 잣대로 자기 영혼을 평가하는 의식의 경험을 하게 됩니다. 즉 자신을 스스로 저평가하고 폄하합니다.[231]

인류학의 렌즈로 문화를 들여다봅시다. 모든 문화에는 고유한 속성이 있고, 이 속성에는 여러 세대에 걸친 집단선택이 반영되어있습니다. 이것을 깨달으면 인간의 삶과 운명에 초공간적이고 초시간적인 '보편적'인 진보라는 것이 없음이 명백해집니다. 과학적 진보가 탁월함의 절대 기준은 아닙니다. 만약 탁월함의 준거가 달라진다면, 예컨대 진정 지속 가능한 방식으로 지구를 바르게 경외하고 존중하며 번영을 누리는 것을 기준으로 삼는다면, 아마도 서구의 패러다임은 낙제점이 될 것입니다.

근대성을 모든 인간 사회의 대체 불가능한 모범으로 삼는 것은 지극히 정직하지 못한 행동입니다. 세계적으로 에너지와 물자의 소비를 서구 수준으로 끌어올리려면 현재 인구 추계상 2100년 까지 지구 네 개의 행성만큼의 자원이 필요합니다.[232] 이러한 소비지향적인 사회가 어떻게 인류의 항구적 가치를 대변할 수 있겠습니까. 언제까지 서구적 가치와 전망이 인류의 모범이 될 수 있겠습니까. 그리고 그것은 정당한 것입니까. 그러한 의미에서 포스트모더니즘적 해체주의(deconstruction)는 백인 남성 중심의 근대성을 뿌리에서부터 의심하며 송두리째 거부하려 합니다.

---

231) Iris Marion Young, Justice and the Politics of Difference, p.144.
232) Wade Davis, The Way Finders, p.211.

포스트모더니스트들은 또한 중립을 거부합니다. 그들에게 중립이란 '가면 쓴 인종주의'일 뿐입니다. 그들은 중립이란 인종주의 체제를 암묵적으로 인정하며 상황을 더욱 어렵게 만드는 고난도의 차별이라고 생각합니다. 본질을 회피하는 상황논리는 결국 권력의 편이라고 의심합니다. 따라서 그들은 인종차별에 근거한 서구백인중심주의의 '백색 신화'들과 '백색 거짓말'을 주저 없이 공개적으로 해체하려 합니다. 이제 포스트모더니즘에 대해서 조금은 이해하겠지요? 이제 우리는 물어야 합니다. 과연 우리에게 이제까지 결코 흔들릴 수 없었던, 절대불변의 가치들로 인식되어 왔던 것들은 정말 타당한 것인가? 그렇다면 그 가치들은 '누가' 결정한 것인가? 그리고 그 가치는 권력으로부터 자유로운 것일까? 우리 자신의 주체적 삶을 위해서라도 꼭 필요한 질문이며 의심입니다.

8. 다문화와 문화실조

인종 또는 계층 간의 지적 차이는 정말 존재할까요. 여러분은 어떻게 생각하십니까. 현재까지 이루어놓은 문명의 업적을 보면, 차이를 부정하기 힘듭니다. 뉴욕 맨하튼의 뉴요커들의 삶과 아마존 원시인들의 삶을 비교해보면 차이가 없다고 말할 수 없습니다. 그렇다면 이러한 차이가 어디서 비롯되었을까요. 과연 인종적 차이일까요. 세계적인 석학 재레드 다이아몬드(J. Diamond)는 그의 명저 『총 균 쇠』에서 인간들 간의 본성적 차이는 없다고 주장합니다. 그는 지리와 환경적 요인이 문화의 차이를 만들어 낸 것이라고 결론지었습니다.[233)]

---

233) Jared Diamond, Germs, and Steel, pp.73-91, pp.128-158, pp443-481, pp.525-555.

그렇다면 교육학에서는 그 이유를 어떻게 설명할까요. 교육학에서도 역시 다양한 인종들, 다양한 계층의 학생들 간의 학업성취 격차를 설명하려는 시도가 끊임없이 지속 되어왔습니다. 가장 전통적인 접근방법은 학교 재원과 학교의 질(school quality)의 격차에서 원인을 찾는 방법입니다. 예를 들어 소위 잘나간다는 서울 강남 8학군의 교육환경과 학교수준은 산골짝 시골의 교육환경과 차이를 보이는 것은 사실입니다. 좋은 교육환경은 상대적으로 낙후된 곳과 비교하여 더 나은 학습결과를 만들어 낸다는 이론입니다. 그러나 흔히 학교효과(school effect)를 중심개념으로 사용하는 이 설명법은 많은 학자들의 연구 등에서 부정되었습니다. 이 이론은 동일한 조건의 교육환경에서도 학습결과에 대한 차이가 나는 것을 설명할 수 없기 때문입니다. 그것의 대안으로 나온 것이 유전결정론입니다. 학습능력의 차이는 유전적으로 이미 결정되었다는 이론입니다. 우생학적 근거에 뿌리를 둔 유전결정론은 유전적으로 거의 똑같은 쌍둥이들이 다른 환경 속에서 성장했을 경우, 다른 학업성취 능력을 보인다는 보고에 의해서 부정되었습니다. 학습의 환경적 요인을 무시한 당연한 결과입니다.

이러한 기존의 주장들이 거부되면서, 새로운 주장이 나오게 되었는데, 그것이 **문화실조론**입니다. 문화실조론자들에 의하면 문화적 환경의 풍부와 결핍에 따라 교육적 자극이 충분하거나 부족하게 되어 학업성취의 격차가 발생한다는 것입니다. 이들의 주장은 상당한 설득력을 갖게 되었습니다. 실제로 미국 뿐 아니라 한국에서도 강남의 8학군의 아이들은 초등학교 입학 전에 일상적인 회화 수준의 영어 수준을 갖추는 경우가 많습니다. 반면에 저소득층과 지방의 아이들은 취학 전에 한글을 겨우 읽는 정도의 수준입니다. 가정의 경제적, 문화적 배경은 아이들로 하여금 다른 출발선에서 시작하게 합니다. 양극화 되어 있는 출발점에서 저소득층의 아이들은 먼저 출발한 아이들을 따라잡는 것이 거의 불가능한 상황입니다. 이렇듯 가정의 문화적 자본과 활동이 부족하기에, 학교에서 학습하는데 필요한 기초적인 소양을 갖추지 못한 상태를 교육학에서는 **문화실조**라는 개념으로 정리하고 있습니다. 각 가족이 조성한 가정환경은 문화적, 교육적으로 유의미하게 다르고 그 차이는 자녀들의 지적 성장을 도모하고 교육적 동기를 부여하는데 상당히 다르게 작용한다는 것입니다.[234] 그 결과 학자들에 의해 문화실조론은 한 아이의 삶의 기회를 제한하는 중요한 원인으로 지목되기에 이르렀습니다.

학업성취의 실패가 가정의 문화적 환경의 부실과 그 결과로 나타나는 것으로 입증되자, 문화결손 아이들에게 문화적이고 교육적인 환경을 제공해야 한다는 요구가 있게 되었습니다. 이른바 기회균등 정책과 같은 보상정책이 저소득층 아이들을 위해 계획되고 실행되었습니다. 문화실조론은 1960년대까지 지배적이었던 지능격차이론을 거부할 수 있는 대안적 이론으로 교육실천에 관심을 가진 학자들과 정책결정권자들에게 매우 선호되었습니다. 헤드스타트(Head Start) 운동은 이러한 분위기에 편승한 프로젝트였습니다.[235] 브룩스는(C. Brooks)는 문화실조 아동에 대하여 다음과 같이 정리하였습니다. "문화실조 아동들은 마

234) 문화적 환경과 학업성적의 인과관계가 성립되면서, 교육자들은 두 가지 이점을 갖게 되었습니다. 첫째, 이 인과관계는 학업성취의 실패의 원인이 학교보다는 가정에 있다는 사실을 증명해 주었기 때문에 학교는 학생들의 학업성취 실패에 대해서 일차적인 책임을 면하게 되었다는 것입니다. 둘째, 취학 이전의 원인에 의해서 학업성취에 실패했지만 그 원인이 유전적 결함이 아니기 때문에 교육적 조치에 의해서 실패가능성을 줄일 수 있음을 시사하였습니다.

235) Head Start 프로그램은 가정의 경제적 문화적 결손 아동들이 학교에서의 학업성취능력이 뒤떨어지지 않도록 취학 전 보상교육을 실시하는 운동을 말합니다. 글자 그대로 결손 아동들이 경주에서 뒤지지 않게 하기 위하여 출발선에서 머리만큼 먼저 나간다는 뜻입니다.

땅히 자기 것이 되었어야 하는 풍부한 경험들로부터 분리된 아동을 말한다. 이와 같은 유리 현상은 그 아동의 가정이 보유한 지적 자원이 빈약하거나, 그의 주위 연장자들이 문맹 또는 무관심하거나, 또는 그의 지역사회 전반이 문화적으로 열악하기 때문에 일어난다."[236]

그렇다면 이러한 문화실조론의 주장은 타당한 것일까요. 여러분도 함께 생각해 보십시오. 이 이론의 한계는 무엇일까요. 사실 영양실조라는 말은 가능해도 문화실조라는 말은 성립될 수 없습니다. 영양실조는 사람의 생존에 꼭 필요한 영양소가 결핍되었음을 객관적으로 판단 받은 상태입니다. 그렇다면 그러한 논리의 연장에서 문화실조론을 규정한다는 것이 가능할까요. 사실 문화실조란 말은 매우 독선적이고 폭력적인 의미를 담고 있습니다. 모든 집단의 구성원들은 자신들의 문화에 익숙해 있기 때문에 문화실조란 사실상 있을 수 없습니다. 문화실조론은 한 사회에는 하나의 문화만 있다고 주장하는, 즉 **단일문화론**을 가정할 때 만 성립될 수 있는 주장입니다. 다양한 사람들에게 다양한 문화가 있다는 것을 전제한다면 성립할 수 없는 주장입니다. 저소득층 아이들을 위한 보상교육 프로그램은 문화실조론에서 발안된 것이며 문화실조론은 단일문화론을 전제로 한 것입니다.

하나의 이상적이고 표준화된 단일 문화를 전제하고 그것에 미흡한 상태를 문화실조라고 할 수 있는데, 그것은 동기야 어떻든 또 다른 폭력이 될 위험이 있습니다. 우리가 단일문화론을 믿으면 다른 문화는 인정할 수 없게 됩니다. 따라서 단일문화론

236) Brooks. C. (1966). Some approaches to teaching English as a second language, In The disadvantaged learner, edited by S. W. Webster. San Francisco : Chandler. 오욱환, 교육사회학, p.277.

에서 출발된 보상교육은 실제로는 다른 문화를 제거하는 역할을 하게 됩니다. 학교가 지향하는 문화가 아닌, 다른 문화를 가진 아동들은 학교에 들어갈 때 자신들의 사회적 정체성, 삶의 양식, 그리고 상징들을 버려야만 합니다. 이러한 요구는 결과적으로 다른 문화집단의 존재자체를 부인하는 것이며 문화적 지배를 의미하는 것입니다. 인디언 보호지역에서 백인교사에 의해 운영되는 학교, 식민지에서 통치국 교사들에 의해 주도되는 학교, 외래선교사에 의해 오지에 설립된 학교에서 아동들은 보상교육에 의해서 자신들의 문화 곧, 언어, 역사, 정체성 등을 잃게 됩니다.

지배집단이 피지배집단의 문화를 거부할 때 사용하는 것이 '진공 이데올로기'(vacuum ideology)입니다. 진공 이데올로기는 상대집단의 존재를 인정하지 않는 것을 의미합니다. 상대의 문화를 인정하지 않는 것이지요. 비어있다는 것이 그 말입니다. 권력을 가진 집단은 침략과 지배와 개척 등을 정당화할 때 "그곳에는 아무것도 없다"거나 "버려져 있다"라고 규정합니다. 심지어 '처녀지'라고도 표현합니다. 진공 이데올로기인 '비어있다'는 것은 단지 공간의 의미만은 아닙니다. 그들은 백인 외의 다른 인종들에 대한 정신세계 역시 '비어있음'으로 판단합니다. 인디언 보호지역에 설치된 학교에 부임한 백인교사는 인디언 아동들의 세계를 문화적으로 '비어 있다'고 보기 때문에 문화를 가진 사람들의 문화, 즉 백인 문화로 채워줘야 한다고 생각하게 됩니다.[237)]

이러한 왜곡된 시각은 문화학자 뿐만이 아닙니다. 교육학자들

237) Barbara Rogoff, The cultural nature of human development, 조희숙 조일동 역 2018), 문화적 유전자 : 인간 발달의 비밀, 파주 : 정민사, pp. 403-404.

역시 '결핍모델'을 이용해 유럽계 미국인들과 유색인종을 비교하면서 유럽계 미국인의 기술과 양육이 '정상적'이라고 여겨왔습니다. 그 결과 다른 공동체에서 보이는 차이들은 일탈 혹은 결함이 있는 상태로 간주하며 아동의 '문화적 결손'을 보상하는 중재 프로그램들을 고안해 왔습니다. 소수민을 '교화'하려는 정부의 노력은 하나의 최선의 방식(One Best Way)만이 존재한다는 식의 태도이며, 그 방식은 당연히 주류집단의 것입니다.

타인의 삶을 개선하는 것을 목표로 하는 많은 중재 프로젝트나 학문적 논쟁 역시 '하나의 최선의 방식'이 있다는 것을 전제합니다. 그러나 하나의 최선의 방식이 있다는 믿음의 근거는, 주류집단인 자신들만의 가정과 가치관에 기초한, 자기들끼리의 사이의 합의점에 지나지 않습니다.[238] 여기에 주류 밖 집단들의 지혜와 문화는 전혀 고려의 대상이 아닙니다. 문제는 한 집단의 문화를 부정하면 결과적으로 그 구성원들의 인간성까지도 부정하게 된다는 것입니다. 이런 의미에서 보상교육은 피교육집단의 문화를 중류계층 또는 백인 다수 집단 문화로 대치하는 제도적 인종차별정책의 성격을 본의 아니게 띠게 됩니다.

다른 집단들의 문화적 정체성을 거부하는 행위는 곧바로 자기의 문화를 강요하는 것과 같습니다. 이러한 사고방식은 현재의 사회적 현실을 정당화하고 지속시키고자하는, 즉 우수한 집단이 사회를 지배하는 것은 당연하다는 사고에 뿌리를 두고 있습니다. 이것은 일종의 사회병리학적 현상입니다. 예를 들어, 흑인이 열등한 유전자를 가졌기에 그들의 범죄율이 높다는 주장은 이제 사회에서 퇴출되었습니다. 그러나 흑인이 문제가 있는 하위문화에 속해 있기 때문에, 다시 말해서 문화실조의 상태에 있었기 때문에 그들의 범죄율이 높다는 말은 너무나 당연하듯 말합니다.[239] 미국에서 정치인들이 공개적으로 흑인과 히스패

238) Barbara Rogoff, Ibid., pp. 405.

닉, 이슬람에 대해 폄하하는 차별 발언을 하지만, 그들의 DNA에 문제가 있다고 말하지는 않습니다. 문제는 이들의 문화에 있다고 주장합니다. 이렇듯 **상황은 생물학에서 문화로 전선이 이동되었습니다.** 유발 하라리는 이러한 은밀한 문화차별적 상황을 다음과 같이 지적합니다.

우선 문화는 생물학보다 유연하다. 이 말은 한편으로는 오늘날의 문화주의자가 전통적인 인종주의자보다는 관용적일 수 있다는 뜻이다. 다만, '다른 사람들'이 우리 문화를 채택하는 한에서 우리는 그들을 동등하게 받아들이겠다는 말이다. 그 결과, 다른 한편으로는 이것이 '다른 사람들'에게는 훨씬 큰 동화 압력으로 느껴질 수 있다. 동화에 실패하면 훨씬 가혹한 비판에 직면할 수 있다는 뜻이다. 피부색이 짙은 사람에게 피부를 희게 하지 않았다고 비난할 근거는 없지만, 아프리카계 무슬림이 서구 문화의 규범과 가치를 택하지 않은 것은 문제 삼을 수 있다는 말이다[240]

폴 길로이(P. Gilroy)는 그의 명저 『유니언 잭에는 흑색이 없다 There Ain't No Black in the Union Jack』에서 영국 및 미국의 흑인 문제를 다룹니다. 길로이에 의하면 흑인들의 유랑문화는 백인중심의 일직선적인 진보 이데올로기와 맞설 수 있는 역동적인 문화입니다.[241] 그럼에도 불구하고 백인들은 그들의 문화를 인정하지 않습니다. 유니언 잭은 알다시피 영국 국기입니다. 길로이는 영국 국기 안에 흑색이 없다는 것은 영어 문화권

---

239) Yuval N. Harari, 21 Lessons for the 21 Century, 전병근 역 (2018), 21세기를 위한 21가지 제언, 파주 : 김영사, p.230.

240) Yuval N. Harari, Ibid, pp.231-232.

241) Joana Breidenbach & Ina Zukrigl, Tanz der Kulturen, 인성기 역 (2003), 춤추는 문화, 서울 : 영림카디널, pp. 152-153.

에서의 흑인과 그들의 문화를 인정하지 않는다는 것을 암시하는 것으로 의심합니다. 이것은 난센스입니다. 문화는 공기와 같아서, 공기 없는 삶을 상상할 수 없듯이 누구든지 자신의 문화 없는 삶은 있을 수 없습니다.

어느 사회에서나 그 사회에 독특한 문화가 있기 마련이며, 그 사회 구성원들의 삶의 모습이 곧 문화이기 때문에 이들이 자신들의 문화로부터 실조된다는 것은 논리적으로 가능하지 않습니다. 예를 들어 에스키모 사람은 에스키모 문화로부터 실조되지 않으며, 한국 사람이 한국문화로부터 실조될 수 없습니다. 문화 비교의 준거가 되는 절대기준을 거부하면 각 집단의 문화는 서로 다르기 때문에 우열을 가릴 수 없습니다. 집단의 사고양식은 각기 다르기 때문에 어떤 집단도 문화적으로 실조될 수 없습니다.

문화적 상대주의(cultural relativism)에 근거하면 각 집단은 독특한 문화를 가지며, 그 문화는 다른 문화를 기준으로 평가될 수 없습니다.[242] 문화실조론에 대한 비판은 다음과 같습니다. 첫째, 문화실조론은 문화 차이를 문화격차로 오해함으로서 문화실조라는 가공의 개념을 만들었습니다. 둘째, 문화실조론은 지배집단이 자신들의 문화를 피지배집단에게 침투시키기 위한 이데올로기적 도구이므로 이 이론에 근거하여 시행되는 보상교육은 문화적 폭력으로 나타나게 됩니다. 따라서 교육기회의 균등화정책은 결과의 불평등을 정당화시키기 위한 전략으로 이용될 때가 많습니다. 기회가 균등하게 제공된다면 결과는 오직 각자의 재능과 노력에 따라서 달라지게되므로, 결과의 격차는 각 개

---

242) 각 집단들의 독특한 문화를 인정하는 문화기술학자들(ethnographer)의 주장에 따르면 (1) 사물을 파악하는데 기초가 되는 분류의 기준은 외부에서 부여되어서는 안 되며, (2) 사물을 파악하는 과정인 인지는 문화적 맥락 속에서 파악되어야 하며, (3) 어떤 사람들도 자신들에게 중요한 일은 성공적으로 수행한다고 합니다.

인들이 책임져야 한다는 논리가 정당성을 갖게 되는 것입니다.

문화실조론에 입각한 다문화정책은 결과적으로 저소득층 자녀들과 소수민에 대한 '교화'를 강조할 수밖에 없습니다. 타인의 삶을 개선하는 것을 목표로 하는 '하나의 최선의 방식이 있다'는 믿음의 근거는, 때로는 자신들만의 가정과 가치관에 기초한 오만한 결론에 지나지 않습니다. 예를 들어 슬픔의 감정에 대해 생각해 봅시다. 어느 문화에 속해 있든지 모든 사람들이 애석해하고 슬퍼하는 감정은 똑 같습니다. 다만 어떤 이유로 슬퍼하는지 그리고 그 슬픔의 감정을 어떻게 표현하는지는 문화마다 상당히 다릅니다. 자연을 자기 몸처럼 사랑하고 자연과 삶을 함께하는 전원문화 속에서 사는 사람의 슬픔과 자연을 이용하고 훼손하면서 성장을 추구하는 성장문화 속에서 사는 사람의 슬픔의 내용은 다를 수 있습니다. 슬픔의 감정은 같아도 슬픔의 원인과 표현 방식은 문화마다 다를 수 있다는 것입니다. 여기에 절대적인 모범답안은 존재하지 않습니다. 멕시코의 학자이자 시인인 옥타비오 파스(Octavio Paz)는 진보와 기술발달에 대한 숭배 속에 암시되어 있는, 만인을 위한 단일한 문명화라는 이상론은 우리를 황폐시키고 훼손한다고 지적했습니다.243) 세계를 단일화시키려고 노력하는 과정에서, 각자의 삶을 의미 있게 하고, 생기 있게 해주는, 인류 문화의 다양성이 파괴된다는 경고입니다.

243) Barbara Rogoff, The cultural nature of human development, p.405.

9. 언어생태주의와 언어제국주의

자연생태계에 대한 관심이 높은 것은 어제 오늘의 일이 아닙니다. 지금이라도 생태 지향적 사고로 전환하지 않으면 공존의 삶의 틀이 무너진다는 위험을 느끼고 있습니다. 그러나 위험에 처한 것은 자연생태계만이 아닙니다. 언어생태계 역시 불균형으로 인한 전멸의 위기에 놓여 있습니다. 뜻 있는 학자들은 자연을 보존하기 위해 자연의 생태적 환경을 보존해야하듯이 언어의 생태적 환경도 자연스러운 변화, 발전을 위해 그 다양성이 보존되어야 한다고 주장합니다. 생태 언어학자들의 이론에 따르자면, 언어란 환경과의 상호작용을 통해 다양하게 발전 및 진화하는 문화의 한 형태입니다. 따라서 다른 언어공동체의 영역으로 이주해간 사람이 자신의 문화의 독특성을 유지하면서도 그 문화를 새로운 문화와 공유하면서 공존하도록 자신의 언어를 지키는 노력을 지지해야 한다고 주장합니다.

가끔씩 주위로부터 다음과 같은 질문을 받습니다. 세계 공용어로서 영어가 이미 자리 잡았는데, 국가 경쟁력을 위해서라면 우리도 영어를 우리의 공식 언어로 만들면 어떻겠느냐는 질문입니다. 영어를 배우기 위해 전 국민이 혈안이 되어 있고, 그로 인한 사회적 비용은 말할 수 없이 막대하며, 어차피 배워야 할 것을 어릴 때부터 자연스럽게 영어를 모국어로 배운다면 개인적 차원에서는 물론 국가적 차원에서도 경쟁력이 향상될 것이라는 이유입니다. 영어를 배우기 위해 소모되는 물적, 정신적 소비를 생각한다면 그럴 수도 있겠다고 생각하는 이들이 많습니다.

심지어 사회적 지도층과 같은 엘리트들도 우리의 뒤 처진 경쟁력의 원인이 영어가 국가의 공식적인 표준어가 아닌 것에 있다고 말하는 이들도 있습니다. 여러분은 어떻게 생각하십니까. 실제로 이러한 이유들로 인해 영어를 공식 언어로 채택한 나라들도 있습니다. 가깝게는 말레이시아가 그런 나라입니다. 오랫동안 국민들로부터 절대적인 신뢰와 사랑을 받고 있는 마하티르 모하메드 총리는 그의 카리스마를 이용하여 영어를 말레이시아의 공식 언어로 채택하였습니다. 아프리카의 여러 나라들 중에는 영어를 공식 언어로 채택하고 있는 나라들도 제법 있습니다. 그렇다면 묻고자 합니다. 결과적으로, 그들 나라들이 과연 원래 의도한 만큼 경쟁력 있는 나라가 되었습니까?

가끔씩 우리 사회에서는 다문화 가정의 장점이 단점으로 알려지기도 합니다. 다문화 가정의 이중 언어의 사용이 그것입니다. 전문가들조차 다문화 가정 아이들의 학습지체는 부모 중 어느 한 쪽이 한국어에 서투르기 때문에 그로인한 아이들의 한글 학습이 상대적으로 지체되었다고 지적합니다. 한글 학습이 지체되니까 자연히 한글로 된 다른 과목의 수업도 어렵게 되기에 결과적으로 총체적인 학습지체현상을 보인다고 합니다. 그래서 베트남 엄마에게 빨리 한국어를 유창하게 배워서 아이들에게 학습지체가 오지 않도록 당부하는 이들도 있습니다. 더 나아가 집에서는 가능한 베트남 언어를 쓰지 말 것을 권하는 이들도 있습니다. 이러한 견해는 상당히 분석적이고 나름의 일리가 있는 것처럼 보입니다.

그러나 모순되게도 그런 주장을 하는 이들조차 똑 같은 상황임에도 불구하고 다른 주장을 하기도 합니다. 즉 부모 중 어느 한쪽이 미국인이라든가 소위 선진국 나라의 사람이면, 적극적으로 가정에서 이중 언어를 사용할 것을 권합니다. 태도와 주장을 백팔십도 바꾸어, 이중 언어의 사용이 아이들의 지력향상에 도움이 된다고 강변하기도 합니다. 이것은 무엇을 말합니까. 공개적으로 언어를 차별하는 것입니다. 언어의 차별은 곧 문화의 차별이고, 그것은 인간의 차별로 귀착됩니다.

결론을 말하자면 다문화 가정에서의 다중언어는 아이들에게 불리한 조건이 아니라 오히려 세계화의 기준으로 보았을 때 바람직합니다. 이것은 캐나다 몬트리올 맥길대학교의 언어심리학 교수 프레드 제네시(F. Genesee) 연구에서도 확인된 바 있습니다. 그의 연구에 따르면 아기가 깨어있는 시간의 최소 30프로를 하나의 언어에 노출시킨다면 최고 세 개의 언어를 동시에 학습할 수 있음이 입증되었습니다.[244] 이럴 경우 가장 빈번하게 활용되는 시스템은 한 부모로부터 하나의 말 배우기입니다. 즉 아버지와 어머니는 각각의 모국어로 아이와 대화하고 가족이 함께 이야기 할 때는 공통의 언어를 사용하는 방식인데, 이럴 경우 아이에게 세 개의 언어를 학습시키는 효과가 있다고 합니다. 다(多)언어 학습에서는 언어에 노출되는 것이 일관되고 지속적이며 풍부해야 한다는 점에서 다문화 가정이 유리하고 중요합니다.

여러 개의 언어를 배우는 행위가 두뇌능력을 증진시키는 효과도 있다는 점에서 다문화 교육은 인적자원개발의 효과도 크다고 할 수 있습니다. 미국 다트머스 대학교 연구팀은 광학화상 기술을 이용해 단일 언어와 다 언어를 쓰는 사람의 뇌 활동을 살펴보았는데, 다 언어를 동시에 활용하는 아이들의 경우 하나의 언어를 쓰는 경우에 비해 좌뇌와 우뇌의 활동이 증진되는 정도가 판이하게 달랐음을 보고하고 있습니다.[245] 오랫동안 많은 미국 가정에서 두 언어를 들으면 혼란을 야기할 수 있다는 주장

244) 박휴용 (2016), 다문화 교육론, 서울 : 동문사
245) 박휴용, Ibid.

때문에 아이들에게 이중 언어를 교육하지 않았습니다. 그러나 이중 언어 사용은 아이들을 혼란스럽게 하기는커녕 아이들의 사고력을 향상하고 삶을 풍요롭게 해준다는 점에서 장기적으로 이익이라는 것이 밝혀졌습니다.

재레드 다이아몬드(J. Diamond)는 더욱 흥미 있는 연구를 소개합니다. 지난 수년간의 연구에서 밝혀진 흥미로운 결과에 따르면, 어린 시절부터 이중 언어를 사용하면 알츠하이머병을 예방하는 효과가 있다고 합니다. 알츠하이머병은 주로 70대 이후에 나타나는데, 이중 언어 사용자는 단일 언어 사용자보다 첫 증상이 4-5년 늦게 나타나는 것으로 밝혀졌습니다.[246] 개인에게도 언어 다양성이 노화를 방지하고 뇌 건강을 유지시켜 줄 수 있듯이, 세계적으로도 다양한 언어의 보존과 사용은 모두에게도 유익한 결과를 가져옵니다.

캉가스(S. Kangas, 1988))에 의하면 제국주의적 양육강식의 세계질서 속에서 지배언어로 군림해왔던 불어와 영어와 같은 강대국들의 언어들은 미화되고, 약소국들의 토종언어들은 단순한 '방언'의 하나로써 등한시되고 소외되어왔다고 합니다.[247] 그것은 언어제국주의에 대한 일방적 폭력이라는 것입니다. 그녀는 거대 문명의 정치적 경제적 권력에 의해 약소 집단의 언어들이 소멸의 위기에 처해가는 상황을 경고하고, 크고 작은 문명들 간의 관계가 상호성(reciprocity)에 의해 유지되며 공정한 의사소통이 이루어져야 함을 강조합니다. 언어학살(linguisticgenocide)과 언어위계론(Hierarchisation) 등은 일종의 언어제국주의의 이데올로기라는 것입니다. 그녀는 대안으로써 이와는 정 반대의 관점

246) Jared Diamond, The World Until Yesterday, 강주헌 역, 어제까지의 세계, 파주 : 김영사, pp.575-578.
247) 박휴용 (2016), 다문화 교육론, 서울 : 동문사, p.87. 재인용

인 언어생태학적 세계관을 강조합니다.

캉가스는 세계질서 속에서 지배적 언어로 군림하는 영어 불어 등의 강대국의 언어들을 과감히 도살언어(Killer- language)로 규정합니다. 언어제국주의는 약소국과 사회적 약자들을 '영어단일화정책(English-only policy)하에 속박하려고 한다는 것입니다.[248] 더욱이 우리가 문제 삼고자 하는 것은 **다수가 쓰는 언어가 공용어이며 표준어가 되는 것이 아니라는 사실**입니다. 다수가 쓰기 때문에 표준어가 되는 것이 아니라, 표준어가 되었기 때문에 다수가 쓰는 것입니다. 즉 표준어는 다수에 의해서 정당성이 보장되는 것이 아니라 권력에 의해서 유지되는 것입니다.[249]

원래 표준어는 다수가 사용하던 언어가 아닙니다. 표준어는 권력의 중심에 있는 언어, 즉 권력자들의 언어입니다. 예를 들어, 남아프리카 공화국의 다수가 사용하는 언어는 아프리칸스어(Africans)이지만 그러나 표준어는 소수의 백인들이 쓰는 영어입니다. 이 경우 아프리칸스언어는 다수가 사용하고 있음에도 불구하고 소수적 언어로 전락되고 맙니다.[250] 이처럼 언어에 있어서 다수성은 단지 수가 많다는 것을 뜻하지 않으며, 소수성 역시 수가 적다는 것을 뜻하지 않습니다. **다수성은 권력에 의해 보증되며 유지되는 것입니다.**

권력에 의해 표준어가 된 언어는 교육과 매체를 통해 모든 이들이 배워야 할 모델이나 표준이 됩니다. 나머지들은 모두 방언으로 전락되는 것이지요. 언어학자들은 모든 방언이나 사투리는

248) 필립슨과 킹카스는 세계의 언어가 미국의 패권주의 달성의 주요수단으로 여겨지는 영어확장 패러다임에 치우쳐있음을 경고하고 이에 맞서 언어인권보장, 의사소통의 평등성, 다원어주의, 다문화주의의 유지 등을 지향하는 생태언어패러다임(Ecology-of-Language paradigm)을 견지해야 한다고 주장합니다. Ibid., p.88

249) 이진경 (2003), 노마디즘1, 서울 : 휴머니스트, pp.319-324.

250) Ibid.

정확하고 효율적인 소통을 위한 역량에서 전혀 손색이 없다고 주장합니다. 이런 방언들을 더 낫거나 더 못하다고 보는 우리의 평가는 순전히 관습적인 서열에 기반을 두고 있는데, 그러한 관습적인 서열은 언어학적 정밀도에 관한 문제라기보다는 사회적 계급과 위신의 문제인 것입니다.

언어는 권력 그 자체입니다. 이는 어느 사회에서나 적용되는 보편적인 전제입니다. '말을 한다는 것은 특정언어의 문장을 사용하고 그 언어의 형태를 이해하는 것 뿐 만 아니라 문화를 받아들이고 문명의 무게를 떠받치는 것'을 의미합니다.[251] 물론 제국주의적 언어라고 해서 주류언어를 배척할 필요는 없습니다. 언어적 다양성을 유지한다는 것이 '언어는 변치 말아야 한다'는 뜻은 아닙니다. 세계경제가 제공하는 신나고 유익한 혜택을 누리려면 더 많은 사람들이 영어나 다른 세계어를 습득해야 할 것이 분명합니다. 그러나 이러한 현실적인 필요성이 다양성 유지와 반드시 상충하는 것은 아닙니다. 아득한 옛날부터 언어들은 서로 보완적인 기능을 하며 공존해 왔습니다. 더욱이 이중 또는 다중 언어는 강력한 지역적 정체성과 아울러 세계적인 의사교류 체제의 이점을 거의 추가 비용 없이 제공해줍니다.

세상은 다양한 문화로 촘촘히 엮여있습니다. 생물학적 생명망 못지않게 사회적 생명망 역시 지구의 안녕에 꼭 필요한데 이것을 인종권(ethnosphere)이라고 부릅니다. 인종권은 의식이 생긴 이래 인간이 상상력으로 낳은 생각과 직관, 신화와 신앙, 관념과 영감의 총집합체입니다. 즉 인류의 존재 자체를 상징하므로

251) Frantz Fanon, Black Skin, White Mask, Charles Lam Maskmann (trans.), New York : Grove Press, 1967, pp.17-18, 이경원 (2015), 파농 : 니그로, 탈식민지화와 인간해방의 중심에 서다, 파주 : 한길사, p.119.

인종권이야말로 인류의 가장 위대한 유산입니다.[252] 오늘날 서식지 파괴로 동식물이 멸종함에 따라 생명권이 심하게 손상된 것과 마찬가지로 인종권도 역시 그러합니다. 인종권은 생명권보다 훨씬 더 빠른 속도로 파괴되고 있습니다. 그 중요한 지표가 바로 언어의 소실입니다.

언어는 인간정신의 발현이며 문화의 정수를 전달하는 매개입니다. 곧 모든 언어는 마음의 원시림이자 사고의 분수령이고, 정신의 가능성으로 이루어진 생태계입니다. 그런데 오늘날 사용하는 7천개 언어 가운데 절반은 아이들에게 가르치지 않습니다. 지구상에서 어떤 동식물보다도 훨씬 더 심각한 멸종 위기에 놓여 있습니다. 지난 5백 년 동안, 우리에게 알려진 세계의 언어들 중 거의 절반가량이 사라졌습니다. 에트루리아어, 수메르어, 이집트어 등 고대 제국의 언어들은 수백 년 전에 사라졌습니다. 수세기에 걸쳐 점차적으로 사멸되어 가던 언어들이 이제는 통제하기 힘들 정도로 급격하게 사멸되어가고 있습니다. 이제 언어의 사멸이 고대 제국이나 낙후된 오지에 국한된 현상이 아닙니다. 언어의 사멸은 도살언어(Killer-language)에 의해서 바로 지금 세계의 전 지역에서 일어나고 있습니다.

현대 세계에서 지금도 사용되거나 얼마 전까지 사용된 것으로 알려진 언어의 수는 대략 7000개 정도라고 합니다. 그 중에서 '빅 나인'을 사용하는 사람이 세계 인구의 3분의 1을 넘습니다. 빅 나인은 각각 1억 명 이상이 사용하는 주요 언어들입니다. 반면에 세계 언어의 절반은 사용자가 수천 명도 되지 않고, 사용자가 60-200명에 불과한 언어도 많습니다. 언어에도 부익부 빈익빈 현상이 뚜렷한 듯합니다.

주목받지 못하는 언어들은 어찌 보면 더 이상의 존재 의미가

252) Wade Davis, The Way Finders, pp.11-14.

있을까 하는 의견도 있습니다. 그러한 소수 언어들은 세계화 시대의 소통의 장애가 된다는 생각이 있음도 사실입니다. 사실 많은 이들이 소수언어의 멸실을 공개적 또는 암묵적으로 찬성합니다. 그들이 언어의 멸실을 찬성하는 또 다른 중요한 이유는, 다수의 언어가 내전과 민족분쟁의 원인이라고 생각하기 때문입니다. 요컨대 언어의 차이 때문에 서로 상대를 민족이 다른 사람들이라고 생각한다는 것입니다. 오늘날 많은 나라를 갈갈이 찢어놓은 내전들은 언어 경계선(linguistic line)으로 결정된 것이 그 이유라는 것입니다.[253] 언어가 통일 되었다면 서로 동질감을 느꼈을 것이고 그로인한 분쟁과 전쟁은 없었을 것이라는 주장입니다. 더욱이 '인류는 하나로 통합되어야한다'는 가치로 전진하기 위해서는 소수언어들의 존재가 걸림돌이 된다는 의견도 만만치 않습니다. 평화는 소통이 전제가 되어야 하는데 다수의 언어들은 혼란을 가중시키는 장벽의 역할을 한다는 것입니다. 모두가 상당히 설득력 있는 주장들입니다.

그러나 과연 그럴까요. 소수 언어의 소실이 인류에게 유리할까요? 하나의 언어의 출현은 인류 지혜의 일면을 반영합니다. 눈에 대한 이해나 여름이라는 계절에 대한 이해가 그것입니다. 알래스카어의 눈(雪)에 대한 이해나 아프리카어의 여름 동식물에 대한 이해는 대단히 독특합니다. 알래스카어에는 눈이 하얗다고 하는 표현이 50개나 된다고 합니다. 아프리카어 역시 여름 동식물에 관하여 우리가 알지 못하고 감히 상상할 수도 없는 어휘와 표현들이 있습니다. 만일 그 언어가 사라진다면 그것과 관련한 관찰능력과 지식도 함께 사라질 것입니다.

소수언어의 사멸은 단지 하나의 언어가 없어지는 것을 의미하는 것은 아닙니다. 언어의 사멸은 그것으로 표현되던 지혜와

253) Jared Diamond, The World Until Yesterday, p.591.

지식도 동시에 사라지게 만듭니다. 언어란 의사소통의 수단으로서만 존재하는 것이 아니라, 생태계와 환경의 일부로서 살아 숨쉬는 유기체이기 때문입니다. 인류학자 대니얼 내틀(D. Nettle)과 언어학자 수전 로메인(S. Romaine)은 『사라져가는 목소리들 Vanishing Voices』이라는 저서에서 언어의 소멸이란 생물의 멸종과 그 과정이 매우 흡사하며 서로 밀접하게 연관되어 있다고 주장합니다.[254] 그들에 의하면 생물종이 가장 다양한 적도 지역에 세계 언어의 70%가 분포되어 있는 것은 우연이 아닙니다. 그들은 생물 다양성이 특별히 높은 열대지방에 다양한 언어들이 발달했고, 생물다양성이 급격하게 줄고 있는 지역들에서 언어 다양성도 가장 급격하게 감소하고 있다고 지적합니다.

그들에 의하면 금세기가 지나기 전에 인류의 언어 중 절반 이상이 사라질 것으로 예상되는데, 이는 2주에 하나 꼴로 한 종류의 언어가 소멸되고 있음을 의미합니다. 1500년대에 인류가 사용하던 언어가 1만 5천 가지에 달했던 것을 상기한다면, 우리는 이미 그 절반가량을 잃어버렸습니다.[255] 그러므로 생물 다양성을 유지하려면 반드시 언어를 지원해야 한다고 합니다. 세계의 토착 언어들에는 대개 기록되지 않은 엄청난 양의 과학적 지식이 존재합니다.[256] 하지만 현대 과학이라는 이름으로 행해지는 것은 여전히 유럽인들과 그 언어들, 특히 영어의 세계관에 주로 토대를 두고 있습니다.

생물의 다양성, 심지어 지질의 다양성은 인간이 생존하기 위

254) Daniel Nettle & Suzanne Romaine, Vanishing Voices, 김정화 역, 사라져가는 목소리들, 서울 : 이제이북스, p.137.

255) Spencer Wells, The Journey of Man : A Genetic Odyssey, p.346.

256) 로빈 던바에 의하면, 언어를 통해 인간의 진화의 역사와 해당 언어 사용자들의 이주 역사를 확인할 수 있다고 합니다. 특히 언어를 통해 확인 할 수 있는 사실과 해당 언어 사용자들의 신체적 특징을 비교해 보면 인류 발자취의 중요한 단서를 찾을 수 있습니다. Robin Dunbar, How many friends does one person need?, pp.178-181.

한 필수 조건입니다. 마찬가지로 언어의 다양성이나 문화적 다양성 역시 인문환경이 발전해 나가기 위한 중요한 조건입니다. 언어가 사멸하면 함께 존재 할 수 없는 것들이 너무 많습니다. 언어를 잃는다는 것은 곧 그 언어로 가꾸어낸 문화를 잃는 것과 같습니다. 이것이 소수 언어가 사라져서는 안 될 결정적 이유입니다. 내틀과 로메인(Nettle & Romaine)에 의하면 어떤 두 언어도 같은 현실을 나타내지 않습니다, 그것들은 다른 세상을 지향하고, 다른 세상을 표현합니다.[257] 같은 세상에 이름만 다르게 붙인 것이 아니라는 것입니다.

효율성의 노예가 된 이들은 이제 '언어의 자유'니 '독특한 문화유산'이니 '생각과 표현의 다양한 선택권'과 같은 말들을 지겨워합니다. 세계 공용어로서의 영어 하나로 모든 것이 불편함 없이 소통되는데 소수인들이 쓰는 다양한 언어의 학습과 보급이 현실적으로 뭐가 그렇게 중요한 것인가를 묻습니다. 그런 언어들의 보존은 지금 당장 해결해야 할 것이 많은 현실 세계에서 우선권인 낮은 사치품에 불과한 것이 아니냐고 묻습니다. 그들은 우리에게 닥친 위급한 사회경제적인 문제를 처리하게도 너무나 바쁘기에, 소수 원주민들의 언어 같은 사소한 것들에 시간과 관심을 내어줄 수 없다고 합니다. 그러나 이러한 투정은 **근원적인 것과 긴급한 것의 차이**를 혼동하는 데서 오는 판단입니다. 긴급한 것이 모두 근원적인 것이라고 볼 수는 없습니다. 반면에 소수언어를 지켜내는 것은 긴급하고 근원적입니다.

언어와 문화가 붕괴된 집단은 자부심과 자립심까지 상실하며, 마침내 국가 안에서 패배자 집단으로 전락할 가능성이 매우 높습니다. 원주민들이 알코올과 마약에 빠져드는 것도 그 이유입니다.[258] 소수민의 언어말살 정책은 결국 국가의 부담이 되는

257) 박휴용 (2016), p.93. 재인용
258) Jared Diamond, The World Until Yesterday, pp.593-598.

결과를 초래합니다. 그들에게 문화와 언어를 빼앗은 대가로 국가가 치러야 할 보상은 생각보다 엄청납니다. 그들을 위해 정부가 부담해야 할 복지 혜택과 건강관리 비용이 막대합니다.

반면에 어느 나라에서든 자신들의 언어와 문화를 고집스럽게 유지해온 집단들은 나름대로 국가 경제에 큰 기여를 하고 있습니다. 이것은 주목할 만한 의미 있는 현상입니다. 원주민 소수집단들 중에서도 자신들의 문화와 언어를 원형대로 유지한 집단들은 그렇지 않은 집단들에 비해서 경제적으로 자립도가 크고, 사회복지를 요구하는 목소리가 훨씬 더 적습니다. 예컨대 원주민어인 체로키어를 가르치는 학교를 졸업해서 체로키어와 영어를 사용하는 이중 언어자인 체로키족은 체로키어를 말할 줄 모르는 체로키족보다 교육을 더 많이 받아 적극적으로 일자리를 구하고, 당연히 더 많은 임금과 대우를 받습니다.[259] 언어다양성이 해롭기는커녕 모두에게 매우 유익하다는 것을 인정한다면, 언어 다양성이 줄어들고 있는 현재의 추세를 늦추기 위해서 무엇을 해야 할지 국가적 차원에서 진지하게 고민해야합니다.

10. 공적 수용과 사적 혐오

조엘 코벨(J. Kovel)은 인종차별주의를 위압적 인종차별주의(dominative racism)와 혐오적 인종차별주의(aversive racism)로 구분합니다.[260] 위압적 인종차별주의는 상대를 강압적으로 제압

259) Jared Diamond, Ibid., p.596.

260) Joel Kovel, 1984, White Racism : A Psychohistory, 2d ed, New York : Columbia Universty Press, Iris Marion Young, Justice and the Politics of Difference, pp.308-309.

하여 노예상태로 만드는 차별, 즉 다른 인종을 직접 지배하기 위한 차별입니다. 대부분의 현대 국가에서는 거의 사라진 형태의 차별입니다. 이것은 공적 차원의 차별이기에 인권국가들에서는 수용되거나 인정될 수 없는 차별입니다. 반면, 혐오적 인종차별주의는 회피와 분리의 차별입니다. 억압하지 않으나 회피하는 차별, 이것은 철저히 개인의 자유라는 사적 차원의 차별이기에 공적 재제가 어렵습니다. 공적 공간이 아닌 개인이라는 사적 공간에서의 차별은 법적 재제의 대상이 아니기에 어찌할 도리가 없습니다. 예를 들어 흑인들이 모여 사는 동네를 범죄마을로 생각한다든가, 카페에서 차를 마시고 있다가 흑인들이 들어오면 그만 나가버리고 마는 형태의 차별이 그런 것입니다. 이러한 혐오와 기피의 차별은 이루 말로 다 할 수 없을 만큼 삶속에 깊이 뿌리내려져 있습니다.

문제는 위압적 인종차별과 같은 공적 차별은 사라지고 있지만, 반면에 혐오적 인종차별은 더욱 증가하고 있다는 사실입니다. 공적차별은 저항할 수 있고 저항할 명분도 있지만 사적차별인 혐오적 인종차별은 저항할 명분도 뚜렷하지 않고 법적인 증거도 없습니다. 혐오는 혐오하는 사람의 마음에 있기에 그것을 끄집어내어서 법적으로 단죄할 수가 없습니다. 그것은 묵묵히 모멸적인 상황을 일방적으로 받아들여야 하는 굴욕적인 차별입니다. 사회학자 에머리 보가더스(E. Bogadus)는 미국인의 인종편견이 사라졌다기보다는 그저 더 분간하기 어려운 형태로 탈바꿈한 것뿐이라고 꼬집습니다.[261)]

미국에서의 집단 억압은 주로 공식적 법률이나 정책 속에서가 아니라, 비공식적으로 무심코 내뱉는 말들 중에서 그리고 특

261) Anthony Greenwald and Mahzarin R. Banaji, Blindspot : Hidden Biases of Good People, 박인균 역 (2014), 마인드버그, 서울 : 추수밭, p.247. pp.246-269.

정 인종의 신체적 특징에 대한 사적인 대화 속에서 이루어지고 있습니다. 혐오적 인종차별은 일반적으로 만연되어 있는 농담이나 미적 평가, 또는 고정관념 속에서 생생하게 자리 잡고 있습니다. 문제는 그들의 고정관념 속에 뿌리 깊게 자리 잡은 혐오와 편견은 전혀 과학적 근거가 없다는 사실입니다. 그러나 삶 속에서는 과학적 논증보다 편견이 우선하기에 굴욕적인 상황은 좀처럼 개선 될 여지가 없어 보입니다.

혐오에 대해 생각해 봅시다. 혐오는 신뢰할 수 있는 감정일까요. 과거에는 혐오는 단지 특별한 본능적인 감정으로 간주되었습니다. 그러나 사회심리학자들은 중요한 실험을 통해 혐오에도 명백히 **'인지적인'** 요소가 포함되어 있다는 점을 결정적으로 증명했습니다. 사람들이 어떤 대상에 대해 혐오감을 느낄지의 여부는 그들이 대상을 어떻게 **생각**하는지에 따라 좌우된다는 것입니다. 이것에 관한 유명한 실험이 있습니다. 실험자들에게 두 개의 유리병을 주고 냄새를 맡게 하되 한 유리병에는 배설물이 담겨 있고 다른 병에는 치즈가 담겨 있다고 이야기해주면, 실제로는 같은 냄새를 맡더라도 실험자들은 첫 번째 냄새에는 혐오감을 느끼지만 두 번째 냄새에 대해서는 혐오감을 느끼지 않습니다. 이미 생각으로 혐오할 대상을 결정한 상태에서는 느낌도 그렇게 따라오게 되어 있다는 실험입니다. 혐오는 또한 감지하는 감각과도 다릅니다. 모든 독이 제거되었다는 확신만 있다면 사람들은 독버섯도 기꺼이 먹지만, 설령 소독이 되었다는 확신이 있더라도 바퀴벌레를 삼키려 하지는 않습니다. 버섯과는 달리 바퀴벌레는 이미 머리에서 혐오의 낙인이 찍혀있기 때문입니다.[262] 위의 실험이 증언하듯이 혐오는 본능적인 감정이 아닙

262) Martha C. Nussbaum, From disgust to humanity, 강동혁 역, (2017), 혐오에서 인류애로, 서울 : 뿌리와 이파리, pp.52-53.

니다. 그것은 학습된 것입니다.

전 세계 분쟁지역을 취재해온 저널리스트 카롤린 엠케(C. Emcke)에 의하면 증오란 무(無)에서 생겨나는 것이 아닙니다. 분노에는 언제나 그것이 발생하고 표명되는 특정한 맥락이 있습니다. 강렬하고 열렬한 증오는 누군가에 의해 오랫동안 계획되고 벼려온, 심지어 세대를 넘어 전해온 관습과 신념의 결과물입니다.263) 어떤 집단을 증오해야 '마땅하다'고 하는 이유들은 역사적 문화적 틀 안에서 누군가가 만들어낸 것입니다. 유럽에서 유대인에 대한 증오가 그런 것입니다. 지금도 서구인들의 시각에는 중동의 이슬람 남자들은 모두가 테러리스트처럼 보입니다.

집단적인 멸시와 증오성향이 나타나려면 사회적으로 증오와 멸시를 당한 이들이 오히려 사회에 피해나 위협을 가한다고 주장하는 이데올로기가 있어야 합니다. 그것은 누군가에 의해 계획되고, 그것을 눈치 채지 못한 대중들이 오랫동안 무의식적으로 혐오를 학습해야만 가능한 것입니다. 역사를 살펴보면 특정 집단을 혐오하도록 교육 받은 사람들은 전형적으로 자신이 느끼는 혐오감을 타고난 것, 자연스러운 것으로 생각합니다. 인도에서 카스트 제도가 그토록 오랜 세월 유지될 수 있었던 것이 바로 그 때문이었습니다. 일단 혐오의 감정이 너무도 자연스러운 것으로 받아들여지면 그것을 다시 되돌리기는 거의 불가능합니다. 조작의 결과가 마침내 유전적 요인처럼 되어버리는 것입니다.

뱀에 대한 혐오와 공포를 생각해 봅시다. 이것은 본능일까요, 아니면 학습된 것일까요. 많은 이들은 뱀에 대한 공포는 본능이라고 생각합니다. 가르쳐주지 않아도 거의 누구나 두려워하는

263) Carolin Emcke, Gegen den Hass, pp.75-76.

것이 그 이유라는 것입니다. 그러나 태국과 인도네시아에서 같은 나라에서는 집 안에서 뱀을 기르고 심지어 개나 고양이처럼 반려동물로 키우는 곳도 있습니다. 그들에게서 뱀에 대한 혐오와 공포는 찾아볼 수 없습니다.

실제로 아이들은 다섯 살이 될 때까지는 뱀에 대한 특별한 두려움을 느끼지 않는다고 알려져 있습니다. 하지만 그 후에는 뱀에 대한 경계심이 계속적으로 확대된다고 합니다. 주의 깊은 관찰에 의하면 인간을 비롯한 침팬지와 원숭이 같은 영장류의 동물들이 다른 동물들보다 뱀에 대한 혐오와 공포가 더 있다고 합니다. 왜 그럴까요. 앞에서 우리는 혐오와 공포가 본능인가 아니면 학습인가를 물었습니다. 사실은 이것 말고 다른 경우도 있습니다. 그것은 **학습이 본능이 되는 경우**입니다.[264]

예를 들어 원시인들이 뱀에 물릴 경우가 많았을 겁니다. 남극과 북극을 제외하고는 독사는 어디에도 있으니까요. 원시인들은 뱀에 물리는 것이 매우 위험하다는 것을 학습하게 됩니다. 이 학습된 경험이 대대로 전해 내려오면 자연스럽게 본능이 됩니다. 에드워드 윌슨(E. Wilson)은 이것을 **'준비된 학습'**이라고 부릅니다.[265] 뱀에 대한 준비된 학습이 이미 되어 있는 사람은 뱀에 대한 애정보다 공포를 훨씬 더 쉽게 배우게 됩니다. 이러한 사실은 우리에게 많은 것을 시사해줍니다. 이어지는 이야기는

---

264) 윌슨(E. Wilson)은 '유전적 준비(genetic preparation)'라는 용어를 사용하였는데, 그 용어는 보통 본능(instinct)이라고 불리는 것이 단지 그 동물이 진화해온 유형의 환경에서 어떤 행동을 배우기 쉽게 만들어주는 유전적 준비와 같은 것이라는 점을 강조합니다. 이른바 준비된 학습입니다. Christopher Boehm, Hierarchy in the Forest : The Evolution of Egalitarian Behavior, 김성동 역 (2017), 숲속의 평등-강자를 길들이는 거꾸로 된 위계, 서울 : 토러스북, p.367.

265) 대부분의 인류가 오랜 역사동안 피지배층이었기에 현대의 우리에게도 '노예근성'이 남아 있는 것과 같은 이치입니다. Edward O. Wilson, The Unity of Knowledge, pp.154-158.

더욱 충격입니다. 어릴 적의 다른 공포들, 예컨대 어두움이나 낯선 사람, 큰 소음 등에 대한 두려움 등은 일곱 살이 지나면 줄어들지만 뱀을 피하려는 경향은 시간이 지나면 지날수록 더욱 강해진다고 합니다. '준비된 학습'이 얼마나 무서운지를 알려주는 이야기입니다. 각인된 혐오는 커지면 커지지 작아지지 않습니다.

이러한 차원에서 타인에 대한 혐오를 생각해 봅시다. 비서구인들에 대한 서구인들의 혐오는 어떻게 이해해야 하겠습니까. 본능입니까, 아니면 학습된 것입니까. 아니면 학습이 본능이 된 '준비된 학습' 때문입니까? 짙은 혐오가 거침없이 계속해서 후세대에 학습되고 전승되면 어느새 본능이 됩니다. 그것은 차마 인간이 지어서는 안 될 죄입니다. 뱀을 반려동물로 사랑하는 사람들은 '학습된 본능이 작동되지 못하도록' 뱀에 대해 호감을 적극적으로 배운 사람들입니다. 같은 이치입니다. 우리 안의 누군가에 대한 '학습된 깊은 혐오와 공포'를 없애려면, 깨어있는 '의식적인 교육'이 필요합니다.

사회심리학에 '자기 충족적 예언의 원리(self-fullfilling prophecy theory)'라는 이론이 있습니다. 예언한 대로 된다는 이론입니다. 예를 들어 증권가의 유명한 에널리스트가 곧 주식이 폭락한다고 전망하면 많은 투자자들이 그 예언의 공포로 인해 앞 다투어 투매하게 됩니다. 그 결과 실제로 주식 값은 폭락하게 됩니다. 결국 그의 예언은 주식 폭락의 원인이 되는 결과를 초래합니다.

낙인이론이 이와 똑 같습니다. 미국사회에서 흑인은 백인에 비해 지적능력이 떨어진다는 편견 때문에 좋은 일자리를 얻을 수 있는 기회가 제한되어 있습니다. 그로 인해 좋은 일자리는 백인의 몫이 되고 맙니다. 이것은 결국 흑인이 백인보다 열등하다는 것을 입증하는 결과가 되어버립니다. 악순환에 빠지게 되는 것이지요. **편견은 기회의 박탈로 이어지고, 기회를 얻지 못하는 것은 능력부족이라는 편견을 정당화 하게 됩니다.** 사회학자 로버트 머튼(R. Merton)이 지적한바와 같이 이런 자기 충족적 예언은 '오류의 지배(reign of error)'를 만들고 지속되게 합니다.[266] 결국 잘못된 신념(편견)이 잘못된 현실을 만들어 낸 것입니다. 이런 의미에서 편견과 혐오는 원인이 아니라 결과라는 칼롤린 엠케(Carolin Emcke)의 통찰은 매우 정확합니다.

일단 편견이 사회적으로 광범위하게 퍼지면 그 악순환의 고리를 끊기란 매우 힘듭니다. 악순환에 빠지면 그것의 최대 희생자인 피해 당사자들마저도 자신들에게 내려진 가혹한 편견을 사실이라고 믿게 됩니다. 스스로를 인정하지 않는 자기부정의 수렁에 빠지게 되는 것이지요. 자기를 부정하는 것은 절망의 완결판입니다. 더 이상의 절망은 없습니다. 이것은 결국 처음부터 누군가에 의해 의도된 과정이며 결론입니다.

백인들은 흑인들이 자기부정의 절망에서 헤어 나올 수 없도록 성경조차도 조작합니다. 그것을 위해 많은 파렴치한 신학자들이 동원되었습니다. 신학자들은 아프리카인들이 노아의 아들인 햄의 자손이라고 주장했습니다. 창세기에 보면 햄은 아버지 노아로부터 "네 자손들은 노예가 되리라"는 저주를 받습니다. 성서는 그 상황을 다음과 같이 기록하고 있습니다. 노아가 술에 취해 알몸으로 누워 자고 있었는데, 햄은 알몸으로 누워있는 아버지의 모습을 보고 형들에게 달려가 아버지 흉을 봅니다. 그러나 그의 형들은 같이 흉보지 않고 웃옷을 벗어 아버지를 가려줍니다. 잠에서 깨어나 상황을 알고 난 노아는 자신을 비웃은 아들 햄에게 저주를 내립니다.[267] 그런데 문제는 성서 어디에도

---

266) Elliot Aronson, The Social Animal, 박재호 역 (2014), 사회적 동물, 서울 : 탐구당, p.473.

저주를 받은 햄이 아프리카인의 조상이라는 근거가 없습니다. 그럼에도 불구하고 신학자들과 설교자들에 의해 아프리카인은 햄의 자손이 되었고, 그 결과 흑인들이 노예가 되는 것이 신앙적으로 합리화되었습니다. 필자도 어린 시절 교회에서 그렇게 배운 기억이 납니다. 거짓말도 모두가 하면 진실이 되는 법입니다. 교회와 신학자들까지 동원된 흑인에 대한 폄하는 모든 분야에서 조직적으로 진행되어 왔습니다.

다른 유색인종에 대한 편견과 폄하도 같은 논리로 조작되었습니다. 다음의 판결은 미국 사법의 역사 중에서 가장 수치스러운 판결입니다. 1958년 미시시피 대학교에 지원한 흑인 학생 클레넌 킹은 정신병원에 강제 수용되었는데, 그 이유는 판사가 미시시피 대학교에 감히 들어갈 생각을 한 흑인은 이미 제정신이 아니라고 판결하였기 때문입니다.[268] 아직도 흑인은 백인에 비해 사회에서 주목할 만한 위치를 점하고 있지 못합니다. 가끔씩 버락 오바마(B. Odama)와 같은 탁월한 흑인들에 의한 개인적 차원의 두각은 있지만, 전체적으로 흑인들은 열약한 직업군에 모여 있는 것이 사실입니다. 백인들은 이러한 현상을 보고 흑인의 지적 열등함을 증명하려 들지만, 사실 그것은 차별로 인한 **결과**입니다. 흑인의 열등함을 정당화하는 근거가 되지 않는다는 것입니다. 부정의한 카스트 위계질서가 암묵적으로 작동하는 공간에서의 능력이란 결국 강자의 지배이데올로기일 뿐입니다. 편견으로 인해 능력이 공정하게 발휘되고 인정될 수 없기 때문입니다.

혐오에서 중심적인 개념은 오염입니다. 혐오감을 느끼는 사람

267) Noah and His Sons, Genesis 9:18-9:29, Good News Bible, Today's English Version, British usage edition first published 1976, p.12.
268) Yuval N. Harari, Sapiens, p.210.

은 혐오대상이 어떤 식으로든 자기 안으로 들어와 자신을 더럽힌다고 느낍니다. 사회는 끊임없이 그러한 혐오대상을 찾아내어 분리시키려 애를 씁니다. 급진적 페미니스트인 폴 로진(P. Rosin)은 모든 혐오의 근저에는 다름 아닌 인간 자신의 오물과 악취에 대한 혐오가 깔려 있다는 결론을 내립니다.[269] 예를 들어 배설물이나, 가래와 같은 것에 우리는 본능적인 혐오감을 느낍니다. 우리는 이것을 ‘원초적 대상에 대한 혐오’라고 합니다. 원초적 대상에 대한 혐오는 이후 이성적인 검토를 거의 거치지 않고 한 대상에서 다른 대상으로 확장됩니다. 다시 말해 인간에게도 그러한 혐오감정을 느낀다는 것입니다.

우리의 주장과는 달리 억압하는 자들은 자신들의 편견과 혐오가 나름의 이유와 신뢰할 만한 근거를 갖고 있다고 믿고 있습니다. 그 근거는 바로 ‘몸’입니다. 외국인 공포증(xenophobia)은 그들의 몸이 자신들의 몸과 다른 ‘퇴화한 몸들’이라는 인식에 기초해 있습니다. 그리고 억압자들은 이러한 선입관을 합리화하기 위해 지속적으로 과학과 의학적 수단을 동원합니다. 일부 생물학자들은 흑인들은 불결하기에 병을 퍼뜨리는 오염의 원인이라고 주장합니다. 전혀 과학적 근거는 없습니다. 실제로 뿌리 깊은 카스트 신분제도가 있는 인도에서는 사람임에도 불구하고 접촉해서는 안 되는 부류의 사람들이 있습니다. 불가촉천민(untouchable)이 그들입니다. 그들을 혐오하는 사람들은 그들과 접촉하게 되면 불결한 것이 내 몸에 들어온다고 생각합니다. 실제로 인도에서는 불가촉천민이 자신과 접촉했다는 이유로 그의

---

269) Paul Rozin, Jonathan haidt, and Clark R. McCauley, 1999, “Disgust : The Body and Soul Emotion.” In Handbook of Cognition and Emotion, edited by Tim Dalgleish and mick J. Power. Hoboken, NJ : John Wiley and Sons, 429-445. / Martha C. Nussbaum, Hiding From Humanity : Disgust, Shame, and the Law, 조계원 역 (2019), 혐오와 수치심 : 인간다움을 파괴하는 감정들, 서울 : 민음사, pp.166-184.

팔을 자른 적도 있었다고 합니다.

이렇듯 배설물을 혐오하는 것과 같은 차원으로 인간을 혐오하는 것을 **'투사적 혐오(projective disgust)'**라고 부릅니다.[270] 로진은 투사적 혐오가 작용하는 원칙을 '공감적 주술의 법칙'이라고 불렀습니다. 마술적 사고(magical thinking), 즉 미신이라는 것입니다. 근거 없는 확신이라는 것이지요. 혐오주의(hateism)는 사실 확인이 우선적이지 않으며, 사실과 진리에 주목하지 않습니다. 따라서 혐오주의는 합리적 비판이 불가능한 이성의 소멸을 초래합니다.[271] 투사적 혐오는 철저히 사회적인 것입니다. 왜냐하면 '동물 같은 인간'이라는 낙인은 특정한 역사와 사회질서를 지닌 고유한 문화마다 다양하게 의도적으로 나타나기 때문입니다.[272] 예를 들어 유대인과 아프리카계 미국인은 과잉 성욕자나 성적 약탈자의 성향을 지닌 존재로 표현되었습니다. 그러한 편견에 의해 성범죄는 마치 그들이 일으킨 것처럼 오해받기도 합니다. 이처럼 사회는 구성원들 몇몇을 이른바 '오염원'으로 규정하도록 가르칩니다.

투사적 혐오는 사회적 기준에 의해 형성됩니다. 이미 정해진 자기들만의 기준에 많이 못 미치는 이들을 다수의 사람들이 혐오하게 함으로써, 그들을 사회적 불안과 불안정을 잠재우는 희생의 제물로 삼습니다. 진짜 위험과 연관관계가 거의 없는 이

---

270) 폴 로진은 혐오를 원초적 혐오(primitive disgust)와 투사적 혐오(projective disgust)로 구분합니다. 투사적 대상 혐오는 사회적 학습과 경험, 관습 등을 통해 습득된 감정입니다. Martha C. Nussbaum, From disgust to humanity, pp.54-68.

271) 김용환 외 7인 (2019), 혐오를 넘어 관용으로-관용 : 혐오주의에 대항하는 윤리, 파주 : 서광사, p.33. 지그문트 바우만(Zygmunt Bauman)의 표현대로 '언제 어디서 나타날지 모르는 불확실한 공포, 즉 현대사회에서 발생하는 정체불명의 유동하는 공포(liquid fear)가 혐오주의의 심리적 배경이 됩니다. Ibid., p.36.

272) Martha C. Nussbaum, Political Emotions, 박용준 역 (2019), 정치적 감정 : 정의를 위해 왜 사랑이 중요한가, 파주 : 글항아리, pp.294-295.

투사적 혐오는 망상을 먹고 자라며 예속을 만들어 냅니다. 역겨운 속성을 특정 집단이나 개인에게 전가하는 '투사적 혐오'는 혐오스러운 집단이나 사람을 어떻게든 혐오의 원초적 대상과 연관시킵니다. 혐오하는 자는 자신이 깨끗하다는 착각을 합니다. 혐오하면 할수록 자신은 더욱 깨끗하다고 생각합니다. 이러한 생각들이 다수에게 있을 때 혐오는 더욱 구조적이고 가혹하게 됩니다. 결국 혐오는 자신을 순수한 것으로, 타자를 더러운 것으로 구분하려는 악의적인 행위입니다.

이와 같은 뿌리 깊은 편견은 결과적으로 사회의 공정성을 해칩니다. 투사적 혐오에는 이중의 망상이 작용하고 있습니다. 다른 사람의 더러움에 대한 망상과 자신의 깨끗함에 대한 망상입니다. 투사의 양 측면 모두 거짓된 믿음에 근거를 두고 있으며, 둘 모두가 위계의 정치에 이바지하게 됩니다. 물론 사회에는 취약한 소수자와 이방인들에게 낙인을 찍는 수많은 방식이 있으며, 혐오만이 낙인을 찍는 유일한 방법은 아닙니다. 하지만 혐오는 낙인을 찍는 강력하고 중심적인 방식이며, 혐오가 사라지는 경우에는 위계질서도 함께 사라지는 경향이 있습니다. 인종적 소수자의 신체 접촉을 피하는 일이 사라지면 인종차별도 함께 사라집니다.[273]

많은 이들은 사회의 인권환경이 성숙해져서 과거와 같은 차별주의는 소멸되었다고 주장합니다. 오랜 진통과 시련을 겪은 후 이제 법적 사회적 규칙들은 집단 간의 평등을 향한 사회로 전이되었다고 주장합니다. 이제는 어느 누구도 노골적으로 차별받지 않는다는 것입니다. 물론 이미 학문과 공공의 영역에서는 인종차별주의와 성차별주의가 힘을 잃은 지 오래입니다. 인종차별의 정당성을 합리화할 근거가 사라진 것은 분명한 사실입니

273) Martha C. Nussbaum, op.cit., pp.56-57.

다. 그러나 우리는 그러한 집단 억압 형태들이 사회적으로 어떻게 달리 변형되어 나타나는지를 파악해야 해야 합니다. 집단 억압의 새로운 표현 형태는 과거의 집단 억압 구조와 연속성을 가지면서도 그와는 다른 점이 있습니다. 모든 집단의 공식적 평등을 강력하게 지향하고 있는 사회에서는, 공적차원에서는 차별이 금지됩니다. 그러나 사적영역 즉 거실과 같은 사적 공간에서는 여전히 무의식적으로 차별이 부추켜지거나 인정되곤 합니다. 이것은 공적차원의 차별보다도 더 고약하고 잔인합니다. 이러한 차별은 무의시적으로 문화화 되어서 일반화된 미디어와 문화 속에서 은연중에 이루어집니다.

이렇게 무의식적으로 이루어진 판단은 종종 몇몇 집단에게 딱지를 붙이고, 이들 집단을 고정관념에 따라 정형화하고 저평가하며 비하합니다. 랠프 엘리슨(R. Ellison)의 소설 『보이지 않는 인간 Invisible Man』은 흑인에 대한 백인의 편견과 멸시를 극명하게 보여줍니다.[274) 비록 흑인은 법적으로나 공적으로 자유인이라 할지라도, 흑인은 여전히 존재론적으로 보이지 않는, 즉 존재 자체가 인정되지 못하는 몸 덩어리에 불과 합니다.

거듭 강조하지만, 집단 간 차이는 자연적 사실(natural fact)이 아닙니다. 집단 간 차이는 사람들이 자신과 다른 사람을 식별하는 사회적 상호작용 속에서 만들어지며, 끊임없이 악의적으로 다시 만들어집니다. 따라서 문화적 제국주의의 구조에 의하여 자신들과 '다른 존재'로 표지 붙여진 피억압 집단은 혐오감과 멸시의 시선을 굴욕적으로 수용해야 합니다. 이들이 사회적 에티켓이 요구하는 공적 정황 속에 편입되기를 기대한다면, 피억압자들은 자신들을 향한 다른 사람의 그런 차별적 언행에 대해

274) Ralph Ellison, Invisible Man, 조영환 역 (2008), 보이지 않는 인간 1.2, 서울 ; 민음사, 소설전체내용.

느끼는 불편함과 분노감을 드러내지 않고 수용해야 합니다.

법에는 없지만 일상의 생활에는 분명히 존재하는 차별을 '고차원적 차별(higher-order discrimination)'이라고 부릅니다.[275] 법이나 제도로 차별하는 노골적인 '저차원적 차별'은 이제 서구사회 어디에도 없습니다. 노골적인 차별은 저항의 분명한 목표가 되기에 그것을 극복하기는 오히려 쉽습니다. 그러나 삶 속에 깊이 스며들어 있는 차별은 어찌할 수 없습니다. 이것이 고차원적 차별의 악마성입니다.

아이리스 메리어 영(Iris M. Young)은 고의가 없는 행위와 무의식적 반응도 도덕적 판단 대상이 되어야 한다고 주장합니다.[276] 차별하는 이들은 "나는 너희를 차별한 적이 없다"고 말하겠지요. 그러나 그들의 시선 속에 있는 차별은 느끼는 당사자에게는 노골적인 차별보다 더 아프고 치명적입니다. 고차원적 차별에 익숙한 억압자들은 똑 같은 현상에 다른 판단을 주저 없이 합니다. 즉 그들은 어떤 사람이 편견 있는 집단의 구성원이라는 이유 때문에, 다른 사람이라면 칭찬받아야할 것으로 간주되는 속성을 폄하하곤 합니다. 예를 들어 백인이 힘도 좋고 부지런하면, 건강하고 근면한 이상적 인간의 모델이 됩니다. 그러나 흑인이 그러하면 그것은 노예에 적합한 기질과 몸을 가졌다고 폄하됩니다. 흑인은 게을러도, 부지런해도 어떠한 경우에도 편견과 폄하의 시선에서 자유롭지 못합니다.

고차원적 차별인 혐오적 인종차별주의를 극복하기 위해서, 아이리스 영은 사람을 비난하는 것(blaming people)과 그들에게 책임을 묻는 것(holding people responsible)을 구별해야 한다고 주

275) Iris Marion Young, Justice and the Politics of Difference, pp. 287-296.

276) Iris Marion Young, Ibid., p.327.

장합니다.[277] 물론 고의 없이 한 행위에 대해 그 사람을 비난하는 것은 적절치 않습니다. 그러나 억압에 기여하는 무의식적이고 고의 없는 행위와 태도에 대해서는 책임을 지울 수 있으며 또한 책임을 져야 합니다. 무의식적으로 억압에 동참하는 사람들의 고정관념이나 행위 등에 대해 책임을 묻는다는 것은 미래지향적인 것입니다. 비난과 처벌은 원래 과거 지향적입니다. 처벌은 과거의 행위에 대해 응징하는 것이기에 과거 지향적입니다. **그러나 책임을 묻는다는 것은 그 사람이 앞으로는 그런 무의식적 행위에 대해 반성하도록 요구하고 습관과 태도를 바꾸기를 희망하기에 미래지향적입니다.**[278] 우리는 자기도 모르게 선입관에 휩쓸리어 무의식적으로 혐오적 차별에 동참하는 경우가 많습니다. 심지어 인권운동가들도 예외가 아닙니다. 급진적 인권운동가들 마저 혐오와 회피의 행동을 하는 경우가 많습니다. 이것은 의식의 차원에서는 편견을 물리쳤어도 무의식의 차원에서는 편견과 혐오가 깊게 자리하고 있다는 증거입니다.

인종적 혐오, 특히 외국인에 대한 혐오는 **'협소화의 시각'**과 한 짝을 이루어 교묘히 진행되고 있습니다.[279] 협소화의 시각이란 이주자들이나 외국인노동자들, 다른 인종들의 지적능력과 숙련된 기술 및 잠재적 역량을 일부러 과소평가하는 것입니다. 우리나라의 경우 외국인 노동자들은 저임금의 미숙련 노동현장에 대거 투입되어 있습니다. 대부분의 나라 역시 외국인 노동자가 자기 모국에서 익힌 전문성을 인정하지 않는 경우가 대부분입니다. 그리고는 뭉뚱거려서 총체적으로 외국인 노동자들의 능력을 낮게 평가해버립니다. 그러한 집단적 평가 속에는 개인이 없습니다. 각각의 개인마다 능력과 수준의 차이가 있음에도 '외국

277) Iris Marion Young, Ibid., pp.323-329.
278) Iris Marion Young, Ibid.
279) Carolin Emcke, Gegen den Hass, p.77.

인 노동자'라는 딱지 속에 개인의 역량은 철저히 무시되고 있습니다. 이러한 무차별적 편견이 개인의 자유를 가장 이상적인 것으로 추구해온 자유주의 국가들에서 조차 자행되고 있습니다.

인간에 대한 평가는 그가 갖고 있는 능력에 비례하는 법입니다. 사람들이 알콜 중독자나 정신 이상자 등에게 곱지 않은 시선을 보이는 것은 그가 '무능력한 인간'이라는 편견과 전제가 깔려있습니다. 외국인 이주자와 노동자들에 대한 능력을 의도적으로 축소시켜 평가하는 것은 혐오와 편견을 정당화하기 위한 사전 작업입니다. 마치 인종적 편견을 정당화하기 위해 지능검사를 조작한 것과 같은 맥락입니다.

오늘날 미국에서는 이러한 편견조작이 은밀히 진행되고 있습니다. 미국에서 인종 측면에서의 억압은 착취보다 **주변화**(marginalization)의 형태로 나타나는 경우가 점차 늘어나고 있습니다. 이것은 노골적인 억압보다 훨씬 고약한 폭력입니다. 주변인(marginals)이란 노동 시스템이 사용하지 않으려는 사람들을 일컫습니다.[280] 한마디로 고용시장에서 선택하고 싶지 않는 사람, 즉 쓸모없는 사람이라는 뜻입니다. 이들 대부분은 인종적 표지를 가지고 있습니다. 주변화의 결과인 궁핍은, 다른 사람들이 풍요를 누리는 사회에서는 부끄러운 것이 틀림없습니다.

주변인들은 마치 복지수급자들처럼 자신들의 권리를 당당하게 요구하지 못합니다. 자수성가를 미덕으로 생각하는 미국 사회에서 '타인의 도움과 보살핌에 의존하는 상태에 있다는 것'은 수치스러운 일입니다. 미국사회에서는 이렇듯 인종차별의 대상을 '주변화' 시킴으로써 상대를 수치스럽게 만듭니다. 도덕적 주체가 되고 완전한 시민권을 누리려면 자율적이고 독립적인 주체가 되어야 하는데, 남에게 도움 받는 이들은 그러한 상태가 현실에서는 그림의 떡입니다. 그러니 모멸적인 시선을 감당할

280) Iris Marion Young, op. cit., pp.131-136.

수밖에 없습니다.

지금까지의 사회정의는 정치경제적 차원에서 연구되어 왔습니다. 이것에 관하여는 좌파든 우파든 마찬가지입니다. 그러나 분배의 정의가 실현되고 부자와 가난한 자의 간극이 좁혀진다고 해서 사회적 정의가 온전히 구현되었다고 말할 수 있을까요. 그것만으로 정의의 실현을 가로막는 장애 요인들이 해소되었다고 생각할 수 있겠습니까. 경제적 간극보다 더욱 잔인하고 비인간적인 것은 악의적인 편견입니다. 인종과 문화적 편견보다 더 고통스러운 것은 세상에 없습니다. 이것은 정치학자도 경제학자도 해소해줄 수 없는 차원의 것입니다. '다르다'라는 딱지를 붙이는 것은 언제나 해당 대상을 낮게 평가하는 것이며, 우월한 인간성 기준과 관련하여 열등함을 명명하는 것입니다.

억압자들의 무의식에 짙게 갈려 있는 편견과 혐오는 다른 차원의 조치들이 필요합니다. 아이리스 영은 그것을 문화혁명(cultural revolution)이라고 부릅니다.[281] 그에 따르면 진정한 정의는 분배에 한정되는 것이 아니라 모든 억압을 완화시키는 문화적 변화까지도 포함해야 합니다. 그것은 모두의 숙제이며 과제입니다. 문화혁명은 개인이 자신의 개인적 습관을 깨닫고 교정하려는 의식의 고양을 통해서만이 가능합니다. 우리는 증오와 폭력이 어느 방향으로 분출되는지, 누구를 표적으로 삼는지, 그러기 위해서는 어떠한 음모가 꾸며지는지를 파악하려는 성의를 보여야합니다. 왜냐하면 증오와 혐오는 우연하거나 단순히 주어진 것이 아니라 누군가에 의해 특정한 방향으로 유도된 것이기 때문입니다. 증오는 언제나 공모의 결과입니다. 생각하기 귀찮거나 부담스러워서 다수의 생각에 묻어가는 것은 한나 아렌트가 지적한 바처럼 악에 동참하는 것입니다.

281) Iris Marion Young, Ibid., pp.329-336.

우리가 체감하는 걱정은 때로는 터무니없을 정도로 과대평가되기도 합니다. 공존에 대한 염려와 공포는 더욱 그렇습니다. 오늘날 극단적 인종주의자들은 **'걱정하는 시민들'**이라는 가면을 씁니다.[282] 현대사회에서는 누구도 자신이 사회가 금하는 인종주의자라는 오명을 받기 두려워합니다. 심지어 극단적 인종주의자조차도 자신이 인종주의자이기를 원하지 않습니다. 그 대신 건강한 사회를 지키는 '걱정하는 시민들'로 변신합니다. 속으로는 흑인과 유색인종에 대한 경멸과 혐오를 품고 있으면서도 겉으로는 '걱정'이라는 애국적 외피를 입고 대중적 의심의 눈초리에서 벗어납니다. 그들은 혐오와 경멸의 확신을 걱정이라는 것으로 바꾸어 놓음으로써, 인종편견을 누구도 간섭할 수 없는 마음의 영역으로 끌어들입니다. 걱정은 전적으로 사적인 감정이며, 그것의 내용이 어떠하든 침해받아야 할 것이 아니기 때문입니다. 사회를 걱정한다는 미명하에, 혐오를 사적인 영역 안으로 끌어들여와 마음껏 증오를 불태우는 것은 매우 고차원적인 차별입니다.

타인이 무엇을 추구하고 있는지 **'상상하는 능력'**은 차별을 해소함에 있어서 매우 중요합니다. 상상력은 타인을 존중하기 위한 선구적 요소로서 매우 중요하며 심지어 필수적입니다. 다문화 사람들에 대한 존중은 그들의 삶과 목표가 우리들과 얼마나 유사한지를 알아보는 능력에 달려있으며, 이 능력은 상상력을 필요로 합니다. 같은 인간으로서, 평등한 존중과 그들이 추구하는 이익이 무엇인지 상상하는 진지하고도 공감적인 시도의 조합이야말로 '인류애(人類愛)의 정치' 바로 그 자체입니다. 상상을 해보면 그들은 우리와 다르지 않다는 것을 알게 됩니다. 혐오와 편견으로 인해 우리의 눈이 가려져 있었을 뿐입니다. 마사

282) Carolin Emcke, Gegen den Hass, pp.50-56.

C. 누스바움(Martha C. Nussbaum)은 상대를 우리와 같은 사람이라고 생각하는 아름다운 상상력이야말로 '혐오의 정치'로부터 '인류애의 정치'로 이행하는 첫 단추라고 합니다.[283] 평등한 존재로서 다른 사람을 존중한다는 것은 그 사람을 단순한 수단이 아닌 목적으로, 물체가 아닌 사람으로 바라보는 특정한 방식을 의미합니다. 인류애의 정치는 타인의 선택에 무조건 찬성해야 한다는 뜻이 아니며, 심지어 그들이 하는 행동을 존중해야 한다는 뜻도 아닙니다. '인류애의 정치'는 그저 타인을 다양한 목표를 추구하고 있는 인간, 평등한 존엄성, 평등한 권리를 가진 인간으로 바라볼 것만을 요구합니다.[284]

283) Martha C. Nussbaum, From disgust to humanity, pp.90-91.
284) Martha C. Nussbaum, Ibid., p.95.

Part 03

대안과 극복

넘어진 자는 넘어진 바로 그 자리에서 일어나는 법입니다. 아이는 끝없이 넘어지면서 걷는 방법을 배웁니다. 넘어지고 다시 일어난 아이는 이 전의 아이는 아닙니다. 생각도 그러합니다. 무수히 많은 생각들이 넘어지고, 넘어진 그 자리에서 또 다른 생각들이 키워집니다. 앞의 생각은 뒤의 생각의 거름이 되고 오늘의 생각은 기꺼이 내일의 생각의 거름이 됩니다. 그러고 보면 생각이란 완료형이 없습니다. 우리는 늘 '생각을 생각'합니다. 생각은 언제나 방향 있는 진행형입니다. 우리는 그것을 '진보'라고 부릅니다. 진보란 방향 하나만으로도 안 되고, 진행 하나만으로도 안 됩니다. 방향이 있되 멈추지 말아야 하고, 멈추지 않되 방향이 있어야 합니다.

생각은 잠시라도 멈춰있거나 고여 있는 순간, 그것은 이데올로기가 됩니다. 인간은 생각을 멈춘 순간, 자신이 완전하다는 착각을 하게 됩니다. 생각이 과거형으로 존재하면 그것은 생명을 거스르는 도그마가 됩니다. 사이비 종교가 되는 것이지요. 당연히 토론과 비판을 수용하지 못합니다. 생각을 멈춘 자는 열린사회의 시민이 될 수 없습니다.

인간의 역사는 어찌 보면 함께 사는 방법에 대해 고민해온 몸부림의 역사일지 모릅니다. 공존의 방식은 저마다의 입장에 따라 달라지기에 합해서 선(善)을 이루는 경우도 있고, 갈등과 충돌을 일으킬 수도 있습니다. 그러나 그럼에도 불구하고 창문이 많으면 햇빛이 더 많이 들어오는 것처럼, 여러 생각들이 충돌하고 교류하면서 공존의 방식들은 더욱 인간화 되어 갑니다. 따지고 보면. 세상을 바라보고 이해하는 방식이 얼마나 다양한지 모릅니다. 이들이 각자의 창문에서 끌고 들어오는 빛으로 인하여, 인류지성사의 샘물은 마를 날이 없습니다.

이 장에서는 방향 잃고 표류하는 우리에게 빛 한 줄기 선물해

준 위대한 사상가들의 생각들을 소개하고자 합니다. 예지력 있는 10명의 위대한 석학들을 선정했습니다. 선정의 기준은 당연히 **'다문화 시대의 공존의 지혜'**입니다. 이들은 각자 저마다 입장이 다르고 주장도 다릅니다. 그러나 '공존'이라는 방향 하나 만은 똑같습니다. 인류지성사에 큰 산과 같은 이들을 작은 지면에 그것도 열 명의 생각을 한 곳에 옮기는 것 자체가 불경스러운 일이 아닐 수 없습니다. 더욱이 수박 겉 핥기식의 짧은 소개는 너무 아쉽고 송구할 뿐입니다. 그러나 젊은이들이 그들을 통해 다문화 시대의 이해와 공존의 방식을 배울 수 있는 작은 기회가 될 수 있다면 나름의 의미가 있을 것이라 위로받습니다.

소개되는 학자들 간의 일치가 없을 수도 있습니다. 존 롤즈(J. Rawls)와 마이클 샌델(M. Sandel)이 그렇습니다. 롤즈는 자유주의자의 대가이고, 아시다시피 샌델은 공동체주의자입니다. 당연히 이 둘의 생각과 처방은 다릅니다. 그러나 약자를 배려하고 정의로운 사회를 구현하고자 하는 방향과 열정은 한 치의 오차도 없이 똑 같습니다. 지면을 고려하여 대가들의 생각을 깊게 소개하지 못함을 양해바랍니다. 그러나 그들의 생각의 뼈대들은 가능한 놓치지 않고 담으려 노력했습니다. 어려운 개념과 어휘들을 젊은이들 이해의 수준으로 최대한 바꾸려 하였지만, 결코 성공적이라고 자신 있게 말하지 못합니다. 필자의 미천함도 있지만 그들의 생각이 너무 심오한 까닭도 있습니다. 공존의 지혜를 갈망하는 이들의 생각이 깊어지는 계기가 되기를 바랍니다.

아직도 세상은 신화와 미신이 판을 치고 있습니다. 신화와 미신은 근거 없는 확신을 부추기고 유포합니다. 세상에서 가장 야만적인 미신은 '정의로운 세상'에 대한 오해입니다. 멜빈 런너(Melvin Lerner)가 제안한 '정의로운 세상 이론(just-world theory)'에 의하면, 세상이 정의롭다는 것은 '좋은 사람들에게는 좋은 일이 일어나고 나쁜 사람들에게 나쁜 일이 일어나는' 것을 의미합니다. 그러나 이것은 희망사항일 뿐 현실은 아닙니다. 이러한 렌즈로 세상을 보면 무고한 이들이 고통당하는 것을 해석할 도리가 없습니다. 그 반대의 경우도 역시 해석할 도리가 없습니다. 런너에 의하면 사람들은 '세상은 정의롭다'는 환상이 깨지는 것이 두려워, '고통당하는 자는 그만한 이유가 있을 것'이라는 심리적 자기합리화와 자기최면으로 도피한다고 합니다.[285] 그 결과 피해자를 오히려 비난하기에 이릅니다. 결국 세상을 정의롭게 하려는 의도는 거꾸로 세상을 더욱 부정의하고 억울하게 만듭니다. 세상을 보는 심층적인 생각과 안목이 요구됩니다. 이 장의 제목은 대안과 극복입니다. **멈추지 않는 생각이 대안이며 곧 극복입니다.**

1. 존 롤즈(J. Rawls)의 원초적 입장

(공존의 지혜, 최소수혜자의 법칙)

방향과 내용은 달라도 모든 정치철학의 주제는 '공정함을 통한 정의'의 실현에 있습니다. 그러나 공정함에 대한 이해는 저마다 생각과 입장이 달라서 일치된 결론에 도달하기가 매우 어렵습니다. 자유시장주의적 입장과 계획경제를 주장하는 사회주의적 입장의 대립은 이미 고전이 된지 오래입니다. 여러 많은 입장이 있지만 가장 호소력이 있는 주장은 역지사지(易地思之)의 마음에서 비롯된 이론일 것입니다. 인간은 자기가 처한 위치에서 사물을 보고 사건을 이해하기에 생각들이 만나거나 모이

---

285) Daniel R. Stalder, The Power of Context, How to Manage Our Bias and Improve Our Understanding of Others, 정지민 역 (2019), 판단하지 않는 힘. 파주 : 동녁, pp.171-294.

면 융합보다는 충돌의 상처가 더 큽니다.

그렇다면 정치철학에서 역지사지의 입장은 어떻게 구현될 수 있겠습니까. 갈등과 반목이 끊이지 않는 현실에서 모두에게 납득될 수 있는 원리를 도출해 내는 것은 너무도 간절합니다. 다문화의 시대를 열어가는 우리에게도 절실한 지혜입니다. 우리시대의 위대한 석학 존 롤즈(J. Rawls)에게서 그 지혜를 얻습니다.[286] 롤즈는 평생을 정의(justice)에 관해 연구한 학자입니다. 그의 원초적 입장(original position)과 무지의 베일(The Vail of Ignorance)이라는 개념은 그만의 독특한 역지사지의 발상입니다. 애당초 '무지의 베일'과 '원초적 입장'은 사회적 불평등, 좀 더 구체적으로는 경제적 불평등을 정의롭고 건전하게 수용하는 방법에 관한 이론입니다, 하지만 불평등의 다양한 차원, 문화의 위계로 인한 불평등을 경험하는 다문화 사회에서도 공존을 위한 중요한 해법이 될 수 있습니다. 그의 이론을 소개합니다.

여러분, 이런 상상을 한 번 해보세요. 누군가 노예제의 도입을 제안한다고 생각해봅시다. 찬성하는 사람도 있을 것이고 반대하는 사람도 있을 겁니다. 그렇다면 찬성하는 사람은 누구이며, 반대하는 사람은 어떤 사람이겠습니까. 찬성하는 사람은 분명히 자신이 노예가 될 가능성이 없는 사람 즉 사회적 강자일 것입니다. 반면에 반대하는 사람은 혹시라도 노예제도가 도입되면 노

286) 존 롤즈(J. Rawls)는 미국에서 태어나 1950년 프린스턴 대학에서 철학 박사 학위를 받은 후 코넬 대학과 메사추세츠 공과대학을 거쳐 하버드 대학 철학과 교수를 역임하였습니다. 1958년 공정으로서의 정의'라는 논문을 발표한 뒤 그의 주요 관심은 사회정의에 대한 현대적 해석문제에 집중되었고 '분배적 정의', '시민불복정', '정의감' 등의 논문을 발표하여 학계에 주목을 끌기 시작하였습니다. 그의 20여년에 걸친 탐구의 결실로서 나타난 것이 그의 평생의 대작인 <정의론>입니다. 이 책은 인류가 남긴 최고의 명저 100권 중의 하나로 선정되었습니다. 자유주의를 대표하는 20세기 최고의 철학자입니다.

예가 될 수 있는 가능성이 있는 사람, 즉 사회적으로 절대 약자에 속한 사람들이겠지요. 이 두 부류에 속한 사람의 공통점이 있습니다. 찬성하는 사람도 반대하는 사람도 '현재 자신의 위치'를 정확히 안다는 것입니다. 찬성하는 사람은 자신이 절대 강자이기에 자기는 결코 노예가 될 수 없다는 확신이 있고, 반대하는 사람들은 자신이 사회적으로 절대 약자이기에 노예가 될 위험이 있다는 것을 압니다. 이렇게 서로가 자신의 입장을 알기에 찬성과 반대를 자신 있게 할 수 있는 것입니다.

자신의 위치를 정확히 아는 이들은 자신의 입장에서, 자신에게 유리한 관점에서 합의하려고 합니다. 그러기에 갈등하고 투쟁합니다. **만약 자신의 사회적 위치를 모른다고 '가정'한 상황에서,** 그래서 제비뽑기로 노예를 정하자고 한다면, 누가 노예제를 찬성할 수 있겠습니까. 자신이 노예가 될지 모르는 상황이라면 누구도 감히 노예제를 수용할 수 없을 것입니다. 롤즈는 바로 이러한 상황을 염두에 두고 그의 정의론을 구상합니다. 그는 우리 모두가 자신의 사회적 위치를 모르는 것처럼 가정하라고 권합니다. 바로 이것이 **무지의 베일(veil of ignorgance)**입니다.[287] 무지(모름)의 커튼에 가려서 서로가 자신의 위치와 입장을 모를 때 인간관계는 가장 정의로울 수 있다는 것입니다. 그는 사회정책은 바로 이러한 가정위에 세워질 때 가장 정의롭다고 주장합니다. 자신이 강자인지 약자인지, 사회적으로 사자인지 토끼인지 모른다고 가정한다면 약자와 토끼에게 불리한 법과 제도를 만들거나 지지하지 않을 것이라는 생각입니다. 사회가 정의롭지 못한 이유는 구성원 모두가 지금 자신의 위치를 알기에, 그래서 각자의 입장에서 자신의 이익을 주장하기에 충돌과 반목이 생긴다는 겁니다. 갑과 을의 갈등과 대립은 서로의 위치를 알기에

287) John Rawls, A Theory of Justice, 황경식 역 (1985), 정의론, 서울 : 서광사, pp.155-161.

가능한 것입니다. 따라서 서로간의 이해관계가 첨예하게 대립된 사회에서 함께 살아갈 공존의 방법을 찾을 수 있는 가장 정의로운 조건은 **구성원 각자가 자신의 위치를 모른다고 '가정해서' 법과 정책을 만들 때입니다.**

롤즈는 그런 가정 하에 법과 제도와 정책이 구상된다면 가장 정의롭고 이상적일 것이라고 주장합니다. 즉 무지의 베일은 합의 당사자들 모두가 자신의 타고난 능력 및 재능, 가치관 및 심리적 성향, 그리고 사회경제적 지위에 대한 정보를 알 수 없는 상태를 가정한 것입니다. 이렇듯 무지의 베일에 가려져서 자기 자신의 사회적, 선천적 입장을 모르는 상황을 **원초적 입장(original position)**이라고 합니다.[288] 사람들 모두가 이러한 원초적 입장에 서있다면 누구도 감히 노예제와 같은 약자에게 고통이 되는 법을 제안하거나 지지하지도 않겠지요. 자신도 노예가 될지 모르는 상황에서 약자에게 불리한 법을 찬성하는, 그렇게 간이 부은 사람은 아마도 없을 겁니다. 간혹 도박과 모험 끼가 있는 사람이 위험부담을 무릅쓰고 그러한 법에 찬성할 수도 있겠지만, 그것은 매우 예외적인 경우 일 뿐 보통의 사람들은 자신의 입장을 모르는 상황에서 그런 선택을 하지 않습니다. 대부분 사회운영의 참여자들은 지극히 평범하고 이기적이며 합리적인 사람입니다.

자신의 위치를 모르는 개인들이 합의 당사자가 되어 사회를 공정하게 운영할 정의(justice) 원칙에 합의한다면, 그렇다면 그들은 당연히 약자를 위한 보호 장치를 염두에 둘 수밖에 없습니다. 자신도 약자가 될지 모르는 상황이기 때문에 약자에 대한 배려 정책을 세울 수밖에 없을 겁니다. 이것을 **'최소극대화의 원칙(the maxmin rule)'**이라고 부릅니다.[289] 최소극대화의 원칙이

---

288) John Rawls, Ibid., pp.133-168.
289) John Rawls, Ibid., pp.103-109, pp115-119.

란 최소수혜자(롤즈는 사회적 약자를 최소수혜자라고 불렀습니다) 즉 사회적 약자가 가장 이득이 되는 원칙이라는 뜻입니다. 사람들이 사회적 약자의 삶을 우선적으로 고려하는 '차등의 원칙'에 동의할 수밖에 없는 이유는, 무지의 베일에 가려진 상태를 가정한다면 자신도 사회적 약자가 될 수 있기 때문입니다. 약자에 대한 이타심 때문이 아니라 자신도 최악의 상황에 빠질 수 있는 경우의 수가 있기 때문에 그들은 합리적으로 약자를 위한 선택을 할 수밖에 없습니다. 다섯 명이 모여 제비뽑기를 해서 그 중 한 명을 노예로 만들자는 법을 누가 감히 동의하겠습니까. 자신도 재수 없으면 노예가 될지 모르는 법을 찬성하기는 어렵습니다.

우리는 이타심에 근거해서 노예제를 반대하는 것이 아니라, 나도 노예가 될 경우가 있는 상황에서 '내 자신의 이익'을 위해서 노예제를 반대하게 됩니다. 롤즈는 이러한 경우를 **가정**해서 법과 제도를 만들어야 한다고 주장합니다. 현실은 강자와 약자가 뚜렷하게 구분되어 있지만, 그러한 구분이 없는 상태 즉 '무지에 베일'에 가려서 서로의 입장을 모르는 '원초적 입장'을 가정하라는 것입니다. 원초적 입장이 공정해야만 계약 당사자는 정의로운 계약에 합의할 수 있습니다. 원초적 입장이 가장 공정할 때는 거듭 말하지만, 서로가 자신의 입장을 모를 때입니다.

약자의 범위가 다양하고 넓어지고 있습니다. 이제는 이방인이 사회의 새로운 약자입니다. 기대하건데, 이들을 어떻게 대해야 할 것인가에 대한 논의의 출발점 역시 무지의 베일에 가려진 원초적 입장이어야 합니다. 롤즈의 지혜와 처방에 귀 기울여야 할 때입니다. 롤즈의 철학은 공리주의에 대한 비판에서 시작됩니다. 알다시피 공리주의란 '최대 다수의 최대 행복'을 선으로 추구하는 윤리 이론으로서, 근대 사회를 가능케 한 기본적인 여러 이념들 중의 하나입니다. 그렇지만 우리가 행복을 극대화하고자 하는 이 이론을 받아들일 때, 우리는 결국 사회의 불평등이나 전체주의를 정당화하게 됩니다. 공리주의는 전체적으로 더 많은 공리을 증진시킬 수만 있다면, 어떤 이에게 자유를 가혹하게 제한할 수도 있다고 주장합니다. 공리주의에서는 다수의 행복을 위한 소수의 희생이 합리화될 수 있습니다. 행복의 총량을 늘이기 위해서는 약자의 희생도 감수할 수 있다는 논리입니다. 다음의 이야기는 공리주의의 한계를 보여주는 예입니다.

> 선장을 포함한 열 사람이 항해 도중 격심한 풍랑을 만났다. 선장은 배가 전복되지 않도록 모든 조치를 취했지만 풍랑은 더욱 심해져서, 한 사람이 배에서 내려야만 나머지 아홉 명이 살아남을 수 있다는 판단에 이르게 되었다. 마침 스님이 배에 타고 있었는데, 선장은 이왕 한 사람의 희생이 필요하다면 처자식이 없는 스님이 배에서 내리는 것이 가장 합리적이라고 생각했다. 그래서 선장의 주도에 따라 아홉 사람이 스님을 강제로 배에서 내리게 했다.[290)]

여러분은 이 이야기를 어떻게 생각하세요. 나머지 사람을 위하여 스님이 바다에 빠져죽는 것이 합리적이라고 생각하십니까. 공리주의적 관점에서 보면 스님 혼자 배에서 내리는 것이 그들이 처한 상황에서 가장 합리적이고 이상적인 생각입니다. 그렇다면 우리는 공리주의적 정의관을 받아들여야 할까요? 이러한 일은 가상의 세계에서만 일어나는 게 아닙니다. 실제로 대부분의 국가에서 정책을 세울 때 공리주의적인 처리방식에 의거해서 입안하는 경우가 많습니다. 공리주의는 최대의 행복을 증진하기 위해 개인의 자유와 권리를 침해하는 경우도 수용합니다.

290) 이종은 (2016), 사회정의란 무엇인가 (현대 정의이론과 공동선 탐구), 서울 : 책세상, p.36.

그러면 공동체의 최대의 행복을 위해 희생해야 하는 사람들은 누구이겠습니까. 사회는 스님 같은 사람을 찾아내어 희생물로 삼으려 하겠지요. 즉 사회적 약자가 희생될 가능성이 가장 큽니다. 그들이 누구이겠습니까. 아마도 이방인은 분명 그 안에 포함될 겁니다.

존 롤즈는 공리주의 정의론에서 상황에 따라 약자가 희생될 수 있음을 정확히 인식합니다. 따라서 롤즈는 그러한 공리주의의 정의관을 단호히 거부합니다. 그에 의하면 한 사회의 건강성은 그 사회의 약자들을 대우하는 방식에 달려 있습니다. 즉 그 사회가 건강한 사회인지 그렇지 못한 사회인지는 약자들의 지위와 삶을 어떻게 개선하는가에 달려있습니다.

사실 강자는 자신의 노력에 의한 것도 있지만 상당부분은 타고난 것입니다. 따지고 보면 볼수록, 삶은 설명할 수 없는 부분이 훨씬 많습니다. 어떤 사람은 부유한 집에 태어나기도 하고, 어떤 이는 너무나 극빈한 곳에 태어나기도 합니다. 또 어떤 사람은 건강한 몸과 좋은 머리를 갖고 태어나기도 하고, 어떤 사람은 많은 신체적 핸디캡을 갖고 태어나기도 합니다. 이것은 전적으로 자신의 의지와는 전혀 상관없이 벌어지는 일입니다. 인간은 자신의 의지와 노력이 철저히 배제된 채 선택됩니다. 자신의 의지에 의해 부모와 환경을 선택하는 것이 아닙니다. 어떤 이는 키가 크고 몸이 건강해서 성공한 운동선수가 되기도 하고, 반대로 어떤 이는 심각한 질병에 시달리며 살기도 합니다. 이처럼 삶은 자신의 것이지만 자신에 의해 만들어지지 않는 부분이 너무 많습니다. 더욱이 그것으로 인해 사회적으로 약자와 강자가 갈라진다면, 이 상황을 우리는 어떻게 받아들여야 하겠습니까.

옛 어른들은 설명할 수 없는 영역을 '팔자'나 '운명'이라는 말로 처리해 버립니다. 하지만 그러한 체념의 자세로는 이 곤혹스러운 상황을 건강하게 해석해내지 못합니다. 대안을 만들어내지 못하는 것은 물론입니다. 진지한 고민이 요구됩니다. 사람들이 팔자라고 치부해 버리는 것을 철학에서는 **'우연성'**이라고 부릅니다. 우연성이라는 것은 그것이 더 이상 설명할 수 없는 영역의 것이라는 말입니다. 우연성은 철학에서도 가장 중요한 주제 중의 하나입니다. 많은 철학자들이 이 문제를 놓고 치열한 논쟁을 벌입니다. 사회주의와 자본주의가 구분되는 결정적 원인도 사실은 바로 이 문제입니다.

여러분은 우연성의 문제를 어떻게 생각하십니까. 우연성의 문제는 자연히 **자격**의 문제로 옮겨갑니다. 여러분이 따뜻한 안방처럼 안락한 곳에 태어나서 안전하게 산다면, 과연 여러분이 그것을 누릴만한 자격이 있어서 그런 것일까요? 반면에 시리아 난민들처럼 전쟁과 기아에 시달리는 사람들은 그런 벌을 받을 만하기에 그런 것일까요? 조금만 더 깊게 생각해보면 우리도 그들도, 안전한 곳에 태어난 사람도 전쟁의 한 복판에 태어난 사람도, 모두가 자신의 의지와 노력에 의한 것이 아님을 알 수 있습니다. 누구도 그런 자격을 갖고 있는 사람은 없습니다. 단지 그냥 '우연'일 뿐입니다. 우리의 행복이 우리의 자격에서 나오지 않았고, 그들의 불행이 그들의 자격에서 비롯되지 않았다면, 그리고 이것을 인정한다면 우리 모두는 겸허해 질 수밖에 없습니다. 겸허해 진다는 것은 우리가 함께 살아야 할 의무가 있는 **'공적인 존재'**로 한 단계 성숙했음을 뜻합니다. 우리의 생각이 이 정도까지 발전된다면 함께 사는 방법과 대안을 마련할 수 있습니다.

따뜻한 가정에서 태어난 아이, 이 아기는 그럴만한 자격이 있는 것일까요.

북한의 꽃제비입니다. 이 아이는 이러한 배고픔과 비참함에 놓여야 할 죄가 있을까요

인류의 지적인 고민은 '우연성'을 어떻게 이해하고 받아들여야 하는가에 모아집니다. 이것은 곧 분배의 정의와도 연결됩니다. 이미 오래전 아리스토텔레스는 이 문제에 관하여 분명하고 명쾌한 결론을 내렸습니다. 그에 의하면 정의란 '각자의 몫'에 충실한 것입니다. 만약 사람들이 균등하지 않다면 균등한 몫으로 나눠가지는 것이 정의롭지 못한 것입니다. 균등한 사람들이 균등하지 못한 몫을 갖거나, 균등하지 않은 사람들이 균등한 몫을 갖게 되는 것은 옳지 않다는 것입니다.[291] 즉 '똑 같지 않은 사람을 똑 같게 대우하는 것'이 정의롭지 못한 것입니다.

---

291) 균등은 분배의 과정에서 생겨나는 것이므로 최소한 두 사람과 두 가지 사물 이상에서 성립합니다. 그래서 균등에 있어서 정의로운 것은 네 가지 항으로 성립합니다. 분배의 당사자가 둘이며, 대상도 둘이기 때문입니다. 그리고 사람들 사이에서는 물론 사물들 사이에서도 동일한 균등이 존재해야 합니다. Aristoteles, Ethica Nicomachea / Crisp. R. Aristotle, Nicomachean Ethics (Cambridge, 2000), 조대웅 편역 (2008), 니코마코스 윤리학, 서울 : 돋을새김, p.140.

우연성을 처리함에 있어서, 크게 세 부류의 해법이 있습니다. 먼저 자유지상주의적인 입장이 있습니다. 이 입장은 우연성을 인정하고 받아들이자는 입장입니다, 받아들이는 것 말고는 다른 대안이 없지 않느냐는 겁니다. 반면 사회주의적 입장은 사회 불평등의 원인인 우연성을 인정하지 않습니다. 자신의 자격으로 얻어진 것이 아니라면 그것은 공적 소유의 것이라는 것입니다. 롤즈의 입장은 양극단의 중간지점에 있습니다. 각자의 주장을 살펴봅시다.

유현진의 이야기를 예로 들어보겠습니다. 메이저리그의 유현진은 보통사람이 상상할 수 없는 정도의 연봉을 받습니다. 인기 있는 연예인들도 마찬가지입니다. 이들의 수입에 대해 생각해 봅시다. 이들은 자기 나름대로 피나는 노력을 했을 겁니다. 그래서 지금의 그들의 영광은 노력의 대가라고 생각하는 이들도 있습니다. 물론 그들이 그 자리에 오르기까지 최선의 노력을 했다는 것은 인정합니다. 그런데 정말 노력만으로 되었을까요? 우리 같은 보통의 사람들이 피나는 노력을 한다고 해서 과연 유현진 같은 투수가 될 수 있을까요. 유현진을 비롯한 재능 있는 선수들은 이미 부모로부터 그 운동에 적합한 우월적 조건의 신체를 받았습니다. 그러한 선천적인 조건 위에 자신의 노력이 더해져서 그렇게 훌륭한 선수가 될 수 있는 것입니다. 보통의 사람들로서는 어림없는 일입니다. 재벌 2세들도 마찬가지입니다. 그들이 그 자리에 오른 것은 부모로부터 받은 사회적 지위와 재력입니다. 앞에서 보았듯이 그것은 '우연'한 것입니다. 그들이 그러한 자리에 오른 것은 자격이 아니라 우연성입니다. 어떤 부모로부터 무엇을 물려받았느냐는 것은 철저히 우연한 것입니다. 그렇다면 우리는 '우연성'을 어떻게 이해하고 수용해야 하겠습니까.

고전적 자유주의자들은 그러한 행운 또는 불운은 개인의 몫이라고 이해합니다. 어쩔 수 없다는 논리입니다. 유현진이 뛰어난 재능을 가지고 태어난 것은 그의 행운이기에 인정할 수밖에 없다는 것입니다. 재벌 2세 역시 마찬가지입니다. 재벌 자녀들에게 '너의 재력과 사회적 위치는 우연한 것이기 때문에 인정할 수 없다'고 한다면, 그래서 그가 가진 것을 몰수한다면, 그것은 유현진의 팔을 일부러 고장 나게 하는 것과 다를 바 없다는 논리입니다. 그들에 의하면 삶의 대부분은 우연이며 그것을 받아들이는 것이 정의로운 것입니다. 오히려 이것을 소화하지 못하고 배가 아파서 그들의 재능과 재화를 빼앗는 것이 부정의하다는 것입니다. 로버트 노직(R. Nozick)은 이러한 자유지상주의의 대변자입니다.[292)]

이에 반하여, 마르크스주의자들은 우연성으로 인한 행운을 전적으로 개인의 몫으로 돌리는 것에 반대합니다. 자격 없이 받은 것을 개인의 몫으로 돌리는 것은 결국 운이 지배하는 불합리한 세상을 인정하는 것이기에 받아들일 수 없다는 입장입니다. 좋은 우연성이든 불행한 우연성이든 자신의 자격과는 무관한 것이기에 그것은 사회의 공적자산이라는 것입니다. 따라서 철저한 재분배를 통해서 우연성으로 인한 구성원들의 행운과 불행의 높낮이를 평준화해야 한다고 주장합니다. 재능이 있는 사람의 몫을 사회로 환원하여 그렇지 못한 사람들의 불행을 감소시켜야 한다는 논리입니다. **'능력에 따라 일하고, 필요에 따라 분배한다'**는 마르크스의 주장은 이러한 논리의 근거입니다. 아주 매력적인 주장입니다.

그러나 마르크스와 사회주의자들의 이러한 주장은 슬로건에 그칠 뿐 그것을 민주적으로 실현할 방법이 없습니다. 당연히 강제와 세뇌가 동원되고 공동체를 위한 폭력이 합리화 됩니다. 어

---

292) Robert Nozick, Anarchy, State, and Utopia,

느 누가 능력에 따라 일을 하고, 필요한 만큼만 소유하려 하겠습니까. 그러한 사회는 재능의 실현을 통한 부의 창출을 원천적으로 거부하고 있습니다. 노력의 결과가 정작 개인에게 의미 없는 사회는 현실에서는 존재하지 않습니다. 벤과 피터스(Benn & Peters, 1959)가 "평등한 대우는 똑 같은 대우를 뜻하지 않는다"고 지적했듯이 우리는 류머티즘 환자들이 고혈압 환자로 취급되길 바라서는 안 됩니다.[293)]

롤즈는 극단적 자유주의와 사회주의의 위험성과 한계를 명확히 알고 있습니다. 그래서 그에 의해 제시된 대안은 양극단의 긍정적 차원의 주장을 어느 정도 수용합니다. 그의 주장은 개인이 자신의 자격과 관계없이 갖게 된 우연성은 전적으로 개인의 몫도 아니고, 그렇다고 사회적인 것도 아니라는 것에서 출발합니다. 롤즈는 '공정한 사회에서는 불평등이 정당한 것으로 인정될 필요'가 있다는 명제에서부터 시작합니다.

그는 조건을 답니다. 개인이 남보다 탁월한 우연성, 즉 행운에 의한 재능을 사회로부터 인정받으려면, 자신의 우월한 우연성의 결과가 사회적 약자(최소수혜자)의 삶에 긍정적으로 기여해야 한다는 것입니다. "태생적으로 혜택을 받은 사람은 그렇지 못한 사람의 상황을 개선시킬 수 있어야 비로소 자신의 행운으로부터 혜택을 얻을 수 있다"는 롤즈의 말은 이것을 대변합니다. 즉 롤즈에 따르면, 만약 불평등이 최저소득자를 포함한 모든 사람들에게 이익이 될 것이라는 점을 증명할 수 있다면, 그러한 조건이라면 불평등은 정당화 될 수 있습니다. 롤즈는 만일 커다란 소득격차가 고소득자들에게 동기를 부여해 가난한 사람들에게 혜택을 주는 경제번영을 이룩한다면 소득불평등이 정당화될 수

293) Maurice Mullard and Paul Spicker, Social Policy In a Changing Society, 박형신 외 역 (2006), 사회이론과 사회정책, 서울 : 일신사, p.293.

있다고 주장합니다.[294]

그렇다면 롤즈의 주장을 현실에서는 어떻게 적용할 수 있을까요. 예를 들어, 재능 있는 운동선수가 그의 재능으로 인해 많은 소득을 올렸다고 가정해 봅시다. 그가 만일 일반인들 보다 많은 비율의 세금을 낸다면, 그가 낸 세금이 열악한 우연성을 타고난 사람들의 삶을 개선하는 데에 쓰여 질 수 있겠지요. 그렇게 되면 결과적으로, 자신의 우월한 재능의 발휘로 인해 생긴 수입이 자신은 물론이고, 삶의 조건이 열악한 사람들에게도 혜택이 돌아가게 됩니다. 그리고 자신의 능력이 더 크게 발휘되면 될수록 사회적 약자의 삶은 그로 인해 더욱 나아지게 됩니다. 롤즈는 바로 이러한 것, 즉 자신의 행운적인 재능이 사회적 약자에게 도움이 되는 조건하에서, 그의 재능이 사회적으로 인정받게 된다고 주장합니다. 그리고 그것이 구체적인 정의의 실현이라는 겁니다. 롤즈의 주장은 매우 절충적이고 합리적인 제안으로 평가받고 있습니다. 그렇다면 묻습니다. 우리 안에 깊숙이 들어와 있는 이방인들을 우리는 어떠한 마음으로 대해야 하겠습니까. 낯선 나라의 나그네는 사회적으로 열악한 우연성을 갖고 있는 사람들입니다. 롤즈의 지혜를 빌리자면, 그들의 열악한 우연성을 감소시켜주는 것이 결국은 우리에게도 이익이 되는 선택입니다.

롤즈는 자연적, 사회적 우연성을 우리의 공동자산으로 만들자고 제안합니다. 그에 의하면 개인으로서의 우리는 행운에 의한 재능과 거기에서 얻는 혜택들을 가질 자격이 없습니다. 따라서

294) 이 주장은 더 높은 소득이 사회의 모든 사람들에게 도움을 주는 경제활동을 야기한다고 제시하는 경제학의 '트리클다운 이론(trickle-down theory)과 유사합니다. 롤즈는 이를 차이의 원리(difference principle)라고 부릅니다. Maurice Mullard and Paul Spicker, Ibid., pp.290-292.

우리는 이러한 재능을 공동의 자산으로 간주하고 서로를 보상의 공동 수혜자로 간주해야 한다고 합니다. 좋은 우연성이든 불행한 우연성이든 그것이 본인의 자격과는 무관한 것이므로 우연성을 사회적 공론의 장에서 이끌어내어 공존의 해법을 찾아야 한다는 겁니다. 그러기 위해서는 우연성이 열악한 사람, 즉 사회적 약자를 최대한 존중하는 룰을 만들어야 한다고 합니다.[295] 롤즈는 우연성을 공동의 자산으로 삼고 사회적 약자에게 최대의 이익이 보장되는 시스템을 만들어야 한다고 주장합니다. 그는 우리 모두 자신의 이익을 보장받으려면 약자들의 이익을 극대화하는 제도와 관습에 기초해야 한다고 말합니다. 이것이 앞에서 설명한 '최소극대화의 원칙'입니다.

사람들이 사회적 약자를 우선적으로 배려하는 차등의 원칙에 동의해야 하는 이유, 롤즈는 그 이유를 인류애(love of mankind)에 호소하지 않고 우리들의 자기애(love of self)에 호소하고 있습니다. 거창하게 인류애까지 들먹일 필요가 없습니다. 우리 자신을 위해서라도 약자를 배려하는 것이 우리의 이익이 극대화되는 최고의 선택이며 최상의 방법이라는 것입니다. 결론적으로 말하자면 어떠한 능력 있는 사람도 최소수혜자 즉 사회적 약자의 복리를 증진시키지 못한다면 그 사람의 능력은 물론 그의 능력으로 얻어진 모든 재화와 지위를 인정받지 못합니다. 그 이유는 천부적 재능이 전적으로 우연한 것이기 때문입니다. 롤즈의 처방은 우리가 이방인이라는 약자를 어떻게 대해야 하는지 말해줍니다. 우리가 사회를 정의롭고 합리적으로 운영하려면 행복극대화의 원칙(maximize happiness)을 고통극소화 원칙(minimize suffering)으로 수정해야 합니다.[296] 피할 수 없는 고통은 가능한 균등하게 감수하지 않으면 안 됩니다.

---

295) J. Rawls는 사회적 약자를 최소수혜자로 부릅니다.
296) 이한구 (1993), 역사주의와 역사철학, 서울 : 문학과 지성사, p.209.

2. 칼 포퍼(K. Popper)의 열린사회와 그 적들

(잠정적 진리가 주는 교훈, 사이비 과학과의 결투)

> "우리는 금수로 돌아갈 수 있다. 그러나 만약 인간으로 남기를 원한다면오직 하나의 길이 있을 뿐이다. 그것은 열린사회로의 길이다."
>
> 칼 포퍼297)

여러분은 변하지 않는 불변의 진리가 있다고 생각하십니까. 많은 이들은 영원하고 불변한 절대적인 진리가 있다고 믿습니다. 인간의 심리구조가 그런 절대성과 불변의 진리에 의존하게끔 되어있기에 그렇습니다. 만약 영원불변한 보편적 진리를 부정하게 되면 인간은 허무주의에 빠지게 될 것이라고 말하는 이들도 있습니다. 부분적으로는 수긍이 가는 말입니다. 인간이 종교에 심취하는 것도 사실은 절대적인 존재에 의존하고 싶은 마음 때문입니다.

그러나 지금 우리는 탈진리(Post-Truth)의 시대에 살고 있습니다. 탈진리는 세속화와 포스트모더니즘의 연장에서 이해됩니다. 절대 진리였던 종교가 그 힘을 잃고 있는 세속화와, 절대화된 모든 것을 의심하며 해체하는 포스트모더니즘의 도래는 탈진리

297) K. Popper는 1902년 오스트리아 비엔나에서 유태인의 아들로 태어났습니다. 그는 지적인 가정분위기에서 자라나 비엔나 대학에서 수학, 물리학, 철학 등을 전공했으며 철학박사 학위를 취득했습니다. 그의 중요 관심사는 과학철학으로 '탐구의 논리'를 출간했으며 뉴질랜드 캔터베리대학, 영국 런던대학 교수를 역임했습니다. 포퍼는 과학철학자임에도 사회적 문제나 정치적 문제에 민감했고 커다란 사상적 업적을 남겼습니다. 그는 한때 열성적인 사회주의자였지만 전체주의 사상이 갖는 비인간성에 환멸을 느끼고 자유주의의 열렬한 대변자가 되었습니다. 그의 사회철학을 대변하는 '열린사회와 그 적들', '역사주의의 빈곤' 등은 이러한 상황 속에서 저술된 것입니다.

를 가속화시킵니다. 진리에 목마른 사람들은 마지막으로 과학으로 눈을 돌립니다. 아무리 상대주의가 판을 치는 세상이라고 해도, 과학에서의 진리는 영원한 진리일 것이라는 확신 때문에 그렇습니다. 이른바 과학으로의 도피입니다. 그렇다면 과학에서의 진리는 변하지 않는 영원한 진리일까요.

예를 들어 봅시다. 무게가 있는 모든 것은 위에서 아래로 떨어진다거나, 해는 동쪽에서 떠서 서쪽으로 진다는 것은 불변의 진리처럼 보입니다. 누구도 감히 시비를 걸 수 없는 영원하고 불변하며 객관적인 진리처럼 보입니다. 그런데 만약 사과가 위에서 아래로 안 떨어지면 어찌 할까요. 또한 해가 동쪽에서 안 뜬다면 어찌 되겠습니까. 있을 수 없는 일 같아 보이겠지요. 그러나 그렇지 않은 경우도 있습니다. 생각해봅시다. 인력이 없는 우주 공간에서는 사과 뿐 아니라 사람도 떠다닙니다. 태양이 동쪽에서 뜬다는 것은 어떻습니까. 해가 동쪽에서 떠서 서쪽으로 진다는 것은 동서남북(東西南北)이라는 방위각의 개념이 존재해야만 가능한 명제입니다. 막막한 우주공간에서는 그런 개념조차 없습니다, 무슨 말일까요. 영원한 절대 진리는 없다는 말입니다. '백조는 하얗다'는 명제는 검은 백조가 나오기 전까지만 유효한 진리입니다. 검은 백조가 나온다면 폐기되어야 하는 진리인 것이지요. 사람들은 과거의 경험에 비추어 미래도 그럴 것 이라는 기대를 하지만, 미래가 꼭 그렇게 된다는 보장은 없습니다. 믿기지 않겠지만, 실제로 뉴질랜드에서는 검은 백조가 발견된 적도 있습니다.[298] '모든 백조는 하얗다'는 명제는 이미 폐기되었습니다.

칼 포퍼(K. Popper)는 무수한 사례로 검증된 귀납법적 진리를

---

298) Stephen Law, The Philosophy Gym, 하상용 역 (2007), 철학학교 2, 파주 : 창비, p.43.

잠정적 진리(tentative truth)라고 부릅니다. 잠정적 진리라는 것은 어떤 명제가 많은 반박과 비판을 지금까지 견디어 내면 우리는 그것을 유효한 잠정적인 '참'으로 용인한다는 뜻입니다. 까마귀가 까맣다는 것은 지금까지 그 반대의 증거들을 찾지 못했기에 즉 비판과 반박을 이겨내었기에, 잠정적으로 진리라고 용인하는 것입니다. 우리가 용인한다는 것은 그것이 최종적 진리로서 인정하기 때문이 아니라 더욱 논의하고 비판할 가치가 있는 것으로 판단한다는 뜻입니다. 우리는 귀납적 추론에 의지해 과학적 진리를 도출하지만, 그러나 그것이 항구적인 진리를 보장해주지는 않습니다. 귀납법은 '심정적 추론'이지 논리적 추론은 아닙니다. 지금까지 그랬으니까 앞으로도 그럴 것이라는 것은 논리적이지 않습니다.

모든 시간과 모든 장소에서 성립하리라는 과학적 진리는 사실 기대하기 힘듭니다. 그것은 과학이 아닌 신념이나 신앙의 영역입니다. 과학은 영원불변한 진리를 전제할 수 없습니다. 불변의 법칙을 추구하거나, 또는 있다고 믿는 것을 '사이비 과학'이라고 합니다. 그것은 비판과 반박을 허용하지 않기에 사이비 과학으로 전락될 수밖에 없습니다. 과학의 객관성은 냉혹한 비판을 이겨냄으로써 얻어지는 것이지 신념에 의해 획득되어지는 것은 아닙니다. 엄밀함을 생명으로 하는 물리학의 영역에서도 절대 진리인 것처럼 보였던 것들이 수 없이 무너지거나 대체되고 있습니다. 뉴튼의 고전물리학이 아인쉬타인의 상대성이론으로 대체 된지 오래이며, 상대성이론은 하이젠베르크의 불확실성의 원리로 대체 된지 역시 이미 오래입니다.[299)]

299) 뉴턴의 물리학은 2세기에 걸쳐서 관찰에 의해 증명되었으며, 근대 과학이라는 거대한 건물의 초석이 되었습니다. 뉴턴의 이론을 뒷받침하는 증거로 채택될 수 있는 관찰과 실험은 헤아릴 수 없이 많습니다. 하지

포퍼에 의해 주창된 비판적 합리주의(Critical rationalism)는 인간의 오류가능성에 대한 겸허한 자세를 취합니다. 그의 비판적 합리주의는 모든 사물 현상을 원인과 경험으로써 증명시키고자 하는 무비판적 혹은 종합적인 합리주의와 대조됩니다. 포퍼는 종합적인 합리주의는 과학적 진술에 대하여 어떻게 증명이 가능한지에 대해서 설명할 수 없다고 비판합니다. 포퍼의 비판적 합리주의에 따르면 과학 법칙은 완전히 검증될 수는 없지만, 완전히 반증될 수는 있습니다. 예를 들어 '모든 백조는 희다 All swans are white'라는 문장은 논리적으로 입증(검증)할 수는 없습니다. 반면 반증할 수는 있습니다. 검은 백조가 나오는 즉시 반증되는 것이니까요. 포퍼는 뒤집힐 가능성, 즉 **반증가능성**(Falsifiability)을 열어두는 것이 진정한 과학이라고 말합니다. 어떤 이론도 최종적 진리로서 신뢰할 수 없습니다. 과학적 자세는

만 그것으로도 뉴턴의 이론이 영원히 진리라는 것을 증명하지 못합니다. 왜냐하면 이런 증거들은 뉴턴의 이론이 지금까지 참인 것으로 보였다는 것이지, 앞으로도 계속 참일 것임을 말해주지는 못하기 때문입니다. 20세기 초에 등장한 아인슈타인의 이론은 이러한 사실을 여실히 보여주었습니다. 아인슈타인의 이론은 적용 범위에 있어서 뉴턴의 이론을 넘어섰으며 뉴턴의 이론에 부합되는 모든 관찰 증거들이 아인슈타인의 이론에도 부합되었습니다. 그래서 2세기 동안 절대적인 진리로 인정되었던 뉴턴의 이론은 아인슈타인의 이론으로 대치되었습니다. Karl Raimund Popper, The Lesson of this Century, pp.19-20.

물리학에서의 상대적(relative)이라는 말과 절대적(absolute)이라는 말의 개념을 오해할 수 있기에 부연합니다. 물리학이 추구하는 규칙, 즉 물리적 법칙들은 누가 어떤 상황에서 관찰하든지 항상 적용되는 규칙이라는 뜻에서 절대적인 규칙입니다. 관찰한 수치들은 상황에 따라 상대적으로 달리 나올 수 있지만, 그 수치들 사이에는 절대적으로 성립하는 어떤 법칙이 있을 터이고, 그 법칙이 바로 이상적인 물리법칙입니다. 따라서 물리학자들이 어떤 물리적 성질을 연구한 끝에 그 성질이 상대적이라고 밝혀냈다면, 이는 그 성질들 사이에 성립하는 절대적 법칙을 찾았다는 것과 마찬가지입니다. 즉 물리학에서 '상대성'이라는 개념은 필연적으로 법칙의 '절대성'을 동전의 앞뒷면처럼 함께 가지고 다닙니다. 홍성욱 이상욱 외 (2006), 뉴턴과 아인슈타인 (우리가 몰랐던 천재들의 창조성), 파주 : 창비, pp.195-198.

확신이 아니라 겸손입니다. 칼 포퍼에 의하면 우리는 진리에 도달할 수도 없고, 진리를 증명할 수도 없습니다. 단지 우리는 진리에 끝없이 가까이 갈 뿐입니다.

그렇다면 사회과학에서는 어떠할까요. 포퍼는 자연과학의 방법을 사회과학에 그대로 적용할 수가 있다고 주장합니다. 자연과학적 진리 추론과정과 사회과학에서의 진리추론 과정이 다르지 않다는 것입니다. 당연히 자연과학과 마찬가지로 사회과학에서도 절대 진리는 찾거나 도달할 수 없습니다. 엄밀함을 요구받는 과학의 영역도 그러하거늘 이해관계가 복잡하게 얽힌 인간의 삶에서 누구에게나 받아들여질 수 있는 보편적인 절대 진리가 있을 수 있겠습니까. 그러나 의외로 그러한 진리가 있다고 믿거나 그것을 강요하는 신념이 투철한 이들이 너무 많습니다. 세상은 그들에 의해 교란되고 악화되어 갑니다.

포퍼는 자신이 내세우는 사회, 역사적 현상에 대한 비판적 접근을 '점진적 사회공학'이라고 부르는데, 이것은 마르크스처럼 거대 이론에는 무관심하며, 점진적이고 단계적인 사회개혁에 관심합니다. 점진적 사회공학자는 인간 지식의 잠정성과 한계성을 잘 인지하고 있고, 그것의 반증 가능성을 투철히 깨닫고 있기 때문에. 모든 사회 개혁이 가져올지 모르는 예기치 못한 결과들을 신중히 측량하면서 단계적으로 조심히 나가야 한다고 주장합니다.[300)]

우리는 '신념이 있는 사람', 또는 '신념이 강한 사람' 이라는

300) 포퍼는 점진적 사회공학과 대치되는 입장을 전체론적 또는 유토피아적 사회공학이라 부르는데, 이는 명료하게 미리 규정된 청사진에 따라 사회 전체를 일거에 변혁시키려고 하는 관점입니다. 마르크스의 혁명이론이 이에 해당됩니다. 윤평중 (1996), 푸코와 하버마스를 넘어서, 서울 : 교보문고, p.53.

평을 받는 사람을 믿을 만한 사람으로 신뢰하게 되고 그것을 사회적 칭찬으로 생각하는 경향이 있습니다. 심지어 신념이 있는 사람은 멋있어 보이기까지도 합니다. 또한 신념이라는 덕목이 사람다움의 척도로써 통용되기도 합니다. 어떤 이들은 자신의 신념을 지키기 위해 목숨까지 내놓는 사람도 있습니다. 이념적으로 투철한 사람이나 순교자들이 그런 사람들입니다. 그러나 조금만 달리 생각해보면 신념이 강한 사람은 매우 위험한 사람이라는 것을 알 수 있습니다. 신념이 강하다는 뜻은 곧 다른 사람의 의견과 생각을 수용할만한 정신적 공간이 협소하다는 뜻일 수도 있기 때문입니다.

대부분의 신념이 투철한 사람들은 자신의 생각과 방향이 옳다고 생각하는 사람들입니다. 현대와 같은 불확실한 시대에, 그리고 수많은 가치관과 삶의 방식들이 다양한 탈진리(Post-Truth)의 시대에, 신념이라는 미명하에 자신만의 생각이 옳다고 주장하는 것이 과연 좋은 것인지 의문을 갖지 않을 수 없습니다. 로널드 드워킨(R. Dworkin)은 사람들이 충동적으로 또는 자기 자신의 편협한 이득 때문에 행하지 않고 일정한 원칙을 엄격하게 따른다면 실제로 옳은 일을 행할 개연성이 높다고 생각하지만, 실제로 이것은 심각한 오해라고 합니다.[301] 왜냐하면 세상에는 타당한 신념보다는 잘못된 신념이 더 많기 때문입니다. 그만큼 확신과 신념은 위험한 겁니다.

자신의 신념을 철회하지 않는다는 것은 인간이 진리에 도달할 수 있다는 전제, 즉 인간이 완전하다는 전제를 가져야합니다. 그러나 그것은 오만입니다. **진실에 반대는 거짓이 아니라 확신입니다.** 칼 포퍼에 의하면 인간의 사회적 본성은 인간 개인의 불완전성(imperfection of the human individual)에 있습니다.[302] 다

301) Ronald Dworkin, Justice for Hedgehogs, 박경신 역 (2016), 로널드 드워킨-정의론, 서울 : 민음사, p.185.

행히도 그 신념이 올바른 것이라면 문제가 없겠지만, 그렇지 않을 경우 낭떨어지를 향해 달려가는 차와 다를 바 없습니다. 사실 따지고 보면 세상의 모든 비극은 신념이 강한 사람들에 의해 벌어집니다. 자신의 신념에 도취된 나머지 그것을 남에게 강요하게 되고, 그 방법에 있어서 때로는 폭력을 정당화하기도 합니다. 종교적 신념과 이념적 신념이 대표적인 경우입니다. 종교적 신념에 몰두한 이들은 자신과 생각이 다르면 이단이라고 정죄하고, 교조적 공산주의자들은 자신들과 뜻을 함께하지 않으면 주저 없이 반동으로 규정해 버립니다. 인류의 역사에서 이단과 반동의 이름으로 죽음을 당한 사람이 얼마나 많은지 생각해 보면, 신념의 강요가 얼마나 위험한 것인지 알 수 있습니다. 신념이 자신 안에 제한되어 있진 않고 그것을 사회적으로 세력화했을 때 재앙이 될 수도 있습니다. 히틀러의 신념이 좋은 사례입니다. 바보가 신념에 취해 있을 때만큼 세상에서 위험한 것은 없습니다.

칼 포퍼는 '열린사회와 그적들(The Open Society and Its Enemies)' 이라는 책에서 플라톤, 헤겔, 마르크스를 열린사회의 대표적인 적들이라고 규정하고 있습니다. 왜 그럴까요. 이들의 공통분모는 무엇이겠습니까. 이들은 역사주의자(Historicism)라는 공통점을 갖고 있습니다.[303] 역사주의자들은 세상을 이끌어

302) Karl Popper, The Open Society and Its Enemies, 이한구 역 (1997), 열린사회와 그 적들 1, 서울 : 민음사, p.113.

303) 자연주의나 합리주의와 대립되는 인문사회과학의 중요한 개념으로서의 역사주의, 즉 일반적으로 학계에서 통용되는 역사주의는 Historicism입니다. 그러나 포퍼에 의해서 그 개념이 매우 다른 의미를 나타나게 되었습니다. Historism은 전통적인 역사주의를 나타내는 것으로 사용했고, Historicism은 자신이 새로이 규정한 부정적 의미로서의 역사주의를 뜻합니다. Bryan Magee, Karl Popper, 이명현 역 (1995), 칼 포퍼-그의 과학철학과 사회철학, 서울 : 문학과 지성사, pp.119-130

가는 불변의 법칙과 청사진이 있다고 믿는 이들입니다. 역사 결정론자들이지요. 이들은 인간의 전체 역사가 인간 개인의 의지와는 상관없이 어떤 법칙에 의해 규정되고 이끌리어 간다는 잘못된 생각을 갖고 있습니다. 역사가 일정한 과학 법칙에 따라 전개되어가기에 이런 과학 법칙을 알면 미래를 예측할 수 있다고 주장합니다. 마치 유전에 의해 모든 것이 결정된다는 생물학적 결정론과 같은 발상입니다.

이들은 역사 안에 발전 법칙이 있고 그 법칙에 의하여 역사는 자신의 청사진대로 진행되어 간다고 생각합니다. 그 속에서 인간의 능동적이고 역동적인 참여는 매우 제한적일 뿐, 역사를 완성하는 것은 인간이 아닌 역사 그 자체에 있다고 믿습니다.[304) 그러기에 역사주의자들은 신념이 투철합니다. 이미 예정되어 있는 역사 시간표대로 인간은 믿고 따르면 됩니다.

예를 들어 마르크스의 역사이론을 봅시다. 마르크스에 의하면 그들의 궁극적 이상사회인 공산사회를 이루기 위해서는 그 전단계로 프로레타리아라고 불리우는 억압받는 노동자 농민 계급에 의한 혁명이 있어야 합니다. 그러나 혁명은 아무 때나 일어나는 것이 아닙니다. 혁명이 일어나는 전제 조건이 있어야 합니다. 혁명이라는 것은 모순의 정점에서 그것을 극복하기위해 일어나는 것입니다. 따라서 그들이 말하는 혁명을 이루기 위해서는 브루주아들에 의한 자본주의의 발생과 발전이 전제되어야 합니다. 마르크스에 의하면, 자본주의가 발전하면 할수록 내부

---

304) 마르크스는 마르크스주의자의 신념과 유토피아적 신념을 구분하였습니다. 전자는 역사의 진로룰 형성하는 데 인간은 **무력하다고** 믿으며, 후자는 완성 사회를 만드는 것은 인간에게 달렸다고 믿습니다. 그러나 마르크스주의자가 후자와 같은 것으로 널리 오해되어 왔는데, 실제로 대부분의 공산주의자들도 그렇게 오해했습니다. 엄밀히 말하자면 공산주의는 유토피아주의지 마르크스주의가 아닙니다. Bryan Magee, Ibid., pp.115-116.

모순이 증대하여, 마침내 그 모순을 극복하고자 노동자 농민이 주체가 되어 혁명을 완수한다는 것입니다. 그리고 그것의 토대 위에 그들의 이상사회를 실현할 수 있다고 믿습니다. 그러기에 그들은 브루주아와 자본주의를 혐오하면서도 자본주의 경제체제를 인정할 수밖에 없습니다. 혁명의 조건은 자본주의의 성숙이기에 자신들의 의지와는 상관없이 자본주의를 수락하고 그 발전을 인정할 수밖에 없습니다.

이것은 놀라운 자기모순입니다. 자본주의를 혐오하면서도 공산사회를 향한 역사발전법칙에 순응하기 위해 자본주의의 발전을 용인한다는 것이 얼마나 모순되고 우스운 일입니까. 이러한 이유로 인도가 영국에 의해 식민지로 전락되었을 때, 그로인한 인도 민중들의 고통을 예상했음에도 불구하고, 마르크스는 영국의 제국주의적 침략행위에 눈을 감고 동조했습니다.[305] 누구보다도 분노해야 하고, 연대하여 함께 싸워야 함에도 불구하고 암묵적으로 수용한 것은 프로레타리아에 의한 혁명의 완성을 위해서는 농업사회인 인도가 우선적으로 자본주의 산업체제로 전환되어야 한다고 믿었기 때문입니다. 그것이 비록 외세에 의해 강요된 것이라 하더라도, 혁명을 위해서는 인도의 경제구조가 자본주의화 되어야 한다고 믿었습니다. 그들은 부당한 고통과 괴로운 노역, 궁핍도 인류를 전반적으로 향상시키는 역할을 해 온 만큼 정당화될 수 있다고 주장합니다.[306]

---

305) 로버트 J.C.영(Robert J. C. Young)에 따르면 마르크스는 영국 제국주의에 비판적이긴 했지만 인도를 서구 역사의 진화론적 프로그램에 편입시켜 미래의 계급투쟁을 위한 조건을 창출했기 때문에 영국이 인도를 식민지화 한 것은 최선이었다고 생각했습니다. Robert J. C. Young (1995), Colonial Desire : hybridity in Theoty, Culture and Race, London & New York : Routledge, 김용규 (2013), 혼종문화론, 서울 : 소명출판, p.89.

306) Terry Eagleton, Hope Without Optimism, 김성균 역 (2016), 낙관하지 않는 희망, 서울 : 써네스트, p.31.

역사주의자들의 이러한 신념을 우리는 어떻게 받아들여야 하겠습니까. 역사주의자들에게 역사는 역사법칙만 있을 뿐 인간은 없습니다. 역사를 만들어가는 주체로서의 인간은 없습니다. 역사주의자들의 거대한 청사진과 역사법칙은 인간을 기계적인 수동 인간으로 전락시킵니다. 인간의 자유의지를 역사법칙에 종속시켜 버림으로써 인간을 꼭두각시와 같은 존재로 전락시킨 것이 역사주의자들의 치명적 오류입니다. 인간의 정신과 의지가 완전히 수동적으로 결정되는 것이라면, 우리의 자기비판(self-criticism)이란 불가능할 것이며, 그것을 통해 더 높은 차원의 존재로 거듭나는 자아발전도 불가능하게 될 것입니다.

역사주의자들은 역사법칙이라는 그릇된 신념에 따라 사회 전체를 통제하거나 변혁하려는 유토피아적 망상을 꿈꾸고 시도하려합니다. 따라서 역사주의자들은 조금의 오차도 없이 반드시 **전체주의자가 됩니다.**[307] 그들은 역사의 법칙을 믿는 한, 비판과 반박을 수용하지 않습니다. 자신들의 신념은 진리이기에 조금의 양보도 있을 수 없습니다. 그들은 자신이 신앙하는 진리를 위해 폭력적 수단을 정당화하게 됩니다. 자신도 모르게 전체주의자의 열렬한 신도가 되는 것이지요. 교조적 공산주의 사회에서 자식이 부모를 심판하고 심지어 처형하는 일도 많이 있었습니다. 열성적인 진리 수호자들에게는 얼마든지 가능한 일입니다. 자신이 진리를 보았고 붙잡았다고 믿는 이들에게는 다른 가치와 생각을 수용할 정신적 공간이 남아 있진 않습니다. 자연히 그들은

307) 역사주의는 숙명적으로 전체주의로 빠지기 때문에, 열린사회 즉 민주주의의 적이 될 수밖에 없습니다. 포퍼에 의하면, 민주주의의 핵심은 독재를 피하는 것, 또는 다른 말로 하면 부자유를 피하는 것, 법의 지배가 아닌 다른 지배 형식을 피하는 것입니다. 다시 말해서 민주주의는 전제정치를 피하는 수단입니다. Karl Raimund Popper, The Lesson of this Century, pp.130-131.

진리와 정의를 독점하게 됩니다. 이슬람 근본주의자들인 IS나 탈레반을 보십시오.

역사주의 중에서 가장 오래되고 뿌리 깊은 형태는 선민사상(the theory of the chosen people)입니다. 선민사상이란 자신들이 신에 의해 선택된 민족이기에 다른 민족보다 우월적 위치에 있다고 믿는 망상체계입니다. 포퍼에 의하면 선민사상에 근거한 근대의 가장 중요한 역사주의는 다음과 같이 두 부류로 구분됩니다. 인종주의나 파시즘으로 귀결되는 우파적 역사주의와, 마르크스 역사철학으로 빠져버린 좌파적 역사주의가 그것입니다. 우파적 역사주의인 인종주의는 선택된 인종(the chosen race)으로, 좌파적 역사주의인 마르크스주의는 선택된 계급(the chosen class)으로 변질됩니다. 좌파든 우파든 역사주의는 자신들의 우월함, 상대에 대한 차별과 배제를 전제합니다.

역사를 되돌아보십시오. 선택된 인종이라는 광신적 신념에 의해 얼마나 많은 이들이 고통을 당해야 했으며, 선택된 계급들에 의해 얼마나 많은 사람들이 '반동'이라는 이름으로 죽어갔습니까. 모양은 달라도 모든 역사주의는 반이성주의와 미신적 요소를 갖고 있습니다. 정상적인 사고와 비판적인 시각으로서는 도저히 자신들이 '선택되었다는' 과대망상적인 종교적 신념 같은 우월성을 갖지 못합니다. 히틀러의 유대인에 대한 증오심의 배경은 바로 선민의식이라는 역사주의입니다. 스탈린과 모택동, 폴 포트에 의해 저질러진 반동이라는 이름의 대량학살 역시 선민적 계급의식에 기초해 있습니다. 모두다 전체주의적 역사주의자들입니다. 자신들의 목적을 위해 차별과 배제를 서슴치 않는 역사주의적 전체주의는 닫힌 사회의 전형입니다. 그들은 오직 하나의 목소리만을 인정하고 수용하기에 자연히 다문화, 다차원 사회의 가장 큰 적일 수밖에 없습니다.

여러분은 종교적 신념에 가득 찬 신앙인들과 공산주의 이념에 철저히 의식화되어있는 이들이 자신의 신앙과 이념의 오류를 시인하는 것을 본적이 있습니까? 그들은 자신들의 신념체계를 절대로 철회하지 않습니다. 이미 역사의 목표가 예정되어 있는 것을 확신하는 이들만큼 신념에 가득 찬 인간이 어디 있겠습니까. 이들에게는 비판과 수정이 허락되지 않습니다. 포퍼는 이들에 의해 구성되고 운영되는 사회를 '닫힌사회(closed society)'라고 말합니다. 열린사회는 비판이 허용되고 그것이 거름이 되는 사회입니다. 열린사회는 그 어떤 것도 성역화 되지 않습니다.

베르그송은 『도덕과 종교의 두 원천』에서 열린사회와 닫힌사회를 다음과 같이 구분합니다. 그에 의하면, 열린사회란 열린도덕과 동적인 종교를 기초로 하는 사회이고, 닫힌사회는 닫힌도덕과 정적인 종교를 기초로 하는 사회입니다.[308] 여기서 닫힌도덕은 불변의 도덕, 의무의 도덕, 배타적인 도덕으로서 사회적 통합만을 목적으로 삼는, 지성 이하에 기원을 둔 도덕인 데 반해, 열린도덕은 변화를 승인하는 도덕, 호소와 열망의 도덕, 인류애의 도덕으로 지성 이상의 직관적인 것에 근거하고 있는 도덕입니다. 결국 닫힌사회는 변화를 거부하는 보수적이고 권위주의적 사회인데 반해, 열린사회는 독단적이거나 배타적이지 않고 모든 인류를 포괄하는 사회입니다.

생각해 보십시오. 시리아 내전으로 인한 전쟁난민들이 세계각지에 도움을 청하고 있습니다. 그들을 거두어 주고 보살펴 주는 나라들은 어떤 나라들이며, 그들을 외면한 나라들은 어떤 나라입니까. 예멘과 시리아 난민들을 외면한 국가들은 놀랍게도 중동의 부유한 나라들입니다. 그들은 같은 이슬람 신앙을 갖고 있으며 인종적으로도 거의 같은 형제국가들입니다. 그런데 왜 그들은 형제난민들을 품지 못했을까요. 많은 이유가 있지만 철

308) Karl Popper, The Open Society and Its Enemies, pp.239-243.

학적으로는 판단이 간단합니다. '닫힌 사회'이기 때문입니다. 국경이 닫혔다는 뜻이 아닙니다. 토론과 비판과 외부의 충격을 두려워하는 정치체계는 이방인들을 받아들일 수가 없습니다. 단지 국가적 이익을 위한 것 때문만은 아닙니다. 이방인들로 인한 다양성과 그 변화를 수용할 수 없기 때문입니다.

난민들을 거부하는 것은 중동국가 뿐만이 아닙니다. 러시아나 중국, 동유럽 국가들도 마찬가지입니다. 그들 국가들은 난민들을 받아들이지 않는 것은 물론이거니와 난민문제에 대한 국제적인 부담을 함께 지려하지 않습니다. 사우디아라비아에는 메카 순례 때 세계각지에서 오는 순례자들을 수용하기 위해 에어컨까지 설치되어 있는 고급 텐트 10만개가 텅 빈 채로 남아 있습니다. 그 텐트에 최대 5백만 명까지 수용할 수 있음에도 불구하고 시리아와 예멘의 난민들 중 단 한명도 거둬들이지 않았습니다.309)

이와는 반대로 서유럽의 국가들은 이미 다문화로 인한 정치적 혼란과 국론분열이 있음에도 불구하고 난민들을 받아들였습니다. 여러분은 이 차이가 무엇이라고 생각하십니까. 닫힌사회의 폐쇄성과 열린사회의 포용성의 차이입니다. 많은 이들은 전체주의적인 집단주의 체제가 공동체를 강조하기에 이타적일 것이라고 오해합니다. 그러나 사실은 정 반대입니다. 개인주의적인 사회가 더욱 이타적입니다. **역사적으로 집단주의(Collectivism)는 이기주의(Egoism)와 결합되고, 개인주의(Individualism)는 이타주의(Altruism)와 결합됩니다.** 전자는 닫힌사회이고 후자는 열린사회입니다. 닫힌사회는 그 폐쇄성으로 인해 이방인들을 수용하지 못합니다. 타자로 인해 자신들의 닫힌 정체성이 훼손될까 두려워합니다. 반면에 열린사회는 다양성과 그로인한 지적충격을 자

309) 홍지수 (2018), 트럼프를 당선시킨 PC의 정체, 서울 : 북앤피플, pp. 382-383.

기의 성장거름으로 삼는 사회입니다. 우리는 다문화와 관련한 K. 포퍼의 예지력 있는 다음과 같은 통찰에 주목해야 합니다. "만일 민족적 동일성이 국가의 교리가 되고 시민의 기준이 된다면, 인권은 침해되고 우리 문명의 기초는 위협받을 것이다."[310)]

3. 아이리스 메리어 영(I. M. Young)의 '차이의 정치'

(또 다른 폭력, 공정함의 이데올로기)

정치철학에서 가장 중요한 쟁점 중의 하나가 '정의(Justice)'입니다. 정의는 곧바로 '공정성'과 연결됩니다. 정의는 곧 공정성의 실현이라고 이해됩니다. 그렇다면 공정성의 실현 즉, 공정함이 이루어진 것은 어떤 상태를 말함일까요. 일반적으로 공정함이란 '동등한 대우'가 실현된 상태를 의미합니다. 그러나 이것은 쉽고 간단한 문제가 아닙니다. 함께 '동등한 대우'란 어떤 것인지 생각해 봅시다. 여러분은 동등한 대우의 원리가 가장 잘 구현될 때가 언제 일 것이라고 생각하십니까? 많은 이들은 모두를 평등하게 대하는 것이 동등한 대우라고 생각합니다. 차이 없이 공평하게 대하는 것이 정의로운 것이고 그것이 동등한 대우라는 것입니다. 그러나 이러한 기계적인 생각은 구체적인 현실과 상황에서는 무책임한 것으로 드러날 때가 많습니다.

예를 들어, 사람도 둘이 있고 빵도 두 개가 있다고 가정해봅시다. 한 사람은 배부른 사람이고 다른 한 사람은 배고픈 사람입니다. 이들에게 각기 처한 상황을 고려하지 않고 동등하게 빵 하나 씩 나누어 준다고 생각해 봅시다. 여러분은 이러한 동등한 대우를 어떻게 생각하십니까. 수학적이고 기계적인 평등은 실현

310) Karl Raimund Popper, The Lesson of this Century, p.140.

되었지만 상황을 정확히 고려한 처신으로는 볼 수 없습니다. 그렇다면 차별화해서, 배부른 사람에게는 주지 않고 배고픈 사람에게 빵 두 개를 다 주는 것은 어떻게 생각하십니까. 비록 형식적인 형평이 훼손된다하더라도, 실질적인 형평이 실현된다고 말할 수 있지 않겠습니까. '공정한 대우'에 대한 보다 깊은 생각과 해석이 필요합니다.

역사적으로 평등에 대한 요구는 모든 시민들이 동일한 권리와 의무를 가지는 것으로 이해되어 왔습니다. 그러나 최근 다수의 비판사상가들은 기계적인 평등과 획일적인 대우에 문제를 제기하기 시작했습니다. 비판자들은 사람들이 각자가 속한 집단이 상이하기 때문에 상이한 이해관계를 가지고 있으며, '모두에게 딱 맞는 한 가지 사이즈(one size fits all)'라는 식으로 권리와 의무에 접근하는 것은 이러한 차이에 둔감한 처사라고 주장합니다. 즉 상황과 대상을 고려하지 않은 채 일방적인 하나의 기준으로 평준화한 공평이 문제가 있음을 지적하고 있습니다. 앞서 예를 들었던 것처럼, 배부른 사람과 배고픈 사람을 똑같이 대우하는 것은 현실을 반영하지 못한 처사라는 것입니다. 따라서 사람들은 형식적인 것과는 반대로, 진정한 평등을 위해서라면 집단별로 차등화된 시민권(group-differentiated citizenship)의 모델로 전환할 것을 요구하고 있습니다. 그 모델에서는 시민의 권리와 의무가 그 시민이 속하는 집단 및 집단들에 따라 달라집니다. 집단들은 젠더, 종족성, 문화, 종교, 성적지향 및 장애에 따라 다양하게 구분됩니다.[311)]

국가정책에 있어서 '동등한 대우'라는 원리는 당초 여러 인종들이 함께 사는 다문화 사회에서 그들을 공정하게 대우하고 공

311) Stuart White, Equility, 강정인 김도혁 역 (2017), 평등이란 무엇인가, 서울 : 까치, pp.201-202.

정한 조건하에서 모두를 통합하려는 시도에서 나왔습니다. 어느 한쪽에 치우치지 않는 불편부당한 공정함으로 일을 처리하면 불만이 최소화될 것이라는 기대가 그 이유였습니다. 백인 편도 아니고, 흑인 편도 아니며 다른 소수 인종의 편도 아닌 객관적이고 공정한 입장에서의 일처리는 모두에게 납득될 수 있고 수용될 수 있다고 생각한 것입니다. 근대국가의 행정시스템이나 관료제는 이러한 공정의 원리에 의해 만들어졌습니다. 근대 윤리학 역시 도덕의 핵심 특징은 공평함, 불편부당성(impartiality)입니다. 가장 공정한 것이 가장 도적적인 것이고, 역으로 가장 도덕적인 것이 가장 공정한 것이라는 논리입니다. 들쑥날쑥하고 다양한 세상에서 어느 쪽에 치우치지 않고 공정하게 대한다는 것은 그 나름의 미덕이며 정의를 구현하기 위한 최선의 방법처럼 보입니다.

그러나 이러한 공정의 원리가 정말로 실질적인 공정을 실현할 수 있는가에 대한 의문이 제기되어 왔습니다. 무차별적인 공정함, 즉 불편부당성의 이상(idea of impartiality)은 표면적인 의도와는 관계없이 차이가 아닌 차별을 구조화하고 영속화한다는 비판이 있어왔습니다. 겉으로만 고급스러운 '동일성의 논리'를 섬세하고 날카롭게 비판해온 대표적인 사람이 정치철학자이며 페미니스트학자인 아이리스 메리언 영(I. M. Young)입니다.[312] 그녀는 공정함에 대한 이러한 기계적인 해석은 '차이'를 억압한다고 주장합니다. 그러한 발상은 상황의 개별특수성을 부정하게

312) 아이리스 메리언 영(I. M. Young, 1949-2006)은 미국 뉴욕 시에서 태어나 린스 칼리지를 졸업하고, 펜실베니아 주립대학교에서 정치철학으로 석 박사 학위를 받았습니다. 이후 피츠버그 대학교와 시키코 대학교 교수로 재임하다가 2006년 식도암으로 사망하였습니다. 영은 정치철학자로서 파업 노동자와 연대하고, 반전시위에 참여하는 등 사회정의를 위한 정치 활동에도 적극 참여하였습니다. 행동하는 지식으로서 불꽃처럼 살다가 산화한 여성지식인이었습니다.

된다는 것입니다. 사람마다 인종마다 각기 처한 상황이 다르고, 삶의 방식도 다양한데 보편적 원리에 입각하여 똑같은 방식으로 대우하고 적용하는 것이 관연 정의로운 것인가 하는 의문입니다.

물론 일부 사람들은 차이를 고려하는 대우가 해당 집단을 낙인찍는 것이라고 두려워하기도 합니다. 다양한 인종들을 차이있게 대하는 것 자체가 불평등을 조장하는 것이라는 이유입니다. 하지만 이것은 '차이'를 부정적으로 이해했기 때문에 생기는 염려입니다. 평등(equility)을 동일함(sameness)으로, 차이를 일탈이나 저평가로 간주한다면 이러한 우려는 맞습니다. 그러나 우리가 조금 더 깊게 생각해 보면, '평등'과 '동일함'은 완전히 다른 개념입니다. 평등하게 대우한다는 것이 곧 동일하게 대우한다는 것과 같은 뜻이 아닙니다. 앞에서 언급하였듯이, 차이를 무시한 공정한 대우는 때로는 상황을 왜곡합니다.

때때로 집단의 '특수한 권리'를 인정하는 것이 그들의 온전한 사회참여를 증진시키는 합리적인 방법이 됩니다. 이것을 위해 영(Young)은 '차이의 정치(politics of difference)'를 주장합니다.[313] 차이의 정치란 때때로 현실에서는 '차이 있는 대우의 원리'가 '동등한 대우의 원리'보다 우선하는 것을 의미합니다. 영에 따르면 집단 간 차이의 인정은 소수집단의 권익과 정체성을 보호하는 것이 됩니다. 이것은 개별 집단의 목소리가 공적인 장에서 반영되도록 보장하기 위한 것입니다.

물론 차이를 드러내고 강조하는 것이 쉬운 일이 아닙니다. 차이의 딜레마(dilemma of difference)가 그것입니다. 사회를 운영하는 규칙들과 정책들은 대부분 주류집단의 입장을 반영한 것

313) Iris Marion Young, Justice and the Politics of Difference, pp.217-268.

이기에, 집단 간 차이를 무시하게 되면 다른 문화의 사람들은 일탈적 존재로 규정됩니다. 반면에 차이에 초점을 맞추게 되면, 차이 그 자체가 곧 낙인으로 정당화될 위험이 있습니다. 딜레마입니다.

영(Young)의 주장과 같은 맥락에서 마사 미노(Martha Minow) 역시 현재 억압받거나 불이익을 받는 집단들을 위해 정의를 고취하려고 노력하는 사람이라면 누구나 차이의 딜레마에 직면한다고 토로합니다. 집단 간 차이를 무시하는 중립적인 규칙들과 정책들은 주류집단과는 다른 다문화 사람들을 일탈적 존재로 규정할 위험이 있고, 따라서 그들의 불리한 상태를 대체로 영속화 시킬 수 있다는 것입니다. 반면에 다른 한편으로, 차이에 초점을 맞추게 되면, 과거에 차이가 낳은 낙인을 재창출 할 수 있는 위험이 있다는 것입니다. 그러나 그럼에도 불구하고 차이의 긍정적이고 적극적인 차원을 통해 모두의 인간화를 회복할 필요가 있습니다. 차이의 본래적 의미를 되찾아야 할 이유입니다.

지금까지 많은 사람들은 차이를 제거하는 것이 공정한 사회와 정의를 실현하는 것이라고 생각해왔습니다. 그래서 차이를 없애기 위한 정부차원의 정책과 법령들이 만들어 졌습니다. 그러나 깨어있는 이들에 의하여 진정한 해방은 모든 사람들이 동등하게 대우받는 것이 아니라는 것을 알게 되었습니다. 좋은 사회는 집단 간 차이를 제거하거나 초월하는 사회가 아닙니다. 오히려 좋은 사회에서는 서로 존중하고 서로 간의 **차이를 긍정**하며, 사회적 문화적으로 차이가 있는 집단들 간의 평등이 온전히 보호됩니다. 파란색은 파랗게, 노란색은 노랗게, 빨간색은 빨갛게 인정해주고 대우해주는 것이 정의로운 것입니다. 공정하게 대한다는 명분과 원칙을 핑계로 각자의 색깔들을 무시하고 어떤 보편적인 특정한 색깔로 통일하는 것이 오히려 억압일 수 있다는 것입니다.

그러기에 한 사회에서의 모두를 위한 진정한 해방은 민주적 문화 다원주의(democratic cultural pluralism)의 이상을 지향할 수밖에 없습니다. 차이의 정치를 주장하는 사람들은 집단 간 차이가 없는 사회가 가능하다거나 또는 그런 사회가 바람직하다고 생각하지 않습니다. 비록 차이가 있어도, 고유한 전통, 관행, 언어, 기타 자신들만의 문화를 지키고 보존하는 것이 공존의 질서에 매우 중요합니다. 인간은 어떠한 경우에도 심지어 모진 억압 받을 때조차도, 자신들의 사회적 문화를 포기하지 않습니다. 이것이 동화주의 이상을 거부하고 차이의 정치를 고집하는 이유입니다.

차이를 무시해야 평등과 해방이 실현된다고 주장하는 것은 다음과 같은 세 가지 측면에서 억압의 결과를 가져옵니다. 첫째, 몰차이성(blindnss to difference)입니다. 이것은 특권 집단, 즉 주류집단들과는 다른 문화적 역량을 가진 집단들에게 불이익을 가져다줍니다. 동화전략의 목표는 과거에는 배제되었던 집단들을 주류로 이동시키는 것입니다. 그러나 차이의 정치를 주장하는 사람들은 동화주의는 불공정한 경기라고 주장합니다. 그것은 경기가 이미 시작된 후에, 즉 주류세력을 위한 경기의 규칙과 기준이 이미 정해진 뒤에 다른 이들이 경기에 들어가는 것을 뜻한다는 것이라는 겁니다. 일단 그 경기에 합류하게 되면 그 규칙과 기준에 따라서 경쟁해야 하기에, 뒤에 경기에 뛰어든 이들은 언제나 불리할 수밖에 없다는 것입니다. 동화주의 전략에서는 특권 집단이 모든 것을 측정할 기준들을 은연중에 규정할 수밖에 없습니다.

둘째, 사회집단 간 차이를 두지 않는다는 보편적 인간성의 이상은 특권 집단들의 특수성을 무시하도록 합니다. 몰차이성은 주류집단(특권집단)의 문화를 중립적이고 보편적인 것처럼 보이게 함으로써 문화제국주의를 영속화합니다. 그러나 상황과 전혀 무관한 집단 중립적 관점이란 존재하지 않으므로, 결국 지배 집단의 삶의 양식에 의해 인간성 일반의 규범 내용이 정해지기 마련입니다.

셋째, 중립적이라고 주장되는 기준에서 일탈한 집단들을 폄하하면, 그렇게 폄하된 집단들의 구성원들 스스로가 종종 자신에 대해 저평가하게 되고 이를 내면화하게 됩니다. 사람에 대한 일반적 기준이 있고 이 이상에 따라서 모든 사람이 동등하게 평가되어야 한다면, 그 기준과 다른 문화의 사람들은 스스로를 열등하게 생각합니다. 동화정책의 비인간화가 바로 여기에 있습니다. 동화의 열망은 억압의 특징으로 나타나는 자기혐오와 이중의식을 낳습니다. 동화의 목표는 사람들에게 자신이 주류인 것처럼 행위, 가치, 목적에 부합하기를 요구합니다. 그와 동시에 동화정책에 부응하지 않는 집단 구성원들은 다른 존재로, 그래서 주류기준에 쉽게 부합할 수 가 없는 존재로 딱지 붙여집니다. 이것이 프란츠 파농(F. Fanon) 이 '검은 피부 하얀 가면'에서 말하고자한 차별받는 자의 자괴감입니다.

우리는 살면서 누군가가 '공정한 사람'이라는 평을 받는 이들을 보곤 합니다. 그런 사람들은 어떤 사람들 입니까. 공정한 교사를 예로 들어 봅시다. 공정한 교사란 교실에서 아이들을 치우치지 않게 대하는 사람이겠지요. 그러기 위해서는 아이들이 처한 각각의 세세한 상황과 스토리에 개입해서는 안 됩니다. 개입하게 되면 자신도 모르게 공정함이 훼손됩니다. 공무원의 민원행정도 마찬가지입니다. 결론적으로 말하자면 누군가의 삶에 개입하여 감정이입하게 되면 그만큼의 공정함이 부실하게 됩니다. 따라서 공정함의 이상을 추구하려면 구체적인 상황들과 사람으로부터 거리를 두어야 하고, 감정을 배제해야 하며, 보편적이어야 합니다.

이러한 차원에서 영(Young)은 공정함의 이상이 감정을 철저히 억압하는 '감정배제'의 원칙에 근거해 있다고 비판합니다.[314] 토머스 네이글(T. Nagel)은 이것을 '초월적 관점', 즉 '아무데도 아닌 곳에서 바라보는 관점(a transcendental view from nowhere)'이라고 비꼬아 말합니다.[315] 결국 공정하고자 하는 이상은 모든 사람을 똑같이 대해야 한다는 당위 때문에 냉정한 도덕적 심판관의 위치에 서게 됩니다. 구성원의 사정과 입장을 고려하지 않는 공정함, 그리고 그것에 기초한 도덕성은 자신의 의도와는 달리 차별을 만들어내게 되고 비인간화를 초래합니다. 그리고 그것은 구체적 상황과 동떨어진 추상적이고 고급스러운 지배이데올로기로 전락합니다.

영(Young)처럼 이런 상황을 우려하는 이들은 '아무 데도 아닌 곳에서 바라보는 관점'에서 '모든 곳을 바라보는 관점(view from everywhere)'으로 바꾸어 생각해야 한다고 제안합니다. 그러기 위해서는 '보편성'에 대한 이해를 다시 정의해야 한다고 주장합니다. 인정머리 없이 상황을 고려하지 않는 초월적 보편성이 아닌, 모든 사람을 포용하고 모든 사람이 참여하는 따뜻한 보편성으로의 개념전환이 있어야 한다고 말합니다. 그것은 관계, 감정, 가치, 지향 및 다짐과 욕구를 외면하는 지금까지의 일반적 보편성과는 다른 차원입니다.

314) Iris Marion Young, Justice and the Politics of Difference Young, p.226.

315) Tomas Nagel (1986), The View from Nowhere, Oxford University Press, p.63, Iris Marion Young, Ibid., pp.225-233.

4. 마이클 센델(M. Sandel), 공동체적 가치

(공동체적 구상과 대안)

> 인간의 지성의 크기는 공동체의 크기와 비례한다. 지성인일수록 교감하는 공동체의 범위가 넓다. 반대로 반지성은 고립된 공동체를 고집한다.

서구의 고전적인 자유주의에 의하면, 인간은 생명과 자유, 그리고 재산에 대한 양도할 수 없는 권리를 갖고 있습니다. 그 어떤 정부도 이 권리를 침해하거나 불의한 방법으로 박탈 할 수 없습니다. 계몽주의 이후 상황은 더욱 심화되어 '자유와 권리'는 도덕적으로도 최고의 가치가 되었습니다. 자신의 소신과 역량을 마음껏 추구할 수 있는 자유와 그것을 정당히 요구할 수 있는 권리는 인간을 더욱 큰 존재로 만들었습니다. 그것은 현대인에게 양도할 수 없는(indefeasible) 가치가 되었습니다. 그것을 제한하는 것이 곧 악이며 미개함으로 인정되기에 이르렀습니다. 자유와 권리의 추구권은 이제 어느 누구도 시비의 대상이 될 수 없습니다.

그러나 자유와 권리라는 천부적 인권의 뒷면에는 비인간화의 위험이 숨겨져 있습니다. 성서에 나오는 이야기를 소개합니다. 여러분도 잘 알고 있는 '선한 사마리아인의 이야기'입니다. 어떤 사람이 여행 중에 강도를 만나 실컷 두들겨 맞고 길가에 버려졌습니다. 그 상태로 시간이 더 지나면 죽을지도 모를 상황입니다. 도움이 간절한 상황에서 레위 사람이 그 사람 곁을 지나갔지만 아무런 도움을 주지 않았습니다. 잠시 후 한 사제가 역시 쓰러진 사람 곁을 지나갔지만 도움을 주지 않고 그냥 자기 갈 길을 갔습니다. 너무도 매정하고 비인간적인 처사입니다. 물론 각자 자기 나름의 변명이 있을 것입니다. 갈 길이 바빴다거나, 아니면 겁이 났거나, 아니면 종교적인 이유로 인해 그냥 지나쳤을지도 모릅니다. 하지만 죽어가는 사람을 보고도 지나치는 것은 비난받아야 마땅한 짓입니다.

여기서 잠시 생각해 봅시다. 우리는 죽어가는 사람을 외면하고 지나친 두 사람의 처신을 어떻게 이해해야 할까요. 자유와 권리라는 관점에서 생각해 봅시다. 자유주의라는 관점에서 본다면 그들을 비난 할 수 없습니다. 그들의 행동을 정의롭지 못하다고 말할 수 있는 근거도 없습니다. 모른 체 한다고 해서 불의를 저지른 것이 아닙니다. 왜냐하면 그들은 쓰러진 사람의 권리를 빼앗지 않았기 때문입니다. 그리고 쓰러진 사람을 구해야 할지 안할 지는 그 사람의 자유이기 때문입니다. 자유주의적 관점에서 본다면, 쓰러진 사람을 구하는 것은 의무가 아닌 자유와 권리의 영역이기에 그냥 지나쳤다고 해서 비난 받아야 할 이유가 없습니다. 우리는 여기서 자유와 권리의 한계를 봅니다. 반면 세 번째의 나그네인 사마리아인은 자신이 할 수 있는 최선의 방법으로 강도에게 맞아 죽어가는 사람을 구했습니다. 우리는 이 사마리아인의 행동을 어떻게 받아들여야 할까요.

위의 이야기는 세상이 자유와 권리라는 가치로만 지탱될 수 없음을 암시합니다. 자유와 권리의 가치 외에 '배려의 가치'가 필요함을 느끼게 됩니다. 죽어가는 사람을 지나친 것은 자유와 권리라는 가치에서 본다면 비난받을 일이 아닙니다. 못 본체할 자유도 있기 때문이지요. 그러나 배려라는 가치에서 본다면 그것은 분명 무자비한 것입니다. 자유주의적 관점에서의 정의(正義)는 권리를 보호하는 것입니다. 그런 관점에서는 그냥 지나친 사람들을 정의롭지 않다고 비난할 수 없습니다. 과도한 자유주의의 맹점이 여기에 있습니다. 이에 대해 마이클 왈저(M.

Walzer)는 이제 권리에 호소하는 것을 거부해야 한다고 제안합니다.[316] 권리를 우선시하는 정치이론에 강력히 도전해야 하고, 그 대신 특정 공동체 내의 구성원 자격이라는 개념을 강조해야 한다고 주장합니다. 만약 권리가 아닌 공동체 구성원으로서의 도덕적인 삶이 강조되는 사회라고 한다면, 누가 강도에게 빼앗기고 죽어가는 사람을 그냥 외면하고 지나칠 수 있었겠습니까. 마이클 센델을 비롯한 공동체 주의자들은 개인의 권리가 공동체적 의무 보다 앞선다고 생각하는 것은 앞뒤가 바뀐 발상이라고 주장합니다.[317] 인간은 누구나 권리의 보유자 이전에 정치적 공동체의 구성원이기 때문입니다.

따라서 자유와 권리를 뛰어넘는 또 다른 차원의 윤리와 정의관이 요청됩니다. 우리에게 '정의란 무엇인가'로 유명한 하버드 대학의 마이클 샌델(M. Sandel)은 지금까지의 정의(Justice)에 대해 의의를 제기합니다.[318] 과연 정의란 그렇게 매정하고 쌀쌀맞은 것인지, 남에게 해를 끼치지 않는다는 조건 하나만으로 서로에게 무관심해도 되는지 묻습니다. 그는 사람온기 있는 따뜻한 정의는 과연 구현될 수 있는 것인지, 가능하다면 어떻게 해야 하는지 그 방법과 대안을 찾습니다.

역사적으로 자유주의는 '좋은 삶'에 대해 정부는 중립적이어

---

316) Michael J. Sandel, Why Morality, 안진환, 이수경 역 (2011), 왜 도덕인가, 서울 : 한국경제신문, p.170.

317) Michael J. Sandel, Ibid.

318) 마이클 샌델(M. Sandel)은 베스트셀러 <정의란 무엇인가>로 한국사회에 '정의' '공정' 논쟁을 촉발시킨 하버드대학교의 정치철학 교수입니다. 1953년 미네소타에서 출생하여, 브랜다이스 대학교를 졸업하고 27세에 최연소 하버드대학교 교수가 되었습니다. 자유주의 이론의 대가인 존 롤즈의 정의론을 비판한 <자유주의 정의의 한계>를 발표하면서 세계적 명성을 얻었습니다. 알레스데어 메킨타이어, 마이클 월저, 찰스 테일러 교수 등과 함께 공동체주의의 4대 이론가 중 한명이자 존 롤즈 이후 '정의'분야에 세계적인 학자로 평가됩니다.

야 하며, 공동선을 이해하는 방법에 대해 조심스러워야 한다고 주장했습니다. 그 이유는 어느 것이 옳고 그른 것인지를 정부가 규정하고 판단해서는 안 된다는 것이며, 또한 선한 삶에 대한 각자의 생각에 대해 정부는 중립적이어야 한다는 것입니다. 만약 정부가 선, 악에 대한 가치판단을 내릴 경우 시민들에게 강압적인 윤리를 강요하게 될 것이고, 그것은 자유주의가 제일 혐오하는 전체주의적 방식이라는 것입니다.

그러나 공동체주의자들은 국가가 선(善)을 강제하는 것을 두려워한 나머지 그 반대의 극단으로 가버렸다고 주장합니다.[319)] 그 결과 정부는 시민의 삶에 너무도 무관심하고 무책임하게 되었다는 겁니다. 예를 들어 자유주의 정신에 입각한 국가는 간섭하지 말아야 한다는 이유 때문에, 유능한 청년들이 무위도식하면서 세월을 보내는 것에 대해서도 어떠한 훈계나 권고도 안한다고 지적합니다. 그가 어떻게 자신의 삶을 만들어 가든지 그것은 전적으로 자신의 몫이기에 간섭해서는 안 된다는 이유입니다. 자유주의자들은 어떠한 경우에도 개인의 자유를 간섭하거나 침해해서는 안 된다고 주장합니다.

그러나 공동체주의자들은 이러한 자유주의의 중립성을 무책임하다고 비난합니다. 이들은 국가가 공적인 도덕적 판단을 해야 한다고 주장합니다. 국가를 비롯한 모든 공동체는 구성원의 도덕적 품성을 배양해야 하는 의무가 있다고 생각하기 때문입니다. 이 점에 있어서는 일찍이 칼 포퍼(K. Popper) 역시 방만한 자유주의의 위험성을 지적한바 있습니다. 자유주의자 임에도 불구하고 포퍼는 무제한의 자유와 관용은 자기 파괴적이라고 경고합니다. 한 사회가 무한히 관용을 베푼다면 그 사회는 파멸하기 쉬우며, 결국에는 그 사회와 함께 관용도 사라져 버릴 것이

319) 이종은 (2016), 사회정의란 무엇인가(현대 정의이론과 공동선 탐구), 서울 : 책세상, pp.573-574.

라고 우려합니다. 이른바 '관용의 역설'에 빠진다는 것입니다.[320] 그러므로 관용이 있는 사회는 어떤 상황에서도 관용의 적을 제압할 준비도 되어 있어야 한다고 강조합니다.[321]

공동체주의자들에 의하면, 공동체 구성원은 공동선에 대한 공통의 가치를 공유하고 함께 추구해야할 목표 역시 공유해야 한다고 역설합니다. 그렇다고 해서 개인의 자유와 주체성이 훼손되는 것은 아니라는 것입니다, 개인의 가치는 공동체 안에서 그리고 공동체를 통해서 진정으로 실현될 수 있다는 것입니다. 요약하여 설명하자면 센델의 공동체주의적인 정의관은 국가가 적극적으로 개인이 추구할 만한 선을 발견하고 장려함으로써 개인이 좋은 삶을 위해 다양한 선택지들을 가질 수 있도록 공동선의 정치(the politics of common good)를 실현하자는 것입니다. 공동선을 위한 국가의 적극적인 개입과 교통정리가 필요하다는 것입니다.

공동체주의자들은 자유주의자들이 과도하게 개인의 자유에 치우친 나머지 정치를 너무나 소극적이고 협소하게 이해하고 있다고 주장합니다. 센델은 미국이 처한 윤리적 위기를 진단하면서, 미국이 개인의 권리에 초점을 맞춘 나머지 시민적 덕성과 자치의 중요성을 진지하게 고려하지 못했다고 주장합니다. 자유주의 사상과 자유시장경제는 좋은 삶과 도덕적 가치에 대한 공유된 이해를 조성하는 데 실패하였으며, 완전한 경제적 자유로 인해 착취를 정당화시키는 오류를 범하였다고 주장합니다. 그 결과 결국 공동선을 실현하는 데 무력하였다고 주장합니다.

공동체주의자들과 자유주의자들 간에는 '개인'에 대한 이해가

320) Bryan Magee, Karl Popper, 이명현 역 (1995), 칼 포퍼-그의 과학철학과 사회철학, 서울 : 문학과 지성사, pp.95-96.

321) Karl Popper, The Lesson of this Century, 이상헌 역 (2000), 우리는 20세기에서 무엇을 배울 수 있나, 서울 : 생각의 나무, p.43.

다릅니다. 알렉시스 토크빌(A de Tocqueville)에 의하면 자유주의자들 즉 개인주의자들은 자신의 삶이 타인에게 빚진 바가 전혀 없다고 생각합니다. 마찬가지로 타인에게서 기대하는 바도 없다고 생각합니다. 자신의 삶은 자신이 운영하며, 자신의 운명이 모두 자신의 손안에 있다고 생각합니다. 자신을 독립적이라고 생각하여 자신의 힘을 과도하게 신뢰하고 언젠가는 타인의 도움을 청하게 될 것이라고 생각하지도 않습니다. 자신 외에는 어느 누구도 배려하지 않습니다.

반면에 공동체주의자들은 누구든 삶이란 운명적으로 다른 이에게 뭔가를 빚지고 있으며, 공동체 역시 구성원 각기에 대하여 뭔가를 빚지고 있다고 생각합니다. 개인의 삶은 좋든 싫든 간에 여러 측면에서 타인과 관계를 맺을 수밖에 없으며, 삶의 결과에 대해 서로 책임을 져야 한다고 생각합니다. 그래서 구성원들 각각에게, 그리고 구성원과 공동체 전체 사이에 서로 빚지고 있다는 사실에 기초하여 서로가 서로에게 책임을 지는 것이 정의(justice)라고 생각합니다. 공동체적 가치를 강조한다고 해서 개인에게 영웅적인 자기희생을 요구하는 것은 아닙니다. 다만 어느 누구도 타인에 의해 영향을 받지 않는 섬(島)이 아니라는 것을 항상 인식하고 있어야 한다는 것입니다. 여기서 공동으로 책임을 진다는 것은 혜택을 덜 받은 이들이나 사회적 약자가 되기 쉬운 이들을 배려할 의무가 있다는 것을 뜻합니다.[322] 따라서 공동체주의는 권리보다는 책임을 강조합니다.

다문화 정책을 구상함에 있어서 자유와 권리의 차원을 넘어 선한 사마리아인의 행위인 배려의 윤리가 절실합니다. 선한 사마리아인의 이야기는 우리의 삶에 자유와 권리가 기저선(基低線)이 되어서는 안 된다는 것을 보여줍니다. 인간이라는 존재

322) Karl Popper, Ibid, pp.579-580.

자체가 절대적으로 부인될 수 없는 가치, 즉 부인되거나 거절되어서는 안 되는 가치를 지니고 있기 때문에 우리는 다른 사람에게 요청할 권리를 가지며, 또한 요청을 수락할 의무도 있습니다. 그러한 관점에서 본다면 고통당하는 사람의 호소를 외면하는 것은 정의롭지 못한 것이기에 '불의한' 일이 됩니다. 샌델은 이 점을 놓치지 않습니다. 그는 자유와 권리에 기초한 정의론에 대해 적극적 수정을 요구합니다. 그에 의하면 한 인간이 자신의 사회적 역사적 역할과 무관하다고 생각하는 것은 잘못이라는 것입니다.

인간은 계약과 합의를 넘어서는 의무, 즉 인간은 사회계약으로는 설명할 수 없는 의무가 누구에게나 있습니다. 현대의 백인 미국인들은 엄밀히 말해서 과거 흑인들을 노예로 삼았던 비인간적인 일에 대하여 죄가 없습니다. 그것은 아주 오래전의 일들이기 때문입니다. 지금의 독일인 역시 마찬가지입니다. 유대인을 학살한 것은 자신의 부모나 조부모 때의 일입니다. 그러나 그럼에도 불구하고 죄책감과 부채감을 느끼는 것은 인간은 공동체적 존재이기 때문입니다. 자유주의적 관점에서 본다면, 그것은 자신과 관계없는 일입니다. 자신은 그 사건에 참여하지도 않았고 심지어 알지도 못했기 때문입니다. 그러나 공동체적 관점에서는 인간은 **'연대의 의무'**를 공유하고 있는 존재입니다.[323] 이 의무에는 우리가 떠안아야 할 도덕적 책임이 수반됩니다. 이 의무는 합의에 의해 좌우되는 것이 아닙니다. 강도에게 매 맞고 쓰러져 있는 사람을 권리라는 이름으로 모른 척 할 수 없습니다. 공동체적인 차원의 도덕적 책임은 상호 이익과 합의라는 계약적 차원의 윤리를 넘어섭니다.

---

323) Michael J. Sandel, Justice : What's the right thing to do? 이창신 역(2010), 정의란 무엇인가, 파주 : 김영사, pp.308-316.

5. 에드워드 사이드(E. W. Said)의 오리엔탈리즘

(편견과 혐오, 조작의 역사)

오래전 '오리엔트'라는 시계 브랜드가 있었습니다. 사람들 사이에는 제법 인기 있는 시계였지요. 동네 어른들이 많이들 손목에 차고 있었던 기억이 납니다. 어릴 적 들었던 오리엔트라는 단어의 느낌은 필자에게는 신비로웠습니다. 어른들에게 무슨 뜻이냐고 물어봤더니, 대부분 즉시 대답을 못하다가 며칠 후 '동양(the East)'이라는 뜻이라고 알려주었던 기억이 있습니다. 서양과 대칭되는 동양이라는 의미의 오리엔트가 왜 시계의 브랜드가 되었냐고 묻고 싶었지만 참았습니다. 오리엔트란 라틴어 oriens에서 기원한 말로써 '해가 뜨는 방향'이라는 뜻임을 한 참 후에 알았습니다. '지금 몇 시 인가'라고 시간을 묻는 것은 달리 말하면, '지금 태양이 하늘 위에 어디쯤 있는가'라는 말과 같습니다. 시계 브랜드가 왜 오리엔트인지 알 것 같습니다. 신입생 '오리엔테이션' 또한 '앞으로 대학에서 보낼 시간을 어떻게 보내야 할 것인가'에 대한 방향설정 이란 의미로 확장된 단어입니다.

이렇듯 오리엔트는 모두에게 긍정적인 의미의 단어입니다. 서양인들에게도 해가 뜨는 방향으로서의 오리엔트는 신비스러운 곳이었습니다. 콜럼버스가 그토록 가고자했던 곳도 동방의 인도였고, 그는 죽을 때까지도 자기가 발견한 아메리카대륙이 인도인 줄 알았습니다. 서양인들에게는 동양이라는 개념이 주로 학술적 연구와 관련되면서 이해되었습니다. '오리엔탈리스트', '오리엔탈리즘'이란 개념은 지역에 따라 종종 다른 의미를 띠기도 했는데, 때로 그것은 오리엔트적 건축양식이나 예술, 유행을 표현하는 데 사용되기도 했습니다.

지금의 관점에서 보면 동양에 대한 서양의 우위가 당연한 듯 보이지만, 사실 중세 서양인들의 눈에는 동양이란 신비스러움과 두려움의 대상이었습니다. 칭기스칸 몽고제국의 침략으로 인해 동유럽은 물론 서유럽까지 심각한 위험에 처해 있었던 경험은 그들에게 오랫동안 각인되었습니다. 이슬람제국의 팽창과 그들에 의한 과학발전, 인도와 중국으로부터의 신비로운 물품의 유입은 그들에게는 신선한 충격이었습니다. 15세기 말부터 시작된 유럽의 세계를 향한 진출은 타문화와의 접촉을 가져왔고 그것은 예술을 비롯한 유럽의 문화가 자극을 받게 되는 계기가 됩니다. 비유럽 사회와 그 문화들에 대한 호기심은 서양인들에게 동양에 대한 연구를 촉진시켰습니다. 동양에 대한 서양의 호기심, 신비로움, 두려움 등은 동양에 대한 관심으로 이어졌고, 이러한 관심은 동양에 대한 연구로 이어졌으며 이것들을 총칭하여 **오리엔탈리즘**이라 표현되기도 했습니다. 그리고 동양과 서양을 이어주는 가교역할을 한 통역가, 상인, 외교가들이 오리엔탈리스트로 불리기도 했습니다.

그러나 신비와 희망으로서의 상징이었던 오리엔트는 오랜 시간 동안 끊임없이 왜곡되어 왔습니다. 누군가에 의해 집요하게 각색되고 조작되면서 오리엔트는 본래의 의미를 잃게 되었습니다. 팔레스타인 출신의 미국인 비교문학자인 에드워드 사이드(E. W. Said)는 이점을 주목합니다.[324] 그에 의하면 동양적 사고

324) 에드워드 사이드(E. W. Said)는 1935년 영국이 위임통치하고 있던 팔레스타인의 예루살렘에서 태어났습니다. 당시 그곳에는 나치독일의 박해를 피해 도망 온 유대인들이 대거 입국하여 엄청난 혼란이 일고 있었습니다. 그의 가족은 혼란을 피해 1948년 이집트로 이주하였고, 그는 카이로의 빅토리아대학에서 교육을 받았습니다. 그 후 1950년대 말에 미국으로 건너가 프린스톤과 하버드에서 공부했습니다. 컬럼비아 대학의 영문학, 비교문학 교수이자 하버드 대학의 비교문학 객원교수로 활동했으며 2003년 사망할 때까지 미국에서 가장 뛰어난 문학평론가 중

또는 동양적 삶의 방식이라는 본래적 의미로서의 오리엔탈리즘은 근대 이후의 서양인들에게는 편견과 야만의 상징으로 각인되어 있습니다. 그는 오리엔트에 대한 집요한 '깍아내리기' 식의 폄하와 모함이 서양인들에 의해 오랫동안 그것도 계획적으로 있어왔다고 주장합니다. 사이드는 1978년 출간된 『오리엔탈리즘 Orientalism』이라는 책을 통해 오리엔탈리즘에 대한 부정적 이해의 길을 열었습니다. 그는 서구의 문학, 예술, 저널리즘 등을 폭넓게 다루면서, 이들 속에 오리엔탈에 대한 왜곡된 이미지가 광범위하게 작용하고 있다는 결론에 도달했습니다. 즉 서구사회의 학문과 예술, 종교와 문화 전반에 구석구석 오리엔탈에 대한 편견과 폄하가 교묘하게 숨어있다는 것을 밝혀낸 것입니다.[325)]

앞에서 설명했듯이 오리엔탈리즘이라는 말은 원래 서양인들에게는 동양에 대한 호기심과 신비로움에 근거한 '동양에 대한 연구'의 의미로 쓰여 졌습니다. 동양에 관한 학술적 연구, 교육, 저술 활동 등이 오리엔탈리즘으로 불리워졌던 것입니다. 이렇듯 오리엔탈리즘은 표면적으로는 부정적 의미는 아니었습니다. 그

한사람으로 평가 받았습니다.

325) 에드워드 사이드는 서양인들이 사용하는 오리엔탈리즘(Orientalism)이라는 말 속에는 다음과 같이 크게 세 가지 의미가 들어 있다고 설명합니다. 첫째, 동양에 관한 학술적 연구, 교육, 저술 활동 등의 지칭합니다. 둘째, 동양과 서양에 관한 존재론적 인식론적 구분에 기초한 사고방식을 나타냅니다. 즉 동양과 서양은 어떻게 다른가, 그리고 그 차이에 따라서 서구인의 입장에서 동양을 바라보는 생각의 태도방식이라고 말할 수 있습니다. 더 정확히 말하자면, 아랍과 이슬람 세계에 대한 서구의 정형화된 이해나 선입견입니다. 세 번째 의미는 앞의 두 의미 보다 좀 더 구체적이고 실천적 활동이라고 말할 수 있는데, 동양을 서양이 의도하는 바에 따라 다루기 위해 활용하는 모든 제도적 장치의 통칭을 의미합니다. 사이드는 두 번째와 세 번째의 의미를 경계와 의심의 눈으로 봅니다. Edward W. Said, Orientalism, 박홍규 역 (2002), 박홍규 역, 오리엔탈리즘, 서울 : 교보문고, pp.15-18.

러나 사이드에 의하면 표면적 의미와는 달리 오리엔탈리즘의 속뜻은 동양에 대한 폄하와 편견, 그리고 지배전략 등의 의미가 숨어있다는 것입니다. 간단히 말하자면 서양인들에 의해 왜곡된 **오리엔탈리즘이란, 동양에 대한 서양의 지배방식입니다**[326) 즉 오리엔탈리즘은 서구가 동양에 관계하는 방식, 서양인의 경험 속에 동양이 차지하는 특별한 지위를 처리하는 방식입니다. 그 지위란 바로 '타인의 이미지(image of the other)'입니다.[327)] 즉 동양에 타자의 이미지를 덧씌우는 것입니다. 서구 사회에서의 타자(the other)란 주체(self)인 자신들과 대칭되는 개념입니다. 그들에게 타자란 언제나 아닌 것(Not), 결여된 것, 결핍된 것, 부족한 것으로 간주되는 존재입니다.[328)]

결국 오리엔탈리즘은 동양인과 그 문화를 타자화하여 결핍된 존재로 폄하하고, 궁극에는 지배하고자 의도하는 서구인들의 지배방식입니다. 오리엔탈리즘이 그러한 의미로 쓰였을 경우 그것은 제국주의자들이 식민지와 식민지의 원주민들을 대하던 방식과 일치합니다. 서구인들에 의해 오랜 전통과 다양한 종교, 문화를 지닌 아시아의 정신들과 가치들은 모두 결핍된 것으로 처리되고 맙니다. 이제 오리엔탈리즘이란 개념은, 서구인들이 "동양을 이해하고, 경우에 따라서는 지배하고, 조종하고, 통합하고자 하는 일정한 의지나 목적의식"과 같은 부정적 의미로 정의되기에 이르렀습니다.

사이드가 『오리엔탈리즘』이라는 책에서 주로 다룬 내용은 자신의 고향인 팔레스타인, 그리고 그 정신적 세계인 아랍과 이슬

326) Edward W. Said, Ibid., pp.16-18.
327) Edward W. Said, Ibid., p.15.
328) 서구사회에서 타자(the other)은 개체가 아닌 익명적 결합체입니다. 타자는 개체적 존재라기보다는 하나의 집단으로 이해된다는 점에서 '복수형의 표지(the mark of the plural)'가 붙어 있습니다.

람 문화를 둘러싼 서구인들의 왜곡된 시각과 태도였습니다. 그러나 그의 논리는 단지 이슬람에 대한 서구인들의 왜곡된 태도에 대한 비판뿐 아니라, 서구인들의 그러한 시각이 동양사회 전반에 대해 퍼져있음을 고발합니다.

서구인들은 신비로움과 호기심의 대상이었던 동양세계와 그 문화에 대해 뒤집기를 시도합니다. 신비스러움과 동경의 대상이었던 동양의 이미지를 백팔십도 바꾸어, 오히려 동양의 후진성과 퇴행성을 부각시키고 그것의 원인이 인종적 차이라고 강변합니다. 조세프 고비노(J A. Gobineau)의 『인종불평등론』, 로버트 녹스의(R. Knox) 『흑인종』과 같은 책들은 이러한 주장을 뒷받침하고 선진적 인종과 후진적 인종을 공식화 합니다.[329] 물론 자신들이 선진적 인종이고, 동양인은 후진적 인종이 되겠지요. 그리하여 마침내 서구인들이 어떤 대상을 '동양적인 것'이라고 지칭할 때는, 그것 자체가 이미 평가절하적인 가치판단을 포함하고 있게 됩니다. 사이드는 이것은 서구인들이 동양세계를 자신들의 의지대로 '고안(invention)'한 것이라고 주장합니다.[330] 즉 동양에 대한 이미지가 서구인들의 주관적인 구성물이라는 것입니다.

서구인들은 동양과 동양인을 자신들이 원하는 데로 미개하게 그렸습니다. 그들은 동양을 독재적이고 민주주의를 발전시킬 수 있는 능력을 애당초 갖지 못한, 동시에 잔인하고 거짓말쟁이들로 차고 넘치는 곳으로 그렸습니다. 그들은 동양에 살고 있는 동양인들이 자신들과 같이 실존적 고민을 하기도 하고 자신들처럼 동일한 물음을 가지고 지적 투쟁한다는 사실을 애써 외면합니다.[331] 동양과 서양은 본질적으로 차이가 있다는 확신을 고

329) Edward W. Said, Ibid., p.365.

330) Edward W. Said, Ibid., p.84.

331) 서양인들은 동양인이 갖고 있는 세계의 인지 가능성(intelligibility)과 자기정체성(identity)마저도 동양인에 의한 것이 아닌, 서양이 동양이라

정시키고자 하기 때문입니다. 특히 이슬람 세계에 대한 부정적 이해는 십자군 전쟁 시기 이래 만들어지기 시작하여 오늘날까지 계속 이어지는 비교적 긴 전통을 가진 것이었습니다.

사이드는 오리엔탈리즘이라 표현되는 이런 서구인들의 인식에는 일방적인 권력의지가 작용하고 있다고 의심합니다. 동양에 대한 서구인들의 인식에는 자신도 모르게 지배의식이 잠재되어 있다는 것입니다. 이러한 지배의식은 단지 탐욕적인 제국주의의 정치가뿐만 아니라 문학, 예술, 저널리즘 등 광범위한 차원에서 광범위하게 깔려있습니다. 그리고 그들의 계획된 의도에 의해 생산된 오리엔트에 대한 이미지는 비정상, 열등, 약함, 수동성, 여성다움, 비합리, 후진, 야만, 피지배라는 것으로 나타나고 그것은 계속하여 확대 재생산되고 있습니다.[332] 역으로 유럽의 정체성은 동양에 대한 반대 항으로 즉 합리적이고 활기차며, 역사를 창조하고, 진보를 구현하는 것으로 형성되었습니다.[333] 동양을 자신들과 다른 세계라고 규정함으로써 '서양'의 자기 정체성이 확립됩니다. 서구인들은 자신들을 역동적으로, 동양을 정태적으로 개념화시켰습니다. 그 의도는 동방은 시간적으로 정지상태에 머물러있는 곳, 즉 그들의 역사에는 진보가 없다는 것을 꾸며내기 위한 것입니다. 결국 오리엔탈리스트(서양의 동양학자)는 '쓰는'인간이고, 동양인이란 그에 의해서 '쓰여 지는' 인간입니다.[334] 동양인은 서구인에 의해 규정되는 존재라는 것입

고 하는 것을 동일시함에 따른 인지작업의 기술적 조작에 의한 것이라고 폄하합니다. Edward W. Said, Ibid., pp.83-84.

332) 동양인은 서양 속의 부정적 요소를 갖고 있는 사람들, 즉 범죄자, 광인, 여자, 빈민 등과 같은 속성을 가지자로서 조작되었습니다. Ibid., pp.365-369. / Michel Foucault, Surveiller et Punir (1975), 박홍규 역 (1989), 감시와 처벌, 춘천 : 강원대학교출판부, p.55.

333) Edward W. Said, Orientalism, p.83.

334) 오리엔탈리스트들의 대부분은 서양인이므로, 동양에 대한 심층적 이해를 기대할 수 없기에, 그들의 편견과 목적에 의해 동양과 동양인이 규

니다.

사이드에 의하면 이와 같은 동양이란 개념 자체가 조작되었으므로 그것의 대응인 서양의 개념도 역시 조작되었다고 주장합니다. 따라서 오리엔탈리즘(Orientalism)도 웨스터니즘(Westernism)도 모두 폐기되어야 한다고 주장합니다. 웨스터니즘이란 서양인들이 오리엔탈리즘을 형성하는 과정에서 자연스럽게 형성된 허구의 조작된 자화상이기 때문입니다. 이러한 사이드의 견해는 비판론자들에 의해 수 없이 비판되고 부정되기도 했습니다. 그러나 그럼에도 불구하고 오늘날 그의 통찰에 의존하지 않는 동양학은 거의 없을 정도로 풍부한 고증을 통한 그의 비판적 견해는 학술적으로 인정받고 있습니다.[335)]

서구사회에서 동양과 동양학에 대한 열풍이 불고 있습니다. 현대의 일부 서구인들은 옛날처럼 여전히 동양을 신비로움과 동경의 대상으로 보는 이들도 있습니다. 그래서 티벳 불교와 일본의 선(Zen)에 심취하기도 합니다. 학문적으로는 다시 인도의 베다와 중국의 노장사상에 몰두하기도 합니다.[336)] 그러나 이것은 서양인들의 유희적 사치라는 비난을 면키 어렵습니다. 어떤 이들은 이러한 현상을 서양에 대한 동양의 정신적 우월성이라고 생각하지만, 그것은 엄청난 착각입니다. "채찍이 개를 만들

정될 수밖에 없는 한계가 있습니다. Edward W. Said, Ibid., p.536.

335) 오늘날 사이드에 의해 제기된 오리엔탈리즘의 문제의식을 고려하지 않은 채 유럽과 비유럽 세계의 관계를 조명하는 일은 불가능하게 되었습니다. 그만큼 사이드의 비판적 견해는 인정받고 있습니다. 게다가 사이드의 문제제기는 특히 서구의 학술적 동양 인식을 둘러싼 비판적 인식의 길을 열었다는 점에서 의미 있습니다.

336) 역자인 박홍규는 노자와 장자, 공자와 맹자가 오늘의 우리 문제를 해결한다고 보는 것은 시대착오적인 발상이라고 비판합니다. 그것은 도리어 오늘의 문제를 신비화시키고 단순화시킨다는 점에서 지극히 위험하다고 주장합니다. Edward W. Said, Ibid., p.622.

듯, 선물은 노예를 만들 뿐"입니다.[337] 동양에 대한 서양의 지배 의식은 여전히 강력하며 조금의 양보도 없습니다.

일부 서구인들이 동양종교와 요가와 같은 신비적 유연성에 몰두하는 것은 기름진 식탁에 물린 이들이 옛날 보리밥을 찾는 것과 다를 바 없습니다. 그들이 동양을 신비화하면 할수록 그 뒤에 감춰진 영속적인 지배의식은 더욱 견고해집니다. 금세기 서양인에 의해 날조된 동양에 대한 신비의 이미지는 자신들의 제국주의적 욕망의 본질을 호도하고 흐려놓는 것에 불과합니다. 사이드는 이러한 값싼 '추켜세움'을 경계합니다.

서양인들은 여전히 동양은 미개하고 자신들은 계몽되었음을 흑백논리처럼 믿고 있습니다. 실제로 서양의 지식인들 중에는 동양의 지혜와 문화를 제대로 이해하는 사람이 드뭅니다. 동양은 배워야할 가치가 있는 것이 없다고 판단합니다. 심지어 존 듀이(J. Dewey)와 같이 이들조차도 중국에서 가르칠 것만 있지, 배울 만한 것은 없다고 생각했습니다.[338] 이렇듯 무지에 기초한 편견은 마르크스도 예외는 아니었습니다. "동양인은 스스로 자신을 대변할 수 없고, 다른 누군가에 의해 대변되어야한다"는 마르크스의 말은 동양에 대한 왜곡된 시선이 서구 지식인이라면 누구도 예외가 아님을 드러내주고 있습니다.[339]

우리는 앞에서 근대성 즉 모더니즘의 정체성에 대하여 고찰했습니다. 근대성의 이성중심 세계관을 남근이성중심주의(Logocentrism)라고 배웠습니다. 또한 이성중심의 세계관을 고착

---

337) 에스키모의 격언은 자만하고 관대한 척 하는 선물 시혜자들에 대한 공포를 표현하고 있습니다. Marvin Harris, Cows, Pigs, Wars and Witches : the Riddles of Culture, 박종렬 역(2020), 문화의 수수께끼, 파주 : 한길사, p.175.

338) 杜維明, 對話與創新, 김태성 역 (2006), 문명들의 대화, 서울 : 휴머니스트

339) Edward W. Said, Ibid., p.615. 역자의 말.

시키기 위해 이항대립구조를 조작해 내었다는 것도 언급했습니다. 이성/감성, 합리/불합리, 문화/자연, 진리/비진리, 의식/무의식, 중심/주변, 남성/여성, 서구적 가치/비서구적 가치, 등이 이항대립구조입니다. 이항대립구조에서 앞의 것은 선하고 정상적이며 장려되어야 할 것이고, 뒤의 것은 악하고 비정상적이며 폐기되어야 할 것입니다. 앞의 것은 진리이고 뒤의 것은 비진리입니다. 그리고 앞의 것은 서양의 가치이고 뒤의 것은 동양의 가치입니다. 결국 앞의 것은 웨스터니즘(Westernism)이고 뒤의 것은 오리엔탈리즘(Orientalism)입니다. 이것은 곧 '우월성은 종속을 정당화 한다'는 지배의 논리(logic of domination)로 이어집니다. 서양은 언제나 주체(self)가 되고 동양은 타자(the other)가 됩니다. 서양은 A이고 동양은 not A입니다. A에 속하는 것은 규범적인 기준이 되고, not A에 속하는 것은 교정되고 폐기되어야 할 이단적 속성을 갖습니다. 사이드에 의하면 서구인들은 서양세계에서 바람직하지 않은 것들은 모두 동양적인 것의 속성으로 정의해 버렸다고 고발합니다.

서구인들이 식민지인을 자발적으로 복종시키기 위해서 동원된 시스템은 총과 칼이 아니었습니다. 보다 철저한 지배를 위해서는 문명이라는 이름과 계몽이라는 이름으로 제국의 문화적 헤게모니에 종속되게 만드는 것입니다. 그러나 문명이라는 것은 곧 야만이라는 타자를 세움으로써 가능합니다. 자신들이 문명인으로서의 긍지를 느끼려면 다른 한편으로는 야만인이 있어야 합니다. 그러기 위해서는 지배하고자 하는 대상에 대한 재구성이 필요했습니다. 즉 야만의 틀을 씌우는 겁니다. 같은 이치로 동양을 지배하고 위압하려면 먼저 동양을 '재구성'해야 했습니다. 폐기되어야 할 것들의 속성을 모두 동양의 가치라고 조작해 냄으로써 동양인에 대한 서양인의 인식은 계몽되어야 할 미개한 인간으로 고정되었습니다.

결국 서구인들에 의해 만들어진 오리엔트(the Orient)는 서구세계의 권력의지의 부산물이며, 따라서 오리엔탈리즘은 '동양을 지배하고 재구성하여 위압하기 위한' 서구적 양식의 한가지입니다.[340] 문제는 **규정당하는 자는 규정하는 자의 정의(definition)에서 벗어나지 못한다는 것에 있습니다.** 외부에서 '바보'라고 지속적으로 규정하면 종국엔 자신도 자기를 '바보'라고 생각하는 이치와 똑 같습니다. 서구인들에 의해 결핍된 존재로서의 '타자'로 규정된 동양인들은 자기도 모르게 서구인들의 시각에서 자신을 바라보게 됩니다. 서구인들이 자신들을 재구성한 것처럼 동양인들도 자신을 결핍된 존재로 재구성한다는 것입니다. 이것은 식민지인의 무기력한 의식을 반영하는 것입니다.

6. 리처드 도킨스(R. Dawkins)의 이기적 유전자

(이타적일 수밖에 없는 존재)

아직도 정치철학과 윤리학의 영역에서는 이타적 행위와 이기적 욕구에 대한 논쟁이 끝나지 않았습니다. 무엇이 이타적이고, 무엇이 이기적인 것인가에 대한 정확한 구별조차 어려운 상황에서 논쟁만이 뜨겁습니다. 그러나 진화학자들과 심리학자들은 이기적인 것과 이타적인 것의 구별은 더 이상 무의미 하다고 결론짓습니다. 이타적인 행위를 유발시키는 것이 이기적 동기이기 때문입니다. 그들에 의하면 인간의 모든 행위는 이기적 동기와 욕구에 의해 조종됩니다. 예를 들어 좋은 사람으로 인정받기 위한 동기나, 아니면 더 높은 보상을 얻기 위한 '계산된 전략으로서의 결과'가 이타적으로 표출된다는 겁니다. 즉 동기는 이기적

340) Edward W. Said, Orientalism, p.15.

인데 그것의 결과는 이타적이라는 것입니다.

이타적 행동은 장기적으로 볼 때 높은 이득을 주는 전략적 행동이 될 수 있습니다. 이타적인 행동은 타인으로부터 호감을 이끌어낼 수 있으며, 사회 구성원으로서의 위치를 공고히 해줄 수 있는 것으로도 보입니다. 이러한 점에서 이타적인 행동은 자신의 능력과 이타적 성향을 과시하는 **'값비싼 신호(costly signal)'**가 될 수 있습니다. 여기서 '값비싼 신호'란 자신이 이타적인 존재임을 알리기 위해 적지 않은 손해를 감수하는 것을 말합니다. 자연의 법칙에서는 비싼 신호를 사용한 개체일수록 더 높은 사회적 지위를 얻을 수 있습니다. 이러한 주장을 뒷받침하는 증거는 충분히 있습니다.

예를 들어, 아라비안 배블러(Arabian babbler)라는 새의 경우 스스로의 안전을 위하기보다 가장 높은 나무에서 포식자가 접근하는 것을 알려주는 역할을 하는 새가 무리의 리더가 되며 더 많은 번식 기회도 얻을 수 있는 것으로 알려져 있습니다. 또한 최대한 많은 양의 재산을 남들을 위해 바친 사람이 부족의 리더가 되는 풍습을 가진 부족들도 많습니다.[341] 이들은 값비싼 신호로서의 이타적 행동 이론을 뒷받침합니다.

물론 이 이론에 동의하지 못하는 이들이 많을 겁니다. 타인과 공동체를 위한 인간만의 숭고한 희생과 헌신을 이기적 욕망의 결과로 설명한다는 것은 인간에 대한 예의가 아니라는 지적입니다. 물론 생존과 번식이라는 궁극적 욕구가 인정 욕구로 성장하며, 이것이 도덕성과 이타성이라는 숭고한 인간의 가치를 만들어 낸다는 논리를 받아들이기란 정서적으로 쉬운 일이 아닙니다. 그러나 이것은 어쩔 수 없는 과학적 진실입니다. 예를 들어 순교자들을 보십시오. 그들은 죽은 후에 하늘에서의 신의 축

341) 김학진 (2017) 이타주의자의 은밀한 뇌구조 (A Journey into the Secret of Altruist's Brain), 고양 : 도서출판 갈매나무, pp.106-115.

복과 보상을 확신하는 경우가 많습니다. 그럴 경우 그의 순교 동기는 '더 큰 보상'이라는 것에 무게가 있다고 봐도 무방합니다. 남자들 간의 의리를 지키는 것도, 과부가 정조를 지키는 것도, 인간관계에서 배신보다 신의에 집착하는 것도 사실은 인정과 보상욕구에 의한 것입니다. 배신해서 얻는 것보다 신의를 지켜서 얻을 수 있는 보상이 더 크다고 판단되었을 경우, 어려운 상황 속에서도 믿음을 지키는 것입니다. 개인이나 개체뿐 아니라 집단도 마찬가지입니다.

심리학자들과 유전학자들 그리고 인류학자들은 **가장 이타적인 집단이 가장 경쟁력 있는 공동체**라는 것에 동의합니다. 연구 방향과 방법은 달라도 결과는 동일합니다. 살아남기 위해 학습된 이타주의 행동이 결국 진화론적으로 유전되어 종의 가장 경쟁력 있는 특성으로 남는다는 것입니다. 이런 의미에서 1975년 에드워드 윌슨(E. Willson)은 윤리학이 머지않아 '생물학의 한 영역이 되 것'임을, 더 나아가 윤리학이 '감정 중추'의 활동을 해석하는 학문으로 재정립될 것임을 예언하였습니다.[342] 그것은 놀라운 통찰입니다.

리차드 도킨스(R. Dawkins)는 그의 불멸의 역작 『이기적 유전자 The Selfish Gene』에서 이타적이며 상호 호혜적인 유전자만이 진화과정에서 경쟁력을 가질 수 있다고 주장합니다.[343] 그에

---

342) Jonathan Haidt, The Righteous Mind, 왕수민 역 (2019), 바른 마음, 파주 : 웅진지식하우스, p.139.

343) 세계에서 가장 영향력 있는 과학자이자 저술가인 리차드 도킨스(R. Dawkins)는 1941년 나이로비에서 태어나 옥스퍼드대학교에서 수학하였습니다. 이후 동물행동학 연구로 노벨상을 수상한 니코 틴버겐 에게 배운 뒤 촉망받는 젊은 학자로 학문적 여정을 시작하였습니다. 1995-2008년까지 옥스퍼드대학교에서 과학의 대중적 이해를 전담하는 석좌교수직을 맡았으며, 현재는 뉴칼리지의 명예교수입니다. 2013년에는 '프로스펙트'가 독자들의 투표로 선정하는 '세계 최고의 지성' 1위에

의하면 유전자는 유전자 자체를 유지하려는 목적 때문에 원래 이기적이라고 합니다. 동물의 이기적 행동은 이와 같은 이유에서 비롯된 것이며 이타적 행동을 보이는 것도 자신과 공통된 유전자를 남기기 위한 행동이라고 주장합니다. 도킨스에 의하면 인간만이 가질 수 있고 물을 수 있는 종교적이거나 철학적인 질문들도 사실은 이기적 유전자와 관련이 있다고 말합니다. 예를 들어, 생명에는 의미가 있는가? 우리는 무엇 때문에 존재하는가? 인간이란 무엇인가? 등과 같은 질문의 답을 더 이상 종교나 철학에서 구할 필요가 없다는 것입니다. 도킨스에 의하면 그러한 질문은 철학과 종교에 답이 있는 것이 아니라 유전자에 답이 있습니다. 진화론에 의하면 사람을 비롯한 모든 동물은 유전자가 만들어 낸 기계에 불과하기 때문입니다.[344)]

도킨스는 희생이라든가 이타적인 행위 등을 그 '행위자'의 관점에서 보지 말고 그를 그렇게 하도록 명령하는 '유전자'의 입장에서 보라고 말합니다. 유전자의 관점에서 보면 인간을 비롯한 모든 생물들은 단지 유전자를 보유하고 그의 명령에 따라 행동하는 기계에 지나지 않습니다. 즉 우리는 유전자를 담는 그릇에 불과하다는 겁니다. 인간을 비롯한 모든 생물체는 생존 기계일 뿐입니다. 유전자로 알려진 이기적 분자들을 보존하고 운반하기 위해 맹목적으로 프로그램화 되어진 로봇입니다. 즉 인간과 동물은 우주에서 가장 복잡하면서도 완전하게 설계된 기계일 뿐입니다. 헤밀턴의 정리(rb>c)에 의하면 '어떤 행동의 전체적인 이득이 비용을 초과하면' 해당 유전자는 번성하게 됩니다. 여기서 결국 비용은 유전자의 빈도가 줄어드는 것이고, 이득은 유전자의 빈도가 늘어나는 것입니다.[345)]

오른 바 있습니다.

344) Richard Dawkins, The Selfish Gene, 홍영남, 이상임 역 (2018), 이기적 유전자, 서울 : 을유문화사, p.47.

345) b=수혜자의 이득, c=공여자의 비용, r=공여자에 대한 수혜자의 근연도

이기주의와 이타주의에 대해 생각해 봅시다. 치열한 세상에서 수백만 년 동안 생존에 성공한 유전자의 가장 중요한 성질은 "비정한 이기주의"입니다. 자연선택에 의해 진화되어 온 것은 무엇이든 이기적일 수밖에 없습니다. 도킨스에 의하면 희생적이고 이타적인 결과 역시 그 원인은 이기적입니다. 예를 들어 봅시다. 자연에는 신사적인 동물들이 있습니다. 그 동물들은 동종의 경쟁자를 죽이는데 전력을 다하지 않는데 실상은 그 이유가 있습니다. 표면적으로 이타주의처럼 보이지만 사실 격렬한 싸움은 이득과 동시에 대가(손실)가 따르기 때문입니다. 예컨대 B와 C는 내 경쟁자, 그러나 B와 C도 경쟁관계, 따라서 내가 B를 제거하면 C에게 이익을 주는 셈, 그리고 B를 살려두면 B와 C가 싸울 것이므로 나에게는 이익이라는 속셈이 깔려 있는 것이지요. 해충 방제자가 해충을 없앴는데 이 해충의 절멸로 다른 해충이 큰 이익을 보게 돼서 전보다 더 나쁜 상태가 되는 경우를 신사적인 동물들은 알았다는 것입니다. 물론 동물의 머리에서 나온 것이 아니라, 유전자가 시킨 것입니다.[346] 이쯤 되면 "우리의 운명은 우리 유전자 안에 있다"는 제임스 왓슨(James D. Watson)의 고백은 무리가 아닙니다.[347]

모든 동물은 집단생활의 경향을 갖고 있습니다. 동물이 무리지어 함께 살면 그들 유전자는 그들이 투입한 것보다 더 큰 이익을 얻게 되기 때문입니다. 무리지어 있으면 포식자에게 잡아먹히는 것을 피하기 더 쉽고, 떼 지어 사냥하는 것은 개개의 이기적 개체에게 유리합니다. 그런데 집단생활을 하는 동물들을

John Cartwright, Evolution and Human Behavior, 박한선 역 (2019), 진화와 인간행동, 서울 : 에이도스, pp.97, 360-361.

346) Richard Dawkins, The Selfish Gene, pp.155-157.

347) James D. Watson, Andrew Berry, DNA : The Secret of Life, 이한음 역 (2003), DNA : 생명의 비밀, 서울 : 까치, p.440.

관찰해보면 놀랍고도 신비스러운 사실을 알게 됩니다. 그것은 동물들의 이타적인 행위입니다. 동료를 지키기 위해 자신이 위험에 처하거나 심지어 목숨까지 내놓는 동물들이 적지 않습니다. 그렇다면 동물들의 이러한 이타적인 행동을 우리는 어떻게 이해하여야 할까요.

생각해 봅시다. 동료들에게 포식자가 다가오고 있다는 것을 알려주기 위하여 경계음을 내는 새의 행동은 이기적일까요? 이타적일까요? 경계음을 내는 놈이 포식자에게 제일 먼저 포착되기에 매우 위험합니다. 자신이 위험에 처하면서도 동료들에게 적의 침입을 알려주는 것은 과연 이타적 행동일까요? 따져봅시다. 매를 먼저 발견한 새가 혼자 숨어 있다고 해도 제 멋대로 돌아다니는 동료를 때문에 위험하기는 마찬가지입니다. 또한 포식자를 먼저 발견한 새가 혼자 살겠다고 먼저 날아오른다면 더 많은 위험이 따릅니다. 매의 우선적인 표적이 될 수 있기 때문입니다. 매는 실제로 무리를 이탈한 놈을 노린다고 합니다. 이 상황은 매를 불러들일 가능성을 줄이기 위해 경고하는 것입니다.[348] 따라서 혼자만이 아니라 다른 동료들도 함께 날아오르도록 부추기는 것이 **자신을 위해서도 유리한 선택**인 것입니다.[349] 물론 경계음을 먼저 냈기 때문에 죽는 개체도 분명 있을 것입니다. 그러나 경계음을 내지 않았기 때문에 죽는 개체는 더 많이 있을 겁니다. 결국 경계음은 이기적으로 자연선택된 것입니다.[350]

사회성 곤충의 예를 들어봅시다. 꿀벌, 말벌, 개미, 흰개미들은 협동과 이타주의의 상징적인 곤충들입니다. 대표적인 것은 적을 찌르는 자살행위 즉, 가미가제 벌꿀입니다. 이들은 꿀을 훔치러 접근하는 도둑을 침으로 쏘고 그 과정에서 죽습니다. 침

348) cave(조심하라)이론
349) never break ranks(대열을 이탈하지 마라)이론
350) Richard Dawkins, The Selfish Gene, pp.324-328.

은 내장과 연결되어있어서 쏘는 행위로 인해 내장이 함께 빠져 버리기 때문입니다.351) 꿀단지개미는 배에 꿀을 잔뜩 넣고 천장에 매달려 있습니다. 그것은 다른 일개미의 먹이 저장소로 이용됩니다. 이들의 이타적인 행동들을 어떻게 해석해야 할까요. 이 점은 유전학자 윌리엄 해밀턴(W. Hamilton)에 의해 수학적인 모형으로 정리되었습니다. 해밀턴은 이기적으로 서로 경쟁하는 개체들은 후손들에게 도움이 된다면 '합리적'으로 개인적 희생을 할 수 있다는 사실을 보여 주었습니다.352) **이들은 유전적으로 개체로서의 삶이 존재하지 않습니다. 개체성은 전체와 사회복지에 종속되고, 집단 수준에서 개체성이 달성됩니다.**353)

더욱 놀라운 사실은 사회성 곤충의 군락 내에서 개체 대부분은 불임의 일꾼들 이라는 것입니다.354) 일벌들은 모두 종족을 번식시킬 수 없는 불임의 유전자를 갖고 있습니다. 이것은 다른 형태의 이타적 행동 및 협동을 보여주는 사례입니다. 일벌의 모든 노력은 자기 자식이 아닌 혈연자를 돌봄으로써 자신의 유전자를 보존하는데 투자합니다. 다윈은 이렇게 신비스러울 만큼 극도로 이타적인 일벌들의 행위에 대해 주목했습니다. '집단선택이론'이라는 그의 설명에 의하면, 이타적인 행위는 **특정 개체에게는 불이익을 주지만 집단 전체에는 이득이 된다는 논리**입니다. 이것 역시 유전자의 명령에 의한 것입니다. 그 결과 이타적인 개체가 많은 집단이 그렇지 못한 집단에 비해 우월할 수 있고, 따라서 이타적인 개체들이 번성할 수 있다는 것입니다. 다윈은 적자생존을 주장했지만, 실제로 많은 생물들이 **'집단의 생존을 위해 스스로 적자가 되지 않는다'**는 역설적인 선택을 합니

351) Richard Dawkins, Ibid., p.52.
352) William Hamilton (1964)/Christopher Boehm, Moral Origins : The Evolution of Virtue, Altruism, and Shame, p.20.
353) Richard Dawkins, op.cit., pp.329-330.
354) Richard Dawkins, Ibid., 330.

다.[355] 벌과 새의 세계에서는 늘 그랬고, 인간은 더 말할 필요도 없습니다. 이러한 메카니즘이 초석이 되어 인류의 사회적, 윤리적 행위들이 나타났다는 주장도 많습니다.[356]

협력의 진화를 봅시다. 양쪽이 동시에 이익을 주고받는다면 협력이 진화할 수 있습니다. 그러나 이익의 제공과 이에 대한 보답 사이에 **시간차**가 있을 때에는 문제가 생깁니다. 그럼 이기적 유전자론에서는 서로 등을 긁어주는 관계 즉 '호혜적 이타주의'의 진화를 어떻게 설명할 수 있을까요? 예를 들어 서로 등을 긁어주는 행위는 양쪽 동시에 이익이 실현되지 않습니다. 한쪽이 등을 내밀면 다른 한쪽은 등을 긁어줍니다. 이것은 시간차가 있는 상호협력 행위입니다. 당연히 등을 긁어주는 쪽의 이익은 지금 실현되지 않습니다. 나의 이익이 실현되려면 기다려야 합니다. 그러나 내가 먼저 긁어주면 그 다음에는 너도 나를 긁어주겠지, 라는 기대감에서 봉사를 합니다. 이것은 상대에 대한 신뢰가 없이는 성립할 수 없는 거래입니나. 이것을 **'지연성 호혜적 이타주의'**라고 합니다. '지연성 호혜적 이타주의'는 서로를 개체로서 식별하고 기억할 수 있는 종에서만 가능합니다.[357]

호혜적 이타주의의 예를 들어 봅시다. 새의 머리 진드기는 스스로 털 손질 안 되기에 서로 털 손질해주는 것이 중요합니다. 혼자 사육된 쥐는 발이 닿지 않는 머리부위에 종기 생기는 반면, 집단으로 사육된 쥐는 서로 머리를 핥아주기 때문에 종기가 생기지 않습니다.[358] **협력을 하려면 단기적인 이익을 추구하여 상**

355) Michael Gazzaniga, Human : The Science Behind What Makes Us Unique, 박인균 역(2009), 왜 인간인가 : 인류가 밝혀낸 인간에 대한 모든 착각과 진실, 파주 : 추수밭, p.111.

356) Michael Gazzaniga, Ibid.

357) Richard Dawkins, The Selfish Gene, p.349.

358) 상호성의 관계에서 다음과 같은 세 가지 경우의 수와 전략이 있을 수 있습니다. 봉(sucker-누구에게나 털 손질 해줌)전략, 사기꾼(cheat-털 손

호 신뢰를 악화시키려는 충동을 극복해야만 합니다. 상호 이타주의를 행하는 종은 은혜를 갚지 않는 개체를 식별하는 메커니즘이 있습니다.[359] 그렇지 않다면 이타주의 행동은 결코 살아남지 못했을 것입니다. 인간은 이러한 차원에서 다른 동물들과 질적으로 차별화됩니다. 인간은 다른 유인원들보다 더욱 멀리 내다보며 생각할 수 있는 존재입니다. 인간에게는 오래도록 기억하는 능력과 개체 식별능력이 잘 발달되어 있습니다.

호혜적 이타주의는 인간진화에서도 중요한 역할을 합니다. 인간의 호혜적 이타주의를 설명하기 위해 에드워드 윌슨(E. Wilson)이 꾸며낸 이야기를 소개합니다.[360] 구석기 시대의 5명 정도 되는 수렵인 무리들을 상상해 봅시다. 한 사냥꾼이 자신이 독차지 할 영양 한 마리를 잡기 위해 다른 사람들로부터 이탈하려고 합니다. 만일 성공하면 그는 다른 사람들과 같이 사냥할 때보다 5배 정도나 많은 양의 고기와 가죽을 얻게 됩니다. 그러나 그는 그 성공률이 5명이 함께할 때보다 매우 낮다는 것을 경험상으로 알고 있습니다. 게다가 동료들로부터 배신자라는 원망

질 받고 안 해 줌)전략, 원한자(grudger-털 손질 해준 개체에게만 털 손질)전략-봉은 다수이고, 사기꾼과 원한자는 소수인 상태로 컴퓨터 시뮬레이션 결과는 다음과 같습니다. 사기꾼의 무정한 착취로 봉 개체군의 극심한 감소되고, 사기꾼은 폭증하여 최후의 봉이 사라질 때 그 수가 정점을 이룹니다, 그 동안 원한자의 수도 함께 서서히 감소했지만 일정 세력은 유지합니다. 최후의 봉이 죽고 난 후 사기꾼이 남을 이기적으로 착취 못하면서 감소하기 시작하고 반면에 원한자의 수는 서서히 증가합니다. 원한자가 급증하면서 사기꾼은 격감하게 되고, 이후 양쪽의 개체 수는 평형을 이룹니다. Ibid., 350-356.

359) Tooby, J., Cosmides, L., and Barrett, H.C. (2005). Resolving the debate on innate ideas : Learnability constraints and the evolved interpenetration of motivational and conceptual functions. In Carruthers, p., Laurence, S., and Stich, S (eds), The Innate Mind : Structure and Content. New York : Oxford University Press. Michael Gazzaniga, Human : The Science Behind What Makes Us Unique, P.117.

360) Edward O. Wilson, Consilence : The Unity of Knowledge, pp.436-438.

을 들을 것입니다. 그는 어떤 것을 선택해야 자신에게 유리할지를 고민하게 됩니다. 협동할 것인가, 배신할 것인가. 협동이든 배신이든 자신을 위하여 하는 것입니다. 이러한 갈등은 모든 인간에게 수 없이 많은 대를 거치면서 '협동성향'과 '배신성향'이 유전됩니다. 여기서 중요한 것은 배신성향이 강한 종 보다 협동성향이 강한 종이 훨씬 더 생존경쟁과 번식경쟁에서 경쟁력 있게 되었다는 사실입니다. 진화의 역사가 진행되는 과정에서 협동행위를 하도록 만드는 유전자들이 더욱 강력해지고, 그것이 인류에게 마치 본능처럼 유전됩니다.

이러한 과정이 수천 세대를 내려오면서 반복되어 형성된 것이 바로 **'도덕감정'**입니다.[361] 인간만이 있는 것 같은, 그래서 인간이 다른 동물과 차별화되는 위대한 힘으로서의 도덕 역시 이기적 유전자의 선택적 결과입니다. 자신을 위한 이기적 유전자는 역설적이게도 이타적으로 결정합니다. 이기적 유전자는 이타적일 때 자신에게 가장 유익하다는 것을 알기 때문입니다. 이것이 임마누엘 칸트가 말한 이성적 익마(rational devils)입니다. 이성적 악마란 자기 이해를 쫓다 보면 도덕적이고 이타적인 행동을 하게 된다는 개념입니다. 명예심, 양심, 이타성, 정의, 동정심, 자비 등의 보편적인 도덕적 코드들을 움직이는 것 역시 유기적 유전자이며, 이것은 인간의 문화적 진화를 촉진하는 계기가 되었습니다.

행동생물학자 엘리슨 졸리(A. Jolly)는 "영장류의 사회적 삶이 영장류의 지능을 발달시킬 수 있는 배경이 되었다"고 결론을 내립니다.[362] 그 이전에 니콜러스 험프리(N. humphrey) 역시 "영

361) Edward O. Wilson, Ibid.

362) Alison Jolly, (1966), Lemur social behaviour and primate intelligence, Science 153 : 501-6, Michael Gazzaniga, Human : The Science Behind What Makes Us Unique, p.125.

장류의 높은 지적 능력은 복잡한 사회적 삶에 적응하면서 진화했다"고 주장한 바 있습니다. 그는 상대방의 행동을 예측하고 조종하는 능력이 생존상 이점으로 작용하기에, 결과적으로 정신 능력이 더욱 복잡해진다고 주장합니다.[363] 연구자들의 공통된 생각에 따르면 영장류와 비영장류의 차이점은 사회적 기술의 복잡성입니다. 인간의 뇌 역시 사회적 교류가 끊임없이 일어나는 것에 맞춰 만들어졌습니다. 인간이라는 종의 지능이 급격히 좋아진 데는 바로 이 복잡한 사회적 교류가 크게 한몫했음은 더 말할 필요가 없습니다. 그러나 타인과의 관계가 줄어들다 보면 어느 순간부터는 뇌에 부정적 영향이 생기고 사회성이라는 근육이 위축됩니다.

설상가상으로 서구의 문화는 개인과 개인의 권리를 최고의 가치로 강조하는 경향이 있습니다. 이것은 자기몰두를 더욱더 부추깁니다. 남들이 나와 다른 관점을 가졌다는 사실을 상상조차 못하는 사람들이 점점 더 늘어나고 있습니다.[364] 타인의 삶에 대해 무관심하며 심지어 타인과의 벽을 쌓는 행위는 유전자에 역행하는 행위입니다. 우리의 유전자는 타인의 삶과 얽혀서 공존하기를 명령합니다. 수 억 년에 걸친 생명의 역사는 협력의 유전자만이 가장 경쟁력 있고 최종적 승리자임을 증언하고 있습니다. 협력의 유전자를 거역하는 종은 진화의 과정에서 도태되었음을 명심해야 합니다. 이것은 이방인과 다문화가 쟁점화되어있는 사회에 의미 있는 교훈을 줍니다. 역사적으로 보았을 때, 이방인과 그 문화를 우호적으로 포용했던 사회와 국가는 그렇지 못했던 사회와 국가 보다 더욱 번성했습니다. 도킨스의 이기적 유전자는 책 제목과는 반대로 그 내용은 협력과 이타주의

363) Michael Gazzaniga, Ibid.

364) Robert Green, The Laws of Human Nature, 이지연 역 (2019), 인간 본성의 법칙, 고양 : 위즈덤하우스, p.87.

로 가득 차 있습니다. 유전자는 이타주의를 보임으로써 자신의 이기적 목표를 가장 잘 달성할 수 있다는 역설적 사실을 기억해야 합니다.

7. 재레드 다이아몬드(J. Diamond), 제3의 침팬지

(문화적 차이는 환경적 차이의 산물이다)

동시대를 살면서, 그리고 같은 인간이면서 백인을 비롯한 선두그룹의 인종들은 월등이 앞선 문명을 만들어가고 있는 반면에, 아직도 지구상에 석기시대처럼 채집과 수렵생활을 하는 원시인들이 세상 곳곳에 있다는 것을 여러분은 어떻게 이해하십니까. 이들의 삶의 양식과 문명의 차이를 어떻게 설명할 것인지는 오래전부터 인류학자들의 숙제입니다. 우리 시대의 위대한 석학 재레드 다이아몬드(J. Diamond)는 이러한 문명의 차이와 현대 세계의 불평등 원인에 대한 의문을 풀고자 노력했습니다.[365] 그러한 의문에 대한 나름의 답이 그의 유명한 저서 『총, 균, 쇠 Guns, Germs, and Steel』입니다.[366] 그는 현대 세계의 불평등에 대한 문제를 제기하면서, 인류의 발전은 어째서 각 대륙

365) 재레드 다이아몬드(J. Diamond)는 케임브리지 대학에서 생리학 박사학위를 취득하였고 캘리포니아 주립대학(UCLA) 교수를 역임하였습니다. 생리학, 조류학, 진화생물학, 생물지리학으로 연구의 영역을 확장해 나갔으며 문화인류학에도 조예가 깊습니다. 진화생물학과 인류학에 관한 깊고 넓은 논문들을 발표함으로써 이 분야의 최고의 권위자로 인정받고 있습니다.

366) 민족마다 역사가 다르게 진행된 것은 각 민족의 생물학적 차이 때문이 아니라 환경적 차이 때문이라는 것, 지리적 환경은 분명히 역사에 영향을 미친다는 것, 문제는 그 영향력이 얼마나 큰지 그리고 과연 역사의 광범위한 경향도 지리적 환경으로 설명할 수 있는지를 밝혀내는 일이 이 책의 목적입니다.

에서 다른 속도로 진행되었을까를 의문합니다. 그러한 문명의 속도 차이는 인류 역사에서 가장 광범위하게 이루어졌던 하나의 경향이며 그 원인을 탐색하는 것이 이 책의 주제이기도 합니다. 그는 이 책에서 문명 발전의 속도와 차이는 인종들 간의 생물학적 차이에서 비롯되는 것이 아니라, 환경적 차이 때문이라고 주장합니다. 그리고 그것을 나름의 방법으로 증명해 보입니다.

물론 재레드 다이아몬드 이전에도 많은 이들이 이 문제에 대한 다양한 대답을 내놓았습니다. 그 중 대표적인 것이 인종간의 '질적인 격차이론'입니다. 19세기까지는 문명의 격차가 인간의 선천적인 능력의 차이에서 비롯되었다고 믿었습니다. 이런 생각은 마친 신(神)이 처음부터 그렇게 만들어 놓았다는 예정론과 별 차이 없습니다. 인종차별적 설명이었던 것입니다. 이후 다윈의 이론이 발표되면서 문명 간의 차이는 '자연 선택과 진화의 결과'라는 것으로 설명되었습니다. 즉 유럽인은 아프리카인이나 오스트레일리아 원주민보다 더 진화적으로 발달하여 지능이 더 높아졌다고 생각하는 것입니다. 이것 역시 타당하지 않는 인종차별적 설명입니다.

재레드 다이아몬드는 경험적으로 오히려 뉴기니인들이 서구인들보다 더 똑똑하다는 느낌을 가지고 있었습니다. 그는 오랫동안 뉴기니인들과 함께 살면서 그들이 서구인들 보다 조금도 뒤지지 않는 삶의 지혜를 갖고 있다고 확신하게 되었습니다. 그 이유는 현대의 유럽과 미국의 어린이들은 텔레비전, 라디오, 영화 등을 수동적으로 즐기면서 많은 시간을 보내는 반면, 전통적인 뉴기니 어린이들에게는 그와 같은 수동적 오락을 즐길 기회가 전무하며 그 대신 그들은 다른 어린이들이나 어른들과 대화를 나누거나 함께 노는 등 어떤 '능동적인' 일을 하면서 깨어있는 시간의 대부분을 보내기 때문입니다. 그에 의하면 어린 시절의 이러한 능동적인 자극과 활동은 뉴기니인들의 정신적 기능을 평균적으로 더 우세하게 만들어주는 요인이 된다는 겁니다.

앞서 설명했듯이, 재레드 다이아몬드에 의하면 문명 간의 차이는 생물학적 차이 때문이 아니라 환경적 차이 때문입니다. 농업에 적절한 건조성 기후의 강변 저지대는 빠른 농경생활(정주생활과 잉여식량 저장)을 시작하게 되었고, 그에 따른 부의 축적은 중앙집권적 관료체제의 발달을 촉진했다는 것입니다.[367] 그리고 그것은 대규모 관개시설의 건설을 가능케 했으며 생산성 높은 농업을 가능케 했습니다. 수자원 관리체계가 중앙 집권적 정치조직과 관련된 것은 당시 세계의 다른 지역에서도 공통적인 특징입니다.

인쇄기에서 유리 증기기관에 이르기까지 대부분의 중요한 기술적 진보와 많은 발명품들이 모두 유라시아에서 만들어진 이유가 있습니다. 첫째, 유라시아는 식량생산이 가장 먼저 시작된 곳(비옥한 초승달 지대와 중국)으로 정주형 생활이 가장 먼저 이루어졌기 때문이고, 식량생산을 시작하면서 사람들은 농작물과 과수원과 저장된 잉여 식량이 있는 곳에 정주형 생활을 하게 되었고, 정주형 생활은 들고 다닐 수 없는 소유물을 축적할 수 있게 함으로써 기술의 역사에서 결정적인 역할을 했습니다. 반면에 수렵 채집인들은 휴대할 수 있는 기술밖에 가질 수 없었고 살아남는 문제가 더 중요했습니다. 만약 에디슨이 뉴기니의 정글에 있었다면 아마 발명보다는 살아남는 일에 더욱 주력했을 것입니다. 둘째, 유라시아는 기술 확산의 장애물이 다른 지역(남북아메리카와 아프리카)에 비해 비교적 적은 지역이기 때문입니다. 각 지역의 기술들이 새로 생기거나 유지되기 위해서는 그

367) Jared Diamond, Guns, Germs, and Steel, pp.122-127. 152-158.

지역의 발명품뿐만 아니라 다른 지역으로부터 확산되어 들어오는 각종 기술도 필요합니다. 그래서 기술이 가장 신속하게 발전할 수 있었던 곳은 기술의 확산에 대한 지리적 생태적 장애물이 적은 대륙들입니다. 유라시아는 주요 축이 동서방향이므로 한 지역에서 받아들인 발명품은 비슷한 위도와 기후를 가진 다른 지역사회로 비교적 빠르게 전파될 수 있었습니다. 셋째 유라시아가 면적과 인구 규모에서 가장 큽니다. 면적과 인구의 수가 많다는 것은 곧 발명가의 수도 많고 경쟁사회의 수도 많다는 것을 의미하며 또한 이것은 유라시아에서 총기와 쇠가 가장 먼저 만들어져야 했던 이유로 설명됩니다.[368)]

재레드 다이아몬드는 방대한 조사와 연구를 통해 유라시아가 아프리카나 아메리카 대륙 보다 더 문명이 빨리 발달되고, 많은 발명품들을 고안해 내는 이유를 밝힙니다. 어찌 보면 그는 지겨울 정도로 같은 논리와 주장을 반복하는데, 결국 그가 하고자 한 말은 **문명발달의 차이는 인종들 간의 생물학적 차이 때문이 아니라 환경적 차이** 때문이라는 것입니다.[369)]

서구인들이 아메리카 대륙을 정복하는 과정에서 너무도 많은 원주민들의 희생이 있었습니다. 의도적이고 계획적인 대량 학살이 있었던 것은 물론입니다. 그러나 정작 원주민들의 목숨을 빼앗아간 가장 큰 원인은 학살과 핍박보다는 서구인들이 가져간 전염병들입니다.[370)] 16세기 원주민들은 질병에 대한 면역체계가 전혀 없었습니다. 그 결과 원주민들의 삼분의 일이 천연두에 의해 목숨을 잃었습니다. 인간사회에서 전염병을 일으키는 세균들은 대부분 원래 가축에게 전염병을 일으키던 유사한 조상 세균

368) Jared Diamond, ibid.
369) Jared Diamond, Ibid., p.20. 35.
370) Jared Diamond, Ibid., pp.307-313.

이 진화한 것들입니다. 최근 전세계를 공포로 몰아넣고 있는 사스나 메르스 그리고 신종 코로나 바이러스도 역시 그렇습니다. 유라시아는 가축의 종류가 많아 그런 세균도 많이 생겼을 뿐 아니라 유행병 번식에 적합한 촌락 발생도 빨라서 이미 세균들에 적응되었습니다, 그러나 남북아메리카는 그 때까지 세균 유행병도 별로 없었고 촌락발달도 수 천 년 뒤졌기에 그들은 유라시아의 전염병에 속수무책이었습니다, 말라리아와 황열병도 사실 아메리카의 질병이 아니라 유럽인들이 들여왔던 구대륙 열대지방의 세균이 일으켰던 질병입니다. 이처럼 콜럼버스 시대에 이미 유라시아 사회는 아메리카 원주민 사회에 비해 식량생산, 병원균, 기술(무기류 포함), 정치조직, 문자 등 거의 모든 면에서 크게 유리했고 이 같은 요소들은 이후 발생한 여러 충돌의 결과를 좌우하는 주요 요인으로 작용했습니다.[371)]

재레미 다이아몬드는 거듭 강조하고 강조합니다. 요약하면, 각 대륙의 사람들이 경험한 장기간의 역사가 크게 달라진 까닭은 첫째, 그 사람들이 타고난 차이 때문이 아니라 환경의 차이 때문, 두 번째는 확산과 이동의 속도에서의 차이(지리적 생태적 장애물) 때문, 마지막으로 각 대륙의 면적 및 전체 인구 규모의 차이 때문(사회의 수가 많고 인구가 많으면 자연히 발명가 경쟁 혁신의 수도 많아짐)입니다.

제래미 다이아몬드가 이렇게 강조하는 이유는 현대에 있어서도 인종 간의 질적인 차이가 분명히 존재한다는 암묵적 동의가 일반인들 뿐 아니라 학계에서 조차도 일반화 되어 있기 때문입니다. 스펜서(H. Spencer)와 섬너(W. G. Sumner)와 같은 사회적 다위니즘의 신봉자들의 인종차별에 대한 믿음이 우리의 선입관 속에 뿌리 깊게 박혀 있습니다. 그러나 백인종이든 흑인종이든

371) Jared Diamond, Ibid., pp.285-383.

인간은 누구나 침팬지와 DNA가 98.4%나 같은 제3의 침팬지일 뿐입니다. 이것은 북아메리카의 붉은눈비레오와 흰눈비레오라는 두 종류의 새가 지닌 차이보다 더 작습니다.[372] 만약 외계에서 동물학자가 온다면 그는 우리를 털 없는 제3의 침팬지로 분류할 것입니다. 정착민도 노마드도, 가난한자도 부유한 자도 모두 제3의 침팬지 일 뿐입니다. 문을 두드리는 이방인들도, 그들을 경계하는 우리도 모두 제3의 침팬지입니다.

8. 하랄트 뮐러(H. Müller), 문명의 공존

(공존의 삶, 상호 의존적 연결망)

사무엘 헌팅턴(S. Huntington)은『문명의 충돌 The Clash of Civilizations』에서 전 세계를 7개의 문명으로 나누고 국제적인 분쟁과 갈등 그리고 전쟁은 이런 문명들의 단층선에서 일어난다고 주장합니다.[373] 각각의 문명지진대는 문화의 판들이 충돌을 일으키면 폭력적으로 폭발할 수 있다는 것입니다. 각기 다른 문화를 가진 이들은 서로 화해하지 못할 방법으로 세상을 보기에, 낯선 삶의 방식을 만나면 이해와 조정이 아닌 폭력으로 이어진다고 합니다. 그는 이질성이 분쟁의 원인이라고 판단한 듯 보입니다. 한때 그의 저서의 제목처럼 '문명의 충돌'이 마치 우

372) Jared Diamond, The Third Chimpanzee, p.19.

373) 헌팅턴은 현재 진행 중인 전쟁의 50% 정도가 문명 간의 갈등을 배경으로 한다는 발언을 했습니다. 그러나 그의 주장이 나온 시기, 1996년의 전쟁 및 갈등 통계는 전혀 다릅니다. 하이델베르크 갈등 연구소는 규칙적으로 폭력 분쟁의 통계를 작성하고 있는데, 1996년에 조직적인 포격으로 인명이 희생된 전쟁과 폭력 위기가 도합 27건이 있었다고 보고했습니다. 그 가운데 9건 만이 헌팅턴이 그은 '문명의 단층선'에서 일어났습니다. 17건은 동일한 문명권 내에서 일어났습니다. Harald Müller. Das Zusammenleben der Kulturen, p.98.

리에게 다가올 피하지 못할 운명같이, 마치 인류의 재앙처럼 받아들여 진 적이 있었습니다. 철옹성 같았던 미국 본토에서의 9.11테러 사건은 전 세계를 충격의 도가니로 몰아넣었습니다. 그 배후로 이슬람 근본주의자들인 탈레반이 지목되었고, 미국의 보복으로 인해 아프가니스탄의 탈레반 정권은 붕괴되었습니다. 피는 또 다른 피를 부르는 법이어서 세계 곳곳에서 복수의 복수로 인한 전쟁과 테러가 끊이지 않습니다.

파키스탄과 인도의 대립 역시 심각한 상황입니다. 최근의 수니파 이슬람 극단주의자들인 IS에 의한 반인류적인 만행은 복수의 끝이 어디인지 예측할 수 없습니다. 전쟁으로 인해 수많은 난민들이 발생하고, 그들의 유입을 경계하는 주류국가들과의 갈등 또한 현재 진행형입니다. 많은 이들은 세계의 반목과 분쟁은 서로 다른 종교와 문명 때문이라고 말합니다. 이념으로 인한 갈등이 해소된 탈냉전 시대에서의 테러와 갈등은 문명이 그 원인이라는 지적입니다. 이러한 상황에서 헌팅턴의 '문명의 충돌'이 주는 메시지는 어찌 보면 너무나 당연한 관점처럼 보입니다.

헌팅턴에 따르면 세계사는 국가 간의 대립과 이데올로기 간의 대립을 끝내고 이제 문명 간 대립 단계에 들어갔습니다. 그에 의하면 문명은 인류의 역사에 언제나 '갈등 단위'입니다. 서구에 대항하여 결성된 이슬람과 유교 동맹, 중국을 의미하는 '황색바람'과 오스만트르크의 부활을 암시하는 이슬람 세력의 결합은 이미 위협적인 수준에 이르렀다고 진단합니다.[374] 헌팅턴은 전 세계를 7개의 문명으로 나누고 자신의 이론을 전개하는데, 서구 기독교 문명, 동방 정교 문명, 이슬람 문명, 인도의 힌두 문명, 일본 문명, 아프리카 문명, 유교 문명이 그것입니다. 분쟁과 갈등 그리고 전쟁은 이런 문명들의 단층선에서 일어난다는 것이 그의 주장입니다. 즉, 전쟁이라는 것이 단지 국익, 안

374) Samuel Huntington, The Clash of Civilizations, pp.243-247.

보, 경제적 불균형, 무역역조 같은 것 때문이 아닌 문명이라는 단일 요소에 의해서 일어난다는 것입니다. 그리고 그 뒤에는 종교가 있다는 것입니다.

헌팅턴이 세계의 문명을 종교를 구심점으로 해서 나누는 이유는, 모든 문명 간의 충돌 뒤에는 종교적 '근본주의 신념'들이 있다고 생각하기 때문입니다. 이런 문명들 속에서 가장 중요한 문명으로 헌팅턴은 서구 기독교 문명을 들고 있고, 서구를 중심으로 자신의 이론을 펼쳐나갑니다. 이중에서도 주목할 만한 문명 간의 극한 대결구도는 서구와 이슬람의 대립입니다. 헌팅턴은 이슬람 문명을 피의 경계선을 가진 문명으로 설정합니다. 특히, 이슬람과 서구의 대립을 서구와 비서구라는 이분법적인 관점으로 이해하고, 세계의 모든 위기와 갈등은 이 경계선 사이에 집중되어 있다고 주장합니다. 그러나 헌팅턴의 이러한 관점은 과거 냉전 기간 동안, 소련과 미국이라는 양극으로 세계를 분할한 것처럼 세상을 너무도 단순하고 편향되게 본 것이라는 지적을 받습니다. 하랄트 뮐러(H. Müller)는 이것을 다른 차원의 냉전적 사고방식이라고 비판합니다.[375)]

헌팅턴에 의하면 서구문명과 비서구 문명사이의 갈등은 인구의 기형적 편중을 낳기도 합니다. 특히 이슬람같은 비서구의 지역에서의 인구증가가 주목할 만한데, 그에 의하면 그것은 반(反)

375) 하랄트 뮐러(H. Müller)는 프랑크푸르트대학 국제관계학 교수이며 헤센 평화 및 갈등연구소 의 연구소장입니다. 1949년 프랑크푸르트 암마인 출생, 프랑크푸르트 대학에서 독문학과 정치학을 공부했으며 동 대학에서 박사학위를 받았습니다. 안보정책, 군비통제 및 축소 분야의 세계적인 전문가이자 평화연구가로, 1999년에는 유엔 사무총장의 군비축소 참모위원회 위원으로 위촉되었습니다. 그는 국제안보, 군비통제, 군비축소, 대량살상무기의 확산 방지에 연구의 중점을 두고 있는데, 그 가운데서도 특히 집중하고 있는 사안은 폭력 제한을 위한 국제규범의 발전입니다. Harald Müller. Das Zusammenleben der Kulturen, pp.31-33.

서구적 충동이 그 이유라고 합니다. 이슬람지역 인구증가의 이유는 이슬람인들이 서구와 대립하기 위한 예비전사들을 충분히 확보해 놓기 위한 것이라는 해석입니다. 더욱이 인구는 늘어나는데 경제상황은 개선되지 않으니 언제든 분노가 외부로 향할 수 있게 준비되어 있는 상태라는 것입니다.

헌팅턴은 문명 간의 경계를 명확히 그어 다른 문명과 만나 갈등을 일으킬 수 있는 면적을 최소화하는 정치만이 숙명적인 전지구적 대결을 막을 수 있다고 처방합니다. 그러지 못할 경우 서구를 공동의 적으로 삼아 유교 문명권과 이슬람 문명권이 동맹을 맺는 악몽이 현실로 다가온다고 주장합니다. 헌팅턴은 미국이 주도하는 서구문명에 도전하는 두 개의 거대한 문명, 즉 이슬람 문명과 유교문명을 위협적으로 보고 있습니다. 유교문명은 중국을 대표하고 이슬람 문명은 이슬람 원리주의를 대표로 합니다. 헌팅턴은 이슬람 원리주의자들의 테러분자들과 유가(儒家)의 권위주의를 미국에 위협이 되는 두 개의 적으로 가정합니다. 헌팅턴의 눈에는 적군과 아군이 분명합니다. 그러나 이러한 견해는 적을 꼭 만들어 내야만 자신의 적극성이 발휘될 수 있는 미국의 정체성을 드러낸 것에 불과하다는 비판을 받습니다.

뮐러(H. Müller)는 헌팅턴의 이러한 주장이 보고 싶은 것만 보는 선택적 오류의 결과라고 일축합니다.[376] 뮐러는 다양한 이해관계로 인해 복잡하게 얽힌 세계의 문제들을 마치 냉전시대에 이념 하나로 모든 것을 이해하듯이, 문명이라는 것 하나의 요인만으로 얽혀있는 현상들을 설명할 수 있느냐고 지적합니다. 그것도 자기가 보고 싶은 특정지역의 사례로 문명의 충돌을 일반화 할 수 있느냐는 것입니다. 뮐러는 헌팅턴의 이러한 해석은 수많은 경험적 오류와 결함을 내포하고 있다고 지적합니다. 파

376) Harald Müller. Ibid., p.23.

란색 선그라스를 쓴 사람은 세상이 파랗게 보일 수밖에 없고, 그렇게 한동안 지내다보면 세상이 정말 파랗다고 믿게 되는데, 헌팅턴의 문명의 충돌이라는 이론이 이와 다르지 않다는 것입니다.

사실 문명 및 지역 전문가들은 헌팅턴의 주장에서 수많은 오류를 찾아냈으며 역사학자와 정치학자들은 그의 이론과 개념을 공박했습니다. 세상이라는 것이 커다란 한 두 개의 이론만으로 단순하게 설명될 수 없다는 것입니다. 에드워드 사이드(Edward. Said)와 같은 이들은 헌팅턴에 대하여 "대중선동에만 능하고, 무지하여 하나의 종교와 문화(미국을 중심으로한 서구 기독교 문화)만을 옹호하고 있다"고 비난합니다.[377] 특히 문화와 종교를 연구하는 학자들은 그의 관점을 받아들이지 않습니다. 그의 문화와 종교에 관한 이해가 너무도 피상적이라는 이유 때문입니다.

헌팅턴의 주장을 반박하는 이들의 공통된 견해는 헌팅턴의 '거대이론'이 매우 위험한 단순논리라는 것입니다. 그럼에도 불구하고 헌팅턴의 이론이 많은 이들에 의해 지지 받고 그의 말을 신뢰하는 이유에 대하여, 뮐러는 삶의 이정표를 찾고자하는 본능, 즉 방향을 제시받고 싶은 인간의 욕구 때문이라고 지적합니다. 정체성이 흔들리고 물질적인 삶의 근간까지 의문시될 때 삶을 제대로 다스리기란 어려운 일입니다. 앞이 안보이고 예측 가능하지 않은 위험한 세상에서 삶을 도와주는 간편한 이정표를 찾고자 하는 사람들에게 헌팅턴은 분명한 설명으로 혼돈상태의 생각들을 정리해주고 행동지침을 제시해주었다는 것입니다.[378] 더욱이 인간에게는 양극본능이 있어서 모든 것을 양극으로 나

377) Sam Harris, The End of Faith, 김원옥 역 (2008), 종교의 종말, 서울 : 한언, p.155.

378) Harald Müller. Das Zusammenleben der Kulturen, pp.23-26.

누어 대결구도로 만드는 습성이 있는데, 헌팅턴의 이러한 대결 구도적인 설명은 그들에게 더욱 호소력이 있을 수밖에 없습니다. 우리와 그들, 우리 편과 너희 편, 선과 악이라는 이분법적 도식에 익숙한 사람들은 그의 이론이 무수한 결함을 갖고 있음에도 불구하고 헌팅턴이 그어놓은 갈등선을 믿고 싶어 합니다.

그러나 헌팅턴은 현대국가의 성격규정에서부터 오류를 범하고 있습니다, 뮐러에 의하면 현대국가들의 정치 체계의 형태는 '권력국가(Machtstaat)'가 아니라 **'교역국가(Handelsstaat)'**입니다.[379] 교역국가의 특징은 개방적이고 이익단체의 의견을 존중하며 경제관계를 우선하고, 군비지출을 최소화하는 데에 있습니다. 교역국가에서 대외 무역은 사회적 번영을 위해 중요한 기여를 하기에 국제 법을 준수해야 하며, 국가 간의 상호의존은 더욱 강화되어 갑니다. 대외 정책의 수단으로 쓰였던 협박정치는 사라지고 그 대신 민간외교가 더욱 집중됩니다. 교역국가의 발전이론에서는 '네가 죽어야 내가 산다'는 원시적 차원이 자리 잡을 수가 없습니다. 교역국가 이론은 '네가 살아야 내가 살고, 네가 흥해야 나도 흥한다'는 원리에 기초합니다. 상호의존도를 높임으로서 서로간의 이익이 증가되는 것이 교역국가들입니다.

세상은 갈수록 대립하는 것이 아니라, 더욱 상호의존적이 됩니다. 전날의 뉴욕 주식시장이 폭락하면 전 세계 주식시장이 부정적으로 즉각 반응합니다. 상하이의 주식시장의 상황에 따라 역시 세계의 경제는 출렁입니다. 정치·경제적으로 국가 간의 상호의존이 갈수록 심화되고 있습니다. 이것은 근대화를 통해서 이루어지는 변화입니다. 뮐러는 과거 독일과 일본이 인류를 상대로 전쟁을 일으킬 만큼 호전적이었던 것은 그들 국가가 근대화에 실패했기 때문이라고 진단합니다.[380] 국가 간의 호전성은 문

379) Harald Müller. Ibid., pp.68-71.

명의 대결 때문이 아니라 전근대적인 사회구조 때문이라는 것입니다. 다행히도 세계의 국가들은 원하든 원하지 않든 근대화의 길을 걷고 있으며 교역국가로 체질변경하고 있습니다. 이제 이러한 교역국가들 간의 생산적 역동성은 대립보다는 상호의존에 기댈 수밖에 없고, 그러한 역량은 문명의 충돌이 아닌 **문명의 공존**에서 비롯된다는 것입니다.

이제 통신기술의 발달로 손 안의 휴대폰 하나만으로도 세계의 구석구석 속사정 까지 알 수 있게 된 오늘날, 일시적인 통제와 압박은 있다하더라도 이미 세계는 하나의 기술문화권 안에 포섭되었기에 민주화는 거역할 수 없는 흐름입니다. 고립된 지역 안에 갇혀서 자신의 문화만이 유일한 삶의 방식으로 생각해온 이전 시대와는 다른 차원의 세상이 열리고 있습니다. 혹 자신들의 문화와 전통 속에 반인류적인 억압의 속성이 있다면, 이제는 그것을 수동적으로 수용하지 않습니다. 이슬람에서 꽃 피고 있는 여성의 인권운동이 그 한 예입니다. 뮐러는 전 지구적인 현상이 되어버린 민주화와 인권운동으로 인해 이제는 문명간의 충돌이 아닌 문명 간의 공존의 시대가 열렸음을 자신 있게 말합니다. 민주화의 정신으로 근대화된 개인은 정부의 합법성에 대한 의문을 용기 있게 제기하게 되고 그에 따라 국가도 민주적인 모습으로 변할 수밖에 없다는 것입니다.[381]

문명의 충돌은 각자의 자기 문화에 대한 맹신적인 지지가 있어야 가능합니다. 그러나 모든 것이 인터넷으로 개방된 현대에 아무리 자신의 문화라고 하더라도 무조건적인 수용은 가능하지 않습니다. 상호비교가 일반화되고 그 과정에서 자신이 속한 문화의 모순을 읽어내어 교정하려는 시도들이 많아질 것이며, 바

380) Harald Müller. Ibid., pp.49-56.
381) Harald Müller, Ibid., pp.74-77.

로 이것이 문명 간의 극단적 대결로 치우칠 위험을 제어하게 합니다. 컴퓨터와 인터넷은 빙산의 일각입니다. 이제부터 변화하는 세계는 누구도 예측하지 못할 만큼의 혁명과 같은 변화입니다. 지구상의 어떤 오지도 정보화의 물결로부터 고립되지 않습니다. 지역 간의 경계가 허물어짐에 따라 각 지역의 문화적 특성들을 알게 되고 그것은 문화 간 소통의 재료가 됩니다. 이러한 문화경계의 붕괴는 단순히 개인적인 차원에서 그치는 것이 아니라 사회적·국가적 차원으로까지 확산되고 있습니다. **기술의 혁명은 의식의 혁명을 수반하는 법입니다.** 정보통신 기술로 얻어진 세상 구석구석들의 속사정은 자신만이 고립되도록 허락하지 않습니다.

물론 인종과 문화 간의 차이들이 갈등의 요소가 전혀 없는 것은 아닙니다. 그러나 집단 간의 갈등을 부르고 결국 폭력 분쟁으로 몰고 가는 요인으로는 인종의 차이 외에도 경제적, 정치적 차별 대우와 같은 여러 요인들이 작용합니다.382) 더욱이 문명

382) 갈등연구의 대가 테드 로버트 거르(Ted Robert Gurr)와 바바라 하프(Barbara Harff)는 이차대전 이후 국가 내부의 갈등을 고찰한 논문에서 폭력의 증가는 인종적으로 정의된 집단들의 정치 경제적 차별 대우에 원인이 있다고 결론지었습니다. 그들은 233개의 인종집단을 연구한 결과에 의하면 종교적 편차가 인종갈등의 유일한 원인 혹은 중대한 원인이 되는 경우는 드뭅니다. 그보다는 국적이나 계급차이에 근거한 인종 간의 갈등이 종교적 차이와 결합하는 것이 보통입니다. 이러한 연구 결과는 종교가 문명의 결정적 요소라고 파악한 헌팅턴의 견해를 뒤집는 것입니다. 현대의 가장 위험한 갈등과 전쟁의 위험에 노출된 곳은 중앙아프리카, 아프가니스탄, 쿠르드, 알제리, 한국, 이 나라들은 동일 문명권 내에서 일어났습니다. 1996년의 전쟁 및 갈등의 통계를 보면, 하이델베르크 갈등연구소는 규칙적으로 폭력과 분쟁의 통계를 조사하고 있는데, 1996년 조직적인 폭력으로 인명이 희생된 전쟁과 폭력위기가 도합 27건이었습니다. 그 가운데 9건 만이 헌팅턴이 그은 문명의 단층선에서 일어났으며, 17건은 동일한 문명권 내에서 일어났습니다. 대부분의 분쟁과 전쟁은 문화의 차이가 아니라 인종의 차이에서 비롯되었습

간의 갈등 뒤에는 종교 간의 갈등이 작용한다는 헌팅턴의 견해는, 현대 세계가 갈수록 세속화되어가고 있다는 것을 간과한 생각입니다. 탈신화와, 탈종교화의 경향은 극단적인 이슬람 근본주의자들을 제외하고는 세계 어느 영역에서든 일반화되는 추세임을 생각해볼 때 헌팅턴은 제한된 사례 하나로 전체를 과대 해석하는 오류를 범하고 있습니다.

20세기 들어와서 벌어진 세계 1, 2차 대전은 문명 간의 갈등 때문이 아닌, 선두 제국주의와 후발 제국주의들 사이의 경제적 이권으로 인한 갈등이 원인이었습니다. 일본을 제외하고 전쟁에 참여한 국가들은 모두 서구문명 국가들이며 기독교 신앙을 함께 공유한 나라들입니다. 여기에 문화가 끼어들 여지는 전혀 없습니다. 걸프전쟁(1990-1991) 역시 문명 간의 갈등이 원인이 아닙니다. 이 전쟁은 사담 후세인의 이라크가 쿠웨이트를 침공한 사건, 즉 한 이슬람 국가가 다른 이슬람 국가를 공격함으로써 발단이 된 전쟁입니다.[383] 화약고와 같은 팔레스타인의 경우도 우리가 간과하는 것이 있습니다. 유대교를 신봉하는 이스라엘과 주위의 이슬람 아랍국들 사이의 분쟁과 갈등은 얼핏 보면 종교와 문명 간의 갈등처럼 보이지만 사실 그것은 **원인이 아니라 결과**입니다. 팔레스타인 지역에는 원래 유대교도, 이슬람교도, 기독교인들이 오스만 제국의 통제 아래 함께 공존했던 지역입니다. 종교적 갈등이나 분쟁 역시 없었던 곳입니다. 중앙아프리카의 르완다에서 발생한 후투족과 투치족 사이에 벌어진 대량 학살 사건 역시 인종과 문화의 차이가 아닌 사회 계층의 차이가 본질적인 원인이었습니다.[384]

헌팅턴이 자신 있게 문명 간, 종교 간의 갈등이라고 예시한

니다. 이것은 미래에도 갈등의 원인이 인종임을 암시하는 것입니다.

383) Ibid., p.109-110.

384) Ibid., p.112-115.

파키스탄-인도의 분쟁 역시 종교와 문화는 원인이 아닌 결과일 뿐입니다.[385] 오늘날의 인도와 파키스탄의 분쟁의 원인은 종교와 문화가 아닌, 카슈미르라는 영토를 둘러싼 영토분쟁입니다. 마지막으로 극한 대립의 대결구도가 벌어지고 있는 한반도, 우리나라를 봅시다. 같은 민족이며, 같은 언어와 문화를 공유하고 있습니다. 그럼에도 불구하고 한반도는 유엔이 주목하는 세계에서 가장 분쟁과 전쟁의 위험이 높은 지역입니다.[386] 이처럼 갈등과 분쟁은 문화라는 한 가지 요인이 아닌 다차원의 복잡한 요인들이 실타래처럼 얽혀서 발생합니다. 결국 헌팅턴의 관점과 주장은 상처투성이만 남기고 비판자들에게 여지없이 물어뜯기고 말았습니다. 뮐러처럼 그의 주장을 비판하는 이들은, 헌팅턴이 세계적인 사건들을 잘못 해석하고, 이슬람을 그릇 판단했으며, 문명을 오해하고 세계문화를 경시하고 있다고 판단합니다.[387]

다문화와 관련하여 생각해 봅시다. 헌팅턴의 주장에 고무된 이들은 이제라도 빗장을 걸어 잠구어 문명 간의 충돌의 여지를 아예 없애자고 소리를 높입니다. 마치 문화적 차이가 갈등의 원인인 것처럼 말입니다. 작은 원인을 큰 원인으로 확대하는 것은 또 다른 의도가 있음이 분명합니다. 각자 개인이 져야할 책임을

---

385) 이 갈등의 원인은 근본적으로 영국의 식민지 통치 전략에 뿌리를 두고 있습니다. 인도와 파키스탄은 원래 한 나라였습니다. 영국은 통치권 유지를 위해 피식민 민족 간의 인종, 종교 차이를 이용했습니다. 영국 치하에서 특권 계층의 대우를 받았던 무슬렘은 독립과 함께 다수의 힌두족이 거주하는 국가에서 기존의 특권을 잃을까 두려워했습니다. 그 결과 모슬렘 지도부는 자기들만의 국가를 요구했으며, 식민 통치를 끝낸 영국은 그 요구를 들어주었습니다. Ibid., p.118-119.

386) Harald Müller. Ibid., p.120.

387) Frank J. Lehner & John Boli, World Culture : Origins and Consequences, 윤재석 역 (2006), 문명의 혼성, 서울 : 부글북스, pp. 331-337.

문화 탓으로 돌리려는 무책임한 의도가 엿보입니다. 사실 다문화 가정에서 발생되는 갈등과 불화는 문화적인 요인보다는 결혼의 주체들인 당사자들 간의 신뢰와 책임의 문제가 훨씬 큽니다. 삶 속에서 인간이 겪는 갈등과 분쟁은 이질성 때문이 아니라 동질성이 너무 강하기 때문에 발생하기도 합니다. 서로가 다를 때에는 이해의 폭을 넓게 잡아주지만, 같을 때에는 조금의 차이도 갈등의 원인이 됩니다. 문화적 차이는 우리가 생각하는 것만큼 갈등의 불씨가 되지 않습니다. 오히려 넓은 차원의 세계관이 열리고, 미처 알지 못했던 삶의 지혜를 배우는 계기가 되기도 합니다.

9. 한스 로슬링의 진실찾기(Factfullness)

(본능 극복하기-사실에 대한 충실함)

한스 로슬링(Hans Rosling)은 스웨덴이 낳은 세계적 통계학자이자 헌신적인 의사입니다.[388] 그에 의하면 우리가 세상을 오해하는 이유는 '사실충실성(factfullness)'의 결여 때문입니다. 진실을 왜곡시키는 우리 안의 10가지 잘못된 본능 때문에 우리는 사실(fact)에 충실하지 못합니다. 따라서 세상을 제대로 보지 못합

388) 한스 로슬링(Hans Rosling)은 통계학 분야의 세계적 석학이자 의사입니다. 1948년 스웨덴 웁살라에서 태어나, 웁살라대학교에서 통계학과 의학을, 인도 벵갈루루 성요한의과대학에서 공중 보건을 공부했으며, 1976년 의사 자격을 얻었습니다. 스웨덴 국경없는의사회를 공동으로 설립하고 세계보건기구와 유니세프 등의 구호기구에서 고문을 지냈으며, 스웨덴 과학 아카데미 국제 그룹과 스위스에 있는 세계경제포럼 '세계 어젠다 네트워크'의 회원으로 활동했습니다. 2012년 하버드대학교가 수여하는 인도주의상을 받았습니다. 사람의 잘못된 인식을 바꾸기 위해 평생을 헌신해온 그는, 펙트풀니스(factfullness) 책을 집필하는 데 몰두하다 2017년 2월 7일 세상을 떠났습니다.

니다. 사실을 독해해 내지 못하는 경박한 본능은 거짓 선동 세력들에게는 최고의 먹잇감입니다. 우리의 사고는 악의적인 선동에 의해 오염됐고, 그로인해 도덕적 감각은 마비되어 가고 있으며, 비지성화 되어가고 있습니다. 거짓이 세상을 지배하고 있습니다. 거짓말이 '생각 있는 주장'으로 화려하게 변신하고, 그들에 의해 유포된 선동적 언어들은 교양과 상식이 된지 오래입니다. 거짓말이 독점적 위치를 점하는 세상에서 진실의 회복은 요원해 보입니다. 그럴수록 광야에서 부르짖는 예언자의 목소리는 더욱 분명합니다. 거짓의 비바람을 견뎌내며 진실을 회복하자고 외치는 사람이 있습니다. 한스 로슬링이 바로 그 사람입니다. 그는 소리 높여 외칩니다. **"사실에 충실하자!"**

세상에는 거짓말이 세 개 있다고 합니다. 하나는 하얀 거짓말, 두 번째는 검은 거짓말, 그리고 세 번째는 '통계'입니다. 그 중 통계가 가장 악랄하고 못된 거짓말입니다. 사람들은 통계 앞에 무력합니다. 통계는 마치 종교의 경전처럼 틀림없는 권위를 부여받은 듯합니다. 그러나 대부분의 통계는 그것을 만든 이에 의해 조작되기 마련입니다. 자기가 보고 싶은 것만 보고, 말하고 싶은 것만 말하고자 조작된 것이 통계입니다.

만약 사람들이 통계에만 의존 한다면, 이방인은 세상 어디에도 발 디딜 곳이 없습니다. 세상의 모든 범죄는 그들이 저지른 것처럼 보이고, 그들만 내쫓고 우리끼리만 살 수 있다면 세상은 마치 천국으로 변할 것 같기 때문입니다. 이방인들에 대한 악의적인 통계가 얼마나 인간과 사회를 교란하는지 모릅니다. 그것에 의해 수많은 이들이 분노하고 적개심을 키웁니다. 나쁜 통계는 편견을 낳고, 편견은 혐오를 불러오며, 혐오는 증오로 여과없이 변합니다. 세상은 니체(F. Nietzsche)가 오래전 지적한대로 '사실은 없고 해석만이 난무'합니다. 통계를 정확하고 정직하게 독해해 낼 수 만 있다면, 세상은 지금보다 훨씬 아름다워집니다.

한스 로슬링은 극적인 본능과 과도하게 극적인 세계관은 심각한 스트레스와 오해를 불러온다고 경고합니다.389) 그에 의하면 인간은 깊게 생각하지 않고 속단하는 경우가 많은데, 아주 오래 전 원시 시대에는 그 덕분에 즉각적인 위험을 피하기도 했습니다. 인간의 뇌는 수백만 년간 진화를 거쳤고, 우리 몸에 밴 본능은 우리 조상이 소집단을 이뤄 수렵과 채집을 하며 생존하는데 도움을 주었습니다.390) 따라서 본능은 나름의 긍정적인 면도 있습니다.

그러나 지금 우리는 원시림 한 간운데서 맹수와 적의 위협에 노출되어 살고 있지 않습니다. 즉각적인 본능이 필요한 세계에 살고 있지 않습니다. 우리는 오히려 보다 더 숙고하고, 검증을 요구하며, 판단을 유보해야 하는 정보의 홍수 시대에 살고 있습니다. 이제라도 극적인 본능과 극적인 세계관을 바꾸어 **'사실에 근거한 세계관'**을 세워야 합니다. 잘못된 정보와 부화뇌동하는 우리의 본능을 극복할 수 있다면, 세상은 정말 괜찮은 곳입니다. 우리는 사실에 충실해야 합니다. 사실충실성(factfullness)을 기르고 배워야 합니다. '사실(fact)' 그 자체는 진실(truth)이 아니지만, 진실에 도달하기 위해 반드시 밟고 가야 하는 '길'입니다. 그 길을 밟지 않고 선동만하는 이들에 의해 세상은 혼란스럽고 거짓이 충만하게 되었습니다. 인간을 비지성화시키는 우리 안의 10가지 본능을 요약하여 소개합니다.

---

389) Hans Rosling, Factfulness, 이창신 역 (2019), 팩트풀니스, 파주 : 김영사, pp.26-27.

390) Hans Rosling, Ibid., pp.29-30.

제1장. 간극본능(The Gap Instinct)

저자는 인류를 네 단계의 소득수준으로 분류하고 있습니다. 인간의 역사는 어디든 1단계에서 출발했습니다. 불과 200년 전만 해도 세계인구의 85%가 극도로 빈곤한 1단계에 머물러 있었습니다. 오늘날에는 절대다수가 중간층인 2단계와 3단계에 분산되어 있습니다. 이처럼 세계의 소득간극은 좁혀지고 있고 점진적으로 상승되고 있습니다. 그러나 우리는 '극단의 비교'를 본능적으로 선호하고 있기에 1단계의 가장 비참한 수준의 사람들과 4단계의 최고 부유한 사람들을 극단적으로 비교하며 세상이 너무도 불공평한 것으로 생각합니다. 그러나 세상의 대부분의 사람은 중간지대에 살고 있습니다. 그리고 그들의 삶은 점진적으로 향상되고 있습니다. 간극본능으로 인해 우리는 진실을 제대로 보지 못할 뿐입니다.

제2장. 부정본능(The Negativity Instinct)

우리는 '세상은 점점 나빠진다'고 생각합니다. 그러나 그것은 사실이 아닙니다. 세상은 점점 더 개선되어가고 있고 인간화 되어가고 있습니다. 좋아지고 있는 세상을 나빠지고 있다고 생각하는 이유는 무엇일까요. 그것은 우리에게 모든 것을 안 좋게 보려하는 '부정본능'이 있기 때문입니다. 본능에 충실하다보면 왜곡된 세계관에 빠지게 됩니다. 모든 통계들은 언제나 오늘이 어제보다 더 낫다고 증언합니다. 통계들을 정직하게 볼 수만 있다면 늘 개선되는 세상을 확인할 수 있습니다. 그러나 좋은 것은 뉴스가 안 됩니다. 언론은 뉴스 독자를 확보하기 위해 인간의 부정본능을 자극할 나쁜 소식만 전합니다. 그 결과 세상은 날마다 지옥과 가까워지는 듯 보입니다. 그러나 사실은 그와는 정 반대입니다.

제3장. 직선본능(The Straight Line Instinct)

인구 증가율을 예로 들어봅시다. 1800년대에 세계인구는 10억이었습니다. 유엔보고서에 의하면 2017년 76억, 2100년에는 110억에 이를 것이라고 예상합니다. 이러한 증가추세를 보면 그 후의 세상의 모습에 아찔해집니다. 세상은 넘쳐나는 사람들로 인해 멸망할 것 같습니다. 그러나 진실은 그렇지 않습니다. 인구증가율 그래프를 보고 걱정하는 것은 우리의 '직선본능' 때문입니다. 직선본능은 인구가 계속 증가할 것 같은 공포에 휩싸이게 합니다. 그러나 세상은 직선만 있는 것이 아니라 곡선도 있습니다. 큰 그림으로 보면 곡선임에도 부분적으로 보면 직선으로 보일 경우가 많습니다. 낙타 등과 같은 곡선을 생각해 보세요. 일정 부분은 직선으로 올라가지만 다시 내려옵니다. 그런데 사람들은 직선구간만 주목하고 꺽이는 곡선을 못 봅니다. 그 결과 세상은 사람들로 인해 발 디딜 틈도 없는 출근길 만원버스가 됩니다. 그러나 과연 그러한 상상이 맞을까요? 우리나라의 경우 불과 삼십년 전만해도 인구에 대한 직선본능의 공포에 휩싸여서, 온 나라가 산아제한 캠페인을 벌이기도 했습니다. 그런데 지금은 어떻습니까? 직선본능에 충실하다보면 세상의 큰 흐름을 놓칠 수 있고 그것은 비지성의 원인이 됩니다.

제4장. 공포본능(The Fear Instinct)

몇 년 전 쓰나미가 일본의 후쿠시마 핵발전소를 덮쳤을 때, 사람들은 방사능 오염의 공포에 휩싸였습니다. 그러나 정직한 보고에 의하면, 사람들은 방사능을 피해 도망치긴 했지만 방사능 때문에 사망했다고 보고된 사람은 아직 한 명도 없습니다. 1600명은 탈출과정 또는 탈출 후에 사망했습니다. 즉 방사능 때문이 아니라 방사능 공포에 의한 스트레스로 인해 죽었습니다. 사람들의 화학물질 오염에 대한 공포 역시 거의 과대망상 수준입니다. 이것을 화학물질 공포증(chemophobia)이라고 부릅니다. 음식에 화학물질이 극소량 발견되면 사람들은 공포에 휩싸이게 되는데, 사실 그것이 치사량에 이르려면 그 음식을 3년 동안 날마다 화물선 한두 척 분량을 먹어야 합니다. 불가능하다는 이야기입니다. 그렇다면 어떻게 이런 우스운 일들이 가능한 것일까요? 우리의 '공포본능' 때문입니다.

제5장. 크기본능(The Size Instinct)

유니세프는 2016년 전 세계에서 일 년도 못살고 죽은 아기가 **420만** 명이라고 발표했습니다. 사람들은 충격에 빠지고 이 참혹한 현실에 고통스러워합니다. 420만 명이 얼마나 큰 수입니까! 그러나 잔인하게 들릴지 모르지만 이 수는 크지 않습니다. 놀랍도록 적은 수입니다. 그 이전에는 440만 명이었고, 또 그 전해에는 450만 명이었으며, 1950년에는 1440만 명이었습니다. 그때는 오늘날에 비해 1000만 명이 더 죽었습니다. **420만** 명은 관련 데이터를 측정한 이래 가장 적은 수입니다. 인간은 숫자 하나만 보고 그 중요성을 판단하는 성향이 있습니다. 그것은 '크기본능' 때문에 그러합니다. 이것은 사실을 왜곡하게 합니다. 크기가 중요한 것이 아니라 **비율**이 중요합니다. 뉴스에 숫자가 하나만 달랑 나오면 일단 의심하고 비교해야 합니다. 그 수가 1년 전에는 어땠을까? 10년 전에는? 비교 가능한 나라나 지역은 어디일까?

제6장. 일반화 본능(The Generalization Instinct)

우리는 어설프게 그리고 너무 가볍게 일반화하는 경향이 있습니다. 세계전쟁과 한국전쟁 중에 의료진은 의식을 잃고 들것에 실려 온 군인 중 위를 보고 똑바로 누운 사람보다 바닥에 엎드린 사람의 생존율이 높다는 것을 발견했습니다. 위를 보고 누우면 토할 경우 토사물에 질식하는 경우가 많았기 때문입니다. 이러한 사례는 검증 없이 아기에게까지 일반화되어 적용되었습니다. 한동안 아기를 엎어서 키운 엄마들이 많았습니다. 그러나 지금은 이것이 아기의 돌연사의 원인이 될 수 있다는 것이 정설입니다. 의식 없는 병사와 의식 있는 아기를 구분하지 않고 일반화함으로써 얼마나 많은 아이가 돌연사 했는지 아십니까? 자신의 제한된 작은 경험을 일반화하는 것은 매우 위험합니다. 코끼리의 발만 보고 코끼리의 전체모습을 그리는 것만큼 위험합니다. '일반화 본능'은 '간극본능' 만큼 사실을 왜곡합니다. 간극본능은 세상을 '우리'와 '저들'로 나누고, 일반화 본능은 우리와 저들을 다 똑같은 사람으로 생각하게 합니다. 둘 다 위험합니다.

제7장. 운명본능(The Destiny Instinct)

운명본능은 무엇인가 지금의 그 상태인 것은 피할 수 없는 운명 때문이며 누구도 그 한계를 극복할 수 없다는 생각입니다. 우리는 이러한 운명본능에 오염되어 있습니다. 예를 들어 사하라 사막 이남의 아프리카나 이슬람 원리주의가 통치하는 나라를 보면 그 나라들에는 희망이 없는 듯 보입니다. 이러한 편견은 곧바로 인종차별과 문화적 우열을 정당화하는 원인이 됩니다. 그러나 팩트는 그렇지 않습니다. 사하라 사막 이남의 50개국 모두 아동 사망률이 과거 스웨덴보다 빠른 속도로 줄었습니다. 이런 성취를 어떻게 설명하겠습니까. 이슬람의 경직된 교리에 의해 숨 막힐 것 같은 이란은 1990년대에 세계 최대 규모의 콘돔 공장을 세웠고, 신부와 신랑 모두에게 혼전 성교육을 의무화했습니다. 이런 변화를 어떻게 설명할 수 있겠습니까. 지식을 업데이트해야 합니다. 변하지 않는 지식은 편견이 될 뿐입니다. 누구든 어느 집단이든 변할 수 있으며 변하고 있습니다. 운명은 본능 속에만 존재할 뿐 실재로는 없습니다.

제8장. 단일관점본능(The Single Perspective Instinct)

우리는 단순한 생각에 끌리는 경향이 있습니다. 이런 이들에게는 세계가 단순하게 보이고 모든 문제는 단 하나의 원인이 있어 항상 그것만 반대하면 된다는 생각을 갖고 있습니다. 거꾸로 모든 문제는 하나의 해결책이 있기에 항상 그것만 지지하면 그만이라는 생각을 갖고 있습니다. 그러나 세상은 그렇게 단순하게 구성되지 않습니다. 단순하게 생각하는 만큼 세상을 오해하게 됩니다. 단일관점은 상상력을 제한합니다. 예를 들어, 잔잔한 호수위에 돌을 던져봅시다. 파문이 생기겠지요. 파문은 왜 생길까요. 단일관점을 가진 이들은 돌을 던졌기 때문이라고 할 것입니다. 맞는 말일까요? 그럼 돌을 콘크리트 바닥에 던져봅시다. 파문이 생기지 않습니다. 오히려 돌이 깨어질지 모릅니다. 호수에 파문이 생기는 원인이 단순히 돌 때문만은 아님을 알 수 있습니다. 모든 현상은 단순이 하나의 원인만으로 구성되지 않습니다. 총체적이고 다양한 관점이 필요한 이유입니다. '단일관점본능'에 충실할수록 진실에서 멀어집니다.

제9장. 비난본능(The Blame Instinct)

안 좋은 일이 일어났을 때, 왠지 명확하고 단순한 이유를 찾으려는 것이 비난본능입니다. 희생양을 찾아 자신의 실수를 위로받고 위기를 극복하려는 본능입니다. 잘못한 쪽을 찾아내려는 이 본능은 진실을 탐구하는 능력, 사실에 근거해 세계를 이해하는 능력을 방해합니다. 비난 대상에 집착하느라 정말 주목해야 할 곳에 주목하지 못하기 때문입니다. 예를 들어, 매독이라는 혐오스러운 병은 장소에 따라 다른 이름으로 불리어 왔습니다. 러시아에서는 폴란드 질병, 폴란드에서는 독일 질병, 독일에서는 프랑스 질병, 프랑스에서는 이탈리아 질병이라고 불렀습니다. 이탈리아 사람은 비난의 화살을 돌려 프랑스 질병이라고 불렀습니다. 더럽고 혐오스러운 병을 자신들이 혐오한 대상에 갖다 붙인 것입니다. 어디에도 팩트는 없고 혐오만 있습니다. 여기에 어떻게 진실이 자리 잡을 수 있겠습니까. 비난이든 칭찬이든 과학적 원인에 의한 것이 아닌, 본능에 의존하는 것이 많습니다. 본능에 의존할수록 진실과는 멀어집니다.

제10장. 다급함 본능(The Urgency Instinct)

다급함 본능은 위험이 임박했다고 느낄 때 즉각 행동하고 싶게 만듭니다. 미래의 위험에 대처함에 있어서 이러한 태도는 매우 바람직하지 않습니다. 환경운동가들은 위험이 임박했음을 알리며 두려움을 조장합니다. 오존층파괴, 지구온난화에 대한 위험을 강조하여 우리의 다급한 본능을 자극합니다. 위험에 처했다고 생각하면 두려움이 생기고 그것은 다급한 본능을 유발케 하여 성급한 대책과 계획을 수립하게 합니다. 이렇게 나온 대책들은 대개 근시안적이고 상황적이어서 근원적인 대책이 될 수 없습니다. 두려움에 다급함이 더해지면 어리석고 극단적인 결정을 내리게 되어 결국 예측하지 못한 부작용을 낳을 수밖에 없습니다. 그 부작용은 결국 우리의 몫이 됩니다. 홈쇼핑 쇼호스트들 역시 사람들에게 지금 못 사면 다시는 저런 조건에 못살 것 같은 두려움을 조장하여 '다급한 본능'을 자극합니다. 그런 본능에 충실하다보면 후회만 남게 됩니다.

10. 유발 하라리(H.Y. Harari), 역사의 전망과 제안

(아직도 그리고 여전히 희망은 있다)

유발 하라리(H.Y. Harari)는 그의 유명한 저서 '사피엔스(Sapiens)'에서 인간과 문명을 이전과는 다른 새로운 차원에서 해석합니다.[391] 그에 의하면 인간의 처음은 너무나 초라했습니다. 그의 표현을 그대로 옮기자면 인간은 '별로 중요치 않은 동물'이었습니다. 그는 변방의 유인원이었던 사피엔스가 어떻게 세상의 지배자가 되었는지, 수렵채집을 하던 우리 조상들은 어떻게 한 곳에 모여 살면서 도시와 왕국을 건설하였는지, 어떻게 신과 국가와 인권 그리고 돈과 법을 신봉하게 되었는지, 앞으로 천 년 동안 우리가 사는 세상은 어떤 모습으로 변하게 될 것인지에 대해 특유의 천재적 안목으로 그려냅니다. 그의 역사 스케치를 잠시 소개합니다.

약 7만 년 전 호모 사피엔스 종에 속하는 생명체가 좀 더 정교한 구조를 만들기 시작하면서 문화가 출현하게 되는데, 그 후

---

391) 유발 하라리(H.Y. Harari)는 이스라엘 하이파에서 태어나 2002년 옥스퍼드 대학교에서 중세 전쟁사로 박사학위를 받았습니다. 현재 히브리 대학교 역사학과 교수로 재직 중입니다. 역사와 생물학의 관계, 호모 사피엔스와 다른 동물들과의 본질적인 차이, 역사의 진보와 방향성, 역사 속 행복의 문제 등 광범위한 질문을 주제로 한 연구를 하고 있습니다. 2009년과 2012년에 인문학 분야에서 창의성과 독창성을 인정받아 플론스키 상을 수상하였고, 1017년에는 <호모데우스>가 독일 유력 경제지인 한델스블리트가 꼽은 '가장 통찰력과 영향력 있는 올해의 경제 도서'에 선정되었습니다. 현재 세계의 가장 영향력 있는 지식인의 한 사람으로 인정받고 있습니다.

인류문화가 발전해온 과정을 우리는 역사라고 부릅니다.[392] 여기서 우리가 주목해야 할 것은 바로 인간 역사의 **'길이'**입니다. 인간의 역사는 우주의 역사인 135억년에 비하면 그 길이가 점 하나에도 못 미칠 만큼 짧다는 사실입니다. 생물의 역사인 38억년과 비교해도 초라하기는 마찬가지입니다. 최근 고고학 및 DNA분석에 따르면 7만 년 전까지만 해도 인류는 2천명도 채 안 될 정도로 급격히 수가 줄어 하마터면 멸종될 위기에 처해 있었을 뻔도 했습니다. 그만큼 인간은 정말 '별로 중요치 않은 동물'이었습니다.

그렇다면 이렇게 초라하고 중요하지 않은 인간이 어떻게 지금과 같은 거대한 존재가 되었을까요. 유발 하라리의 질문은 여기에서 부터 시작됩니다. 그는 인간역사의 진로를 형성한 것은 크게 세 개의 혁명이었다고 전합니다. 약 7만 년 전 일어난 '인지혁명'은 역사의 시작을 고했고, 12000년 전 발생한 '농업혁명'은 역사의 진전 속도를 빠르게 진행시켰으며, 역사의 종말을 불러올지도 모르는 '과학혁명'은 불과 500년 전에 시작되었습니다.[393] 그의 대표적인 저서 사피엔스(Sapiens)의 주제는 이들 세 혁명이 인간과 그 이웃 생명체에게 어떤 영향을 끼쳤을까 하는 것입니다

유발 하라리는 우리에게 충격적인 사실을 알려줍니다. 그에 의하면 몇 만 년 전의 지구에는 적어도 6개의 인간종이 살고 있었다고 합니다. 네안데르탈렌시스, 에렉투스, 솔로엔시스, 루돌펜시스, 에르가스터, 사피엔스- 이들은 단일 계보가 아니라 서로 다른 인간 종이었다는 것입니다.[394] 많은 이들이 역사에서 이

392) Yuval N. Harari, Sapiens, p.18.
393) Yuval N. Harari, Ibid., p.19.
394) 19세기 이후 과거에 호모사피엔스 이외의 다른 원인들이 존재했다는 증거들이 속속 밝혀지기 시작했습니다. 1856년 네안데르탈인, 1890년 자

점을 간과합니다. 대부분의 사람들은 인간은 오직 한 종만 있었을 것이라고 생각합니다. 여기에서의 종이란 백인종이나 흑인종을 말하는 것이 아닙니다. 인간이라는 종을 말합니다. 그런데 우리와 같은 인간의 종이 하나가 아니고 여럿이었다는 사실이 충격적입니다. 결과적으로 이 중에서 지금까지 살아 있는 종은 사피엔스 뿐입니다. 사피엔스는 다른 인간 종들과 경쟁하며 유일하게 살아남은 인간이라는 종입니다.[395)]

뇌가 크고 도구를 사용할 줄 알며, 학습능력이 뛰어나고, 복잡한 사회구조를 가지게 되었기 때문에 사피엔스가 지구에서 가장 강력한 동물이 된 것으로 보이지만, 사실은 그렇지 않았습니다. 우리 인간은 200만년 동안 이런 특징을 지녔음에도 계속 연약한 주변부 존재였을 뿐이었습니다. 100만 년 전에도 역시 뇌는 컸었고 날카로운 돌 도구가 있었음에도 맹수를 두려워하여 작은 사냥감에 만족했습니다. 한 무리의 사자가 기린을 쓰러뜨린 후 뜯어먹고 그 다음 남은 것을 하이에나와 자칼이 먹고, 그 다음 마지막이 인간의 몫이었습니다. 뇌가 컸음에도 불구하고, 인간은 그만큼 약한 존재였습니다. 먹이사슬에서 호모족이 차지하는 위치는 최근(긴 역사에 비해)까지도 중간이었으며, 몇몇

바원인, 1921년 오스트랄로피데쿠스 아프리카누스, 1950년 북경원인 등이 발견되었습니다. Spencer Wells, The Journey of Man : A Genetic Odyssey, pp.76-83.

395) 호모 사피엔스에 관한 최초의 고고학적 증거는 20만 년 전 아프리카로 거슬러 올라갑니다. 일부 모험심이 강한 호모 사피엔스들이 약 9만 년 전 아프리카를 떠나 아라비아반도로 이주한 것으로 보이지만 결국 그들은 빙하기의 추운 기후와 빙하의 남하로 인해 아프리카로 되돌아갔습니다. 그러다 또 다른 호모 사피엔스 무리가 6만 년 전 아프리카 탈출을 재시도해 처음에는 유라시아대륙으로, 그 후 5민 년 전쯤 오스트레일리아로, 1만 5000년 전쯤 아메리카대륙으로 넘어갔습니다. Stewart JR, Stringer CB. Science (2012) 335;1317, Lee Goldman, Too Much of A Good Thing : How Four Key Survival Traits Are Now killing Us, 김희정 역 (2019), 진화의 배신, 서울 : 부키, pp.25-26.

인간 종들이 대형 사냥감을 사냥하기 시작한 것은 불과 40만 년 전부터였습니다. 인간종이 먹이사슬의 정점에 오른 것은 불과 10만 년 전 호모 사피엔스가 출현하면서 부터였습니다.[396] 그만큼 인간은 생명의 역사에서 초라한 존재에 불과했습니다.

약 10만 년 전 사피엔스와 네안데르탈인이 최초로 마주쳤을 때 승리한 쪽은 네안데르탈인이었습니다. 우리의 조상인 사피엔스는 아직 특별할 것이 없는 존재였지요. 하지만 약 7만 년 전부터 3만 년 전까지 매우 특별한 일 일어났습니다. 사피엔스는 다른 인간 종을 멸종시키고, 배, 기름등잔, 활과 화살, 바늘을 발명했으며, 예술품과 장신구, 종교와 상업, 사회 계층화 등의 변화를 만들어 냈습니다. 연구자들은 이런 전례 없는 업적이 사피엔스의 인지능력에 혁명이 일어난 결과라고 믿습니다. 새로운 사고방식과 의사소통 방식의 출현이 그것입니다. 그럼 무엇이 이런 인지혁명을 촉발했을까요? 가장 많은 연구자들이 믿는 이론은 우연히 일어난 **유전자 돌연변이**가 사피엔스 뇌의 내부배선을 바꿨다는 것입니다. 덕분에 사피엔스는 전에 없던 방식으로 생각할 수 있게 되었고 새로운 유형의 언어를 사용하여 의사소통을 할 수 있게 되었다는 것이라고 추측합니다. 여기서 중요한

396) 중간에서 꼭대기로 단숨에 도약한 것은 엄청난 재앙입니다. 예컨대 사자나 상어는 수백만 년에 걸쳐 서서히 피라미드의 꼭대기에 올랐고 그래서 생태계는 사자나 상어가 지나친 파괴를 일으키지 않도록 견제와 균형을 발달시킬 수 있었습니다.(사자의 포식능력이 커지자 가젤은 더 빨리 달리는 쪽으로 진화, 하이에나는 협동을 더 잘 하도록, 코뿔소는 더욱 사나워지도록 진화했습니다) 그러나 인간은 너무 빨리 정점에 올랐기 때문에 생태계가 그에 맞춰 적응할 시간이 없었습니다, 더욱이 인간 자신도 적응에 실패했습니다. 인간은 최근까지도 사바나의 패배자로 지냈기 때문에 자신의 지위에 대한 공포와 걱정으로 두 배로 잔인하고 위험해졌습니다, 유발 하라리는 치명적인 전쟁에서 생태계 파괴에 이르기까지 역사적 참사 중 많은 수가 이처럼 인간의 너무 빠른 도약에서 유래되었다고 주장합니다. Yuval N. Harari, Sapiens, p.30-31.

것은 이 돌연변이는 순전히 **우연의 산물**이라는 것입니다.[397]우리는 이 점을 잊지 말아야 합니다. 인간이 찬란한 문화를 이루고 도덕적 사고를 할 수 있는 그 위대함의 시작은, 인간 자신의 노력이 아닌 지극히 '우연한 것'이라는 점입니다. 누구도 설명할 수 없는 우연한 유전자의 돌연변이가 사피엔스를 이전과는 질적으로 다른 차원의 존재로 만들었습니다.

앞서 강조하였듯이, 유전자의 돌연변이를 가져온 것은 '우연'입니다. 그 우연의 결과로 인해 사피엔스는 '특별한 언어'를 가질 수 있게 되었습니다. 이 특별한 언어가 사피엔스를 특별하게 만들었습니다. 그렇다면, 새로운 사피엔스의 언어에 어떤 특별한 점이 있었기에 세계를 정복할 수 있었을까요? 사실 우리가 너무 쉽게 간과해서 그렇지 모든 동물들도 나름의 언어를 구사합니다. 벌과 개미는 서로 먹을 것이 있는 위치를 알려주기도 하고, 녹색원숭이는 독수리와 사자를 구분하여 경고하는 소리를 내기도 합니다. 그러나 사피엔스의 언어는 이들과는 다른 차원입니다. 사피엔스의 언어가 특별한 이유는 언어의 **'유연성'**입니다. 제한된 개수의 소리와 기호를 연결해 각기 다른 의미를 지닌 무한한 개수의 문장을 만들 수 있었던 것은 이 유연성 때문입니다. 그래서 우리는 주위 세계에 대한 막대한 양의 정보를 받아들이고 저장하며 소통할 수 있었습니다.

인간의 언어가 특별한 또 다른 이유는, 소문과 뒷담화를 이야기하고 수다를 떨 수 있다는 것입니다.[398] 바로 이것이 인간을

397) 인간의 출현과 그 위대함이 우연성에 기초해 있다는 선행 이론들과 주장은 다음을 참조. James Lovelock, Gaia, pp.211-238. 239-272. Edward O. Wilson, Consilence : The Unity of Knowledge, p.235. Richard Dawkins, The Blind Watchmakers, p.51. David Christian, Maps of Time : An Introduction to Big History, pp.234-239.

398) Yuval N. Harari, Sapiens, p.47-48.

사회적 존재로 만듭니다. 사회적 협력은 우리의 생존과 번식에 핵심적 역할을 합니다. 사회적 협력을 위해서는 들소의 위치를 아는 것도 중요하지만, 무리 내에서 누가 누구를 미워하는지 누가 누구와 한패인지, 누가 정직하고 누가 속이는지를 아는 것이 훨씬 더 중요합니다. 그래야 누구를 경계하고 누구와 손잡아야 하는 지 알 수 있기 때문입니다. 50명 정도의 사람들 사이에서 수시로 변해가는 관계를 저장하고 추적하는데 필요한 정보의 양은 어마어마합니다.[399] 다른 유인원과 동물들도 역시 이런 사회적 정보에 예리한 관심을 나타내기는 하지만, 그러나 이들에게는 소문과 뒷담화를 공유할 수단이 부족했습니다. 시피엔스만이 가능했던 것이지요. 누가 신뢰할 만한 사람인지에 대한 믿을 만한 정보를 가지면 작은 무리는 더 큰 무리로 확대될 수 있고 많은 숫자가 모여 협동을 할 수 있게 됩니다.[400] 이것이 사피엔스가 더욱 많은 사람과 더욱 긴밀하고 복잡한 협력관계를 발달시킬 수 있는 이유입니다.

마지막으로 사피엔스 언어의 특이성은 **'허구'**를 말할 수 있는 능력, 즉 전혀 존재하지 않는 것에 대한 정보를 전달하는 능력입니다. 허구 덕분에 우리는 단순한 상상을 넘어 집단 상상이 가능해 졌고, 이로 인해 전설, 신화, 신, 종교가 등장할 수 있었습니다.[401] 더욱이 '민족주의' 같은 공통의 신화를 만들어내어 서로 모르는 많은 사람들을 하나 되게 하고 협력할 수 있게 하였습니다. 이 모두는 사피엔스만의 언어의 특별함으로 인해 갖게 된 능력입니다. 이것이 사피엔스가 세상을 지배하게 된 이유입니다

---

399) 50명 정도의 사람들 사이에서는 1225개의 일대일 관계 존재하고, 더 복잡한 사회적 조합도 무수히 만들어집니다. Yuval N. Harari, Ibid., p.47.
400) 뒷담화 이론을 처음 주장한 이는 로빈 던바(Robin Dunbar)입니다.
401) Yuval N. Harari, Sapiens, p.49.

유발 하라리(Y. H. Harari)의 역사 스케치에서 우리가 주목하는 것은, 그 처음이 초라했던 인간이 어떻게 위대한 문화와 국가를 이룩하고 법과 제도와 도덕을 만들 수 있었는가에 대한 것입니다. 하라리는 수많은 정글을 헤쳐 왔던 인간이기에 예측할 수 없는 21세기에도 새로운 해법을 찾을 수 있을 것이라고 기대합니다. 언제나 그렇듯이 미래와 맞설 수 있는 힘은 과거의 교훈으로부터 나오는 법입니다. 역사를 공부하는 이들은 밀려오는 파도가 격한 혼란의 시대일수록 그것에 맞서는 방법과 자세를 과거에서 찾고자 합니다. 그렇다면 우리는 역사에서 어떠한 교훈을 얻어야 하겠습니까?

우리는 여전히 동물이며 우리의 신체적 정서적 인지적 능력은 아직도 DNA에 의해 결정됩니다. 일대일 십 대 십으로 보면 우리는 여전히 침팬지와 매우 유사합니다. 그러나 결정적 차이는 개체 수 150명이라는 임계치를 초과할 때부터, 그리고 숫자가 1천~2천명이 되면 더 큰 차이를 보입니다.402) 우리는 광화문 광장이나 바티칸에 광장에 정기적으로 수 천 명씩 모입니다. 아무 사고 없이 질서 정연하게 모일 수 있습니다. 여기에 침팬지 수천마리를 몰아넣으려면 어떻게 될까요? 결과는 아수라장이 될 겁니다. 그들은 소수 일 때만 협력과 질서가 가능한 존재입니다. 그러나 인간은 수백 수천만이 모여서 공동의 이상을 추구하고 실현해 나갑니다. 이것이 인간만의 위대한 문화입니다.

유발 하라리는 돌촉을 붙인 창으로 매머드를 사냥하던 인류

---

402) 인간이 형성하는 무리의 자연적 크기에 대해서는 로빈 던바(Robin Dunbar)가 확립한 '던바의 법칙'이 유명합니다. 던바의 법칙, '던바의 수(Dunber Number)'로 불리는 이론에 따르면, 150명이 넘는 사람들과 친밀하게 알고 지내며 효과적으로 교제할 수 있는 보통 사람은 거의 없습니다. 인간이 면대면으로 관계를 유지할 수 있는 임계치는 150명입니다. Robin Dunbar, How many friends does one person need? pp.40-44.

가 2만 년 만에 우주선으로 태양계를 탐사하게 된 것은 더 능란한 손재주나 더 큰 뇌 덕분이 아니라, 여럿이 **유기적으로 소통하고 협력하는 능력** 때문이라고 말합니다. 오늘날 인간이 지구를 지배하게 된 것은 인간 개인이 침팬지나 늑대보다 훨씬 더 영리하고 손놀림이 민첩해서가 아니라, 여럿이서 유연하게 협력할 수 있는 지구상의 유일한 종이기 때문입니다. 지능과 도구 제작 능력 역시 중요합니다. 하지만 집단적으로 유연하게 소통하고 협력하지 못했다면, 우리는 정교한 뇌와 능란한 손으로 아직도 부싯돌을 쪼개고 있을 것입니다.[403)]

이러한 주장에 많은 이들이 의문을 품을 것입니다. 협력이 그렇게 결정적 요인이라면, 인간보다 훨씬 먼저 집단적으로 협력한 개미와 벌이 인간만큼 발전하지 못하고 핵폭탄도 만들지 못했던 원인은 어떻게 설명할 수 있느냐는 것입니다. 유발 하라리는 이러한 질문에 대해 **'협력의 차원'**으로 설명합니다.[404)] 벌과 개미는 집단으로 협력하지만, 그러나 그들의 협력은 유연하지 않다는 것입니다. 벌들은 매우 유연한 방식으로 협력하지만, 사회제도를 만들거나 정부를 세우지 못합니다. 벌떼는 자신들의 집단이 새로운 위협이나 위기에 내몰려도 여왕벌을 탄핵하지 못합니다. 코끼리와 침팬지처럼 사회생활을 하는 포유류는 훨씬 더 유연하게 협력하지만, 그들은 소수의 가족 친지들하고만 협력합니다. 그들의 협력은 철저히 개인적 친분에 기초합니다. 그러나 인간은 수많은 낯선 사람들과 매우 유연한 방식으로 협력합니다. 인간이 지구라는 행성을 정복한 이유는 불멸의 영혼이나 개인적인 자질 때문이 아니라 유연하게 협력할 수 있는 능력 때문입니다.

---

403) Yuval N. Harari, Homo Deus, 김명주 역 (2017), 호모데우스, 파주 : 김영사, pp.186-188.

404) Yuval N. Harari, Ibid, pp.188.

역사학자인 유발 하라리는 협력하는 집단과 그렇지 않은 집단 간의 차이와 협력의 유연성이 집단 간 경쟁에 얼마나 기여하는지 면밀하게 연구하였습니다. 그의 결론은 역사에는 대규모 협력의 중요성을 보여주는 증거가 무수히 많다는 것, 그리고 예외 없이 더 잘 협력한 쪽에 승리가 돌아간다는 것입니다. 로마가 그리스를 정복한 것은 로마인이 그리스인들보다 뇌가 더 크거나 도구 제작기술이 더 뛰어났기 때문이 아니라, 로마인들이 더 효과적으로 협력했기 때문이라고 말합니다.[405)]

지금 우리는 갈등이 첨예한 시대에 살고 있습니다. 문명충돌이라는 명제가 스멀스멀 다시 고개를 들고 있습니다. 사무엘 헌팅턴(S. Huntington)과 그의 추종자들은 지금 세계가 겪고 있는 갈등의 기저에는 서구 기독교문명과 이슬람문명의 충돌이 자리하고 있다고 믿습니다.[406)] 문명충돌의 명제에 따르면, 인류는 언제나 다양한 문명으로 나뉘었고 각각 화해 할 수 없는 방식으로 세계를 봐왔습니다. 이런 양립 불가능한 세계관 때문에 문명 간 갈등은 불가피하다고 보고 있습니다. 문명충돌 명제를 지지하는 이들은 서구와 이슬람의 세계를 화해시키려는 모든 시도는 실패할 것이라고 주장합니다. 이슬람 국가들은 결코 서구의 가치를 받아들지 않을 것이며, 서구 국가들도 절대 무슬림 소수자들을 흡수하는데 실패할 것이라고 전망합니다.

그러나 문명과 문화는 역동적이며 변화무쌍한 특성을 지닙니다. 하랄트 뮐러(H. Müller)에 의하면 한 순간에 지나지 않는 문명 간의 관계를 경직되고 불변하는 모습으로 파악하며 문명 전쟁을 논한다는 것은 근본적으로 오류입니다.[407)] 천재적 역사가

405) Yuval N. Harari, Ibid, pp.188-189.

406) Samuel Huntington, The Clash of Civilizations, pp.280-292. pp. 345-361.

407) Harald Müller. Das Zusammenleben der Kulturen, p.137.

인 유발 하라리 역시 다른 차원의 전망을 합니다. 그의 관점에서 보면, 문명충돌이라는 명제는 애당초 성립될 수 없습니다. 그는 여기서 독특한 주장을 합니다. 그의 주장에 의하면 모든 **문명은 하나**입니다. 세계에는 단지 하나의 문명만 있을 뿐이라는 겁니다.[408] 그는 IS와 같은 극단주의 집단조차 전혀 이질적인 외부 문화의 산물이 아니라 사실은 우리 모두가 공유하는 지구촌 문화의 '엇나간 가지'로 이해합니다. IS의 지도자들과 추종자들은 자신들이 이슬람 근본주의자라고 인정하면서도 사실은 예언자 무하마드 만큼이나 마르크스(K. Marx)와 푸코(M. Foucault)의 영향을 받고 있습니다.[409] 마르크스와 푸코는 서구 문화의 정신적 산물입니다.

유발 하라리가 인간에게 있어서 문화는 단 하나라고 주장하는 이유와 근거는 인간의 욕구와 바람은 모두가 같기 때문입니다. 언제든 어디서든 인간의 욕구와 바람은 같다는 것입니다. 더욱이 우리 모두는 어디에 살든 글로벌 생산 라인 안의 톱니가 되어있으며, 이러한 현실은 누구도 거부할 수 없습니다. IS 전투원들이 미국대통령을 증오해도 미국 대통령의 얼굴과 함께 미국의 정치적 종교적 이상이 찍힌 달러를 구하려고 애를 씁니다. 그만큼 인류는 이질적이 아니라 동질적이라는 것을 증명하는 것입니다.

유발 하라리의 이러한 견해는 인류의 미래를 멀리서 조망할 수 있는, 지적 통찰력과 전망을 갖고 있는 위대한 석학들의 공통된 생각이기도 합니다. 노벨문학상 수상자인 비디아다르 네이

---

408) Yuval N. Harari, 21 Lessons for the 21 Century, pp.147-155.

409) 이슬람 근본주의자들의 삶의 원리는 코란의 계명에서 비롯되지만, 서구에 대한 투쟁원리와 제국주의 비판 및 해석방법은 마르크스의 이념에서 차용한 것입니다. 특히 미셸 푸코의 서구 근대성 비판과 포스트모더니즘이라는 신좌파적 이론은 그들에게 투쟁을 위한 더없는 이념적 도구입니다.

폴(V.S. Naipaul)과 같은 이들은 이른바 '보편문명(universal civilization)을 주장합니다.[410] 보편문명이란 인류의 문화적 융합, 즉 사람들이 공통된 가치관, 믿음, 지향점, 관습, 제도를 공유하고 받아들인다는 것을 의미합니다. 위대한 신학자 한스 큉(H. Küng)의 '세계윤리구상(Projekt Weltethos)'도 이와 같은 맥락에서 시작됩니다.[411] 문화충돌의 명제를 강조하는 이들은 문화 간의 이질성을 강조하지만, 사실 크게 보면 세상은 누가 뭐라고 해도 닮아지고 있고, 같아지고 있습니다. 유발 하라리는 인류가 서로 달라 보이는 갈등의 요소들을 극복하고 하나가 되어가는 과정을 다음과 같이 역사에서 찾습니다.

유발 하라리는 인간 집단과 동물종을 구분하는 깊은 차이를 다른 차원에서 이해합니다. 종은 나뉘는 경우는 많지만 결코 합치지는 않는다고 합니다. 침팬지와 고릴라는 오래전 700만 년 전에는 공통의 조상이었지만 진화의 과정에서 두 집단으로 나누어진 후 다시는 합쳐지지 않았습니다. 자연계에서 한번 이런 일이 일어나면 되돌아가는 일은 없습니다. 기린은 코끼리와 합할 수 없으며, 개는 고양이와 합칠 수 없습니다. 그러나 인간은 다릅니다. 인간이라는 종은 시간이 지날수록 점점 더 큰 집단으로 뭉치는 경향이 있습니다. 근대 독일인은 작센족, 프로이센족, 슈바벤족, 바이에른족이 합쳐지면서 생겨났습니다. 프랑스인은 프랑크족, 노르만족, 가스코뉴족, 프로방스족의 합병으로 생겨났습니다.[412] 이제 독일인과 프랑스인은 더 크게 합해져서 유럽인

---

410) V.S. Naipaul, "Our Universal Civilization," The 1990 Wriston Lecture, The Manhattan Institute, New York Review of Books, 1990, P.20 / Samuel Huntington, The Clash of Civilizations, p.69.

411) Hans Küng, Projekt Weltethos, 안명옥 역 (1992), 세계윤리구상, 칠곡 : 분도출판사

412) Yuval N. Harari, 21 Lessons for the 21 Century, pp.155-156.

이 되었고, 머지않아 세계인이 될 것입니다.[413]

인간은 순간적으로는 분열되는 것 같아도, 거시적으로 볼 때 역사의 방향은 분명합니다. 오래전 인류는 수많은 고립된 부족들로 나뉘어 있었지만 시간이 지남에 따라서 더 큰 부족으로 통합되었습니다. 인류가 통합되는 과정은 두 가지 뚜렷한 형태를 취했습니다. 첫째, 서로 다른 집단들 사이에 연결을 확립했고, 둘째, 집단들 간의 동질화를 실천했습니다.[414] 비록 현재 우리가 사는 모습은 조화로운 공동체와는 거리가 멀지만 우리는 앞으로 지금보다 훨씬 더 상호의존적으로 될 것입니다. 핵전쟁, 기후변화, 기술적 파괴 생태학적 도전 등의 문제는 부족이나 민족적 단위에서는 해결할 수 없는 범세계적 과제입니다. 자아를 규정하는 협소한 틀에서 벗어나는 것이야 말로 21세기의 생존기술이 될 수 있습니다.

양심 있는 사상가나 역사가들처럼 유발 하라리 역시 인간의 겸허함을 요청하고 있습니다. 그들이 그리고 그가 인간의 역사의 처음이 초라했다는 것을 강조한 이유가 그것입니다. 인간이 위대하게 된 것이 순전히 우연한 돌연변이의 결과였음을, 인간 자신의 선택이 아닌 자연의 선택의 결과였음을 강조하는 이유 역시 그것입니다. 협력이 없으면 단 한 순간도 지탱하거나 존재할 수 없는 것이 우리의 솔직한 자화상입니다. 문화가 다르기에 갈등이 깊어지는 것이 아니라, 다르기에 오히려 협력의 방법이 유연해지고 더욱 상호 의존적으로 되어갑니다. 다르다는 것은 불편함과 경계의 원인이기도 하지만 그것으로 인해 협력의 차원이 더욱 성숙해지는 계기가 됩니다. 때로는 걱정은 터무니없

413) EU, 유럽 연합의 탄생이 그것입니다. 그들은 수십 개의 나라들을 경제공동체로 묶어 화폐를 통일하고, 심지어 통행의 자유까지 합의했습니다. 이 모델은 언젠가 이루어질 하나의 세계에 대한 밑그림입니다.

414) Yuval N. Harari, Ibid., 157.

을 정도로 과대평가되기도 합니다. 공존을 저해하는 염려와 공포는 더욱 그렇습니다.

Part 04

함께 보는 태양

> 다르면 다를수록
> 세상은 더욱 아름답고 특별하다.
> 그래서 재미있다.
>
> (최재천)

우리가 심각히 오해하는 것 중의 하나가 **'독립된 자아'**라는 말입니다. 어설픈 심리학자들과 상담전문가들은 우리에게 독립된 자아(independent self)로 살아가는 것과 상호의존적인 자아(interdependent self)로 살아가는 것 중에서 어느 것을 택할 것인가 묻곤 합니다. 그들의 물음에는 이미 정답을 전제하고 있습니다. 그들은 독립과 의존을 대칭으로 놓고 독립된 자아를 성숙한 인격으로, 의존적 자아를 미성숙한 인격으로 주저 없이 판정합니다. 그러나 이것은 인간과 인간의 삶에 대한 무지에서 오는 생각입니다. 삶에 있어서 독립과 의존은 마치 천을 가로와 세로로 엮어 짜듯이 서로 얽혀 있습니다. 세상에 어느 누구도 의존 없는 독립은 존재할 수도 없고 상상할 수도 없습니다.

인간은 유아 독존하는 존재가 아닙니다. 성공한 사람일수록, 인생에 대해 깊이 생각하면 할수록, 자신만의 힘으로는 아무것도 할 수 없음을 고백하게 됩니다. 한 인간의 삶이 지탱되기 위해서 얼마나 많은 사람들의 수고가 숨어있는지 모릅니다. 그것을 알면 인간은 겸허해질 수밖에 없습니다. 인간 뿐 아니라 어떤 생물체도 주위와 유리된 채 완벽하게 독립적인 존재는 없습니다. 인간에게 독립적 자아는 상대적 개념입니다. 홀로 존재하는 'I'는 있을 수 없을 뿐 아니라 의미도 없습니다. You에 대칭되는 I 만이 의미 있습니다. 인간인 호모 사피엔스는 두 가지의 서로 다른 차원에서 살아가는 존재입니다. 에밀 뒤르켐(E. Durkheim)은 이러한 인간을 호모 듀플렉스(Home duplex)라고 불렀습니다.[415] 이중적인 인간이라는 뜻입니다. 인간은 개별적인 존재이면서 동시에 더 커다란 사회의 일부라는 것입니다. 인간은 '의존의 힘'을 알아야 독립된 존재로서의 '개인의 정체성'이 비로소 구현됩니다. 이제 인간 이상형으로서의 독립된 자아에 대한 환상을 버려야 합니다. 그 자리에 **상호 의존적인 자아**로 대신해야 합니다.

헤이즐 로즈 마커스(H. R. Markus)와 앨래나 코너(A. Conner)는 '우리는 왜 충돌 하는가' 물으면서, 사회의 갈등은 각기 다른 자아의 양식을 얼마나 서로 인정하고 수용하느냐에 따라 상당 부분 해결할 수 있다고 주장합니다.[416] 진보적이고 평화로운 세상을 건설하려면 우리 모두 독립적이면서 동시에 '상호의존적인 존재'가 되어야 한다고 합니다. 그들의 통찰은 다문화시대를 살아가는 우리에게 삶의 지혜를 줍니다. 상호의존적의 다른 말은 '관계지향적'입니다. 갑과 을의 갈등 및 정착민과 이방인의 갈등 역시 상호의존적이고 관계지향적인 관점으로 해소할 수 있습니다. 상호의존적인 관계들로 인해 세계는 점점 더 좁아지고, 평평해지고, 뜨거워지고 있습니다. 창문이 많을수록 방에 빛이 많이 들어옵니다. 일방적인 관점은 퇴행 그 자체입니다.

1. 뒤집어보기

> 상대방의 모카신을 신고 1마일을 걷기 전에는 상대방을 판단할 수 없다.
>
> 아메리카 인디언 격언

415) Jonathan Haidt, The Righteous Mind, 왕수민 역 (2019), 바른 마음, 파주 : 웅진지식하우스, p.403.

416) Hazel Rose Markus & Alana Conner, Clash, 박세연 역 (2015), 우리는 왜 충돌하는가?, 서울 : 흐름출판, p.6-11.

1968년 4월 4일, 흑인 인권운동가 마틴 루터 킹(M. Luther King) 목사가 백인 인종주의자에게 암살당한 후, 그의 암살에 충격 받은 초등학교 3학년 백인 여교사인 제인 엘리엇(Jane Elliott)은 인종차별의 극복을 위해 자신의 교실에서 **'눈차별 실험'**을 합니다. 엘리엇은 교실에서 푸른 눈의 백인 아이들과 갈색 눈을 가진 유색인종 아이들을 상대로 역할 놀이를 하게 합니다.[417] 그녀는 아이들에게 역할놀이(role-playing) 규칙을 말해줍니다. "우리는 눈 색깔로 사람을 판단할 거야." 그녀는 자기 반의 아이들을 파란 눈의 아이들과 갈색 눈의 아이들로 나누고, 파란 눈의 아이들에게 그들이 더 뛰어나며 특권을 부여받았다고 말한 반면, 갈색 눈의 아이들은 열등한 사람으로 취급하였습니다.

그렇게 하자마자 신체적 부류에 따라 사회적 구분이 일어났습니다. 파란 눈의 아이들은 갈색 눈의 아이들과 놀지 않았고, 멸시하고 혐오했습니다. 실험 이틀째가 되자, 갈색 눈 아이들은 벌써 학업 수행 능력이 떨어지기 시작했고, 슬프고, 나쁘고, 멍청하고, 비열한 느낌이 든다고 묘사했습니다. 다음 날 엘리어트 선생은 조건을 거꾸로 바꾸었습니다. "오늘은 갈색 눈 학생들이 서열이 높은 거야." 그녀는 자신이 실수를 했으며, 사실은 갈색 눈이 더 우수하고 파란 눈이 열등하다고 설명했습니다. 이번에도 그러자마자 자기와 타자를 바라보는 시각이 바뀌었습니다. 갈색 눈의 아이들은 자기들 스스로에게 멋진, 행복한, 착한이라는 형용사를 쓰기 시작했으며, 자신에 대한 자긍심이 높아졌습니다. 초등학교 3학년 교실은 곧바로 인종차별의 장이 되었습니다. 지금까지 당해왔던 갈색 눈은 당연한 듯 푸른 눈을 차별했고, 교실의 권력자였던 푸른 눈은 분노하고 좌절하고 저항했습

417) Jane Elliott, 다른 사람 모카신 신고1마일 걷기, 정해영 역 (2018), 서울 : 한뼘책방, p.22.

니다.

눈 색깔은 피부색과 마찬가지로 멜라닌이라는 동일한 화학물질에 의해 결정되며, 본인이 어쩔 수 없는 신체적 특징이기도 합니다. 자신이 선택한 것도 아니고, 자신이 바꿀 수도 없는 생물학적 차이에 의해서, 지금까지 한 쪽 아이들은 근거 없는 우월감에 사로잡히고, 반면에 다른 쪽의 눈동자들은 한없는 자기비하의 삶을 운명적으로 받아들입니다. 실험 전 양쪽 모두에게 차별과 편견은 나쁜 것이라고 미리 말해주었음에도 불구하고, 엘리엇이 우월한 집단을 칭찬 격려하고, 열등하다고 가정한 집단의 아이를 차별하자 아이들은 이것이 '가정'일 뿐임을 인지하고 있음에도, 점차 차별과 편견을 자연스럽게 받아들였습니다. 전혀 의도하지 않은 결과인 무리 짓기도 생겼습니다. 그들 스스로를 '푸른 눈' '갈색 눈'이라고 부르며 서로를 적대시하게 되었습니다. 열등하다고 가정된 아이들 집단은 실제로 열등하게 행동했으며 자신감과 자존감을 잃어갔습니다. 반면에 우월하다고 가정된 집단의 아이들은 차별을 즐겼으며 실제로 우월감 있는 자기 성취능력을 보였습니다.

그녀의 '푸른 눈/갈색 눈' 색깔 실험 이야기인 『다른 사람 모카신 신고 1마일 걷기』는 많은 이들에게 감동과 충격을 주었습니다. 킹 목사가 암살당한 그 다음날, 4월 5일 수업 계획은 아메리카 원주민의 기도문 "신이시여, 우리가 다른 사람의 모카신을 신고 1마일 이상 걸을 때까지 그 사람을 판단하지 않게 해 주소서"를 배우는 것이었습니다. 다른 사람의 신발을 신어본다는 것의 의미는 그 사람의 삶과 문화적 배경을 배운다는 것입니다. 자기 입장에서 함부로 건너편의 사람들을 예단해서는 안 된다는 메시지입니다. 그녀는 암살 소식을 들은 후 계획을 바꾸어 실제로 학생들에게 모카신을 직접 신겨봅니다. 그럼으로써 인종적 편견이 얼마나 이해의 부족과 편견에 의한 것인지 스스로 알게 했습니다.

푸른 눈과 갈색 눈이 서열을 뒤바꾸어 체험해보는 실험을 마친 뒤, 아이들은 이 실험에서 다음과 같은 사실을 배웠습니다. 많은 유색인종과 다른 소수자들이 보이는 행동들은 그들의 유전자에 고유한 약점이 있기 때문이 아니라는 것, 유색인들이 보이는 분노가 그들의 피부색 때문이 아니라, 피부색으로 편견과 혐오를 드러내는 백인들의 반응에 대한 정당한 항의라는 것, 인종주의자가 애초부터 인종주의자로 태어나는 것은 아니라는 것, 가해자인 백인 인종주의자들 그들도 역시 비인간화의 피해자라는 것, 그리고 편견이 차별을 만드는 것이 아니라 차별이 편견을 만든다는 것을 배웠습니다. 차별 실험이 학생들의 삶과 가치관에 끼친 영향은 매우 고무적이었습니다. 그들의 인식의 차원이 달라지고 고양되었음이 보고되고 있습니다. 차별 실험을 시작하고 4~5년쯤 지났을 때, 여러 학교 학생을 대상으로 인종주의의 정도를 측정하는 설문을 실시한 결과 차별 실험을 경험한 학생들이 다른 또래 아이들보다 인종주의적인 태도를 훨씬 덜 보이는 것으로 나타났습니다. 당연히 제인 엘리엇의 수업에서 역할놀이에 참여한 아이들이 다른 학교 학생들보다 인종주의를 덜 표현했습니다.

이 실험은 인식의 차원을 새롭게 한다는 것은 쉬운 일이 아니지만 진정성을 갖고 참여한다면 생각보다는 어렵지 않게 진실의 문에 도달할 수 있음을 보여주었습니다. 이 설문 결과는 실험의 영향이 오랜 기간 지속되며, 다른 학생들에게도 영향을 끼친다는 것 또한 입증했습니다. 단지 하루 동안의 역할 바꾸기 놀이였을 뿐임에도 아이들의 생각과 삶에 이렇듯 영향을 끼치는데, 평생을 편견과 혐오의 대상으로 살아온 이들의 고통은 얼마나 크겠습니까. 반대로 근거 없는 우월감과 자기도취로 상대에게 멸시와 조롱을 해왔던 이들의 삶은 얼마나 왜곡되어 있고 비인간화되어 있겠습니까. 가해자나 피해자나 모두에게 비인간화의 질곡에서 헤어 나오지 못합니다. 바꾸어 본다면, 뒤집어 생각한다면, 세상은 지금보다 조금 더 평평해질 것입니다.

저도 여러분에게 작고 짧은 실험 하나 제안합니다. 한 번 동참해 보세요. 여러분, 눈을 감고 천사의 모습을 상상해보세요. 어떤 모습이 상상되던가요? 상상된 모습이 떠오르기까지 채 일초도 걸리지 않을 겁니다. 여러분이 상상한 천사의 모습은 분명히 '하얀 원피스를 입은 날개 달린 백인 소녀'일 겁니다. 여러분이 아무리 부정하려해도 자신도 모르게 그렇게 떠오를 겁니다. 한국 사람도 일본 사람도, 흑인도 황인종도 자신도 모르게 떠오르는 천사의 이미지는 날개 달린 백인소녀입니다. 아사아인은 아시아 소녀의 모습으로, 흑인은 흑인 소녀의 모습으로 천사를 연상하지 않습니다. 우리의 경우 색동저고리 입은 날개 달린 한국소녀를 생각하지 못합니다. 아마 그랬다면 아기 무당이라고 조롱했을지 모릅니다.

이처럼 백인 외의 어느 누구도 감히 자신의 모습에 날개를 달 생각을 하지 못합니다. 결국 세상에서 가장 순결하고 아름다운 존재인 천사는 세상에서 가장 강한 족속인 백인의 몫입니다. 그리고 그 천사가 사는 곳, 서양인들의 삶의 자리가 곧 천국이 됩니다. 미셸 푸코(M. Foucault)가 일찍이 지적하였듯이 권력과 진리는 상관관계가 있습니다. 진리는 권력에 의해 만들어집니다. 권력자가 곧 진리 구현자가 되는 것입니다. 이것이 백인소녀가 무리 없이 천사가 되는 이유입니다. 이것은 문화적 식민입니다.

세상은 가끔씩 거꾸로 보아야 할 때도 있습니다. 뒤집어 보아야 보이는 경우도 있습니다. 그래야만 사고의 균형을 이룹니다. 딘 캠벨(D. Campbell)은 1932년 외손잡이 날을 창립했습니다. 전 세계의 왼손잡이 비율은 10%가량 된다고 합니다. 아시다시피 아랍권에서는 왼손 사용을 금지합니다. 오른 손의 '오른'은 옳다란 말에서 나왔고 바른이라고도 불립니다. 라틴어에서 왼손잡이를 뜻하는 sinister는 흉하다, 불운 등과 동의어입니다. 반면 오른손잡이를 일컫는 dexter는 알맞다, 능숙하다는 뜻입니다. 영어에서도 right는 옳다, 정당한, 정확한, 곧은, 정상적인, 참된, 정의, 권리, 인권, 등 긍정적 의미를 지닙니다. 특별히 믿을 만한 사람을 오른팔(right-handed)이라고 하기도합니다.[418] 그러나 뒤집어보면 모두가 편견입니다. 10프로의 왼손잡이를 이상한 사람으로 몰아야만 나머지 모두가 정상의 위치를 확고히 하게 됩니다. 편견과 배척은 어떠한 형태로든 중심 권력의 농간입니다.

이방인에 대한 불순한 시선 역시 마찬가지입니다. 영어에는 외국인을 지시하는 용어가 여럿 있습니다. foreigner, stranger, outsider, alien. 이 단어들은 오른 쪽으로 갈수록 혐오와 배척의 의미가 덧붙여집니다. 'foreigner'가 행정적으로 지시된 외국인이라면, 'stranger'는 낯선 자로, 미지의 땅에 사는 자로 느껴집니다. 'outsider'는 부정적 이탈자의 의미입니다. outsider는 말 그대로 다른 쪽으로 넘어간 자를 가리킵니다. 그는 한 집단에 의해 그들의 정상적인 통합 기준을 만족시키지 못하는 자로 간주되며, 그들의 관점과 어긋나서 결국 블랙리스트에 넣어지거나 사회적으로 격리되는 자를 의미합니다. 이 스펙트럼의 끝에서 우리는 결국 'alien'의 광기를 발견합니다.[419] alien은 외계인 같은 이방인입니다. 우리와는 전혀 다른 존재입니다.

이처럼 우리의 언어 속에 담겨진 차별은 매우 조직적이고 섬세하게 의도적으로 숨겨져 있습니다. 언어는 생각을 반영합니다. 언어는 이미 차별하기 쉽도록 더욱 철저하게 구분되어 있습

---

418) 이희용 (2018), 세계시민 교과서, 서울 : 라의눈 출판그룹, p.103-107.
419) Guillaume Le Blanc, Dedans, debors : La condition d'etranger, pp.24-39.

니다. 그렇다면 외국인에 대한 이런 윤리적 폭력의 원인은 무엇일까요. 아마도 타자에 의해 점염되는 것에 대한 공포, 확인 할 수 있는 국경이 사라지는 것에 대한 공포일 겁니다. 더욱이 우리가 그들에 의해 흡수될 수도 있다는 공포는 우리로 하여금 그들을 더욱 의심하고 경계하게 합니다.

에드워드 사이드(E. W. Said)는 근대성이 우리에게 보여주는 부정적 사례들, 즉 우리에게 폐허와 끝없는 고통을 준 부정적 모델 중에서 가장 고약한 것은 **민족주의, 종교적 광신, 배타주의**라고 지적합니다.420) 이것들은 일찍이 아도르노(T. W. Adorno)가 '동일성의 사고'라 일컬은 것에서 유래합니다. 이 셋은 문화적 다원주의의 상호성과는 배치되는 것들입니다. 이것들은 무자비하게 잔인하고 논증 자체가 완전히 불가능합니다. 앞에서 설명했듯이 민족주의 또는 국가주의는 근대의 산물입니다. 이것을 통해 '우리와 그들'을 구분하는 정치적 울타리가 생겼습니다. 또한 종교적 광신만큼 상대를 적으로 규정하는 효과적인 무기는 없습니다. 이교도는 조금의 자비도 허락할 필요가 없는 존재입니다. 개종과 죽음만이 있을 뿐입니다. 중세이후 서구의 전쟁사가 거의 종교전쟁으로 채워진 것은 우연이 아닙니다. 배타주의는 **'시야제한'**을 뜻합니다. 제한된 시야는 다른 집단의 업적이나 그 업적의 결실을 의도적으로 걸러냅니다. 제한된 시야 속에는 상호성이 침투할 여지가 없습니다.

여기서 우리가 놓치지 말아야 할 진실이 있습니다. 우리는 일반적으로 차별이란 이질성에 의해서 생겨난다고 생각합니다. 그러나 사실은 그렇지 않습니다. 차별이나 격차는 우리의 생각과는 정반대로 이질성에서 나오는 것이 아니라 동질성이 높기 때

420) Edward W. Said, Humanism & Democratic Criticism, 김정하 역(2012), 저항의 인문학, 서울: 도서출판 마티, p.77.

문에 발생합니다.[421] 어느 사회든 동질성이 높으면 외부의 공기가 들어오기 힘듭니다. 이방인들을 받아들이는 것이 쉽지 않다는 겁니다. 동질성들은 똘똘 뭉쳐서 이질성을 몰아냅니다. 동질성이 높은 사회에서는 사소한 차이도 차별의 요인이 됩니다. 과도한 민족주의, 종교적 광신, 배타주의는 동질성을 강화시키는 공존의 적입니다.

들뢰즈(G. Deleuze)와 가타리(P. Guattari)라는 호흡이 잘 맞는 학자가 있습니다. 들뢰즈는 철학자이고 가타리는 정신분석을 전문으로 하는 유명한 정신과 의사입니다. 프랑스 학자들입니다. 이 두 사람은 사회적 문제를 해결하는 해법으로 생성의 원리인 **'되기(devenir)'**를 제안합니다. 이 원리는 복잡하고 난해한 것 같아도 원리는 간단합니다, 앞에서 실험했던 제인 엘리어트의 눈색깔 실험 이야기처럼 서로의 역할을 바꾸어보는 겁니다. 예를 들어 봅시다. 교사와 학생들이 소통이 안 될 경우, 서로를 비난하지 말고 한번 쯤 서로의 입장을 바꿔보는 것이 좋습니다. 교사가 학생의 입장이 되어보고, 학생도 선생의 입장이 되어보면 오해와 편견이 풀릴 수 있습니다. 부모와 자식 간의 관계도 물론입니다. 그러나 들뢰즈와 가타리의 **'되기'**는 이와는 약간의 차이가 있습니다. 이들에 의하면 강자와 약자의 사이에서, 강자가 '약자 되어보기'는 바람직하지만 약자가 '강자 되어보기'는 의미가 없습니다. 제인 엘리어트의 교실에서의 '눈차별 실험'은 사실은 갈색 눈이 푸른 눈으로 되어 볼 필요는 없는 것입니다. 약자였던 갈색 눈이 강자였던 푸른 눈으로 되어 본다는 것은 의미가 없다는 말입니다. 대신 암묵적 억압자였던 푸른 눈은 반드시 갈색 눈이 되어 볼 필요가 있습니다. 억압자의 관점에서 풀려나와 모멸당하는 자의 아픔을 겪어 볼 필요가 있습니다. 즉

421) Yamaguchi Shu, Buki Ni Naru Tetsugaku, p.247.

공감운동으로서의 '되기'는 중심에서 주변으로, 다수자에서 소수자로, 강자에서 약자로 전개되어 나가야 한다는 말입니다.

이러한 원칙에 기초하여 들뢰즈와 가타리는『천개의 고원』에서 '동물-되기', '어린이-되기', '여성-되기'를 제시합니다.[422] 동물, 어린이, 여성이 누구입니까. 그들은 약자의 상징인 소수자들입니다. 그들이 제안하는 '되기'는 이처럼 소수자의 입장을 취함으로써 다수자의 오만의 굴레로부터 벗어나는 행위를 뜻합니다. 다수자(억압자)의 가치와 척도를 벗어난 곳에서만 새로운 생성이 있기 때문입니다. 따라서 들뢰즈와 가타리는 모든 '되기'는 소수화(devenir-minoritaire)일 수밖에 없다고 단언합니다. 즉 강자이며 주류세력인 '남성-되기', '백인-되기'란 의미 없다는 것입니다.[423] 왜냐하면 우리는 이미 충분히 남성화 되어 있고, 백인화 되어있으며, 강자화 되어 있기 때문입니다. 남성중심적 세계관 아래에 살고 있는 사람은 그의 생물학적 구분이 어떠하든지, 즉 그가 남자든 여자든 상관없이 누구든 남성적 가치관에 의해 오염되어 있습니다. 심지어 여성조차도 그러합니다. 몸은 여자이지만 정신은 남자인 경우가 많습니다. 그러기에 여성도 '여성-되기'에 참여해야 합니다.

마찬가지로 백인 중심적 가치가 주류를 이루고 있는 사회에서는 그가 백인이든 흑인이든 아니면 다른 누구이든, 자기가 원하든 원하지 않든 상관없이 누구나 다 백인의 정체성과 지향성을 갖고 있습니다. 심지어 흑인마저도 그의 정신은 이미 백인입니다. 그러기에 흑인도 흑인 되기를 시도하고 참여해야 합니다. 쉬운 예를 하나 들어 보겠습니다. 잠시 생각해 보세요. 오바마(B. Obama) 대통령이 흑인일까요. 백인일까요? 여러분은 당연히

---

422) Gilles Deleuze, Pelix Guattari, Mille Plateaux, 김재인 역 (2003), 천개의 고원, 서울 : 도서출판 새물결, pp.443-479.

423) Gilles Deleuze, Pelix Guattari, Ibid, pp.553-554.

흑인이라고 말하겠지요. 어떤 이는 오바마 엄마가 백인이니까 혼혈이라고 말하기도 할 겁니다. 물론 생물학적으로는 그렇습니다. 그는 흑인이며, 혼혈이기도 합니다. 그러나 그의 정신은 완벽히 백인입니다. 백인보다 더욱 백인입니다, 그는 백인적 가치와 정체성을 갖고 살았기에, 그리고 철저히 백인교육을 받고 자랐기에, 백인이 주류인 백인의 세계에서 대통령이라는 자리에 오를 수 있었던 것입니다. 흑인의 정체성과 지향성으로는 결코 그 자리에 오를 수 없습니다. 결론을 말하자면 오바마의 정신은 백인입니다. 그러기에 오바마도 '흑인-되기'에 참여해야 합니다.

이제 모든 '되기'는 소수화(devenir-minoritaire) 일 수 밖에 없다는 말을 이해하시겠지요. 강자화와 다수화는 의미가 없습니다. 이미 우리는 다수와 강자의 가치관에 의해 살고 있기에 그렇습니다. 비록 우리는 강자가 아니더라도 강자의 영혼으로 살고 있습니다. 그래서 강자든 강자가 아니든 우리 모두는 '약자-되기'에 참여해야 합니다. 여기서 중요한 것은 '되기'란 감상적 차원으로 전환된다는 것을 뜻하지 않습니다. 예를 들어 어떤 작가가 '여성-되기'를 시도한다는 것은 여성을 대변하면서 글을 쓰는 것도 아니고, 여성이 처한 상황을 말하는 것도 아닙니다. 그것은 문자 그대로 여성이 되는 것이지 여성의 입장을 대변하는 것이 아닙니다. '소수자-되기' 역시 마찬가지입니다. 소수자 되어보기란 소수자가 처한 억압을 이해하고 대변하라는 것이 아니라, 진짜 소수자의 입장이 되는 것입니다. 이것은 무슨 뜻입니까. 강자의 입장과 강자의 눈으로 약자를 대신할 수 없다는 말입니다. 강자의 입장을 그대로 두고 약자가 되어보기란 불가능합니다. 무슨 말인지 이해하시겠지요. 기존의 나를 감싸고 있는 모든 것을 완벽히 내려놓아야 한다는 뜻입니다. 여러분에게 제안합니다. 공존을 위한 선한 방법으로써 우리도 **'이방인-되어보기'**를 실험해 봅시다. 다음을 곰곰이 읽어보세요.

> 자기중심적 기준으로 세상을 보는 일은 복잡하거나 어려울 것이 없다. 환경 속에서 마주 치는 정보들을 자신의 생존과 번식에 유리한 정보, 불리한 정보로 나누기만 하면 된다. 이렇게 자기중심적 기준으로 세상의 정보들을 분류하는 과정을 통해 우리는 정보에 가치를 부여하게 된다. 그러나 이러한 가치 판단 과정은 세상의 정보들을 객관적으로 바라보기 어렵게 만드는 핵심 원인이 된다. 삶의 초기 단계를 지나면서 자기중심적인 기준으로 만들어진 가치들은 사회화 과정을 거치게 된다. 이때 내가 아닌 다른 사람이 만들어온 가치들과 부딪치며, 타인의 가치까지 함께 고려해서 수정할 필요성을 느끼게 된다.[424)]

어렵지만 마음먹기에 따라서 쉬운 일도 있습니다. 역지사지(易地思之)가 그것입니다. 바꾸어 생각할 수 있는 여유만 있다면 세상은 지금보다 훨씬 아름다울 겁니다. 사람들은 상대의 입장에서 세상을 보려할 때 다른 집단들에 더 관대해 집니다. 집단실험에 의하면 에이즈에 걸린 사람의 입장이 되어 보도록 교육받은 사람들이 이후에 에이즈 감염 환자 집단을 더 호의적으로 보았다는 결과가 있습니다. 사람들은 부정적으로 낙인찍힌 사람들의 입장이 되어봄으로써 그들의 행동에 내재하는 상황적 이유를 이해하고 그들이 대우받는 방식이 부조리함을 느끼고 공감할 수 있습니다. 이러한 '되어보기'의 가장 좋은 방법은 역할연기(role-playing) 중심의 프로그램입니다.

우리는 앞에서 인종차별을 극복하기 위한 역할 바꾸기는 차별과 편견을 줄이는 데 기여함을 알았습니다. 인종적 편견을 줄이기 위한 제인 엘리엇(Jane Eliott)의 유명한 '푸른 눈 갈색 눈' 기법에서는 일부 참가자들이 눈동자의 색 때문에 모욕과 차별의 표적이 됩니다.[425)] 몇 시간 동안 차별의 피해자가 되어 스트

424) 김학진 (2017) 이타주의자의 은밀한 뇌구조 (A Journey into the Secret of Altruist's Brain), 고양 : 도서출판 갈매나무, pp.91-92.

레스를 받은 참가자들은 편견을 덜 형성할 뿐 아니라 인종 간 갈등 문제에도 더 민감해지는 경향이 있었습니다. 세상은 뒤집어 보고, 바꾸어 보아야만 진실이 보이는 경우가 있습니다. 정의 역시 그렇습니다. 불공정하고 불리한 대우를 받는 집단의 관점에서 세상을 보게 된 사람들은 자신의 편견과 고정관념에 맞설 가능성이 더 높습니다.

2. 다양함의 역동성

여러분들은 철학, 또는 철학자를 생각하면 어떤 것이 연상됩니까. 조용하고 고립된 산 속에서 명상과 사색을 하는 모습이 떠오르나요. 현실의 시끄러운 이해관계에서 떨어져서 세상을 관조하고 그곳에서 사물의 이치를 생각하는 사변적 과정이 철학이라고 생각하는 사람들이 많습니다. 그렇게 생각했다면 오해입니다. 유교철학은 물론이고 애당초 철학의 발생은 그것과는 정반대의 상황에서 시작되었습니다. 서양철학이 그리스에서 발생하게 된 가장 중요한 조건의 하나는 상품의 교환과 무역이라는 경제구조와 깊게 관련되어 있습니다. 철학은 깊은 산속에서의 명상에서 나오는 것이 아니라 물건을 사고파는 시장에서 비롯되었습니다. 그리스는 고대 해상무역의 중심지였습니다. 여러 각지에서 물건을 교환하려는 사람들이 아테네에 몰려왔습니다. 자연히 다양한 사람들의 다양한 생각들이 교환되고 상호 영향을 주면서 이해 당사자들 모두 생각의 폭과 깊이가 풍성해지게 됩니다. 서로 다른 상품들을 그 가치에 맞게 교환하려면 모두가 납득할 수 있는 보편적 기준이 필요하게 됩니다. 상품이 교환되

425) William Peters, A Class divided : Then and Now, 김희경 역 (2012), 푸른 눈 갈색 눈, 서울 : 한겨레출판사, pp.136-137.

기 위해서는 다양한 상품의 가치가 일정한 보편적 척도에 의하여 인정되어야 하기 때문입니다. 당연히 보편적 척도인 화폐가 발생되었습니다. 고대 그리스에서 주화가 만들어진 시기가 철학이 발생한 시기와 일치된다는 것은 우연이 아닙니다.[426] 인간 사고의 풍요로움과 진보는 이처럼 **'다양한 생각과 이해가 마주치고 교환되는 곳'**에서 시작됩니다.

우물 안 개구리라는 말을 많이 들어보셨을 겁니다. 우물 속 개구리의 세계는 아무리 넓게 잡아도 우물 안입니다. 우리는 순수혈통과 그것에 기초한 배타적인 민족주의를 강조하지만 그것은 뒤집어서 말하자면 스스로 우물 안 개구리라는 것을 시인하는 것입니다. 우물 안의 세계에 갇힌 자신의 처지를 이렇게 자랑스러워하는 것은 아마도 우리 밖에 없을 겁니다. 모두가 알다시피, 미국은 가장 짧은 시간 안에 가장 강한 나라가 되었습니다. 그 원인이 무엇입니까. 학자들 간의 공통된 결론은 미국이 **'다문화 사회'**라는 것입니다. 다양한 인종과 다양한 문화는 하나의 문화만으로는 생각하거나 도달할 수 없는 깊고 넓은 지혜의 원천입니다. 하나의 문제를 놓고서도 다양한 생각들로 인해 수많은 해결방식을 모색됩니다. 교육심리학의 지혜를 빌리자면, 열 명의 생각이 모이면 열 가지의 생각이 되지 않습니다. 그것은 단순한 덧셈의 차원을 넘어 수백, 수천가지의 기발한 생각으로 퍼져나갑니다. 미국이 창의적이고 심오하고 위대한 이유입니다.

많은 이들이 미국의 종말을 예언하지만, 예지력 있는 학자들에 의하면 세계의 어느 누구도 미국을 감히 넘어설 수 없습니다. 미국을 넘어서려면 미국만큼의 다양성이 확보되어야 하고 어떠한 희생을 치르더라도 그것을 존중하는 정신이 흔들리지

426) 강대석 (1987), 그리스 철학의 이해, 서울 : 한길사, p.39.

않아야 합니다. 더욱이 다양한 사고와 의견을 통제하는 중국에 의해서 미국이 도전받을 것이라는 견해는 너무도 짧은 단견입니다. 개인적 차원도 마찬가지입니다. 개인 역시 하나의 문화적 사고에 갇혀있지 않고 다양한 문화적 전통과 정신들을 수용하고 이해할 때 많은 장점들이 생깁니다. 다중문화인들은 공동체들 사이의 역동성에 대해 이해할 수 있게 되고, 자신의 배경을 더욱 가치 있다고 여기게 됩니다. 다문화적 전통에서 공존하며 살아가는 방법을 아는 아동들이 더 성공적이고 자신감도 높습니다.

미국에서 나름의 의미 있는 성공을 성취한 사람들의 공통된 유아방식은 자기 아이들을 인종적 자긍심, 자기발달, 인종장벽에 대한 자각심, 그리고 평등주의를 강조하며 키웁니다. 또한 몇 개의 문화적 공동체들에 대한 경험은 개인으로 하여금 인지적 및 사회적 유연성과 새로운 통합적 잠재력을 갖도록 고무시켜줍니다. 예를 들어, 한 가지 언어만을 사용하는 아동들에 비해, 그 이상의 언어에 유창한 아동들은 단어가 지닌 관습성 및 언어적 속성에 대한 분석력과 더불어 언어 사용에 있어서의 엄청난 융통성과 언어 자체에 대한 자각력이 높습니다. 언어란 단지 말이라는 기능적 차원을 넘어, 그 속에 공동체의 정신과 삶의 방식이 농축되어 있기에 몇 개의 언어에 능통하다는 것은 자연히 엄청나게 넓은 세계관을 확보하게 됩니다. 이것은 우리가 미처 헤아려보지 못한 다문화의 장점들입니다.

많은 이들은 다문화가 공동의 정체성을 훼손시킨다고 우려합니다. 이것 역시 따져봐야 합니다. 다문화의 이질성이 사회의 혼란과 갈등을 가져온다는 지적도 있지만 이것은 부분적 진실일 뿐입니다. 차별이 이질성에 의해서 생겨난다고 생각하기 쉽지만 사실은 그렇지 않습니다. 차별이나 격차는 우리의 생각과는 정반대로 동질성이 높기 때문에 발생합니다. 세르주 모스코

비치(S. Moscovici)는 그것을 정확히 통찰합니다.

> 인종차별은 오히려 동질성의 문제라는 것을 알 수 있다. 나와 같은 공통성을 지닌 자, 나와 같은 의견을 갖고 같은 신념을 지지고 있는 사람과의 사이에서 발견되는 불화는 설령 작은 일일지라도 참을 수 없다. 그 불일치는 실제의 정도보다 훨씬 심각하게 나타난다. 차이를 과장하고, 나는 배신당했다고 느껴 격하게 반발을 일으킨다.[427]

여러분은 경계에 대해서 어떻게 생각하십니까. 경계가 있으면 좋은 점도 있습니다. 심리적으로 경계 안에 있으면 안정되고, 모여 있으면 사람들은 동질성을 갖게 됩니다. 그러나 뒤집어보면 경계는 인간의 정신적 족쇄가 되기도 합니다. 경계는 일반적으로 제약을 만들어 선택과 활동을 제한하고 효율성을 감소시킵니다. 반면에 경계가 약화되면 새롭고 놀라운 기회가 확대되며 격변이 발생합니다. 경계의 역사를 살펴봅시다. 역사적으로 지리적, 과학적, 기술적, 제도적, 문화적 경계의 이동은 지대한 결과를 낳았습니다. 계몽주의 시대와 산업혁명 시대에서 볼 수 있듯이 다양한 경계가 동시에 이동하는 경우, 인간의 진보는 새로운 연결, 가능성, 아이디어의 창출을 통해 놀라운 약진을 했습니다. 지식과 기술의 경계가 무너지고, 유통과 소비의 경계도 사리지고 거주의 경계도 없어지는 곳에 혁명이 일어납니다.[428] 흐려진 경계는 그보다 더 넓은 사회에 대한 새롭고 놀라운 가능성을 만들고, 주목할 만한 혁신을 이룰 수 있게 합니다.

갈수록 인간사에 분열과 갈등을 초래하는 순혈주의적이고 원리주의적인 신념체계의 결과가 비극적이라는 사실이 증명되고

427) Yamaguchi Shu, Buki Ni Naru Tetsugaku, pp.245-249.

428) 김경학 엮음 (2015), 경계를 넘나드는 사람들, 광주 : 전남대학교출판부

있습니다. 경계 짓기를 좋아하는 우리는 피할 수 없는 다문화의 파도 속에서 어떤 자세를 견지해야 할지, 우리가 함께 발을 딛고 사는 지표면 위에서 얼굴도 생각도 다른 이들과 어떻게 공존해야할지 진지하게 고민하고 깨우쳐야 합니다. 지금 우리는 이주의 시대(The Age of Migration)를 살고 있습니다. 세계 곳곳에서 이주노동자들이 자신들의 모국으로 보내는 돈은 자신의 가정은 물론 국가적 차원에까지 엄청난 기여를 하고 있습니다. 2005년에 인도로 보내진 송금액은 인도 정부가 교육과 보건에 지출한 금액의 두 배 이상에 달하는 것으로 나타났습니다. 이처럼 땀의 대가인 송금은 저개발국가의 거시경제에 중요한 영향을 주고 있습니다. 교역은 어느 한 편의 이득과 다른 한 편의 손해가 아닙니다. 합리적 교역에 참여하는 당사자 모두 이득을 봅니다. 인적교류 역시 그러합니다. 인력송출국과 수용국은 모두 서로의 이익을 만족시켜 줍니다.

인종과 언어, 전통과 문화가 다른 사람들이 어울려 살면 어색함이나 불편함이 따르게 마련이고 소통과 이해 부족에서 빚어지는 마찰과 갈등을 피하기 어려운 측면이 있습니다. 하지만 균질한 사람만 모여 사는 집단은 퇴보와 도태의 길을 걷습니다. 동서고금의 역사가 이를 입증해주고 있습니다. 근친혼이 유전병의 위험을 높인다는 것은 우생학적으로도 이미 입증되었습니다. 미국 미시간대의 스콧 페이지(S. Page)교수는 다양성이 능력을 이긴다(Diversity trumps ability)라는 이론을 창안했습니다. 덜 똑똑하지만 다양한 사람들로 구성된 그룹이 똑똑한 사람들로 구성된 동질적인 그룹보다 더 높은 성과를 낸다는 뜻입니다.[429] 페이지 교수는 '집단의 오류는 평균오류에서 다양성을 뺀 것'이

429) 정재훈 (한국산업기술원장), 다양성이 능력을 이긴다, 2015.5.22., 한국경제신문 기고문

라는 등식을 제시하며 다양성이 증가할수록 사회의 오류를 줄일 수 있다고 주장했습니다.

세계적 석학들은 다양성이 나라의 건강과 부를 결정짓는다고 결론을 내립니다. 이제 '혼합'은 고립을 극복할 새로운 표준입니다. 다양성과 관련하여 세계적 석학인 제레드 다이아몬드 교수(J. Diamond)는 일본을 크게 아쉬워합니다. 일본은 과학 분야에서 아시아권에서는 나름 세계적 수준의 놀라운 실력을 보여주고 있고 노벨수상자도 많이 배출했습니다. 그러나 일본이 인구나 과학 연구에 투자한 규모를 비교해 보았을 때 그것은 초라할 정도의 성적이라는 것입니다. 알다시피 우리나라와 함께 일본은 동일성이 강한 대표적인 나라입니다. 다이아몬드는 만약 일본이 다양성이 강한 나라였다면 지금보다 훨씬 높은 수준의 과학대국이 되어 있었을 것이라고 아쉬워합니다. 일본이 미국을 앞서지 못하는 것은 단지 나라의 사이즈 때문만은 아닙니다. 다양성의 차원에서 일본은 미국에 크게 뒤져 있습니다. 다이아몬드가 지적하듯이 다양성은 빛도 있고 그림자도 있습니다. 그러나 창의성은 다양성에서 비롯된다는 것을 고려해볼 때 일본의 미래가 심히 걱정된다고 지적합니다.[430] 그는 일본에서 기대하는 만큼 혁신이 나오지 않는 이유는 이민에 대한 소극적인 자세와 관련이 있다고 진단합니다.

결국 과학적 발전은 말할 것도 없고 인류의 진보를 가져오는 모든 시도와 연구들은 동일성이 아닌 다양성에서 나온다는 것에 어떠한 의의도 없습니다. 재레드 다이아몬드는 인류문명사 전반에 걸쳐 다양성이 어떻게 인류의 진보에 영향을 주었는지 심도 있게 통찰합니다. 그를 따라 중국의 쇠퇴과정을 생각해 봅시다. 역사의 새벽을 제일 먼저 알린 문명선진국이었던 중국이

430) Kazumoto Ohno, Super Forecast : Jared Mason Diamond et al, 정현옥 역 (2019), 초예측, 파주 : 웅진지식하우스, p.61.

자신과 비교도 안 되었던 유럽에 뒤처진 이유를 그는 중국의 '중앙집권적 권력이 오랫동안 지속된 때문'으로 보고 있습니다. 통일된 하나의 목소리만이 중국대륙에 일사분란하게 집행되었기 때문이라는 겁니다. 중국은 인류 최초로 나침판을 만들어 인류에게 바다의 길과 방향을 알려주던 항해강국이었습니다. 그러나 조선소를 폐쇄하라는 황제의 말 한마디에 중국전역의 조선소는 하루아침에 없어졌습니다. 배를 만드는 기술과 기술자들은 역사 속으로 사라지고, 다시 복원하려했을 땐, 이미 경기에서 꼴찌가 되어있었습니다.[431] 동일성과 통일성이 얼마나 위험한지 알게 하는 역사적 교훈입니다.

반면 영토가 수백 개의 제후국으로 나뉘어졌던 유럽에서는 애당초 중앙집권적인 정치체제와는 거리가 멀었습니다. 제각기 자기 나름대로 자기의 색깔로 발전해 나갔습니다. 유럽은 14세기까지도 1000여개의 소국으로 나누어져 있었고, 현재에도 국가의 수가 수십 개에 달합니다. 혼란스러운 만큼 다양했고 그만큼 기회도 많았습니다. 콜럼버스가 항해를 위한 후원을 포르투칼을 비롯한 수많은 왕과 제후에게 부탁하였으나 거절당했습니다. 그러나 몇 번의 거절 끝에 스페인은 흔쾌히 그를 믿고 지원해주었습니다. 그 결과 콜럼버스는 신대륙을 발견하게 되었습니다. 그로인해 스페인이 행양 선두국이 되었음은 당연합니다. 만약 콜럼버스가 중국에 있었다면 그 넓은 중국 땅에서 그의 요구를 들어줄 제후나 세력이 없었을 겁니다. 여기 저기 기웃 거릴 여지도 없었을 겁니다.

결국 중국의 만성적 통일이 중국의 미래를 향한 발전의 걸림

431) 중국은 문화혁명의 광기 속에서 한 명 또는 소수자들이 내린 결정에 의해 전국의 모든 학교가 5년 동안 문을 닫은 적이 있습니다. 이만큼 통일된 정치권력은 인류의 발전에 저해가 될 수 있는 요인이 됩니다. 혼란의 위험에도 불구하고 다양성이 궁극의 해법입니다. Jared Diamond, Guns, Germs, and Steel, p.603-608.

돌이 되고 말았습니다. 반면에 만성적으로 분열되어 있던 유럽은 다양한 목소리와 관점들이 만발할 수 있는 조건이 되었고, 그것은 세계의 패권이 유럽으로 기울어지게 되는 동기와 동력이 되었습니다. 많은 이들은 중앙집권적 권력구조가 가장 경쟁력 있는 것으로 오해합니다. 강력한 단 하나의 목소리가 집행력에 있어서 효율성이 극대화 된다는 논리입니다. 그러나 역사의 교훈은 정 반대입니다. 시대를 바꾸었던 혁명의 새바람은 중앙이 아닌 주변과 가장자리의 힘에서 나왔으며, 분권에 기초한 **다양성**에 의해 세상은 언제나 새롭게 태어났습니다.

관습과 생활방식은 오래 지속되어 온 문화적 실천이라고 하더라도 역시 시간이 지나면 변하게 됩니다. 서로 구분되는 문화들이 접촉하게 되면서, 공동체는 세대를 넘는 문화적 발달과정에 이전의 대안 위에 새로운 방식을 구축, 발달시킬 수 있습니다. 하나의 최선의 방식을 추구하고 고수하면서 다른 문화적 패턴들을 배타적인 것으로 여기기보다, 각자가 다른 쪽에 풍부함을 더하게 할 수도 있다는 탄력적 사고가 필요합니다. 인간발달은 변화하는 공동체의 사회문화적 활동에 변화적으로 참여함으로써 일어나는 법입니다. 다른 문화공동체에 대한 이해는 물론이고 자신의 문화유산을 이해하기 위해서도 대비되는 배경을 갖는 사람들의 관점을 취할 필요가 있습니다.

문화공동체는 끊임없이 변화합니다. 공동체와 공동체 사이 혹은 공동체 내부의 교류는 인류의 자원이며, 어떻게 될지 알 수 없는 우리의 미래를 준비할 수 있게 해줍니다. 하나의 완벽한 정답은 없습니다. 각기 다른 문화적 실천들을 이해하는 일은 어느 하나의 '옳은' 방법을 찾는 작업이 아닙니다. 그렇다고 모든 방식이 다 좋다는 의미도 아닙니다. 각기 다른 상황에서 수행된 일에 대해 이해하는 것과 함께, 서로가 서로를 배제시키지 않을 가능성을 열어 놓자는 겁니다. 다문화를 이해하고 수용하고자 하는 노력이 곧 자기방식의 포기를 요구하는 것이 아닙니다.

물론 다양성에 대한 우려와 그것의 환상을 지적하는 하는 이들도 적지 않습니다. 다양성은 억지에서 출발한 또 다른 편견이며 억압이라는 것이 이들의 주장입니다. 보스톤 대학의 인류학 교수인 피터 우드(P. Wood)는 『다양성 : 오해와 편견의 역사』라는 책에서 다양성이라는 기준 자체가 말도 안 되는 것이라고 지적합니다.[432] 그는 다양성에 대한 집착이 실적과 능력에 따라 결정되어야 할 보상의 원칙을 무너뜨리는 결과를 초래한다고 지적합니다. 더 나아가 다양성을 주장하는 대부분의 문화상류층들은 자신들의 삶은 그렇지 않으면서 위선적으로 공존과 역차별을 공공연히 주장한다고 비난합니다. 그에 의하면 다양성은 허구와 위선 이론이며 환상입니다. 브룸(A. Bloom)의 『미국정신의 종말 Closing of the American Mind, 1987』은 다문화주의의 확산이 가져올 미국문화의 통일성 약화를 우려하는 보수주의자들의 결집을 초래하였습니다.[433]

이 책의 등장으로 이른바 미국 내에서의 문화전쟁(Culture Wars)의 시작되었는데, 이방인에 대한 불만을 속으로 키워왔던 보수층 미국인들이 목소리를 내는 계기가 되었습니다. 블룸은 미국 학생의 전반적 학력저하, 시민의식의 결여, 청소년 범죄의 증가, 미혼모 문제 등이 30여 년간 지속되어온 다문화주의적 교육의 결과였다고 비판합니다. 교육이 고전과 철학적 사고를 통해 미래 발전적인 인간상을 제시하기보다 현대문명, 다문화적이며 상대주의적 가치에 순응하는 인간을 만들었다고 비판합니다.

432) Peter Wood, Diversity : The Invention of a Concept, 김진석 역 (2005), 다양성, 오해와 편견의 역사, 서울 : 해바라기, pp.138, 342.

433) Allan Bloom, The Closing of the American Mind, 이원희 역 (1997), 미국 정신의 종말, 서울 : 범양사출판부

그는 모든 문화는 다른 문화로 환원될 수 없는 고유의 가치를 지닌다는 다문화주의의 기본 전제를 분열적 사고라고 비판하면서 문화의 위계성을 인정할 것을 주장하고 있습니다. 주류문화와 종속문화를 구분하고 주류문화로의 의식적인 통일을 주장합니다. 미국 내에 존재하는 모든 유형의 문화가 자신의 고유한 영역을 지속시키며 재생산된다면 결국 국가분열이라는 비극을 초래할 것이라는 것이 그의 주장입니다.

그러나 다문화가 사회의 안정을 위협한다는 주장들에 대해 다문화주의자들은 통일된 미국적 가치에 대한 집착은 일종의 문화적 폭력이며 문화적 다양성이야말로 미국의 자산이라고 비판합니다. 그들은 다문화를 비방하는 이들의 주장에 대하여, 미국이 어떠한 정신위에 세워졌으며, 어떻게 유지되고 있는 지에 대한 몰이해에 근거하고 있다고 비난합니다. 미국의 위대함과 정체성은 다문화에서 비롯된다고 주장합니다.

위의 논쟁에서 보듯이 다양성의 가치에 대해 회의적이거나 공격적인 이들이 의외로 많이 있습니다. 그들의 주장 모두 근거와 타당성을 결여하고 있다고 말할 수만은 없습니다. 각자의 주장은 부분적 참을 내포하고 있습니다. 모든 합리적 비판은 공적 거름이 될 수 있듯이 다양성에 대한 비판 역시 미처 챙기지 못한 부분들을 보완하는 계기가 될 수 있습니다. 다양성에 대한 지나친 평가는 곧 환상이라는 지적도 있지만, 그럼에도 불구하고 다양성은 우리가 놓아서는 안 될 공기와 같은 소중한 가치입니다. 공기 없이 숨 쉬는 세상은 상상 속에서만 가능할 뿐 현실에서는 있을 수 없듯이, 다양성과 다문화를 전제하지 않는 사회는 이제 불가능합니다. 이미 다양성은 우리 삶의 공기가 되었습니다. 한 국가 안에 존재하는 문화의 다양성은 인류의 창의성과 미래를 위한 자원입니다. 국가의 경쟁력을 위해서도 필수적입니다.

변화하는 환경 속에서 생명의 지속적인 적응을 위해 종의 다양성을 보존하는 것이 중요한 것처럼, 문화의 다양성은 미래에 인간이라는 종을 융통성 없는 관습들로부터 보호하는 하나의 자원이 됩니다. 생물 다양성이 지구의 생존에서 필수불가결한 요소인 것처럼 문화와 언어의 다양성은 인류 번영의 필수조건입니다. 우리는 인류가 미래에 직면할 문제들을 예견할 수 없으므로 인간이 맞게 될 문제에 어떤 하나의 접근방식이 계속 효과적일 것이라 확신할 수 없습니다. 하나의 문화가 세상의 모든 일들을 다 해결할 수 있는 모범 답안이라고 생각하는 것은 오만이며 착각입니다. 다양한 공동체가 가진 관습과 세계관은 안 밖으로 맞이하게 될 도전들을 처리하는 중요한 아이디어와 해결책이 됩니다. 획일적인 인간문화는 미래에 필요한 일을 효과적으로 해결할 가능성을 막게 될지 모릅니다.

3. 이중문화인(biculturals)과 창의성

> 창의성의 꽃은 혼돈의 풀밭에서 피어난다.
> 다양성이 창의성을 낳는다.
>
> (최재천)

천재성은 개인적인가, 아니면 집단적인가? 천재성은 문화적 자극과 관계가 있는가? 관계가 있다면 어느 정도인가? 여러분은 어떻게 생각하십니까. 사이먼튼(D. K. Simonton)은 역사 측정적 방법을 사용하여 개개인의 창의성이 얼마나 그들이 속한 국가나 사회의 정치, 경제, 문화적 변인들에 의해 영향을 받는가를 오랫동안 고찰하였습니다.434) 그는 외국의 사상이나 사람들이 유입되는 것이 한 국가의 창의적 성취에 영향을 주는지, 영향을 준다면 긍정적인지 아니면 부정적인지를 연구하였습니다. 결론은, 외부문화의 유입은 그 나라의 창의적 성취에 긍정적인 영향을 미치며, 특히 그 영향은 두 세대 이후에 두드러지게 나타난다고 보고하고 있습니다.435)

일찍이 소로킨(Sorokin)은 이와 관련하여 이미 주목할 만한 결론을 도출해 내었습니다. 그에 의하면 거시적으로 보았을 때, 국가의 번영을 가장 극대화시키는 요인들 중 하나가 바로 문화적 다양성(cultural diversity)이었습니다. 역사학자 토인비도 다양성이 제거된 통합된 거대 제국(universal empire)은 문명에서 창의성 감소의 징조라고 보았습니다. 학자들은 정치적 분화가 창의적 성취와 관련된다는 것을 경험적으로 보여 주었습니다. 중국의 경우 창의성 있는 천재들을 가장 많이 배출한 때가 춘추전국시대의 혼란기였다는 것은 모두가 아는 사실입니다.

우리 사회의 가장 예민한 문제 중의 하나는 '이중국적'에 관한 것입니다. 시대의 변화에 따라 자유롭게 허용해야 한다는 주장에서부터 여전히 민족적 애국심에 호소하며 이중국적을 수용할 수 없다는 주장이 팽팽하게 맞서고 있습니다. 몇 년 전 지식산업 분야인 4차 산업 영역에서 세계적으로 유능한 학자로 인정받던 교포출신 학자가 관련 장관에 지명되었음에도 결국에는 불발된 일이 있었습니다. 이중국적이 문제가 되었던 것입니다. 안타까운 일이 아닐 수 없습니다. 이중 국적을 수용하지 못함으

434) 장재윤 (2018), 문화적 다양성과 창의성 (심리학적 접근), 서울 : 집문당, pp.154-160.

435) Dean K. Simonton, Origin of Genius : Darwinian Perspectives on Creativity, 김정희 역 (2011), 천재 101, 서울 : 시그마프레스 / 장재윤, Ibid., p.212.

로 인해서 수많은 인재들을 활용하지 못하고 있습니다. 그러나 사실은 이중국적 보다 더 중요하고 의미 있는 것은 **이중문화인 (biculturals)**입니다.

이중국적자 못지않게 이중문화인에 대한 우리의 이해도 역시 갈라지고 있습니다. 문화적 다양성을 존중하자는 입장과 순혈주의를 강조하는 배타적 민족주의가 그것입니다. 우리사회의 이중문화인은 주로 이주노동자들이거나 결혼을 통해 유입된 외국인들입니다. 이들은 비유로 말하자면 '원석'과 같은 존재입니다. 그 자체가 보석은 아니어도 갈고 닦으면 얼마든지 보석이 될 수 있는 존재가 바로 이중문화인입니다. 자신의 고유한 문화적 정체성을 유지하면서도 새로 정착한 사회의 문화적 정체성도 함께 공유하는 이중문화인은 갈등적인 문화적 정체성을 통합해 가는 과정에서 단일 문화인에게는 결여되어 있는 인지적 유연성(cognitive flexibility)을 갖게 됩니다. 이중문화인들은 빈번한 문화적 프레임의 전환으로 사고의 복잡성이 증가됩니다. 그 이유는, 이들은 점차 다차원적 문화적 도식들을 개발하고 단서들을 좀 더 깊이 있게 처리하기 때문입니다.[436)]

즉 이중문화인은 고정관념이나 흑백논리와 같은 확증 편향의 영향을 덜 받으며 사람과 사물을 대하는 방식이 유연하고 탄력적입니다. 이중문화인들은 단일문화인에 비하여 다차원적인 차원의 이해가 가능합니다. 한 가지 관점이 아닌, 여러 가지 관점에서 현상을 조망하고 비교하는 경향이 강합니다. 이러한 다차원적인 사고를 '통합적 복합성(integrative complexity)'이라고 하는데, 이것은 이중문화인 사고의 특징이며 장점입니다. 이러한 사고는 특정 이슈를 바라보는 방식이 다양할 수 있음을 수용하고, 서로 다른 관점이 합당하다는 것을 인정할 수 있는 역량 및 의지가 있음을 의미합니다. 즉 통합적 복잡성은 동일한 이슈에

436) Ibid., pp.163-166.

대해 서로 상반되는 관점의 정당성을 인정하고 이러한 관점들 사이의 개념적 연결을 형성해낼 수 있는 역량을 나타냅니다. 한마디로 세상을 보는 관점에 있어서 융통성이 있다는 것입니다. 통합적이고 복합적인 방식으로 사고하는 능력은 사회지각, 의사결정의 질, 그리고 위기 때의 평화로운 해결과 같은 폭넓은 영역에서 능력을 발휘하도록 도와줍니다.

예를 들어, 단일 문화의 미국인 보다 중국계 미국인(이중 문화인)들이 미국 및 중국 문화에 대한 폭넓고 자유로운 이해를 가질 수 있습니다.437) 흑인으로서 미국 대통령이 된 오바마(B. Obama)는 대표적인 이중문화인, 좀 더 정확히 말하자면 삼중문화인입니다. 그가 국내 뿐 아니라 세계의 갈등들을 조율하고 훌륭한 지도자로 인정된 것은 다중문화인이라는 것과 밀접한 관계가 있습니다. 모든 것은 생각하기 나름입니다. **자물쇠가 어느 쪽에 있는가에 따라 침실이 감옥이 되기도 합니다.** 다문화 가정 자녀들이 우리만의 자산, 글로벌 인재, 멀티 컬처형 인재, 잠재적 국제 전문가, 미래의 외교사절단 등으로 칭해지는 순간, 차별의 원인으로 작용했던 다문화 자녀의 혼종적 정체성은 '경쟁력 있는 희소 자본'으로 치환됩니다.438)

이와 관련하여 최근 다문화 연구자들은 이중-정체성 과정(dual-identity process)관점을 제안합니다.439) 새로운 집단에 문화적으로 적응한다는 것은 자기 자신에 대한 '자기 정의'를 구축하는데 있어서 하나의 도전이 됩니다. 이들은 문화적 적응 경험으로 두 정체성 사이를 전환하는 법을 배워야 하고, 일관되지 않는 가치나 인지를 조화시키며, 자기 정의를 확장해 나가야 합

437) 장재윤, Ibid., pp.100-103.
438) 최진우 (2016), 민족주의와 문화정치, 파주 : 한울엠플러, pp.148-164.
439) op.cit., pp.163-171.

니다. 단순하고 협소한 정체성에서 보다 복잡한 정체성 구조로의 변화는 매일의 삶의 기능과 자기 정의에 있어 하나의 도전이지만, 성공적으로 대응하면 높은 수준의 창의성 개발에 이를 수 있습니다. 새로운 집단에 들어가서 깊은 관계를 맺으면 인지 전환이 더 익숙해지고, 불일치하는 아이디어들을 통합하며, 아이디어 생성에 있어 더 폭넓은 인지 기반을 가지게 되면서 보다 더 독창적이고 유용하다고 평가 받을 가능성이 높기 때문입니다.

예를 들어, 재판에 있어서 다양한 인종으로 배심원이 구성되면 동질적인 경우보다 더 많은 관점을 고려하고, 더 정확한 판단을 한다고 보고되고 있습니다. 또한 경쟁이 심한 무역 시장에서 다양성은 가격 거품을 방지하는 신중하고 편향되지 않은 판단을 하도록 하였습니다. 즉 인종이 다양한 시장에서는 자산 가격을 결정하는 데 있어서 시장-수준의 정확성이 증가하지만, 동질적인 시장에서는 감소하였습니다. 이러한 발견들은 의사결정 집단의 구성원이 다양하게 구성될수록 정보처리가 보다 질적으로 향상되는 이득이 있음을 보여주는 사례입니다.

지역사회 수준에서도 역시 다양성이 다수와 소수 모두에게 경제적인 이득을 가져온다는 것을 보여줍니다. 미국 내 도시 중에서 외국에서 태어난 주민의 비율이 높을수록 보다 경제적으로 성공적이었으며, 특히 이민자의 비율이 증가한 도시에서 태어나 살고 있는 미국인의 임금이 더 증가하였습니다. 또한 한 지역사회가 지리적으로 다른 지역의 사람들과 상호작용을 많이 할수록 그 지역사회의 경제적 번영 수준이 더 높은 것으로 나타났습니다. 국가 수준에서도, 미국의 경우 외국 출생의 이민자들이 탁월한 창의성과 혁신으로 두각을 나타내는데, 이민자들은 미국 전체 인구의 13%에 불과하지만 특허의 30%, 노벨상의 25%를 차지하였습니다. 일본 역사에서도 외부 문물에 개방적이었던 시기를 거친 세대가 이후에 더 탁월한 창의적 성취를 이루었던 것은 우연이 아닙니다.

차이를 인정하는 다문화주의의 대표적인 특성 변인은 조망수용(perspective-taking)입니다.[440] 조망수용은 고정관념과 편견을 감소시킵니다. 조망수용은 타인에 대한 호감을 높여 사회적 상호작용을 증진시키고 더 친사회적으로 행동하게 만들기 때문에 다양성 교육에서 주목할 만한 변인이 됩니다. 또한 조망수용은 상호 모두 이득이 되는 방식의 통합적 의사결정 및 협상이 가능하도록 합니다.

결론으로 말하자면, 다문화의 경험은 다음과 같은 이유로 창의성을 증진시킵니다. 즉 새로운 아이디어와 개념에 대한 직접적인 경험을 통해 1) 동일한 개념이나 행동에 내제된 다중의 기능과 의미를 볼 수 있는 능력을 길러주며, 2) 일상화되어 버린 기존의 지식구조의 틀에서 벗어나도록 해주며, 3) 친숙하지 않은 원천으로부터 아이디어를 얻어내는 심리적 준비성을 증가시키며, 4) 양립하기 어려운 아이디어들을 조합하고 연결하는 가능성을 높여줍니다.[441] 따라서 서로 다른 문화권에 노출된 사람은 스스로 각 문화권의 불일치하는 아이디어를 추출하여 병립시키고, 새로운 방식으로 그것을 통합할 수 있습니다. 이것이 다민족, 다문화 사회로의 이행이 개인에게 창의성 증진이라는 이득을 얻게 해주는 요체입니다.

오늘날 국가 안에서 가장 치열한 대립은 문화 때문에 벌어집니다. 북아프리카에서 온 이슬람 이민자에 대한 프랑스인의 적개심, 터키 이민자에 대한 독일인의 증오는 모두 문화적 지배권

440) Ibid., pp.111-116. 203.
441) Ibid., pp.208-209.

을 잃어버릴까 두려워하는, 단일 문화 집단이 보여주는 보편적 반응입니다. 어느 한 쪽에 쉽사리 손을 들어주는 것은 대단히 위험합니다. 그러나 대결구도에서 잠시 벗어나 밖을 보면 세상은 전혀 다른 그림이 그려지고 있습니다. 클로테르 라파이유(C. Rapaille)는 이제 새로운 세상의 지도자는 제3의 문화 출신이어야 한다고 주장합니다.442) 이들은 글로벌 부족의 자녀로, 문화와 성별, 인종, 국경과 민족, 종교와 이념을 초월합니다. 지금 이 시대에 우리에게 필요한 것은 국경 없는 리더입니다.

미국의 비즈니스계에서는 다원성이 다른 문화권보다 훨씬 강력한 형태로 나타납니다. 『컬쳐 DNA』의 저자 거넥 베인스(G. Bains)는 오늘날 미국의 기업들은 다양한 인종의 리더들이 이끌고 있다는 것에 주목하라고 합니다.443) 2014년 마이크로소프트, 펩시콜라 등 미국의 대표적인 4개 기업의 CEO는 인도계 미국인들이었습니다. 또한 미국 다국적 기업의 임원진에는 히스패닉계 미국인, 아프리카계 미국인, 레바논계 미국인, 아시아계 미국인, 유럽계 미국인이 활발히 활동하고 있습니다.

이런 다원성은 세계 시장에서 소비자들이 자신들의 문화가 부분적으로나마 반영되고 있다고 느껴 해당 기업을 더욱 친숙하게 받아들입니다. 이는 앞으로 미국 기업이 해외 시장에 진출할 때 단순히 미국적 모델을 펼쳐 보이는 경향을 완화하는데 일조 할 수 있을 것이라 생각됩니다. 다극화된 세계에서 이와 같은 다원성은 미국에 커다란 강점을 제공합니다. 이로 인해 미국은 다양한 아이디어와 접근법이 혼재된 역동적인 하나의 커다란 솥과 같은 국가라는 이미지를 얻기도 합니다. 미국인들의 정신에 잠재된 여러 요소를 모두 합한 것이 변화를 만들어가는 변

---

442) Ciotaire Rapaille, The Global Code, pp.234-236.

443) Gurnek Bains, Culture DNA, 이미소 역 (2017), 컬쳐 DNA, 서울 : 시그마북스

화 지향적(Change-Maker) 문화입니다. 그리고 그것이야말로 미국이 전 세계에 제공할 수 있는 가장 위대한 선물입니다.

긍정주의, 다원성에 대한 관용, 위험을 감수할 준비, 실용주의 그리고 진정으로 새로운 것을 찾고 또 믿고자하는 열망이 모두 한데 모여 변화의 역동성을 만들어 냅니다. 이는 빠르게 변화하는 세계 시장에서 활동하는 미국 기업에 커다란 우위를 가져다주는 요인이 됩니다. 전 세계 인재들에 대한 개방성 역시 미국이 새로운 세력들이 등장하는 현재에도 끊임없이 진화하는 강대국으로서의 기반을 공고히 하는 원인이 됩니다. 이것은 자신이 더욱 강해지기 위한 자체적인 자기교정 메카니즘을 보유하고 있다는 것을 보여주는 사례입니다. 여러 난제에도 불구하고 미국의 문화적 DNA 깊은 곳에는 앞으로 펼쳐질 도전 과제들에 대응할 수 있는 강력한 요소들이 자리 잡고 있습니다. 그 중 대표적인 것이 다름 아닌 다양성입니다.

물론 다양성의 증가로 인해 치러야 할 대가 역시 존재하는 것은 사실입니다. 그러나 그것은 자기 진단과 치료가 가능한 통제의 범위 안에 있습니다.[444] 프라이부르크 대학의 라이너 아이헨베르거(R. Eichenberger) 교수는 중앙과 지방 정치가들을 국제화시키자고 제안합니다. 외국에서 인물을 고르자는 것입니다. 이

444) 다양성의 증가로 인해 미국이 치러야 할 대가는 크게 두 가지입니다. 첫 번째 문제는 미국을 지배하는 하나의 공통의 문화적 틀이 없다는 사실입니다. 이것은 곧 공동체간의 관계가 모두 공유하는 공통적 가치가 아닌, 다른 것에 의해 규제되어야 함을 의미합니다. 미국사회가 법이 발달한 이유가 그것입니다. 더 나아가 미국의 법률만능주의는 시간이 흐를수록 더욱 만연하고 있으며, 그로 인해 관료주의적 지연이 발생하고 있습니다. 다원성의 증가가 내포하고 있는 두 번째 문제는 바로 하나의 공통적 바탕을 갖는 것이 점점 더 어려워지고 있다는 점입니다. 오늘날 미국은 그 어느 때보다도 정치부문에서의 대립이 심각합니다. 다원성이 가진 해악을 지양하는 동시에 그 속에서 가치를 이끌어 내는 것은 미국에서 언제나 첨예한 갈등이 존재해온 부분입니다. Gurnek Bains, Ibid.

렇게 되면 요직에 있는 사람들 사이에 경쟁이 붙게 될 것입니다. 공적인 과제를 해결하기 위해 전 세계에서 유능한 경영인들을 영입하면 다양한 문제 해결 능력을 선보이게 될 것입니다. 긍정적인 결과는 다른 주나 지역에 적용할 수 있게 됩니다. 결국 정부는 다양한 문화적 배경을 가진 전문가들 집단이 프로젝트를 맡아 처리하는 형태가 될 것입니다. 지금은 농담으로 들릴지도 모르겠지만 미래에는 일상이 될 것입니다.

4. 문화상대주의에 대한 비판

일본인들이 한국에 처음 오면 느끼는 문화적 충격이 있습니다. 식탁에서의 풍경 때문입니다. 그들은 우리들이 쇠로 만든 젓가락으로 음식을 먹는 모습을 보고 충격을 받습니다. 일본 역시 젓가락 문화이지만 그들은 나무젓가락을 씁니다. 쇠 젓가락은 화장터에서 뼈를 골라낼 때 쓰이는 용도입니다. 그러니 그들이 얼마나 놀랐겠습니까. 인도에는 사람들이 손으로 밥을 먹습니다. 숟가락이 없어서가 아닙니다. 다른 문화권의 사람들은 그러한 식사문화에 적응하기 힘듭니다. 이처럼 사람들의 삶의 모습은 다양합니다. 그리고 그러한 삶의 양식이 있게 된 그들 나름의 이유와 사정이 있습니다. 자신들과 너무나 다른 삶의 풍경을 보면 놀랍기도 하고 당황스럽기도 하지만, 그것은 자연스러운 반응입니다. 그러나 놀랍고 당황스럽긴 하지만 그것을 '나쁘다'고 말할 수는 없겠지요. '다른 것'과 '나쁜 것'은 분명 다릅니다. 위의 식사문화의 예들은 '다른 것'의 한 사례입니다. 이런 정도의 차이는 아무것도 아닙니다. 너무 쉽게 이해되고 풀릴 수 있는 문제들입니다.

서로 다른 문화들이 만나면 결코 쉽게 풀리지 않는 어려운 차원의 문화적 긴장이 생기게 됩니다. 그 긴장들로 인해 오해와 갈등이 생기고 서로간의 장벽도 만들어집니다. 어떤 문제들이 그런 것일까요. 사우디아라비아에서는 오랫동안 여성에게 차를 운전할 수 있는 자유를 주지 않았습니다. 여성에게 운전면허가 허락된 것은 최근입니다. 아프가니스탄에서는 여성이 공공장소에서 얼굴을 가리지 않았다는 이유로 사형이 집행된 적도 있습니다. 이 사례들은 식사할 때의 젓가락 차이와는 사안이 전혀 다른 차원의 문제입니다. 문화적 다양성이라는 낭만적 시각으로 이해될 수 없는 심각한 문제입니다. 그것은 인권의 문제이기 때문입니다.

다문화와 관련하여 외국인이나 이민자를 받아들이는 입장에서는 동화주의 정책과 문화적 상대주의 정책 중에서 고민하게 됩니다. 국가적 차원에서는 당연히 동화주의 정책을 선호하게 됩니다. 동화주의는 소수 문화가 주류문화에 녹아드는 형태로 용광로에 비유하여 멜팅팟(melting pot)이라고도 불리는데, 소수집단이 자신들의 문화를 포기하고 다수 집단에 일방적으로 흡수되는 것을 말합니다. 반면에 **salad bowl**로 비유되는 문화적 상대주의는 다양한 야채와 소스가 한 그릇에 담겨 있어도 각각의 독특한 맛을 잃지 않는 샐러드처럼, 소수문화가 주류문화에 흡수되지 않고 자기의 전통과 문화를 고수하며 주류문화와 공생하는 것을 의미합니다. 어떤 정책이든 결코 쉽지 않은 문제를 야기 시키고 그것이 갈등의 원인이 됩니다. 다음은 문화적 상대주의자들의 주장과 그들의 주장에 대한 반박을 함께 소개합니다.

다문화주의의 근간은 문화상대주의에 의존합니다. 문화적 상대주의는 생물학적 이론에 대한 불신에서 비롯되었습니다. 나치는 인종적으로 우열이 있다고 믿었고 그러한 믿음에 기초하여 반인류적인 행위를 자행했습니다. 인간은 문화가 아닌 유전자에 의해 좌우된다는 믿음을 그들은 갖고 있었습니다. 애당초 인간은 생물학적으로 우열이 정해져 있다고 생각한 것입니다. 이러한 믿음은 19세기 말과 20세기 초를 풍미한 사회 다윈주의(Social Darwinsim)적 전통에 기초한 것입니다. 허버트 스펜서(H. Spencer)와 같은 사상가들은 기존의 사회적 성취는 능력의 차이를 계층적으로 반영한 자연스러운 결과라고 주장했습니다.[445] 문화상대주의는 이러한 인종차별적인 생물학적 이론에 저항하면서 만들어졌습니다. 상대주의자들은 인간이 만든 그 어떤 것도 시간과 장소를 초월하는 절대적 원리에 뿌리를 두고 있지 않다고 주장합니다. 모든 것은 변하고 상대적이라는 것입니다.

대표적인 문화상대주의자는 프란츠 보아스(F. Boas)입니다. 그는 인간 집단들 간 차이점, 예컨대 기술수준이나 예술적, 지적 성취와 지능 등은 유전적으로 결정되는 것이 아니라 문화와 교육환경의 산물이라고 주장합니다.[446] 보아스는 인종 간의 생물학적 차이가 거의 없다고 보고 개인 간의 능력 차이를 문화적 환경의 차이에 따른 결과로 간주했습니다. 그에 의하면 모든 인종은 평균적으로 거의 동일한 정신적 능력을 갖고 있습니다. 인

---

445) Elvin Hatch, Culture and Morality : The Relativity of Values in Anthropology, 박동천 역(2017), 문화 상대주의의 역사, 전주 : 모티브북, pp.50-53, 60-62.

446) 보아스(F. Boas)의 가장 유명한 연구는 이민자 자녀들의 두뇌 크기에 대한 연구였습니다. 그는 이 연구에서 미국식 식습관을 갖고 있는 한, 아시아나 남유럽 그 밖의 다른 인종들이 북유럽인들 보다 지적으로나 능력 면에서 결코 뒤지지 않는다는 점을 보여주었습니다. 따라서 반이민 정책을 통해 백인 순혈을 보존하려는 노력과 우생학적 조치들은 크게 잘못된 것이라고 비판했습니다. Fukuyama. F, The Great Disruption : Human Nature and The Reconstitution of Social Order, 한국경제신문 역, 대붕괴 신질서, 서울 : 한국경제신문, pp.246-247.

종적 차이가 입증될 수 없다면, 인간의 모든 활동들은 유전적으로가 아니라 사회적으로 결정되어야 한다는 주장이 자연히 힘을 얻게 됩니다. 그에 의하면 인류사에서 서구의 득세가 '백색인종'이 생물학적으로나 지적으로 우월해서가 아니라 다른 인종보다 환경적으로 유리한 조건을 획득했기 때문이라고 주장합니다.[447] 보아스의 이러한 견해에 동의하는 유의미한 과학적 연구들도 많습니다. 행동유전학에 의하면 개인들 간의 어떤 차이는 부분적으로 유전적 요인 때문이지만, 그러나 **집단 간 행동의 차이**는 대개 유전자에서 비롯되지 않고 **문화적 맥락**에 따라 달라집니다.[448]

여러 측면에서 지원을 받고 있는 보아스의 문화결정론, 즉 특정한 사회의 관습적 행위들은 그 특수한 문화적 맥락에서만 이해될 수 있다는 주장은 문화적 상대주의의 초석을 놓았습니다. 문화란 인과관계나 문화적 차이에 대한 일반화가 불가능할 정도로 많은 조합과 순열을 가지 역사적 우연의 결과라는 주장은 문화가 어떤 표준문화에 의해 평가될 수 없다는 확신을 심어주었습니다.[449]

문화상대주의라는 용어를 생각하면 제일먼저 생각나는 것이 윤리적 상대주의입니다. 이는 선과 악, 옳음과 그름을 판단하는데 적용될 수 있는 표준이 그 판단을 내리는 사람의 문화적 배경에 의해 결정된다는 발상을 가리킵니다. 레비스트로스는 도덕성이라는 기준은 하나의 가정으로서, 그 기준을 선택한 사회의

447) 홍일립 (2017), 인간본성의 역사(The History of Human Nature), 서울 : 한언, pp.573-574.

448) Peter J. Richerson, Robert Boyd, Not by Gene Alone (How Culture Transformed human Evolution), 김준홍 역 (2009), 유전자만이 아니다, 원주 : 이음, pp.82-92.

449) Jerry D. Moore, Vision of Culture : An Introduction to Anthropological Theories and Theorists, 김우영 역 (2003), 인류학의 거장들, 파주 : 한길사, p.107.

기능일 뿐이라고 말합니다.450) 또한 윤리적 상대주의는 지식의 상대주의와 밀접하게 연결되어 있습니다. 상대주의자들은 모든 지식이 의심에 노출되어 있고, 모든 진리는 부분적이라는 것을 강조합니다.451) 이에 따라 상대주의는 서구사회의 사회적, 도덕적, 지성적 우위를 부인합니다. 서구의 가치와 믿음과 제도가 더 낫다는 증명은 불가능하기에, 서구 사회와 다른 사회를 서구인들이 만든 가치에 의해 비교하는 것은 받아들일 수 없다고 상대주의는 주장합니다.452) 서로 다른 문화들은 각기 자신만의 삶의 방식과 추구하는 가치가 있고, 그것은 어떤 객관적이고 전능한 위치의 있는 존재가 우열을 판단할 수 없으며, 각각 모양은 달라도 평등한 관점에서 이해해야 한다고 주장합니다. 즉 문화를 평가할 수 있는 어떠한 초월적 관점은 존재하지 않으며 따라서 모든 문화는 각자 함축성 있는 의미를 내포하기에 우열을 가릴 수 없다는 것입니다. 문화 간의 내용의 차이는 있어도 어느 것이 고급문화이고 어느 것이 저급한 문화인지를 판단할 수 없다는 것입니다.

상대주의자들은 어느 것이든 절대주의란 있을 수 없는 개념이며, 더욱이 문화에 있어서 절대주의는 더욱 받아들일 수 없는 폭력과 억압의 굴레라고 생각합니다. 문화절대주의란 하나의 이상적인 문화를 전제하고 다른 여타의 문화들은 그것에 종속되어야 하는 것을 의미하는데, 그것은 문화식민을 정당화하는 문화제국주의라고 주장합니다.

---

450) Claude Lévi-Strauss, L'anthropologie face aux problémes du monde moderne, 류재화 역 (2018), 레비-스트로스의 인류학 강의, 서울 : 문예출판사, pp.137-138.

451) Howard Zinn, The Politics of History, 김한영 역 (2018), 역사의 정치학, 의정부 : 마인드큐브, pp.425-426.

452) Elvin Hatch, Culture and Morality : The Relativity of Values in Anthropology, pp.29-46.

문화상대주의자들의 이 같은 주장은 타당하고 정당한 듯 보입니다. 그러나 문화상대주의자들을 비판하는 이들에 의하면, 문화절대주의를 부정한다고 해서 곧바로 문화상대주의가 정당화되는 것은 아닙니다. 문화절대주의를 부정하는 것이 곧 인류적 보편성과 인간화의 가치까지도 포기하는 것이 아니기 때문입니다. **문화상대주의라고 해서 보편적으로 인정된 인권을 무시해서는 안 된다는 겁니다.**

그러나 상대주의자들은 이러한 주장과 요구에 물러서지 않습니다. 자신들에게 강요하는 '인류적 보편성' 자체가 서구인들이 만들어낸 서구적 가치의 반영이라고 주장합니다. 한 걸음 더 나아가, 인권의 보편성을 강조하는 것은 인간 각각의 차이를 무시하는 것이라고 강변합니다. 인권의 보편성이란 서구국가들이 인권담론을 지배해 오면서 만들어낸 환상이며, 인권의 보편성은 '문화제국주의'를 위한 하나의 이데올로기적 위장전술일 뿐이라고 주장합니다. 그들은 보편적으로 수용되는 도덕성의 원칙은 존재하지 않으며, 한 가지 원칙이 옳고 다른 원칙이 그르다는 것을 증명할 방법도 없다고 주장합니다. 문화 상대주의자나 다원주의자들은 보편적 인권을 강조하는 태도를 도덕적 제국주의라고 비판합니다.[453] 유대-그리스도교와 계몽주의 정통에서 탄생한 서구적 도덕성이 어떻게 모든 문화권에서 보편타당한 것으로 받아들여질 수 있느냐는 것입니다. 도덕적 진리라는 것이 특정한 문화에 기반해 있다면 그것이 어떻게 보편적 자격을 획득할 수 있느냐고 되묻습니다.

확신에 찬 상대주의자들은 사회의 이념들은 관습의 문제일 뿐으로, 시간과 장소를 초월하는 절대적 원리에 뿌리를 두고 있지 않고 주장합니다.[454] 심지어 상식조차도 상대주의자에게 검

453) 조효제 (2007), 인권의 문법, 서울 : 후마니타스, pp.203-210.
454) Elvin Hatch, op.cit., p.33.

토를 받게 되면 사라지게 됩니다. 상식이라는 것 역시 문화에 따라서 달리지는 관습적 지혜에 불과한 것으로 이해되기 때문입니다. 그들은 서구의 근대성이 주장하는 보편주의란 가치중립적이지 않다고 주장합니다. 그들은 진리와 지식은 권력에 의해 창출된다는 미셸 푸코(M. Foucault)의 통찰에 힘입어, 서구인들이 강요하는 보편성은 세계 권력자인 서구 백인의 가치일 뿐 전혀 객관적일 수 없다고 의심합니다. 이처럼 그들의 주장은 거침이 없습니다. 논리적 합리성도 나무랄 데 없습니다. 다음의 이야기를 들어 봅시다. 이 이야기는 문화적 상대주의자들이 가장 좋아하는 사례입니다.

마사게타이에서는 부모를 먹어야 효자다.

기원전 4-5세기경 그리스에서 만들어진 놀라운 문서가 있습니다. 『디소이 로고이 Dissoi Logoi』라는 이 문서는 지금의 관점에서 보면 너무나도 충격적이고 기이한 이야기들로 가득합니다. 그러나 정작 이 책이 쓰인 목적은 기이한 문화들을 모아 놓은 자료가 아니라, 학생들에게 어느 주장의 양 측면을 모두 살피도록 가르치려고 만든 수사학 연습서입니다.[455] 이 문서의 저자는 좋고 나쁜 것이 절대적이지 않으며 어떤 집단에는 허용되는 것들이 다른 집단에는 금기시되는 것이 있다는 탄력적인 관점을 취하고 있습니다. 문화가 다르면 행위도 다르고, 그것에 대한 도덕관도 다르다는 것을 암시하고 있습니다. 사람이 인육을 먹는 것도 상상하기 힘든데, 그것도 자신의 부모의 육신을 먹는다고 생각하면 얼마나 끔찍하겠습니까. 자칭 문화인이라고 자부하

455) Hector Macdonald, Truth : How the Many Sides to Every Story Shape Our Reality, 이지연 역 (2018), 만들어진 진실, 서울 : 흐름출판, p. 181-184.

던 그리스인들에게는 경악할 노릇이었을 겁니다. 그러나 정작 마사게타이 사람들에게는 그렇지 않았습니다. 마사게타이 사람들은 부모를 잘라서 먹는데, 부모는 자식 속에 묻히는 게 세상에서 가장 아름다운 무덤에 묻히는 것이라고 생각했습니다. 그러니 그 문화에서는 부모를 먹어야만 진정한 효자가 되는 것입니다.

위의 이야기를 끝까지 들어보면 '부모를 먹는다'는 끔찍한 이야기의 처음 충격이 조금은 완화되는 것을 느꼈을 겁니다. 오늘날의 이야기도 아니고 수 천 년 전 고대시대의 문화적 풍경아래서는 그럴 수도 있다는 생각도 할 겁니다. 이 문서의 저자는 이렇게 말합니다. "모든 사람에게 각자 수치라고 생각하는 것을 모두 가져와 한 쪽에 쌓아라. 그리고 각자 당연한 행동이라고 생각하는 것을 거기서 가져가라고 하면 무더기에는 아무것도 남지 않을 것이다."456) 이것은 도덕적 상대주의를 대변하는 말입니다. 내가 도덕적 진실이라고 생각하는 것이 다른 문화에서는 일탈일 수 있다는 것이고, 역시 같은 이치로 내가 일탈이라고 생각하는 것을 다른 문화에서는 긍정적인 것으로 수용될 수 있다는 것을 말합니다.

예를 들어, 프랑스 인류학자 루이 뒤몽이 인도의 카스트제도를 분석한 후 내린 결론은 충격적입니다. 그는 카스트제도를 인류 문화의 다양성을 나타내는 중요한 사례로 보았고, 사회적 지위에 있어 평등 이외에 계층원칙도 있을 수 있다고 생각했습니다. 더 나아가 그는 평등개념으로 계층적 인간의 원칙을 무시하거나 억압해서는 안 되며, 계층과 평등 모두 인류 사회조직의 원칙에 속하기 때문에 낙후나 진보의 틀로 그것을 재단해서는 안 된다고 주장합니다.457) 그러나 이 정도까지 다양성의 폭을

456) Hector Macdonald, Ibid., p.183.

확장하면, 더 이상 논의와 대화가 불가능합니다. 소위 '막 가자'는 것에 다름 아닙니다. 평등의 가치가 존중받아야 하는 것처럼 계층의 가치 역시 똑 같은 이유로 동등하게 이해되어야 한다는 것이야말로 극단적 상대주의의 주장입니다.

이들에 의하면 문화는 고정 불변하는 것이 아니라 시대에 따라, 사회에 따라 매우 상반되는 관점을 취할 수 있다는 것입니다. 이전에 사회에서 용납되지 않았던 동성애도 오늘날 다양한 사랑의 한 형태로서 인정되고 있는 것을 봐도, 선과 악은 불변하는 것이 아니라 시대와 관점에 따라 달라질 수 있다는 것입니다. 여러분은 이러한 상대주의자들의 주장을 어떻게 생각하십니까. 정말 그들의 주장대로 보편적인 도덕적 가치는 없는 것일까요.

도덕적 임의성에 대한 그들의 주장은 상당한 호소력이 있습니다. 그러나 그들은 도덕적 상대주의 원리 뒤에 숨어 자신들의 반인류적 행위들을 정당화하고 있습니다. 예를 들어, 이집트 여인은 기독교인과 사랑에 빠졌다는 이유로 고발되었습니다. 그녀는 벌거벗겨진 채 당나귀 꼬리에 묶여 죽을 때까지 끌려 다녔습니다.[458] 지금도 서구의 한 복판에서 여성에 대한 할례와 명예살인이 곳곳에서 자행되고 있습니다. 심지어 영국과 프랑스에 이민 온 이슬람인들은 아이들이 서구적 교육을 받았기에 완강히 저항함에도 불구하고 어린 소녀에게 할례와 조혼을 강제하기도 합니다.[459] 그들은 그것을 문화적 차이라고 주장하면서 상

457) 루이 뒤몽은 카스트제도를 연구한 『계층적 인간 : 카스트제도와 그 파생 현상』에서 과거 카스트제도에 대한 서양의 거센 비판으로부터 벗어나 불평등을 핵심 가치로하는 그러한 시스템을 동정적 이해의 시각으로 분석했습니다. Yang Zaho, 世界就像一隻小風車: 李維史陀與 憂鬱的熱帶, 박민호 역 (2019), 슬픈 열대를 읽다, 파주 : 유유, pp.224-225.

458) Adonis, Houria Abdelouahed, Violence et Islam, Entretiens avec Houria Abdelouahed, 은정 펠스너 역 (2019), 폭력과 이슬람, 파주 : 한울엠플러스, P.73.

관하지 말라고 요구합니다. 억지로 보편적 가치를 자신들에게 적용하지 말라는 것입니다.

그렇다면, 보편적 가치는 애당초 없다고 주장하는 그들의 주장은 타당한 것일까요. 그들이 주장대로라면, 윤리적 선악이나 옳고 그름뿐만 아니라 모든 명제의 진위를 측정하는 보편적 규범을 인정하지 않게 됩니다. 그러면 무정부 상태에서 각 사회나 각 개인의 주관적 기분에 따라 결정할 수밖에 없다는 말이 됩니다. 이것이 정말 옳은 걸까요. 그것은 억지에 불과합니다. 역사를 돌아보면 약간의 차이는 있다하더라도, 무엇이 옳고 도덕적인 것인 지에 대해서는 암묵적인 합의와 일치가 존재해 왔습니다.

인류의 보편적 도덕성은 '황금률'에 기초합니다. 황금률이란 건강한 관계를 유지하는 최고의 정석입니다. **"대접받고 싶지 않는 방법으로 남을 대접하지 말라(do not treat others as do not wish to be treated)"**라는 격언이 바로 그것입니다.[460] 인간은 문화는 달라도 '공통된 열망', '공통된 욕구', '공통된 역량', '인간

459) 음핵절제(excision)는 여성의 클리토리스의 외과적 절제를 말합니다. 지금도 수많은 아프리카 사회에서 소녀들, 때로는 대단히 어린 소녀에게도 행해집니다. 몇몇 이민 집단은 프랑스 땅에서 그것을 행하기도 합니다. 집안에서 불법적으로 행하는 이 음핵절제는 응급 입원, 나아가 아이를 죽음에 이르기도 하는 후유증을 낳기도 합니다. 그러면 부모와 산파는 과실치사 혐의로 소소되고 재판에 서게 됩니다. 법정에서는 두 개의 문화가 충돌합니다. 한편에는 조상과 관습의 권위에 근거한 권리를 가진 전통문화가 있고, 다른 한편에는 음핵절제를 신체에 대한 강제적 침해로 간주하고 그것을 범죄로 보는 계몽적 보편주의를 물려받은 인간 권리의 문화가 있습니다. Jean-Pierre Warnier, La mondialisation de la culture, 주형일 역 (2000), 문화의 세계화, 서울 : 도서출판 한울, p.122.

460) 한스 큉(H. Küng)은 문명의 대화가 발전하기를 원한다면 먼저 두 가지 원칙을 세워야 한다고 했는데, 그것은 공존을 위한 싱가포르 원칙에서 합의된 것입니다. 하나는 "자신이 원하지 않는 바를 남에게 강요하지 말라" 다른 하나는, "자신이 세상에 도를 세우고 싶으면 먼저 남이 도를 세우게 하고, 자신의 도가 세상에 행해지기를 원하면 먼저 남의 도가 세상에 행해지게 하라" 杜維明, 對話與創新, p.69.

존엄성에 대한 공통된 합의'가 있기에 인권에 대한 보편적 진리에 합의할 수 있습니다.[461] 우리가 추구해야 할 자유와 이성, 법치와 권리, 개인의 존중과 같은 보편적인 가치가 있음을 어느 누구도 부인할 수 없습니다. 상황윤리에 치우쳐 인권에 대한 보편적 공통분모까지도 부정하면 세상은 최소한의 기준도 없는 혼돈과 반인류적인 무질서로 더럽혀 질것입니다.

더욱이 인권의 보편성이 문화제국주의라고 비난 받아야 한다는 사실은 아이러니합니다. 인권의 기원이 나치 제국주의에 대한 반대에서 시작되었다는 것을 그들은 간과하고 있습니다.[462] 문화 상대주의라는 그럴듯한 주장에 숨어 인권유린을 정당화하는 관습과 제도를 우리는 용인할 수 없습니다. 마녀화영이나 영아살해, 노예제, 명예살인 등과 같은 인권유린을 자행하면서 그것을 자본주의와 제국주의에 맞서 보호되어야 할 가치라고 생각한다면, 그리고 그것이 문화상대주의적 가치라고 주장한다면 누가 그러한 주장을 수용할 수 있겠습니까.

학자들이 제기하는 다문화주의에 대한 비판은 다문화주의 그 자체가 가지고 있는 자기만의 색깔로 인해 기존에 합의된 사회적 통합과 동화를 저해하며 사회를 파벌로 분열시킬 것이라는 우려를 담고 있습니다. 다문화주의에 대한 이러한 우려는 심지어 상대적으로 진보적인 집단이나 페미니스트 시각에서조차도 제기되었습니다. 이들은 문화적 공동체나 집단 내부의 문제에

---

461) Goorge Kateb, Human Dignity, 이태영 역 (2012), 인간의 존엄, 서울 : 말글빛냄, pp.83-93. 인간관계의 황금률, Do for others just what you want them to do for you. Good News Bible, Today's English Version, British usage edition first published 1976, New Testment, p.85.

462) Mogan Freeman, Human Rights : An interdisciplinary approach, 김철효 역 (2005), 인권-이론과 실천, 서울 : 도서출판 아르케, pp.141-156.

주목합니다. 여성의 인권 문제가 그 한 예입니다. 지금도 이슬람 문화권에서는 고대 근동의 여성에 대한 악습들이 관습처럼 남아 있는 곳이 있습니다. 그들은 여성에 대한 강간을 재산권 침해로 인식하고 있습니다. 달리 말해 강간에 대한 피해자는 강간당한 여성이 아니라 그 여성을 소유한 남성이라는 뜻입니다. 따라서 어느 남자에게도 속하지 않은 여성을 강간하는 것은 전혀 범죄로 취급되지 않는 경우도 있습니다.[463] 아직도 여러 소수민 문화에는 여성에 대한 상상할 수 없는 차별이 존재합니다.

우리의 요구는 문화적 다양성을 보존하려고 이러한 차별적이고 반인류적인 관행을 방치해서는 안 된다는 것입니다. 이것은 다문화주의에 내재한 문화상대주의에 대한 비판도 동시에 제기하는 것입니다. 그러나 이슬람사회에서는 UN의 여성에 대한 모든 형태의 차별에 관한 협약을 받아들이기가 어렵다고 합니다. 그들은 그것을 이슬람사회의 자주성을 훼손시키는 외부개입이라고 주장합니다. 코란에 따르면 이슬람교도들은 이슬람의 전통과 가치를 훼손하는 외부의 압제에 저항하여야 할 의무가 있습니다.

이슬람교도들의 의무와 모든 인간의 당연한 권리 사이에는 큰 간극이 존재합니다. 이런 의미에서 많은 이들은 다문화주의가 **인류의 보편적 가치를 훼손**할 위험이 있다고 판단합니다. 앞에서 언급하였듯이, 그 중에서도 특별히 주목하고 있는 것은 이슬람 문화입니다. 2013년 퓨 리서치(Pew Research)가 실시한 조사에 따르면 이집트 아프가니스탄 등과 같은 나라는 조사 대상의 79-86퍼센트가 이슬람 법률인 샤리아 법을 지지한다고 보고하고 있습니다. 또한 이슬람 신앙을 저버리는 사람은 처형해야 한다고 믿는 비율은 조사 대상의 27퍼센트로 대략 2억 3천 7백만 명에 달합니다. 혼외정사나 혼전 성관계를 한 여성에 대한

463) Yuval N. Harari, Sapiens, pp.212-213.

명예살인이 정당하다고 생각하는 비율은 조사 대상의 39퍼센트로 3억 4천 5백 명에 달합니다. 서구사회에 거주하고 있는 18세에서 29세 연령대인 무슬림 가운데 민간인에 대한 자살폭탄 테러가 정당화 된다고 답한 사람은 프랑스 42퍼센트, 영국 35퍼센트, 미국 6퍼센트입니다. 샤리아법이 국가의 법으로 채택되기를 바라는 무슬림은 무려 53퍼센트에 이릅니다. 그리고 이 53퍼센트 가운데 52퍼센트는 채찍질, 손이나 팔을 절단하는 처벌에 찬성하고 51퍼센트는 불륜을 저지른 배우자를 돌팔매로 죽이는데 찬성합니다.[464] 우리는 이러한 상황을 어떻게 받아들일 수 있겠습니까. 문화는 상대적이기에 그들의 삶의 방식이라고 인정해야 할까요?

세계인권선언 제5조에서는 어느 누구도 고문, 또는 잔혹하거나 비인도적이거나 굴욕적인 형벌을 받지 아니하여야한다고 명시하고 있습니다. 그러나 샤리아 법에 의하면, 도둑질한 자는 오른손을 절단하는 형벌을 받을 수 있다고 규정해 놓았습니다. 많은 사람들은 이 규정을 세계인권선언 제5조 위반으로 보고 있습니다. 그러나 샤리아는 코란에 기반을 두고 있고, 이슬람사람들은 코란을 신의 언어로 믿고 있습니다. 또한 이슬람교도들은 현세는 영원한 삶을 위한 전주곡일 뿐이며 샤리아에 따라 사는 사람들은 내세에서 형벌을 피할 것이기 때문에, 샤리아에 정해진 형벌들이 합리적이고 인도적인 것이라고 믿습니다.

이슬람사람들은 코란의 명령에 기대어, 서구사회에 지속적으로 자신들의 문화와 종교적 전통에 시비 걸지 말라고 주문합니다. 동시에 서구사회 내에서의 자신들의 지위와 관습들을 인정해달라고 요구합니다. 그러나 그들은 그 반대의 상황은 받아들이지 않습니다. 자신들의 영토에서 다른 종교와 신념들이 공존

464) 홍지수 (2018), 트럼프를 당선시킨 PC의 정체, 서울 : 북앤피플, p.80.

하는 것을 허락하지 않습니다. 오늘날 미국과 유럽과 같은 기독교 문화권에서는 그것이 어떤 종교라 하더라도 종교 활동과 종교적 신념의 자유는 완벽히 보장됩니다. 유럽과 미국에는 이슬람 사원인 모스크(mosque)들이 수없이 세워져 있으며 그들의 신앙생활을 저해하는 정치권력은 없습니다. 인권보편주의자들인 서구인들은 종교가 다르다고 하여도 모든 사람은 도덕적으로 평등하다고 인정하기 때문입니다. 반면 이슬람 문화권에서의 상황은 그 반대입니다. 오늘날 가장 핍박받는 종교집단은 이슬람 문화권에 거주하는 그리스도교들입니다. 그들은 언제나 생명의 위협에 노출되어 있습니다.

이슬람 근본주의자들의 생각과 행위는 현대 자유민주주의 사회가 표방하는 가치에 정면으로 대치됩니다. 필자가 이 책을 집필하는 이 순간에도 이슬람교도에 의한 기독교도의 학살은 집행되고 있습니다.[465] 그들은 서구사회에게는 문화적, 종교적 다양성을 집요하게 요구합니다. 그러나 정작 이슬람 세계에서는 다양성을 결코 허락지 않습니다. 그들에게 다양성이란 곧 타락이며, 배교일 뿐입니다. 우리는 문화상대주의의 뒤에 숨어 억압과 폭력을 일삼고 있는 종교에 대해 얼마나 더 인내해야 하고, 얼마나 더 이해해야 할지 그 한계상황을 고민하고 있습니다.

시리아 출신의 저명한 시인인 아랍의 문호 아도니스(Adonis)는 이슬람 신앙은 유폐와 감금의 동의어라고 고발하고 있습니다.[466] 이슬람은 절대복종의 명분을 쓴 폭력이 신의 이름으로

---

465) 1019년 기독교인들의 축제날이 성탄절 날 IS는 열 명의 기독교인들을 참수했습니다.

466) 이슬람 신앙은 1) 세상에는 오직 하나의 신만이 존재한다. 바로 이슬람의 신이다. 2) 세상을 창조하고 형상을 만든 분은 바로 그분이다. 3) 세상에는 오직 하나의 경전만이 있다. 바로 꾸란이다. 4) 오로지 하나의 세계만이 존재한다. 바로 무슬림의 세계다. 따라서 다른 종교는 존재할 수도 없고, 무슬림 사회에서 다른 종교를 믿는 신도도 있을 수 없다. 5) 세상은 모두 이슬람화 되어야 한다. 왜냐하면 이슬람만이 유

정당화되고 있다는 겁니다. 일부러 종교학자들의 의견을 빌려오지 않더라도 '좋은 종교'와 '나쁜 종교'의 구분은 이미 상식의 수준에서 합의되어 있습니다. 나쁜 종교는 혐오와 적개심을 신의 이름으로 합리화하고 그것을 종교적 신념으로 무장합니다. 그 결과 폭력과 증오의 문화를 생산하고 퍼뜨립니다. 반면에 좋은 종교는 책임, 환대, 포용, 연민, 평등, 평화, 정의 공존의 가치를 실천하고 확산합니다. 자크 데리다(J. Derrida)는 '종교란 책임성에 관한 것'이라고 하였습니다. 공존과 사랑을 실천하는 책임으로부터 회피하고 오히려 혐오와 폭력을 성스럽게 포장하는 종교와 그 문화는 인류적 가치에 의해 추궁되어야 마땅합니다.

관용과 자비를 베푸는 의미로서의 프랑스어 '톨레랑스'는 상대방을 인정해주고 나와 다름을 참아주는 것입니다. 그러나 우리가 분명히 알아야 할 것은 톨레랑스를 부정하는 톨레랑스는 있을 수 없다는 것입니다. 관용을 해치는 것 까지도 관용할 수 없습니다. 공존을 부정하는 자유까지 받아들일 수 없다는 말입니다. 이슬람 원리주의자들에 의한 테러와 인권유린은 톨레랑스의 대상이 아닙니다.

확신에 찬 상대주의자들은 모든 이념들은 관습의 문제일 뿐으로, 어떤 것도 초시간적이고 초공간적인 절대이념은 있을 수 없다고 거부합니다. 이것에 기초하여 이들은 당연한 인류적 공통분모조차도 거부합니다. 그들은 인류적 공통의 합의라는 것 역시 문화에 따라서 달라지는 관습적 지혜에 불과한 것으로 이해합니다. 더욱이 인권이니 상식이니 하는 것 자체가 서구의 문화적 산물이며 그들의 삶의 양식이기 때문에 그것에 맞춰야할

일한 종교이기 때문이다. / 그들의 신앙에 의하면 세계에 사는 모든 사람은 무슬림이며, 그렇지 않으면 배교자로 정죄됩니다. Adonis, Houria Abdelouahed, Violence et Islam, Entretiens avec Houria Abdelouahed, pp.78-80.

이유가 없다고 합니다. 그들은 그들의 길이 있고, 우리는 우리의 길이 있다는 것입니다. 그러나 문화상대주의자들이 간과하는 것이 있습니다. **문화에 따라 기준이 다양하다는 '사실' 은 인정되지만, 그렇다고 그것들이 모두 동등하게 옳다는 뜻은 아니라는 것입니다.**[467] 이것은 문화의 높고 낮음의 문제가 아니라 옳고 그름의 문제입니다.

어떤 문화가 다른 문화를 경멸하거나 하위의 문화라고 규정할 권한은 없습니다. 그러나 각자가 처한 다양한 가치와 삶의 양식을 고려한다 하더라도, 문화가 사람에 의해 만들어지고 발전되어지는 것이라면 최소한의 공통분모가 있습니다. 우리는 그것을 '인류적 가치'라고 명명합니다. 다양성이라는 미명하에 인류적 가치를 훼손하는 것까지 수용할 수는 없는 법입니다.[468] '모든 것은 상대적이기에, 더 좋거나 더 나쁜 것은 없고 어느 입장도 다른 것보다 더 나을 게 없다'는 식의 무조망적 광기는 윤리적 마비상태로 만들었습니다.[469] 인류적 보편주의자들은 '보편적 원칙'을 준수하는 것만이 인류에게 지나치게 어둡지 않은 미래를 보장 할 수 있다고 호소합니다. 인류적 공통분모의 존중을 위해서라도 일방적인 문화상대주의에 근거한 다문화주의가 아닌 **상호문화주의**와 그 교육이 절실히 요구됩니다.

---

467) Elvin Hatch, Culture and Morality : The Relativity of Values in Anthropology, p.8. 역자해제.

468) 인권에 관한 보편주의와 상대주의 간의 나름의 합의가 시도되었습니다. 도널리는 인권의 원칙과 실행 사이의 간격을 인정함으로써 합의할 수 있다는 절충적 입장을 제시합니다. 예를 들어, 이슬람 여성이 베일을 쓰기 싫은데 자기나라에서 공식적으로 베일쓰기를 강요한다면, 그리고 그것을 어길 경우 법적으로 처벌한다면 그것은 '받아들일 수 없는 상대주의'입니다. 하지만 법적으로는 그런 규정이 없고 단지 사회풍습 상 베일쓰기를 강요하는 것이고, 그것을 어길 경우 물리적 위협 없이 사람들이 단순히 손가락질하는 정도의 제약만 있다면 그것은 '받아들일 수 있는 상대주의'라는 것입니다.

469) Ken Willber, A Brief History of Everything, pp.359-354.

5. 다문화를 넘어 상호문화주의로

독일의 사회학자 울리히 벡(Ulich Beck)은 세계화에 대한 중요한 정치적 응답 중 하나가 교육의 확대라고 하면서 **협동능력, 갈등조절능력, 문화에 대한 이해력 향상**을 그 목표로 제시하고 있습니다.[470] 이런 시대적 상황에서 인간과 인간, 그리고 문화와 문화 사이에 초점을 맞춘 교육 분야가 **상호문화교육**입니다.[471] 다문화주의 정책은 기본적으로 이주자들의 고유한 문화와 다양한 정체성을 존중하고 이들이 사회의 모든 분야에서 평등한 권리와 혜택을 누릴 수 있도록 사회적 서비스를 제공하는 것을 목적으로 했습니다. 북유럽 국가들이나 영국, 독일 등은 이러한 정책을 통하여 다문화주의의 이상인 상호인정과 존중, 평등한 사회적 재분배, 정치참여 보장 등을 추구했습니다.[472]

그러나 이러한 다문화 정책은 서유럽 국가들의 경제침체와 실업의 증대, 국가 재정 및 복지 감축 등으로 인해 한계를 드러내게 되었고, 원주민들 가운데 반이민 감정을 가지고 다문화정책에 반대하는 사람들의 비율이 점점 증가하게 되었습니다(권경

470) 홍찬숙 (2016), 울리히 벡 (Ulich Beck), 서울 : 커뮤니케이션 북스

471) 유네스코는 다문화의 공존 문제를 직시하고 오늘날의 사회에서 국제이해교육을 위해 각국의 교육정책이 추구해야 할 일곱 가지 원리를 다음과 같이 정리하였습니다, 첫째, 모든 수준과 모든 형태의 교육에서 국제적 차원과 지구적 관점(global perspective)을 고려, 둘째, 국내의 인종집단과 타국의 문화를 포함한 모든 인종 문화 문명 가치 생활방식에 대한 이해와 존중, 셋째, 사람들과 국가들 간의 증가하는 지구적 상호 의존성에 대한 자각, 넷째, 타인과 의사소통하는 능력, 다섯째, 개인 사회 집단 그리고 국가 상호간에 부여된 권리 뿐 아니라 의무 자각하기, 여섯째, 국제적 연대와 협동의 필요성 이해하기, 일곱째, 각자가 자신의 지역사회 국가 그리고 세계전체의 문제를 해결하는데 참여할 준비 갖추기 등입니다. 유네스코 아시아 태평양 국제이해교육원 엮음 (2007), 다문화사회의 이해, 파주 : 동녘, p.269.

472) 최병두 (2018), 초국적 이주와 환대의 지리학, 서울 : 푸른길, pp.345-346.

희, 2012. 최진우, 2012). 이로 인해, 다문화정책에 함의된 '다문화'에 대한 의미조차 변하게 되었습니다. 캔틀(T, Cantle)은 '다양성의 역설(paradox of diversity)을 지적하면서, 사회가 다양해질수록 그리고 사람들이 직, 간접적으로 차이 내지는 다양성에 더 많이 노출될수록, 자신의 고유 정체성 속으로 도피하고 분리주의자의 이데올로기를 수용하는 경향이 있다고 지적합니다.473) 이러한 상황을 극복하고 공존의 대안을 모색한 노력이 상호문화주의입니다.

상호문화주의는 1990년대 후반 다문화주의의 한계를 극복하려는 대안적 담론으로 제기되었습니다. 인도 태생으로 영국에서 활동하고 있는 정치이론가 비쿠 파레크(Bhikhu Parekh)는 상호적 다문화주의(interactive multiculturalism)를 다문화사회가 추구해야할 방향으로 확정했습니다.474) 다문화가 여러 문화의 병존, 또는 공존을 지칭하는 표현이라면 상호문화는 문화사이의 **상호연관성과 상호작용**을 드러내는 표현입니다. 상호문화철학은 타자 및 이방인과의 만남이 제기하는 갈등, 상호이해, 관용, 공생의 문제를 다루며, 더 나아가 '도대체 타자'란 무엇인가라는 물음 자체를 새롭게 제기합니다.475)

여기에 딜레마가 발생됩니다. 보편성을 추구해야 하는 당위와 각각의 고유한 문화적 맥락의 집착 속에서 무게 중심을 어찌 두어야 할지 난감한 상황이 초래되기 때문입니다. 이것을 프란츠 빔머(F. Wimmer)는 문화적 딜레마라고 부릅니다.476) 상호문화철학은 이러한 상황에서 초대된 대안적 사고입니다. 하버마스(J.

---

473) T. Cantle, Interculturalism : Learning to live in diversity, Ethnicities, Ibid., p.346.

474) 김창근 (2018), 다문화주의의 인식과 적용, 서울: 교육과학사, p.81.

475) 이정은, 이병욱, 정창호 (2017), 다문화 사회와 철학, 서울 : 자유문고, p.75.

476) Ibid., p.76. 재인용

Habermas) 역시 다문화적 주관성의 철학 대신 상호주관성의 철학을 옹호하면서, 로티(R. Rorty)를 중심으로 한 사적 철학이 가지는 공적 유용성을 의문시 합니다.[477] 원칙적으로 타 문화를 접하면서 어떠한 감정과 의지를 지니지 않는다는 것은 불가능합니다. 좋건 싫건, 어떤 식으로든 타 문화에 대한 특정한 입장을 취하는 것이 인간의 기본적인 정서입니다. 타문화가 정서에 맞고 이에 대해 호감을 갖게 됨으로써 이를 수용해 하나의 문화적 융합이 이루어진다면, 우리는 이를 상호 문화적 현상이라고 볼 수 있습니다.

그러나 다문화주의는 애써 이러한 정서적 의지의 측면을 배제한 채, 단지 타 문화는 타 문화이니, 여기에서 어떤 평가를 내리거나 간섭하지 않는다는 **불간섭주의의 태도**를 취합니다. 지금까지의 다문화주의는 위와 같은 서로 인정하고 공존하자는 취지에 충실했습니다. “간섭하지 말고 인정하고 공존하자”는 것이 다문화주의의 원칙입니다. 서구의 다문화사회는 이러한 원칙에 의거해서 교육과 홍보정책을 수립했습니다. 그러나 이론적으로 이렇게 되면 상호문화적 융합의 가능성은 근본적으로 배제되게 됩니다. 즉 수학에서의 교집합과 같은 관계가 없다는 것입니다. 이것은 이론적으로만 가능할 뿐 실제의 삶에서는 가능하지 않습니다. 인간이라는 존재 그 자체가 교집합으로 구성되어 있으며, 사회는 더 말할 것도 없기 때문입니다. 모든 문화적 전통 간에는 이미 어떤 경험적으로 확인 할 수 있는 최소한의 유사성이 있습니다.[478] 이 유사성 즉 겹침(overlapping)에 기초해서 비로소 신중하게 그리고 점진적으로 서로를 이해하려는 노력을 해야 합니다. 어떻게 한 공동체 안에 살면서 상호 영향을 주고받

477) 김경만 (2015), 진리와 문화변동의 정치학-하버마스와 로티의 논쟁, 파주 : 아카넷, 170-171.

478) Ibid., p.91-93.

지 않을 수 있겠습니까.

더욱이 다문화주의자들이 주장하는 것처럼 자신의 문화를 보호하기 위해 서로 무간섭 원칙으로 살 것을 강조하면, 결과는 그들이 원하는 것과는 반대의 결과가 됩니다.[479] 왜냐하면 힘의 역학 관계로 인해 소수의 문화는 자연히 다수의 문화 안에 쓸려 들어가버릴 위험이 있거나, 아니면 고립된 섬과 같은 존재가 될 위험이 있습니다. 즉 다문화주의의 문제점은 타문화에 대한 불간섭주의로 오히려 소수문화나 하위문화가 다수문화 또는 지배문화로 흡수되고, 소수문화권의 소수자들이 소외되는, 문화적 정치적 상황을 방관할 수밖에 없다는 점입니다. 다문화주의는 문화적 다양성과 차이를 존중하고 보존한다는 원래의 원칙을 지키려 하다가 오히려 이를 부정하게 되는 역설적 결과를 낳게 됩니다.[480] 이는 다문화주의가 문화가 지니는 역동성과 상호작용의 측면을 간과함으로써 근본적으로 상호문화성의 핵심적 기반인 '문화적 융합'의 계기를 놓치는 데에 기인합니다. 따라서 슈텡어(G. Stenger)는 '다문화적인 관심사는 문화적이고 인류학적으로 본질적인 인간의 차원을 진지하게 고려하지 못하는 것 같다'고 말하고 있습니다.[481] 이제 혼돈의 다문화적 사고에서, 공생의 상호문화적 사고로 발상의 전환이 있어야 합니다.

이미 프랑스의 전 대통령 사르코지는 다문화주의는 실패한 것이라고 공식적으로 말했습니다. 사르코지는 "우리는 공동체들이 서로 공존하는 사회를 원하지 않는다."면서 프랑스에 있다면 단일 국가 공동체에 동화되어야 하고, 이를 수용할 수 없다면 프랑스에서 환영받을 수 없다고 분명하게 선언했습니다. 이것은

479) 박인철 (2015), 현상학과 상호문화성, 파주 : 아카넷, p.470.
480) Ibid.
481) Stenger G., Philosophie der Interkulturalität, München (2006), 109, Ibid, pp.470-471.

현재 프랑스에서 다문화주의는 많은 논란과 갈등의 씨앗의 개념이자 실제가 되고 있다는 것을 말해주고 있습니다. 다문화주의가 실패했거나 적어도 일정한 한계가 노출된 것입니다. 단지 프랑스 뿐 아니라 메르켈 독일총리, 케머런 영국 총리등도 자국내의 다문화 정책이 실패했음을 선언했습니다. 이제 뜻있는 사람들은 입을 모아 그 대안으로 상호문화주의(interculturalism)가 모색되어야 한다고 주장합니다.[482)]

알다시피 다문화교육은 미국 등 다문화 국가들이 경험하는 이민족 간의 갈등 해소와 공존을 위한 교육에서 시작되었습니다. 유럽에서는 '평화 교육' 또는 '문화 간 교육(intercultural education)'이라는 명칭을 사용하기도 합니다. 역사적으로 다문화교육은 동화교육을 비판하면서 시작되었습니다. 그 결과 다문화교육은 다양한 집단 간의 차이점이나 공통점에 관심을 두기보다는 이들의 개성과 독특성을 존중하는 교육의 실시에 초점이 맞추어져 있습니다. 소수집단이 자신의 고유문화를 버리고 주류문화를 받아들이는 것이 아니라 고유문화를 유지하면서 주류문화와 조화를 이루어 살아가도록 한다는 것이 목적이었기 때문입니다.

그러나 다문화주의는 기본적으로 문화적 차이와 다양성을 존중한다는 외관상의 긍정적인 이미지에도 불구하고 결정적인 한계가 있습니다. 바로 이점이 다문화주의와 상호문화성을 구분하는 근거가 됩니다. 다문화주의는 타문화를 존중해야 한다는 강

---

482) 프랑스를 비롯한 불어권 사회에서 상호문호주의가 강조된 배경에는 1789년의 프랑스혁명과 그로 인해 만들어진 '인간과 시민의 권리선언'과 같은 역사적 전통에서 비롯된 관용성이 깔려 있었던 이유도 있습니다. 프랑스인들은 인권 존중의 틀 안에서 이미 차이에 대한 특별한 지위나 권리를 공적으로 인정하지 않습니다. 법적인 특권을 부여하지 않고 문화적 다양성을 최대한 인정하고 존중하면서 상호성을 갖겠다는 것입니다.

박관념으로, 다른 문화를 사실상 방관하고 그것이 어떻게 받아들여지건 간섭하지 않으려는 경향이 있습니다. 다문화주의는 엄밀하게 보면, 타 문화에 대한 존중의 태도라기보다는 타 문화에 대한 무지에 가깝습니다.[483] 상대주의의 가장 큰 문제점은 아마도 '도덕적인 임의성'일 것입니다. **'너에게 유익한 것은 너에게 좋고, 나에게 유익한 것은 나에게 좋다'**라는 무책임한 전제가 이것을 의미합니다.[484] 이것은 무원칙적인 혼돈에 불과합니다. 다문화주의가 추구하는 문화적 차이와 다양성의 존중은, 타문화에 대한 적극적인 포용적적 태도가 아니라 냉소적인 무관심적 방관에 가깝습니다. 박인철(2015)의 분석에 따르면, 다문화주의는 여전히 나의 문화가 옳다는 전제하에 타 문화를 바라보는 것으로서, 타문화에 대해 열린 마음이 아니라 닫힌 시선으로 바라보는 것입니다. 곧 나의 문화도 옳고 너의 문화도 옳지만, 여전히 나의 문화가 더 의미있고 나의 문화를 따르겠다는 식입니다. 단지 이방인이 자신의 문화를 따르고 그렇게 사는 것에 대해서 상관하지는 않겠다는 의지가 함축되어 있을 뿐입니다.[485]

이런 극단적이며 임의적인 도덕으로서는 이슬람 사회에서 관습적으로 행해지는 명예살인과 같은 반인류적인 범죄를 막지 못합니다. 오히려 합리화하고 대변하기까지 합니다. 명예살인이란 가문의 명예를 위해서 친족을 살해하는 못된 인습을 말합니다. 주로 딸이나 여동생이 명예살인의 대상이 되는 경우가 많습니다. 이슬람 문화권에는 어린 여자아이를 늙은 남자와 결혼시키는 사례가 종종 있습니다. 집에서 한창 재롱부리고 사랑받을 6세정도의 여자아이를 늙은 남자에게 보내어, 평생을 성적학대와 고된 노동에 혹사당하게 하는 일들이 있습니다. 그 아이가

483) 박인철, op.cit., pp.469-470.
484) Murray Bookchin, The Philosophy of Social Ecology, 문순홍 역(1997), 사회생태론의 철학, 서울 : 도서출판 솔. pp.198-200.
485) 박인철, op.cit., p.471.

지옥 같은 곳에서 탈출하게 되면 친정아버지나 오빠가 가문의 명예를 더럽혔다고 죽이는 경우도 있습니다. 지나친 문화적 상대주의는 이러한 보편적 인류성에 반하는 관행들을 제어할 방법이 없습니다. 그들만의 삶의 방식이라고 주장하기 때문입니다.

이에 반해, 상호문화주의는 문화 간 상호작용을 통해 공유하는 통합된 정체성을 이루어 내려는 사회통합 패러다임입니다.[486] 상호문호성이란 단순히 문화적 차이와 다양성을 보존하고 여러 다양한 문화들의 공존에만 그 의미가 있는 것이 아니라, 이 차이와 다양성을 포괄하면서 동시에 **'인류적 보편성'**을 지향하는 과정에 그 참된 의미가 있습니다. 인도태생으로 독일에서 활동하며 상호문화 철학계를 이끌고 있는 람 말(R. A. Mall)은 상호문화성을 "어떤 문화도 전체 인류를 위한 유일한 문화가 될 수 없다는 통찰, 혹은 신념을 뜻 한다"고 정의했습니다. 이어 그는 상호문화적 정신은 다원주의, 다양성, 차이를 가치로서 인정하고 문화 간 상호작용을 통한 공존의 결과를 만들어 내는 것이라고 말했습니다.[487]

앞에서 언급하였듯이, 다문화성이 여러 문화의 공존을 인정하는 개념이라면, 상호문화성은 **'문화 간 상호작용'** 자체를 표현하는 개념입니다. 다문화성이 다문화적 현상에 대한 관용적 기술에 초점을 두면서 이면에 극단적 상대주의의 위험성을 안고 있다면, 상호문화성은 서로의 관계성에 초점을 두고 서로의 경계를 넘어서 자신이 갖지 못한 부분을 보완하고 두 문화가 융합하

486) 상호문화주의에는 프랑스혁명과 인권선언의 전통에 기반하여 다양한 문화를 가질 권리와 자유를 보장하는 똘레랑스적 상호소통성을 강조하는, 그를 통해 다양성의 자유를 보장하려는 유럽사회의 지적 전통이 깔려있습니다.

487) 김창근 (2018), 다문화주의의 인식과 적용, 서울: 교육과학사, p.78.

여 새로운 가치와 삶의 방식을 만들어 내는 것입니다. 제임스 클리포드(J. Clifford)는 '여행하는 문화(travelling cultures)'라는 개념을 통하여 문화는 고정된 것이 아니라 이동하는 것이라고 정의합니다.[488] '움직이고 있는' 사람들에 의해 문화 간의 자유로운 유통과 호환이 된다는 것입니다. 문화가 지역적 위치와 필연적으로 묶여 있지 않다는 것입니다. 문화의 교집합은 마치 운명 같은 것입니다. 거부할 수 없습니다. 공존을 원한다면 상호문화성은 선택이 아니라 필연입니다.

상호문화성과 맥을 같이하는 또 다른 목소리가 있습니다. 여러분, **'포마토(pmato)'**가 무엇일까요. 원래 '혼종'은 원예학적 개념입니다. 포마토란 포테이토와 토마토가 결합된 말입니다. 뿌리에는 감자가 열리고 줄기에는 토마토가 열리는 제3의 종이지요. 이것이 바로 혼종입니다. 요즘 음악이나, 미술, 요리 등에서 퓨전, 크로스 오버, 혼성모방이라는 말은 혼종성의 좋은 예입니다. 현재 하버드 대학 인문학연구소 소장인 호미 바바(H. K. Bhabha)는 그의 독보적 저작 『문화의 위치 The Location of Culture』에서 **'혼종성(hybridity)'**을 강조합니다.[489] 이때의 혼종이란 '문화의 혼종'을 말합니다. 호미 바바는 서구의 문화가 그

488) James Clifford (1992), "Traveling Cultures", pp.96-116 in cultural Studies, edited by Lawrence Grossberg, Cary Nelson, and Paula Treichler, London : Routledge, 최종렬 (2017), 다문화주의의 사용, p.39.

489) 그는 문화의 혼종을 말하고 있지만, 사실 그것을 위해서는 혈통적 혼종에 대한 경계와 거부감부터 극복해야 합니다. 몸과 정신은 언제나 하나입니다. 몸은 순종이고 정신은 혼종인 상태는 관념적으로만 존재할 뿐 실제로는 어려운 과제입니다. 한국인은 단일민족이라는 데 큰 자부심을 갖지만, 인도는 그 반대로 다민족이라는 데 큰 자부심을 갖습니다. 단일민족이 인종의 순수성을 강조하는 거라면, 다민족은 인종의 혼종성을 밑바탕으로 합니다. Homi K. Bhabha. The Location of Culture, 나병철 역 (2012), 문화의 위치 : 탈식민주의 문화론, 서울 : 소명출판

밖의 다른 세계의 문화들을 폭력적으로 지배하고 있다고 규정하고, 그 폭력적인 관계를 탈피하려면 우등한 문화와 열등한 문화라는 경계를 없애야 한다고 주장합니다. 경계를 허물면 지배와 피지배의 대립도 없앨 수 있다고 보았습니다. 문화 사이의 경계를 없애야만 우월문화나 열등문화의 구별과 차이가 의미 없어진다는 것입니다. 그러기에 호미 바바는 다원성 보다는 **혼종성(hybridity)**을 강조합니다.[490] 다원주의 관점에서는 문화 간의 경계를 무너뜨리지 않고 서로 지켜보는 수준에 그칩니다. 그러나 혼종성의 관점에서는 모든 경계를 무너뜨립니다. 무너진 터 위에서 새로운 관계를 모색하고자 합니다. 관계가 흔들려야 새로운 관계가 만들어지기 때문입니다. 혼종성은 중심과 주변의 경계를 해체하고 보다 바람직한 상생의 관계를 구축합니다. 어찌 보면 호미 바바의 주장은 황당하게 들릴지도 모릅니다. 그러나 그의 혼종성(hybridity)은 인류가 공생하는 궁극의 길일 지도 모릅니다.

지금까지는 '문명의 충돌이냐, 문명의 공존이냐'에 따라 입장과 주장이 갈라졌습니다. 사무엘 헌팅턴이 주장한 문명의 충돌(The Clash of Civilizations)은 곧바로 하랄트 뮐러의 문명의 공존(Das Zusammenleben der Kulturen)의 반박을 불러왔습니다. 전자는 미국을 중심으로 한 서구문화와 그 밖의 문화, 특히 이슬람 문화와의 갈등에 주목합니다. 갈등은 언제든지 폭력으로 이어질 수 있다는 경고도 합니다. 반면에 후자는 세계는 지금 민주적 교역적 국가들로 체질 변경하고 있기에 갈등의 요인보다는 협력과 공존의 요인들이 훨씬 많다는 것에 주목하고 있습니다. 세상은 선택의 여지없이 공존할 수밖에 없는 상황으로 진

490) David Huddart. LP Routledge Critical Thinkers 21, 조만성 역 (2011), 호미바바의 탈식민적 정체성, 서울 : 도서출판 엘피

화되고 있다고 주장합니다. 어느 주장이든 근거와 설득력을 갖고 있습니다. 한편으로는 '충돌'이냐 '공존'이냐의 선택의 강요는 어쩌면 이분법적 도식에만 머물러있는 것이 아닌가 하는 반성도 있습니다. 제 3의 방법에 대한 고민도 무르익고 있습니다. 칼 포퍼 연구의 대가로 알려진 이한구 교수는 문명의 충돌과 공존의 도식을 넘어 문명의 융합(The Fusion of Civilizations)을 제안합니다.[491] 이러한 관점은 상호문화주의의 정신과 맥락이 같습니다.

요약하면, 여러 문화가 병존하는 사회는 다문화 사회이며, 그 속에서 발생하는 문제를 해결하기 위해 서양에서 만든 다문화 이론에는 '다문화주의'와 '상호문화주의'가 있습니다. 다문화주의는 공존과 관용에 초점을 맞추고, 상호문화주의는 제3의 문화를 창출하는 통합에 주안점을 둡니다. 다문화주의는 차이의 인정과 분배 혹은 재분배의 투쟁정치를 강조한 나머지 다문화시대의 다문화 공존을 이루는데 취약했다고 평가받습니다. 반면 상호문화주의는 문화 간 상호소통과 공공성에 주안점을 두면서 다양한 사회의 다문화 **공존**에 초점을 맞추고 있습니다. 현재 상호문화주의는 사회통합을 위한 시민운동의 성격을 띠면서 다문화 사회의 새로운 대안으로 유럽사회로 확산되고 있습니다.

6. 자문화중심주의와 결핍모델을 넘어서

한 마을이 비옥한 토지를 공유하고 있어 각 집에서 기르는 양들을 적절히 배분한다면 모든 양이 충분히 풀을 뜯어 먹을 수 있었

491) 이한구 (2019), 문명의 융합, 서울 : 철학과 현실사, pp.9-14.

다. 그런데 어느 욕심 많은 농부가 자신 만의 이득을 더 보기 위해 남들보다 더 많은 양들을 풀어 놓았다. 그러자 다른 농부들도 상대적으로 손해를 보지 않기 위하여 양들을 모두 초지에 풀어놓았다. 초지는 양들로 가득 찼고 얼마 되지 않아 초지에는 풀이 하나도 남아 있지 않게 되었다. (공유지의 비극)

개럿 하딘(G. Harden)의 공유지의 비극(tragedy of the commons)이라는 유명한 이론이 있습니다. 공기, 물, 산림과 같은 공유 자원이나 소유권이 없는 공유지는 소비에 제한이 없으므로 과다소비로 고갈될 수 있습니다. 공유 자원이나 공유지가 개인의 지나친 욕심으로 황폐해져 공동체 전체가 파멸되는 현상을 '공유지의 비극'이라고 합니다.[492] 이러한 주장은 공유 자원을 이용하는 사람들의 자발적 통제의 도덕성이 유발되지 않으면 공유 자원이 고갈될 수밖에 없다는 이론입니다. 각각의 개인은 자신의 이익을 위해 나름대로 합리적 선택을 하지만, 그것의 결과는 매우 비합리적이고 총체적인 파국의 결말로 끝난다는 것입니다.

위의 사례는 단지 공유지에 국한된 문제만은 아닙니다. 공유지 대신 '문화'로 바꾸어 놓고 생각해 봅시다. 공유지의 비극보다 더 큰 비극과 파멸이 그려집니다. 공유지에 양들을 욕심껏 풀어놓듯이 자신만의 생각과 가치를 모두에게 강요한다면, 즉 자신 만의 문화나 정신적 가치를 가장 이상적인 것으로 고집한다면 함께 살아야할 공존의 공간은 사라질 것입니다. 세상은 인류 모두의 공유지입니다. 함께 상생해야할 정신적 공유지를 독점하는 것은 정신적 테러입니다.[493]

---

492) https://100.daum.net/encyclopedia/view/24XXXXX57284

493) 프란츠 빔머(Franz Wimmer)는 어떤 집단이 자신의 문화적 중심성을 주장하는 방식에는 이론적으로 4가지가 있다고 보았습니다. 이정은, 이병욱, 정창호 (2017), 다문화 사회와 철학, 서울 : 자유문고, pp.82-85.

우리는 겉으로는 아니라고 말은 하지만, 사실은 자신도 모르게 어떤 문화는 열등하거나 미개한 것으로 평가합니다. 그러나 다른 어떤 문화에 대해서는 아무런 비판도 없이 자신들의 문화보다 더 우월한 것으로 받아들입니다. 다른 문화에 대한 우리의

---

1) 확장적(expansive) 중심주의-이것은 서양의 사고 전통에서 전형적으로 등장하는 중심주의로서, 특정한 사태에 대한 '진리' 또는 최선의 삶의 형식이 어딘가에 완전한 형태로 존재한다고 보고 그것이 확대되어야 한다고 봅니다. 이러한 생각은 비유럽 민족들을 근대화시키고 문명화시켜야 한다는 계몽주의의 주장 속에도 들어 있습니다. '우리'에게는 언제나 참된 믿음과 진리 또는 객관적 진보가 속하며, 반면 타인에게는 이단이나 미신, 무지, 정체, 퇴보 등이 속합니다. 진리의 담지자인 우리가 해야 할 것은 자신을 유지, 확대하는 것이고 타자를 억압 제거하는 것입니다. 이로부터 종교적 또는 세속적 우월성을 일방적으로 선포하는 독백적인 과정이 생겨납니다.

2) 통합적(intergrative) 중심주의-이것은 확장적 중심주의와 마찬가지로 자기의 객관적 우월성에 대한 신념에서 출발하지만, 동시에 자신의 매력이 그 자체로 충분히 강해서 모든 타자를 언던 강제나 물리력이 없이도 흡수하고 통합하기에 충분하다고 생각합니다. 이러한 생각은 고전적 유교나 완도정치의 개념에서 잘 나타납니다. 이것은 확장적 중심주의에 비해서 덜 폭력적이고 강압적이지만, 이것도 역시 결과적으로 유아독존적인 태도를 취하게 됩니다.

3) 다원적(multiple) 중심주의-이것은 진리에 대한, 또는 올바름에 대한 여러 개의 신념이 독립적으로 병존할 수 있다는 태도를 말합니다. 각 민족에게는 각기 상이한 방식과 논리가 있다고 여기고 이것을 인정하는 태도가 여기에 속합니다. 여기서는 단일성이 아니라 다수성이 이상적인 것으로 간주됩니다. 다원적 중심주의는 타인의 사상이나 가치를 관용하고 이해 할 수 있는 장점이 있으나 보편적 정의와 인권에 취약하다. 이것은 전형적인 문화적 상대주의의 입장이라고 할 수 있습니다.

4) 잠정적(tentative) 중심주의-이것은 이행적 중심주의라고도 부르는데 무엇보다도 '관점전환의 능력'에 기초하는 입장입니다. 이것은 자기 속에 갇히지 않고 상대방의 관점을 고려하며 또 자신을 끝까지 고집하기보다는 관계 속에서 기꺼이 이행의 과정을 겪는 유연한 태도입니다. 각자의 문화적 사유방식과 삶의 방식은 불변적 실체가 아니라 잠정적이며 가변적인 것이라고 생각됩니다. 이 점에서 잠정적 중심주의는 Wimmer가 제시하는 모든 중심주의에 대안인 '다자간 대화(polylog)'와 결부됩니다.

태도는 극히 이중적입니다. 아무런 비판 없이 혐오하거나, 역시 아무런 비판 없이 흠모합니다. 우리의 이중적 태도와는 달리, 문화에 대한 서구인들의 태도는 우월감과 오만으로 가득합니다. 자신이 속한 공동체의 것만이 적절하고, 받아들일 만한 것 혹은 문명화된 것이라 생각하곤 합니다. 오만함의 전통은 고대 그리스까지 올라갈 정도로 오래되었습니다. 고대 그리스인들의 문화적 정체성은 다른 사람들의 가치나 삶의 양식을 끝없이 혐오하고 폄하하는 과정에서 형성되었습니다. 사실, 미개한(barbarous)이라는 단어는 '외국의', '무례한', '무식한'을 뜻하는 그리스어에서 비롯된 것입니다. 미개인 '바바리안(barbarian)'이라는 용어는 외부의 부족이 자신들에게 하는 말을 알아듣지 못한 그리스인이 자기 귀에 단지 '바-바'라고만 들렸기에 그렇게 붙여진 것입니다. 그리스인들에게 바-바-거리는 것은 미개한 소리(barbarphono)였습니다.[494] 자신들이 알아듣지 못하면 미개한 것으로 되어버리는 것입니다. 그 소리가 무슨 뜻을 갖고 있는지 헤아려보지 않은 채, 자신들의 문법과 화법이 수용할 수 없는 다른 글이나 말은 무시해버리는 것입니다. 다른 이들의 문화적 삶과 그들의 공동체적 가치가 어떤 것인지 이해해 보려하지 않은 채, 자신이 속한 공동체의 기준과 가치판단을 강요하는 것이 바로 자문화중심주의입니다.

1700년대 이래 유럽의 학자들은 '야만인(savages)'을 이성과 사회적 질서가 없는 문화적으로 결핍된 존재로 이해했습니다. 이른바 '결핍모델'이 그것입니다. 결핍모델에 의하면 야만인들은 자신들의 고급문화로 교화되어야 할 존재입니다. 현대에 와서는 사회적 제약에 때 묻지 않은 자연 상태의 순수한 인간, 즉

494) Barbara Rogoff, The cultural nature of human development, pp. 29-30.

'고귀한 야만인(noble savage)'이라는 로맨틱한 관점으로 보는 이들도 있습니다. 그러나 야만인을 문화적 결핍된 존재로 보든 아니면 순수한 '고귀한 야만인'으로 생각하든, 그것은 우월한 자가 상대를 열등한 자를 보는 오만한 시각입니다. 그들이 야만인으로 부르는 사람들은 나름의 문화적 공동체에 속한 사람들입니다. 그들을 결핍된 존재로 보는 것도 오만한 것이지만, '고귀한 야만인'이라고 보는 시각은 더욱 못되고 잔인한 것입니다. 그것은 마치 남성성이 여성성을 늘 '성모이자 매춘부'라는 이중성으로 구성하는 것과 같은 것이며, 인종주의자들이 흑인을 '고귀한 야만인'이자 '폭력적 복수'를 노리는 존재로 인식하는 것과도 같은 맥락입니다.[495)]

원주민과 유색인종을 고귀한 야만인으로 생각하는 것은 마치 너무도 풍족한 밥상에 물린 현대인이 고생했던 옛날의 보리밥을 그리워하는 것과 똑 같은 이치입니다. 아무리 옛날의 보리밥이 그립다고 하여도 그 때의 생활환경으로 돌아갈 사람은 없지 않습니까. 서구인들이 아마존의 원시인들을 대하는 방식이 그것과 같습니다. 어떤 이들은 원시인들의 삶을 마치 우리 모두가 지향해야 할 동경과 숭배의 대상인양 생각하는 이들도 있습니다. 매일의 삶이 마치 자연으로의 소풍인양 낭만적으로 그립니다. 이것은 다른 차원의 조롱이며 오만입니다. 결핍모델이든 이상모델이든 우월한 자가 야만인에게 내리는 판단입니다. 사실 이상모델은 결핍모델이 변형된 것에 불과합니다. 지금까지의 문화 연구는 '결핍모델'을 이용하여 자신들의 문화를 모범적이고 이상적인 것으로 규정해 왔습니다. 결핍모델에 고무된 연구자들은 서구인들과 유색인종을 비교하면서 거침없이 서구인들의 삶의 양식이 '정상적'이라고 판단해 왔으며 다른 공동체에서 보이는 차이들은 '일탈' 혹은 '결함'이 있는 상태로 간주했습니다.

495) Stuart Hall, Selection and editorial matter, p.539.

사회진화가 '후진적' 단순성으로부터 고차원적인 문화적 삶으로, 즉 점진적 분화로 나아간다는 가정은 1800년대 후반부터 1900년대 초까지의 근대 지성이 낳은 유산입니다. 예를 들어 1877년에 문화진화론자 루이스 헨리 모건(Lewis Henry Morgan)은 인간 진보의 7단계를 제안했는데, 그것은 야만의 하급상태, 야만중기, 야만후기, 미개의 하급상태, 미개중기, 미개후기, 문명기입니다.[496] 원시 단계에서 선진적 단계로 단일 차원을 따라 사회가 발전한다는 가정은 1900년대 후반기까지 유지되었습니다. 마치 자연계의 모든 생물이 진화하듯이 문화역시 진화한다는 믿음입니다.

그러나 문화가 낮은 수준에서 높은 수준으로 진화한다는 생각은 오해이며 문화적 다양성을 고려하지 못한 발상이라는 비난을 받습니다. 이러한 생각은 법칙이라는 틀을 정해 놓고 문화현상을 거기에 끼워 맞추는 오류를 범하게 됩니다. 그들은 문화를 마치 계단처럼 단계로 이해하고 있으니, 밑의 계단에 있는 문화는 위의 계단에 있는 문화보다는 열등하게 됩니다. 이것은 문화를 다양성의 차원으로 이해하지 않는 서구인들의 시각과 편견을 반영한 문화이해입니다.

다행히도 문화에 대한 새로운 이해와 관점을 가진 이들이 나오기 시작했습니다. 이들의 공통적인 특징은 하나 이상의 공동체와 소통하며 성장한 이들입니다. 다문화 가정에서 성장하고 교육받은 학자들입니다. 즉 하나 이상의 문화를 접하면서 성장한 연구자와 이론가들에 의해서 학계는 자문화중심적인 오만한 가정을 넘어설 수 있게 되었습니다. 이들에 의하면 문화이해를 위한 우리의 가장 중요하고도 어려운 첫 걸음은, 우리가 본래

---

496) Lewis H Morgan, Ancient Society : Researches in the Lines of Human Progress from Savagery through Barbarism to Civilization, 최달곤 외 역 (2005), 고대사회, 서울 : 문화문고, p.3.

가진 관점이 유일하게 옳거나 최선의 방식이 아니라는 것을 깨닫는 것입니다. 우리의 삶의 방식은 단지 우리만의 문화적 경험에서 나온 것일 뿐입니다. 이것은 아주 불편한 깨달음이 될 수 있습니다. 자신을 깨어야 하기 때문입니다. 때로 타인의 방식을 존중하며 이해하는 것은 곧 자신의 방식에 대한 비판을 암시할 수도 있습니다. 타인의 방식은 물론 자기방식에 대해서도 판단을 유보한 학습태도는, 다양한 가치를 수용하고 이해하는 힘인 지적 탄력성을 키우는데 매우 중요합니다. 진리에 대한 과도한 광신적 집착과 확신은 또 다른 차원의 폭력입니다.

말(Mall)은 상호문화철학을 주장하면서 어떤 철학적 전통에도 '영구철학(philosophia perennis)이라는 특권적 지위를 허용하지 않겠다는 점을 분명히 했습니다. 그러나 여기서 주의할 것은 우리는 특정집단의 세계관이 반영된 영구철학을 인정하지 않는다는 뜻이지, 함께 공유해야 할 영구철학, 즉 보편적 진리에 대한 추구 자체를 포기하는 것은 아니라는 사실입니다. 다만 영구철학은 상호문화철학의 이념에 입각한 인류의 공동적인 작업에 의해 수행되어져야 할 과제입니다. 포스토던시대, 탈진리의 시대에서 자기만의 영구철학과 보편적 진리를 주장하는 것은 독단입니다. 즉 보편적 진리란 본질에 대한 직관이나 이데아에 대한 선험적 인식에서 유래하는 것이 아니라, 다양한 문화권의 철학적 사유들 간의 유사성이나 공통성에서 유래하는 것일 수밖에 없습니다.[497)]

인간의 기능에 대해 폭 넓게 이해하려면, 다른 공동체들에 익숙한 사람들의 다양한 관찰 내용들을 결합할 필요가 있습니다.

497) '영구철학'의 내용은 어느 하나의 탁월한 철학적 전통에 의해서 발견되거나 제시되는 것이 아니라, 다양한 철학적 전통들의 대화와 상호이해의 과정에서 모색되는 공통성의 영역입니다. 이정은, 이병욱, 정창호(2017), 다문화 사회와 철학, 서울 : 자유문고, pp.90-91.

'진실'이라고 지칭되는 것은 단순히 사물을 이해하는 유용한 방식처럼 '현재적 동의'에 지나지 않습니다. 진실은 언제나 수정될 수 있습니다. 이해를 수정하는 일은 상이한 관점을 가진 사람들 사이의 건설적인 의견교환을 기초로 합니다. 그러므로 이해증진이란 보는 사람의 배경과 입장을 고려하고 다른 관점을 이해하려는 지속적인 노력인 것입니다.498) 관점의 차이는, 보기 위해서도 이해하기 위해서도 필수적입니다. 視知覺의 예를 들어 봅시다. 시지각은 이미지에 맞춘 미세한 안구의 움직임을 필요로 합니다. 만일 우리가 한쪽 눈을 감아 양안 시각이 주는 제2의 시점을 잃는다면, 우리의 거리 감각은 급격히 감소할 것입니다.

같은 방식으로, 한 공동체와 강한 심리적 동일 감을 갖는 사람(내부자)과 그 공동체와 거의 접촉이 없는 사람(외부자)의 관찰과 해석이 결합되어 이전보다 더욱 풍부한 해석을 할 수 있습니다. 인간사이의 긴장과 오해는 문화지능의 결핍에서 비롯됩니다. '문화지능'의 결여는 자신의 의지와 관계없이 오해의 강을 더욱 깊게 합니다. 거울을 보면 나와 똑 같은 사람이 보입니다. 이른바 **거울이미지**(mirror image)입니다.499) 어린아이란 바로 거울이미지에서 벗어나지 못한 상태를 의미합니다. 세상이 온통 자기와 같다고 생각합니다. 그러나 우리의 생각은 어디까지나 가정일 뿐, 정답이 아닙니다. '차이'를 '결핍'으로 보는 시각으로

---

498) 문화 간 교육이 추구하는 뚜렷한 목표는 21세기 교육위원회(The International Commission on Education for the Twenty-First Century)가 교육의 4대 기둥이라는 표제 하에 밝힌 내용으로 간추릴 수 있습니다. 교육의 4대 기둥이란 다음과 같습니다. 1) 알기 위한 배움 (Learning to know), 2) 행하기 위해 배움 (Learning to do), 3) 함께 살기 배움, (learning to live together) 4) 존재하기 위해 배움 (Learning to be), 다문화사회와 국제이해교육, 동녘, pp.218-219.

499) Zachary Shore, Blunder : Why Smart People Make Bad Decision? 임옥희 역 (2009), 생각의 함정, 서울 : 에코의 서재, pp.215-240

는 공존의 삶은 요원합니다. **거울을 깨야** 어른이 됩니다. 그래야 비로소 공존의 방법이 보입니다.

하버드 대학 옌칭 연구소 소장인 뚜웨이밍(杜維明)에 의하면 인간은 타자를 모방하거나 학습함으로써 하나의 시각과 전통이 더욱 넓은 시야를 확보할 수 있습니다. 예컨대 문명사적으로 봤을 때 기독교 신앙은 그리스 철학의 영향을 받았고, 이슬람 사상은 페르시아 문학에서 상당한 계시를 얻은 바 있으며, 중국 사상사는 서기 세기에 전래된 불교에 실려 들어온 인도사상에서 풍부한 자양분을 얻었다는 것입니다.[500] 물론 다양성 못지않게 동일성 역시 중요합니다. 동일성이 없으면 공동의 기초가 부족하게 되고 차이가 없다면 교류의 필요성이 없게 되겠지요. 그러나 동일성은 다양성을 보다 깊게 흡수할 수 있는 전제 조건일 뿐 그것 자체가 우리가 추구해야할 이상적 가치는 아닙니다. 이러한 맥락에서 동일성의 기치 아래 진행되어온 '문화 통합' 움직임은 각 나라에서 점점 힘을 잃어가고 있습니다. "여럿에서 하나로"라는 미국의 표어는 "하나에서 여럿으로"으로 이미 바뀌었습니다.[501]

7. 문화지능(Cultural Intelligence)

인류학자 에드워드 홀(E. Hall)이 일본을 방문했을 때 겪은 일입니다. 그는 어느 가족이 운영하는 조그만 여관에 묵었는데 어느 날 여관에 돌아와 보니 주인이 짐을 다른 방으로 옮겨 놓았더라는 겁니다. 그가 일주일이나 지낸 방인데 말입니다. 소란을 떨기 싫었던 그는 말없이 방을 옮겼습니다. 그런데 일주일 쯤

500) 杜維明, 對話與創新, p.109.
501) Edward O. Wilson, Consilence : The Unity of Knowledge, p.323.

지나자 또 다른 방으로 옮겨야 했습니다. 그래도 주인은 아무 말이 없더랍니다. 그는 주인집에서 자신을 그저 외국인으로 대한다고 그냥 넘어갔습니다. 그리고 얼마 뒤 미국으로 돌아갔습니다. 이듬해 그는 다시 일본을 방문하여 다른 여관에 묵었는데, 이번에는 그냥 방이 아니라 아예 여관을 옮겨 다녀야 했습니다. 참다못한 그는 일본인 친구에게 하소연 했습니다. 그런데 그 친구의 대답이 재미있습니다. 여관 주인의 이상한 행동은 친밀감의 표시라는 것입니다. 즉 일본에서는 한 가족이나 다름없는 사람은 그렇게 방을 옮겨 다니는 것이 예사라는 것입니다. 만약 그가 여관 주인이 자신을 가족처럼 대한다는 것을 이해했다면 오해가 없었겠지요. 문화는 이처럼 자기들만의 약속된 오래된 관습입니다.

미국인의 관점에 얽매였던 홀(E. Hall)은 주인이 마음대로 숙소를 바꾸어버린 것을 푸대접의 표시로 해석했습니다. 그렇지만 적절하게 **귀납처리**를 했더라면 여관 주인의 행동이 친근함의 표시하는 것을 깨달았을지도 모릅니다. 문화지능이 높은 사람은 능숙한 귀납처리 기술을 갖고 있습니다. 귀납처리 기술이란 동일한 현상이 반복 되었을 경우 그것이 어떤 의미가 있지 않나 생각해보는 보는 능력입니다. 미국인인 홀의 경우 자신의 방을 허락 없이 일본인 주인이 임의적으로 그것도 자주 옮겼다면, 그러한 행위가 무슨 의미인지 생각해 봤어야 했습니다.

문화지능이 높은 사람은 상황의 의미를 읽어낼 수 있고, 각 사례에 맞는 이야기를 엮어냄으로써 그것의 의미를 파악합니다. 누구도 상세하게 문화적 차이를 설명해주지 않습니다. 그것은 전적으로 본인의 문제이며 과제입니다. 우리는 때로는 탐정이 되는 수고를 기꺼이 해야 합니다. 문화탐정이 되어서 각 사례에 관한 사실을 조합해 체계적으로 순서를 정하고 의미를 해석한 뒤 그것에 맞게 행동해야 합니다.

귀납추리뿐만 아니라 **유비추론**도 중요합니다. 유비추론은 개인이 어떤 상황에서 얻은 지식과 경험을 다른 새로운 상황에 맞게 적용할 때 도움이 됩니다. 홀의 경우 여관에서 겪은 경험이 이후 다른 형태의 여러 경험과 합쳐져 일본인과 일본사회를 이해하는 데 도움이 될 것입니다.

문화지능은 상대방의 문화코드(culture code)를 알고 읽어내는 능력입니다. 김상철(2007)은 문화지능을 **'보이는 대로 돌아가지 않는 세상을 이해하는 힘'**으로 정의했습니다.[502] 세상은 정말 보이는 대로 돌아가지 않습니다. 축구장에서의 레드(red)는 붉은 악마인 한국팀의 응원단이지만, 투우장에서의 레드는 소를 흥분시키는 자극표적입니다. 이념화된 사회에서의 레드는 좌파이념의 상징이기도 합니다. 문화지능은 상대방의 문화코드 즉 그 사람의 문화적 맥락을 이해하는 힘입니다. 다음의 물음은 그것을 잘 표현해 주고 있습니다. 미국 문화에서 "무엇을 하십니까" 하고 묻는 방식에는 깨달음을 주는 무엇인가가 있다고 합니다. 그것은 "당신의 목표가 무엇입니까"라고 묻는 것과 마찬가지이기 때문입니다.[503] 문화코드를 알아야 진정한 소통이 가능하고 오해가 없어집니다.

학자들 사이에는 문화지능을 문화역량(cultural competence)으로 바꾸어 쓰는 이들도 있습니다. 타문화를 이해하고 수용하며 소통하는 능력에 대한 평가이기에 그렇습니다. 문화지능에 대한 규정된 정의는 없지만 암묵적으로 다음과 같은 정의에는 모두가 동의합니다.

---

502) Ciotaire Rapaille, The Culture Code, pp.6-9, 옮긴이의 말
503) Ibid., p.170.

문화지능은 자신과 교류하는 상대의 문화적인 가치 기준과 태도에 적절하게 반응할 수 있는 기술(예를 들어 언어 능력이나 대인 관계 기술)과 자질(예를 들면 모호함을 견뎌낼 수 있는 정도나 융통성 등)을 발휘해 행동할 수 있는 능력을 말한다.[504)]

문화지능을 높이는 방법 중 하나는, 인생을 살아가면서 '내 방식이 유일한 방식이다'는 생각을 '여러 가지 다른 방식도 있다'는 사고방식으로 바꾸는 것입니다. 이것은 생각의 차원에만 머물러서는 안 됩니다. 사고방식만을 바꾸는 것뿐만 아니라 자신의 행동도 바꾸는 자세까지 포함되어야 합니다. 즉 다양한 삶의 방식에 적응할 수 있는 능력이 있어야 합니다. 결코 쉽지 않은 문제입니다. 사고방식의 건설적 전환을 위해서 쿠르트 레빈(K. Lewin)에게 지혜를 빌립니다. 레빈에 의하면 사고방식의 교정은 **'해동-혼란-재동결'**이라는 과정을 거친다고 합니다.[505)] 그의 사고방식 전환모델은 다음과 같습니다. 제1단계 '해동(unfreezing)'은 지금까지의 사고방식이나 행동 양식을 바꿔야 한다는 현실을 자각하고 변화를 준비하는 과정입니다. 사람들은 원래 자신의 내면에 확립된 관점이나 사고를 바꾸는 데 저항감을 느낍니다. 이 지점이 제일 힘들고 아픕니다. 그러나 이 과정을 넘어서야 새로운 차원에 진입할 수 있습니다. 제2단계 '혼란(moving)'에서는 예전에 갖고 있던 견해와 프로세스가 불필요해지면서 혼란과 고통이 생깁니다. 예정대로 원활히 진행되지 않는 경우가 많습니다. 예전 방식을 그리워하기도 합니다. 그러나 옛것을 버리지 못하면 새것을 얻을 수 없습니다. 제3단계 '재동결(refreezing)'은 새로운 관점과 사고가 결실을 이루는 상태입니

504) Brooks Peterson, Cultural Intelligence, 이영훈, 백수진 역 (2006), 문화지능, 서울 : 청림출판, p.142.

505) Yamaguchi Shu, Buki Ni Naru Tetsugaku, p.149-154.

다. 여기서는 이전보다 나아졌다고 느끼게 되어 변화를 받아들이고 유지하려는 항상성 감각이 되살아납니다. 비로소 사고방식과 행동방식이 바뀌어 집니다.

우리는 문화역량을 개선시키기 위해서 기존의 사고방식을 철저히 바꾸지 않으면 안 됩니다. 해동은 '끝낸다'는 의미를 담고 있습니다. 무언가 새로운 것을 시작하려면 지금까지의 방식을 '잊는 것'이어야 합니다. 문화지능의 첫 출발은 해동에서부터 시작됩니다. 그때부터 새로운 차원이 열립니다. 그것은 선입견을 걷어내는 것입니다. 정재승(2010)에 의하면 최근 과학자들 사이에서 화두가 되고 있는 개념은 '와해성 기술(Destructive Technology)'이라고 합니다.[506] 새로운 시대에 걸맞은 창의적인 아이디어를 만들기 위해서는 낡은 기술을 해체하고 분해한 뒤에 새로운 기술을 쌓아올려야 한다는 뜻입니다. 이것을 관계의 성숙과 공존을 위해서도 똑 같이 중요한 말입니다. 기존의 틀을 해체해야 새로운 이해에 입문할 수 있습니다.[507] 다음의 이야기는 우리의 인식이 얼마나 제한되어 있는지를 알 수 있는 좋은 사례입니다.

재미있는 이야기 하나 소개합니다. 인도에는 소가 많습니다. 힌두교의 영향 때문입니다. 소가 차를 막고 길거리에 어슬렁거리는 것을 쉽게 볼 수 있습니다. 그로인해 차가 정체되는 경우도 많습니다. 알다시피 인도의 경제사정은 어렵습니다. 선진국의 경제학자들은 이 상황을 이해할 수 없습니다. 그들은 인도의 소들을 도축하여 외국으로 수출하면 인도의 경제가 지금보다

506) Gregory Berns, Iconoclast : A Neuroscientist Reveals How to Think Differently, 김정미 역 (2010), 상식파괴자, 서울 : 비즈니스맵, p.6. (감수자의 글)

507) 기존의 틀을 깨고 새로운 차원으로 입문하는 과정, 지각-공포반응-사회지능, Gregory Berns, Ibid., p.17.

훨씬 나아질 것이라고 말합니다. 그러한 방법이 있음에도 불구하고 소를 모시듯이 하면서 가난하게 살아가는 인도인들을 외부적 관점에서는 이해하기가 쉽지 않습니다.

그러나 이것은 전적으로 외부인 자기의 삶의 방식에 기초한 관점입니다. 그러한 방식으로는 인도인과 그들의 삶을 이해할 수도 없고 소통은 더욱 어렵습니다. 인도 사람들의 내부의 관점과 생각은 이와는 정 반대입니다. 인도 사람들은 소와 공생의 관계를 형성합니다. 그들의 입장에서는 소와 공존하는 것이 경제적 관점에서도 결코 손해 보는 일이 아닙니다. 소를 도축해서 수출하는 것보다 지금 이대로 소와 함께 사는 것이 경제적으로도 더 이득이기 때문입니다. 대다수의 인도 사람들은 소의 배설물을 말려서 연료로 쓰고 있습니다. 생각해 보십시오. 소를 도축하여 수출한 돈으로 석유를 사는 것과 소의 배설물을 연료로 쓰는 것은 어떤 것이 경제적으로 더 합리적인 선택이겠습니까. 그들은 소와 함께 공존하는 한 연료 걱정은 없습니다. 이것은 소를 도축하여 팔아서 연료를 사는 것보다 더 유익한 결과를 인도인에게 줍니다. 단지 경제적인 이유 말고도, 소의 배설물과 같은 무공해, 무한대의 자원을 활용함으로 인해서 대기오염의 위험도 막고 원유라는 천연 자원도 절약할 수 있게 됩니다. 만약 십억이 넘는 인도인들이 소의 배설물 대신 석유나 가스를 연료로 쓴다면 원유 값은 얼마나 올라가겠습니까.

이와 관련하여 학자들이 에너지 소비량이나 에너지 산출량을 연구한 결과, 일반적인 예측과는 반대로 인도가 미국보다 더 효과적으로 소를 이용하고 있음이 밝혀졌습니다.[508] 소와 공생하

508) 미국 서부 육우의 에너지 총효율이 13퍼센트임에 반하여, 인도 소의 에너지 총 효율은 17퍼센트 였습니다. (유용 카로리의 1년 총생산량을 1년에 소비된 총 칼로리로 나눈 것) Marvin Harris, Cows, Pigs, Wars and Witches : the Riddles of Culture, p.62.

는 그들의 삶의 방식은 자신들 뿐 아니라 인류적 차원에서도 기여하는바가 큽니다.[509] 인류가 소비하는 재생불가능한 에너지를 지구가 다시 축적하려면 수 천만 년이 걸린다는 것을 고려해 보면 더욱 그렇습니다. 외부의 시각은 이 점을 놓치고 있습니다. 외부에서 보기에 이해 불가능한 것들도 사실 알고 보면 놀라운 삶의 지혜일 수도 있습니다. 오랫동안 이어져온 삶의 방식은 그만한 이유와 지혜가 녹아 있습니다. 인류적 보편가치를 훼손하는 것이 아닌 한, 다른 문화를 쉽게 판단해서는 안 됩니다. 알랭 바디우(A. Badiou)에 의하면 인간이 행한 것 중 이해할 수 없는 것은 없습니다.[510]

다양한 문화를 이해하는 것은 자신의 세계관을 넓히는 것과 관련이 있습니다. 삶의 철학인 세계관은 혼자만의 고립된 신념이 아닌, 다양한 생각과 방법들이 교차하는 다문화적 토양위에서 건전하게 형성됩니다. 누구나 세계관을 넓히고 싶어 하지만 그것이 좀처럼 쉽지 않은 것은 타문화를 이해하고 수용하는 것이 그만큼 어렵기 때문입니다. 사실 세계관이 익어간다는 것은 문화충격 혹은 '문화통증'의 길고도 힘든 과정을 겪고 있다는 뜻입니다. 문화라는 매우 복잡한 현상을 너무 쉽게 판단하고 평가하는 것은 자신의 세계관을 확장하는 데 장애가 됩니다. 프랑스 사람들을 예로 들어 봅시다. 자유와 패션의 나라인 프랑스인들은 개인주의적이겠습니까. 아니면 집단주의적이겠습니까. 대부분의 사람들은 주저 없이 개인주의적이라고 대답합니다. 그들의 자유분방한 삶을 보면 그럴 법도 합니다. 하지만 프랑스는 의료와 교육이 국영화되어 있는 나라입니다. 그러한 제도는 프

509) Marvin Harris, Ibid., pp.37-63.

510) Alain Badiou, Notre mal vient de plus loin, 이승재 역 (2016), 우리의 병은 오래전에 시작되었다, 서울 : 자음과 모음, pp.16-17.

랑스인들이 선택한 것이고, 그것은 집단주의적 정치 이념에 기초한 것입니다. 사람은 개인주의적인데 제도는 집단주의적이라고 한다면 이들은 과연 어떤 범주에 속해 있는 사람들이겠습니까. 다른 문화의 사람을 이해하는 것이 말처럼 쉬운 일이 아닙니다.

라이몬 파니카(R. Panikkar)는 문화번역은 심장 이식수술 보다 어렵기 때문에 어느 한 문화전통에 속한 개념을 다른 문화 전통에 속한 개념으로 전달하기는 거의 불가능하다고 말합니다. 그만큼 문화 간 소통과 대화가 어렵습니다. 문화와 문화 사이에는 오해의 지뢰가 너무 많이 매설되어 있습니다. 마음처럼 쉽게 다가서다가는 지뢰를 밟아 오해의 고통으로 아파하게 됩니다. 타 문화와 소통하는 데는 번역문제가 뒤따릅니다. 각 문화마다 존재하는 문화적 기호체계가 다르기 때문입니다. 예를 들면, 베트남에서는 나쁜 기운을 타지 않고 무탈하게 잘 자라라고 아기 머리맡에 날카로운 칼을 놓아두는 풍습이 있다고 합니다. 실제로 우리나라에 시집온 베트남 며느리가 그렇게 했을 때 가족이 경악했던 일이 종종 있습니다.[511] 얼마나 놀랐겠습니까. 아기 머리맡에 칼을 놓았으니 말입니다.

이처럼 다문화 가정에서 함께 살아야 하는 사람들은 문화번역이 이루어지지 않음으로써 발생하는 소통의 부재와 그로인한 인간관계의 답답함이 있습니다. 번역이 요구되는 것은 단지 외국어라는 좁은 의미의 언어뿐 아닙니다. 문화적 기호를 포함하는 넓은 의미의 언어, 즉 생활관습과 같은 문화체계에도 번역이 필요합니다. 번역이 충실하게 잘 되었다면 한국 시어머니가 며느리의 행동에 놀라지 않았겠지요. 문화적 기호가 본래의 문맥

511) 유네스코 아시아 태평양 국제이해교육원 엮음 (2007), 다문화사회의 이해, 파주 : 동녘, p.308.

을 떠나 새로운 사회적 맥락 속에 놓이면 반드시 번역이 필요하게 됩니다.[512] 유럽의 교실 현장에서는 말이 없는 아시아 학생들이 덜 똑똑하거나 자신감 없는 학생으로 간주되곤 합니다. 이때 유럽인들은 '침묵'이라는 문화적 기호를 아시아적 정서로 해석하지 않고 자기 식으로 생각한 겁니다. 아시아에서의 침묵은 과묵함과 겸손의 의미로 이해됩니다. 그러나 말로써 소통의 중심을 이루는 유럽의 문화에 입각하여 바라보면 좀 모자라거나 극도로 소심한 사람으로 보입니다. 문화적 번역이란 이렇듯 매우 어려운 것입니다. 문화지능이 왜 필요하며, 왜 강조되어야 하는지 아시겠지요.

문화지능은 비위에 거슬리는 일을 억지로 하는 능력이 아닙니다. 하기 싫은 행동을 억지로 하면 몸짓언어 등을 통해 미묘하고 부정적인 메시지가 상대에게 드러납니다. 이것을 '비언어적 누설'이라고 부르는데, 문화지능이 높은 사람은 자신의 신체적 표현을 능숙하게 조절하기 때문에 그와 같은 실수를 하지 않습니다. 즉 문화지능이 높은 사람은 정서적이고 신체적인 표현에 아주 능합니다. 문화지능이 높은 사람은 남들을 유심히 관찰한 뒤 그들의 행동을 능숙하게 흉내 냅니다. 흉내는 공감과 소통에 긍정적인 효과가 큽니다. 문화지능이 뛰어난 사람은 흉내의 귀재입니다. 여기서 귀재라는 의미는 단순히 흉내를 잘 낸다는 것이 아니라 다른 문화에서 서로 의사소통을 하고 일하며 남과 쉽게 어울리기 위해 비슷한 행동과 몸짓을 적절하게 사용하는 것입니다. 같은 미소라고 하여도, 그 의미는 다르기 마련입니다. 친절한 우애의 표시를 나타내는 미소도 있고, 경멸의 미소도 있습니다. 이것은 국가마다 문화마다 차이가 있습니다. 태

512) 유네스코 아시아 태평양 국제이해교육원 엮음 (2009), 다문화사회와 국제이해교육, 파주 : 동녘, p.101.

국에서는 상사가 부하 직원에게 훈계하면서 미소를 보냈을 때 그것은 거절의 의미를 갖는다고 합니다.

문화지능이란 관찰력과 이해력이 있고 반작용과 상호작용의 동기를 느끼며 실제 행동으로 옮길 줄 아는 능력을 뜻합니다. 타인의 삶을 이해하기 위한 몰입과 탐사는 문화지능을 위한 절대적인 요소입니다. 비교종교학 학자인 윌프레드 캔트웰 스미슨(Wilfred C. Smith)는 공감하기를 배우는 것은 언어를 배우는 것과 비슷하다고 말합니다.[513)] 문법 교재를 탐구하고 올바른 어휘를 암기하는 것으로도 언어를 배울 수 있지만, 그러나 다른 언어를 제대로 배우려면 원어민들과 어울리는 것만큼 좋은 것은 없습니다. 마찬가지로 그들과 부딪치며 살아보는 것이 공감능력을 키우는 가장 좋은 방법입니다. 우리는 이런 점에서 많이 아쉽습니다. 루이스(Luiz)는 민족, 종교, 그리고 언어의 세 차원에 근거하여 분열화의 지표를 개발하였는데, 한국은 민족 다양성에서 거의 완벽하게 동질적인 0에 가까운 수치를 보였습니다. 이런 측면이 세계화 글로벌 시대에 요구되는 태도나 역량과 양립할 수 있는지 우려됩니다.[514)]

클로테르 라파이유(C. Rapaille)에 의하면, 타문화에 대한 진지한 이해와 소통을 위한 노력은 인간을 이해하는 새로운 안경을 얻는 것과 같습니다. 안경을 쓰기 전과 후가 완전히 다르듯이, 이 안경을 쓰면 보이지 않았거나 흐릿하게 보였던 타인의 삶이

---

513) Roman Krznaric, Empathy : A Handbook for Revolution, 김병화 역(2014), 공감하는 능력, 서울 : 길벗, pp.164-165.

514) Luiz, J. M, (2015). The Impact of ethno-linguistic Fraction alization on cultural measures : Dynamics, endogeneity and modernization. Journal of International Business Studies, 46, 1080-1098, 장재윤(2018), 문화적 다양성과 창의성 (심리학적 접근), 서울 : 집문당, pp.207-212.

온전하게 보이게 됩니다. 인간은 보이는 만큼 성장하는 법입니다. 프랑스어의 '태양'이라는 단어인 솔레이(le soleil)는 남성명사입니다. 프랑스인은 솔레이 하면 곧 태양왕 루이 14세를 연상한다고 합니다. 프랑스인은 태양을 남성으로 인식하며, 나아가 남성을 찬란하게 빛나는 존재로 봅니다. 반면에 독일인에게는 정반대의 상황입니다. 독일어 '태양'을 뜻하는 존네(die sonne)는 여성형 입니다. 독일인은 여성을 이 세상을 따뜻하게 하고, 사물을 자라게 하며 아이를 기르는 존재라고 생각합니다. 완전히 다른 시각입니다. 프랑스인들은 달을 여성으로 인식하고 독일인들은 남성적 속성으로 이해합니다.[515] 이 상황을 학습한다면 프랑스 인과 독일인의 남성과 여성에 대한 생각을 이해할 수 있습니다. 이것이 문화 코드(Culture Code)입니다. 문화가 다르면 코드도 다릅니다.[516] 문화코드를 모르면 오해할 수 있는 상황이 많습니다.

두 사람이 서로 다른 곳을 바라보고 있습니다. 한 사람은 밖의 경치를 보고 감탄합니다. 다른 한 사람은 전혀 동의하지 못합니다. 왜 그럴까요. 서로가 바라보는 풍경이 다르기 때문입니다. 자신이 앉은 자리에서의 풍경을 절대화하면 소통은 불가능하고 관계는 깨어집니다. 이해란 under(아래에) stand(서다) 해야만 가능합니다. 상대의 입장에 서보지 않는 피상적 접근의 이해로는 관계의 새로운 지평은 불가능 합니다. 앉은 자리를 바꾸지 않고는 새로운 풍경을 볼 수 없습니다.[517]

폴 키멀(P. Kimmel)은 건강한 문화인식의 단계를 다음과 같이 다섯 단계로 도식화합니다.[518] 문화지능의 발전 단계입니다. 한

515) Ciotaire Rapaille, The Culture Code, p.25-26.

516) Ciotaire Rapaille, Ibid., p.45.

517) 경북인성인문학교육연구소 (2019), 청소년을 위한 인성과 자기계발, 서울 : 동문사, p.78.

인간이 타인과 그의 문화를 접하면서 자신의 입장을 교정해 가는 과정입니다. 대부분 나름 진정성 있게 마음과 생각을 열 경우 '관용'의 차원에 까지 도달하기는 하지만, 그 이상의 단계에까지 도달하기는 매우 어렵습니다. 그것은 보다 치열한 자기 비움이 전제되지 않으면 불가능한 과제입니다. 키멀은 문화 간 이해의 핵심 목표는 '우리'와 '그들'의 대결에 맞춰졌던 초점을 더 넓은 의미의 '우리'로 옮기는 데 있습니다. 다음 단계를 숙지하고 지금 나의 단계가 어디쯤인지 점검해 보세요.

* **문화적 쇼비니즘** : 다른 문화에 대한 이해가 전혀 없는 상태로, 교섭 담당자들은 상대방을 무지하거나 악의적이라고 생각하게 된다.
* **자민족 중심주의** : 민족, 종교, 인종, 국가의 차이를 알지만 자기 쪽이 '옳은' 방식이라고 확신한다.
* **관용** : 서로의 차이를 알고 이해도 하지만 자신이 속한 문화가 더 현실적이고 효율적이라고 느끼므로 자신과 다른 상대방을 '교육'하거나 '계몽'시키려 한다.
* **최소화** : 문화적 차이를 느끼지만 같은 인류의 문화라는 공통점에 더 초점을 맞춘다.
  교섭 중 결정적인 지점에서 중요한 문화 차이를 간과 할 수 있다.
* **이해** : 자신의 방식이 수많은 방식 중 하나임을 인식하고 상대방이 어떤 면에서도 비정상이 아님을 인식한다.

---

518) Paul R. Kimmel,(1997), Cultural Perspectives on international negotiations, In L.A. Pepl ㅣ며 & S. E. Taylor, (Eds.), Sociocultural Perspectives in social psychology (pp.395-411). New York : Prentice -Hall / Robert B. Cialdini, Douglas T. Kenrick, Steven L. Neuberg, Social Psychology, 김아영 역 (2020), 사회심리학, 파주 : 웅진싱크빅, pp.651-652.

8. 이방인을 어떻게 환대할 것인가

우리는 함께 산다, 고로 존재한다.

최근 우리사회의 관심은 이방인들을 어떻게 받아들일 것인가의 문제 즉 '초대'의 문제가 큰 화두입니다.[519] 지금까지 우리사회는 외국인들을 어떻게 초대할 것인가, 이들은 초대를 받을 자격이 있는 것인가의 문제에 대한 논의가 미흡했습니다. 근대 계약론적 윤리에 의하면, 이방인의 환대는 상호성에 근거하여 기존의 공동체를 위협하지 않는 범위 내에서 허용되는 권리와 관련되어 있습니다.[520] 이미 살고 있는 사람들의 안녕과 질서를 해치지 않는 한 이방인들이 자유롭게 출입하고 거주할 수 있어야 한다는 것이 근대 시민정신에 부합하는 것입니다.

이러한 새로운 시민성의 요구에 기반하여 이방인들은 자신들의 권리를 주장합니다. 이들은 새로운 시민성의 요구, 즉 인종, 민족, 성, 그리고 다양한 형태의 소수자 집단들이 자신의 공동체 문화와 가치를 유지하면서 동시에 국가 시민 문화와 지역사

---

519) 난민(refugee)은 여러 가지 인유로 박해 우려가 있어서 모국을 떠나 피난처를 찾는 사람입니다. 주로 내전과 독재, 종교 탄압으로 자유를 빼앗기고 생명을 잃을 위험이 있는 경우가 많습니다. 이들이 망명 신청을 하면 해당 국가는 인시 숙소와 음식을 제공하고 치료를 받게 해줍니다. 심사를 거쳐 난민 판정을 받으면 해당 국가는 이들에게 사회의 일원으로서 통합되도록 도와줘야 한다는 의무를 유엔난민협약은 규정하고 있습니다. 반면에 이민(immigration)은 더 나은 삶을 찾아 다른 나라로 자발적으로 떠나는 경우를 말합니다. 일반적으로 경제적 이민이 많습니다. 해당 국가가 요구하는 자격을 충족해야 합니다. 그렇지 않으면 불법 이민이 됩니다. 한국경제신문 논설위원실 (2016), 시대의 질문에 답하다, 서울 : 한국경제신문, p.352.

520) 이방인의 권리에 관한 근대 계약론적 윤리는 칸트의 『영구 평화론』 영구평화를 위한 제3확정 조항에 명시되어 있습니다. Immaneul Kant, Zum ewigen Frieden und andere Schriften, 박환덕, 박열 역 (2015), 영구평화론, 파주 : 범우사, pp.60-67.

회에 자유롭게 참여할 수 있는 권리를 요구하고 있습니다. 다문화와 관련하여 국제적으로 학문적 권위를 인정받고 있는 킴리카(Will Kymlicka)는 이를 다문화적 시민권(multicultural citizenship)이라고 부릅니다.[521] 킴리카의 다문화적 시민권 개념은 이주민이나 소수집단이 오늘날 인권적 차원에서 보장된 시민권을 가지며 자신들의 고유한 언어 및 문화의 중요한 요소를 계속 보유할 수 있는 권리를 의미합니다. 즉 민주주의 사회에서 소수집단과 이주민들이 이주한 국가에서의 시민문화에 온전히 참여할 뿐 아니라, 동화되지 않고 자신들의 문화와 언어를 유지할 권리를 갖는다는 것입니다.

일반적으로 환대의 주체는 자신의 집으로 '초대할 사람을 결정'하는 주인입니다. 그는 우호적인 사람은 환대하지만, 무례한 사람은 적대하게 됩니다.[522] 따라서 환대의 법칙에서는 주인이 상대를 초대하거나 거절할 수 있는 권리를 갖고 있습니다. 그 과정에서 상대에 대한 평가와 통제가 자연스럽게 합법화됩니다.[523] 자크 데리다(J. Derrida)는 바로 이 점을 문제 삼습니다. 초대할 상대를 선택하거나 배제하는 과정에서 이방인에 대한 의무와 약속 및 계약이 부과되고 관련된 불리한 제약들이 합법화된다는 것입니다. 결국 이방인은 환대의 대상이 아닌 법적 통제의 대상으로 전락된다는 것이 데리다의 우려입니다.

데리다는 이방인과의 관계에서 '관용'이라는 말을 경계합니다. 관용이란 결국 권력을 가진 자의 양보와 자비, 은혜 베풀기에 기댈 수밖에 없는 한, 그것은 곧 '힘의 정의'이며 마침내 강

---

521) Will Kymlicka, Multicultural Citizenship, 장동진 역 (2010), 다문화주의 시민권, 서울 : 동명사

522) 적대(hostility)와 환대(hospitality)는 그 라틴어 어원이 동일합니다. 결국 그것은 주인(host)의 입장에 달려있는 것입니다.

523) Richard Kearney, Strangers, Gods, and Monsters, pp.122-125.

자의 편일 수밖에 없다고 주장합니다(김애령,2020). 강자의 자비가 제공하는 '관용'으로 이방인의 권리를 마련해 줄 수는 있지만, 그 자체가 이방인과의 평화로운 공존의 원리가 될 수 없다는 것입니다. 그 이유는 관용의 정도, 즉 '관용의 한계선' 설정이 권력을 가진 자의 자의성에 의존할 수밖에 없고, 관용에 기대는 소수자, 이방인 집단은 불평등한 수혜적 관계를 감수해야 하기 때문이라는 것입니다.[524] 관용은 때로 관용을 베푼 자의 상황 변화에 따라 쉽게 철회 될 수도 있습니다.[525] 데리다는 관용에 근거한 환대를 '조건부 환대'라고 부릅니다. 그에 의하면 조건부 환대는 이방인에게 자신의 문화와 정체성을 포기하도록 강요하기 때문에 순수한 의미의 환대라고 할 수 없습니다.

데리다는 이방인에 대한 조건부 환대가 아닌, '무조건적인 환대'를 주장합니다.[526] 무조건적인 환대는 초대의 환대가 아니라 '방문의 환대'입니다. 그것은 주인의 입장에서 초대하는 환대가 아니라, 이방인의 방문에 열려있는 환대입니다. 이에 대해 리처드 커니(R. Kearney)는 데리다의 무조건적인 환대는 선한 이방인과 악한 이방인을 윤리적으로 구분할 필요성을 과소평가 한다고 지적합니다.[527] '악한' 이방인에 대해서조차 무차별적인 환대를 보장해야 한다는 것은 너무 무책임한 발상이라고 지적합니다.

---

524) 김애령 (2020), 듣기의 윤리 : 주체와 타자, 그리고 정의의 환대에 대하여, 서울 : 봄날의박씨, pp.179-180.

525) 관용의 힘을 자랑하는 안정된 공동체가 경제적 정치적 불안전에 봉착하게 되거나, 내부적인 결속이 위기를 겪게 될 때, 이방인에 대한 관용의 한계선은 급격히 축소되고, 때로 손쉽게 철회될 수 있습니다. 따라서 '관용의 대상'으로 존재하는 한, 관용의 자의적 철회로 인해 야기되는 폭력은 언제나 가능합니다. Ibid., p.180.

526) Jacques Derrida, De l'hospitalité, 남수인 역 (2004), 환대에 대하여, 서울 : 동문선

527) Richard Kearney, Strangers, Gods, and Monsters, pp.122-125.

이보다 훨씬 전 칸트(I. Kant)는 '영구평화론'을 제시하면서 이방인에 대한 '환대의 권리'에 대해 논의하였습니다. 그는 '영구 평화를 위한 제3의 확정 조항'에서 이방인의 권리를 명시했습니다.[528] 칸트는 영구평화론에서 세계가 영구히 평화를 이루기 위한 방법으로써 세계시민주의에 근거한 세계연방제를 제시합니다. 칸트의 세계시민권은 모든 사람들이 자유의지를 가진 인격체이며 또한 동시에 한정된 **지표면을 공유**하는 공통적 인류임을 전제합니다. 이러한 전제 위에 한 국가의 구성원이 어떤 문화나 종교 그리고 인종의 장벽이나 제약을 넘어 자유롭게 여행하고, 다른 국가의 영토를 방문하여 환대를 받으면서 임시로 체류할 수 있는 권리를 의미합니다.[529]

칸트가 제안한 '환대'란 인류애적이고 박애적인 개념이 아니라 자연법적이며 세계시민법적인 권리에 기반한 것입니다. 칸트에 의하면 외국인의 권리는 손님으로서 대접받아야 권리라기보다는 인간으로서 발을 디딜 권리(right of resort)를 말합니다.[530] 칸트는 '외국인이 다른 나라의 영토에 들어갔을 때 그가 적대적으로 행동하지 않는 한 적대시하면 안 된다'고 단호히 말합니다. 그가 말한 환대는 단순히 사교적 덕목으로서의 친절과 자비가 아니라, 세계 공화국의 잠재적 참여자라는 관점에서 모든 인류가 가져야할 권리라고 천명합니다. 그것은 '환대의 권리'로

---

528) 칸트의 영구평화론은 혁명의 와중에 있던 프랑스와 프러시아 사이에서 바젤조약(Treaty of Basel)이 체결되는 것을 보면서 1795년에 쓰여졌습니다. 비교적 짧은 이 글에서 칸트는 "함께 생활하는 사람들 사이에서의 평화 상태는 자연상태가 아니다. 자연상태란 전쟁의 상태이다"라고 단언합니다. 전쟁상태라는 말의 의미는 실제로 적대 행위가 계속 자행된다는 뜻이 아니라, 전쟁의 위협이 상존한다는 뜻입니다. 철학자의 눈에 비친 공존의 삶이란 이만큼 힘들고 위험한 요소를 안고 있습니다. Immaneul Kant, Zum ewigen Frieden und andere Schriften, pp.60-61.

529) Immaneul Kant, Ibid.

530) Immaneul Kant, Ibid.

명명됩니다.531) 즉 칸트의 환대 개념은 다른 나라의 땅에 도착한 이방인이 적으로 간주되지 않을 권리를 뜻합니다. 칸트가 주장하는 이방인의 권리의 근거는 **'인류가 지구를 공동으로 소유하고 있다는 사실'**에 기초한 것입니다.532) 즉 인간은 지구의 표면을 공유하는 덕택으로 이러한 권리를 가지며, 인간이 제한된 땅에서 무한대로 분산할 수 없기에 결국 공존을 위해 공간공유의 불편함을 참아야 한다는 것입니다.

칸트는 '세계의 영구적 평화'를 위한 구상에서 목적의 나라(kingdom of ends)라는 이상을 제시합니다. 세계의 진정한 평화를 위해서는 국가의 성격이 수단이 아닌 목적의 나라가 되어야 한다고 주장합니다. 목적의 나라에서는 어느 인간도 수단으로 전락되지 않습니다. 모든 인간이 존재 자체만으로도 '목적'이 되는 나라입니다. 그가 비록 우리와 다른 이방인이라 할지라도 마찬가지입니다. 그의 처지가 어떠하든지 인종과 문화가 우리와 너무나 다르다고 하더라도 인간은 모두 목적으로서 인정되고 환대되어야 합니다. 칸트는 국가 경계를 넘어 '코스모폴리탄 환대'라는 보다 확장된 인류 공동체적 온정을 구상합니다. 오늘날처럼 국가이기주의와 민족적 대립이 첨예한 상황에서 이것은 어찌 보면 너무나 추상적이고 실현 불가능한 꿈처럼 들릴지도 모릅니다.533) 그러나 모른 척 외면해서 그렇지 칸트의 주장은

---

531) Immaneul Kant, Ibid.

532) 칸트의 이방인에 대한 공존의 철학은 도린 매시(D. Massey)에게 이어집니다. 그녀는『공간을 위하여 For Space』에서 **'공간은 공존의 영역**으로, 이전에는 관련되지 않았던 주체와 객체, 사람과 사물을 포함하며, 이들이 서로 접촉하게 한다'고 서술했습니다. 칸트와 매시의 윤리적 통찰에 의하면, 공간은 어느 누구 또는 집단의 전유물이 아닙니다. Doreen Massey, For Space, 박경환 이영민 이용균 역 (2016), 공간을 위하여, 서울 : 삼산, pp.281-303.

533) 공동체에 피해를 주지 않는 범위 내에서 이방인을 환대해야 한다는 칸트의 조건부 환대 개념은 타자의 자격을 따지지 않고 무조건 환대해야 한다는 데리다(Jacques Derrida)의 절대적 환대의 개념과는 대비됩니다.

우리가 처리해야 할 가장 긴급하고 절실한 요구입니다. “타자를 수단으로서가 아니라 목적으로 대하라”는 칸트적 사고에 기반한 정의이론은 이방인에게 여러모로 불리한 현대의 여러 가지 제도들을 점검해 볼 수 있는 이론적 근거가 됩니다.

위의 사진은 2015년 9월 2일 부모와 함께 시리아를 탈출하다가 배가 뒤집혀 변을 당한 후 터키 해변에서 발견된 3세 소년 아일란 쿠르디(Aylan Kurdi)입니다. 이 사진은 SNS를 통해 전세계로 확산 되었고, 이를 계기로 난민들의 문제가 국제적으로 심각히 논의되기 시작했습니다. 소년의 비극은 우리에게 과연 인간의 의무의 범주는 어디까지이며, 국익과 난민인권 사이의 괴리는 어떻게 좁혀갈 수 있는지에 대한 숙제를 남겨주었습니다.

스토아 철학자 세네카(Lucius Annaeus Scneca)에 의하면 인간은 두 종류의 공동체에 소속해 있습니다. 국적이나 출생지에 따라서 결정되는 ‘지역 공동체’와 모든 인간이 속한 보편적 ‘인류 공동체’가 그것입니다.[534] 그는 하나의 태양 아래 함께 살아가

534) 강남순 (2017), 정의를 위하여 : 비판적 저항으로서의 인문학적 성찰, 파주 : 동녘, pp.56-57.

는 **인류공동체**야 말로 진정 위대한 것이라고 강조합니다. 그러나 우리는 눈앞의 이익을 위해 정작 위대한 세계 시민권을 미련없이 버리곤 합니다. 인류공동체 시민으로서 부과되는 무거운 의무를 감당하기 부담스러워서 그렇습니다.

국경, 민족, 인종, 종교, 문화 등의 경계선은 근원적이거나 절대적이지 않습니다. 그러한 경계선은 같은 태양을 함께 보지 못하게 합니다. 우리는 가끔씩 이기적이고 혈연적인 지역공동체의 배타성에 숨어 보편적인 인류공동체의 요구를 잊곤 합니다. 그러나 발밑의 이익을 위해 더 큰 세계인 인류공동체의 요구를 외면한다면, 정작 우리가 고통에 처해 있을 때 누가 우리를 환대할 수 있겠습니까. 다음의 시는 그것을 말합니다.

그들이 처음 왔을 때

그들이 처음 공산주의자들에게 왔을 때,
나는 침묵했다.
나는 공산주의자가 아니었기에.

이어서 그들이 사회민주당원에게 왔을 때,
나는 침묵했다.
나는 사회 민주당원이 아니었기에.

이어서 그들이 노동조합원에게 왔을 때,
나는 침묵했다.
나는 노동조합원이 아니었기에.

이어서 그들이 유대인을 덮쳤을 때,
나는 침묵했다.
나는 유대인이 아니었기에.

이어서 그들이 내게 왔을 때,

그때는 더 이상 나를 위해 말해줄 이가
아무도 남아 있지 않았다. 535)

마틴 니밀러

1964년 3월 13일 새벽 3시 케서린 제노비스라는 젊은 여성이 자신의 집 앞에서 모르는 남성의 칼에 찔려 죽은 사건이 있었습니다. 이 살인 사건으로 전 미국이 들썩였습니다. 살인 사건이 빈번한 미국에서 이 사건이 왜 유달리 충격적이었을까요. 뉴욕타임즈 1면에 실린 이야기에 따르면 이 사건이 벌어지는 동안 큰 소리가 났고 오랜 시간이 걸렸고 공개적인 장소에서 일어났음에도 불구하고, 소동에 잠을 깬 38명의 이웃이 안전한 아파트 안에서 그 사건을 내려다보고 있었기 때문입니다. 아무도 그녀를 도와주지 않았을 뿐 아니라 범인이 그녀를 죽일 때까지 경찰에 신고하지 않았습니다. 나중에 이 사건을 조사한 사람들은 의구심을 품었습니다. 왜 사람들이 서로 돕지 않았을까?

이 사건은 사회심리학계에 충격을 주었고 이는 방관자의 무관심에 대한 다양한 연구로 이어졌습니다. 사회심리학자 비브 라타네(B. Latané)와 존 달리(J. Darley)는 그 수수께끼를 분석했습니다. 그 과정에서 이들은 다른 사람들이 놓친 생각과 마주했습니다. 그전까지는 여러 사람이 지켜보고 있었음에도 아무 조치를 취하지 않았다는 점에 치중했지만, 라타네와 달리는 바로 목격자가 그렇게 많았기 때문에 아무도 도와주지 않았다고 주장합니다. 이른바 방관자 효과(bystander effect) 때문에 그토록 많은 사람이 그 광경을 지켜보면서도 저마다 누군가 더 적당한 사람이 도와주겠거니 생각한 것입니다. 라타네와 달리의 주장에 따르면, 지켜보는 사람이 많을 때는 도와주어야 하는 책임이 사람들 사이에 엷게 퍼지는 책임의 분산(diffusion of responsi-

535) The German, Minister, Martin Niemoeller

bility) 현상이 발생해, 결과적으로 조치를 취해야 한다는 의무감을 아무도 느끼지 않는다는 것입니다.[536] 우리의 상황이 이와 다르지 않습니다. 결국 누군가에게 떠맡긴 책임은 고스란히 약자의 희생으로 돌아옵니다.

게오르그 짐멜(G. Simmel)은 함께 살아가야할 존재로서 이방인을 인식할 것을 촉구합니다. 그에게 이방인은 '오늘 와서 내일 떠나는 방랑자가 아닌, 오늘 와서 내일 머무르는 자'입니다. 짐멜은 이방인을 단순히 머무는 자가 아닌 일상의 공간을 공유하는 타자이자, 동시에 문화적 혼용을 이루고 새로운 가치와 초국가적인 공간을 만들어내는 당사자라고 보았습니다. 이방인과 그의 문화에 대한 우호적인 이해는 단지 인류애적이고 구호적인 차원이 아닙니다. 그들과 그들의 문화는 우리의 정신세계를 더욱 풍요롭게 하고 사고의 질적인 고양을 위해서도 절실한 대상입니다.

역사를 보면 문을 닫은 민족과 정권은 반드시 그 이유로 인해 붕괴되었습니다. 쇼군이 절대 권력을 휘두르던 일본 역시 외부의 문화 유입을 차단한 결과 막강한 군부정권은 스스로 무너졌습니다. 국가가 흥하느냐 멸하느냐는 이방인과 그의 문화를 어떻게 이해하는지에 달려 있습니다. 이방인과 그의 문화를 자신에게 해롭다고 생각해서 문을 걸어 잠근 공동체는 자멸했고, 반면에 그것이 공동체 번영의 계기와 원천이 될 수 있다고 생각한 공동체는 문을 열어 번성했습니다.[537]

물론 감상적 환대는 위험합니다. 필자도 분위기에 휩쓸리어 감상적 환대를 한 적이 있습니다. 내부조율, 즉 아내와의 충분

---

536) Robert B. Cialdini, Douglas T. Kenrick, Steven L. Neuberg, Social Psychology, pp.426-429.

537) Jared Diamond, Collapse, 강주헌 역 (2013), 문명의 붕괴, 파주 : 김영사, p.414-416.

한 합의 없이 환대한 적이 있었습니다. 손님도 아내도 나도 모두가 불편한 경험이었습니다. 서유럽이 지금 그런 상황입니다. 이방인에 대한 환대가 감상적이어서는 안 된다는 것을 말하고자 합니다. 진정한 환대는 형제애의 기초한 내부의 전략적 고민이 있어야 합니다. 즉 이론화 작업이 선행되어야 한다는 뜻입니다. 생각은 묵혀야 이론으로 거듭납니다.

유발 하라리는 진지하게 이 문제에 접근하고 있습니다. 그들을 받아들이는 것을 의무로 봐야 할지, 아니면 호의로 이해해야 할 것인지에 관한 것입니다. 알다시피 유럽은 자유와 관용 그리고 인권이라는 가치로 이슬람 이민자들을 받아들였습니다. 그리고 그것으로 인한 내부적 진통을 겪고 있습니다. 테러리스트들로 인한 공동체의 안전이 위협받고 있으며 그로인한 집단적 스트레스가 심각한 상황입니다. 그러나 유발 하라리는 유럽이 시작한 자유와 관용의 실험을 과장된 공포 때문에 망친다면 엄청나게 불행한 일이 될 것이라고 우려합니다. 그것은 테러리스트들이 자기 목표를 실현하는 차원을 넘어, 극소수 광신자들이 인류의 미래를 좌우하게 만드는 꼴이 된다는 것입니다.[538)]

인간 도덕성의 뿌리는 애당초 이기적 유전자이기에, 인간은 선천적으로 자기에게 가까운 존재 즉 자신에게 이득을 가져다 줄 사람들에 대해서는 본능적으로 친밀함을 보이지만, 거꾸로 외부인에게는 경계와 적대감을 보이는 이방인 혐오증(Xenophobia)이 있습니다.[539)] 개인적인 친밀함과 공통 이득이 사회적 거래에

538) Yuval N. Harari, 21 Lessons for the 21 Century, p.236.

539) 타인에 대한 경계심은 오래전 인간의 원시생활 상황과 관련되어 있습니다. 원시시대의 사람들에겐 부정적인 생각이 인간의 생존과 생식에 도움이 되었습니다. 즉 주위에 자신에게 위협이 되는 사나운 짐승들과 적들에 둘러싸여 있기에 자기가 살려면 부정적인 촉각을 곤두세워야 했습니다. 그것이 오랜 시간 굳어져 본능이 되었고, 그 본능들이 지금까지

서 중요한 까닭에 도덕 감정은 선택적으로 진화했습니다. 연구자들에 의하면, 인간에게 외래인 공포증은 아주 이른 시기에 태어난 지 며칠 만에 일어난다고 합니다. 아기들은 머릿속에 각인된 가족 구성원과 다르게 생긴 사람을 본능적으로 경계하게 된다고 합니다.[540] 따라서 인간은 이방인에게 마음을 열고 그를 신뢰하는 것이 무척이나 어렵습니다.

더구나 학자들에 따르면, 낯선 이를 직접 만나면 만나지 않는 것보다 그 사람을 이해하는 데 오히려 방해가 된다고 합니다.[541] 이처럼 낯선 만남은 결코 쉬운 일이 아닙니다. 낯가림은 이미 본능이 되었습니다. 본능적으로 각인된 것은 학습으로 제척해야 되는데 그것은 매우 어렵고 힘든 과제입니다. 의식적이고 집중적인 노력이 필요합니다. 인간은 유전적으로 자신의 뇌에 성적 충동, 굶주린 충동, 이방인 혐오 충동이 있습니다. 그러나 다행히도 이타적 충동도 뇌의 프로그램에 저장해 놓았습니다.[542] 우리가 타인에게 간절함, 측은지심, 감정이입의 감정을

우리에게 유전되어 왔습니다. 그래서 인간은 부정 편향(negativity bias)적 속성을 누구나 갖고 있습니다. 그 결과 인간이 선천적으로 타고나는 기본 정서에는 긍정적인 것보다 부정적인 것들이 훨씬 많습니다. 즉 인간의 5개의 기본 정서(분노, 공포, 고통, 슬픔, 행복감) 중에서 긍정적인 것은 행복감 하나뿐입니다./ 권석만(2013), 긍정심리학-행복의 과학적 탐구, 서울 : 학지사, pp.357-358. 우리 조상들이 어떻게 하면 죽음을 피할 수 있는지를 알고, 학습하고, 기억하도록 도운 바로 이 두려움에 기초한 극도의 경계적 메카니즘은 상당한 부작용을 가지고 있습니다. 구석기 시대에 우리를 보호했던 타고난 행동이 이제는 그 행동으로 대처하려한 도전이 초래하는 죽음보다 더 많은 죽음을 낳는다는 사실은 역설이 아닐 수 없습니다. Lee Goldman, Too Much of A Good Thing : How Four Key Survival Traits Are Now killing Us, pp.223-224.

540) Michael Shermer, The Moral Arc : How Science and Reason Lead Humanity toward truth, Justice, and Freedom, 김명주 역 (2018), 도덕의 궤적, 서울 : 바다출판사, p.74.

541) Malcolm Gladwell, Talking To Strangers : What We Should know About the People We don't Know, 유강은 역 (2020), 타인의 해석, 파주 : 김영사, p.47.

보이는 것은 그 때문입니다. 이러한 감정은 우리를 '공존의 희망'으로 인도합니다.

삶은 언제나 문제를 야기합니다. 공존의 삶은 더욱 그렇습니다. 우리는 공존의 질서와 법칙을 정함에 있어, 이방인과의 '대칭적 책임'을 요구하지 말아야 합니다. 우리도 그들도 책임이 있다는 대칭적 논리에서 벗어나, 우리가 그들보다 더 책임이 있음을 수용하고 인정해야 합니다. "모든 사람이 책임이 있지만, 내가 더 책임이 있다"는 임마누엘 레비나스의 '비대칭적'인 고백이 우리의 윤리이어야 합니다.[543)]

542) Richard Dakwins, The Selfish Gene, pp.334-335.

543) Emmanuel Levinas, Entre nous : essais sur le penser-a-l'autre, 김성호 역 (2019), 우리 사이-타자 사유에 관한 에세이, 서울 : 그린비출판사, pp.164-166. / 임마누엘 레비나스(E. Lévinas)는 자기중심적이며 이기적인 삶을 타자와 함께 공존하며 타자를 위해 살아갈 수 있는 삶으로 만들 수 있는 가능성을 자아의 내면성에서 찾지 않고 자아의 외부, 즉 자아와 타자 사이에 일어나는 '윤리적 사건'에서 찾고 있습니다. 윤리적 사건이란 바로 타자의 얼굴의 출현입니다. 타자의 얼굴은 밖으로부터 우리의 삶에 개입합니다. 타자의 '전적으로 다름'앞에서 우리가 겸허히 자신의 한계를 인정해야 합니다. 거기서부터 공존의 방법이 모색됩니다. 강영안 (2005), 타인의 얼굴 : 레비나스의 철학, 서울 : 문학과 지성사, pp.111-112. 179-184. / 레비나스의 타자의 윤리는 주체적 관점에서 타자를 받아들이는 것이 아니라 '전적으로 다름'앞에서 주체가 겸허히 자신의 한계를 인정하는 것에서 출발합니다. 레비나스에게 타자의 타자성은 주체중심으로 세워진 체계로는 파악할 수 없는 '초월성'입니다. 타자를 파악하거나 평가하는 인식적 행위로는 타자의 초월성에 도달하지 못합니다. 초월적 타자와의 만남이 '나'를 윤리적 주체로 만듭니다. 김애령 (2020), 듣기의 윤리 : 주체와 타자, 그리고 정의의 환대에 대하여, 서울 : 봄날의박씨, pp.184-186.

9. 협력의 기술과 차원

우리는 농담 삼아 생각이 없이 말하는 친구를 '단세포'라고 놀리기도 합니다. 단세포라는 말 속에는 '생각이 너무 짧다'는 비아냥이 담겨 있습니다. 그런데 실제로는 단세포가 다세포보다 나은 면도 있습니다. 단세포는 다른 것의 도움 없이도 혼자 존재할 수 있는 세포입니다. 반면에 다세포는 홀로 살 수 없습니다. 누군가 다른 세포의 도움 없이는 존재할 수 없는 세포입니다. 알다시피 진화는 단세포에서 다세포로 발전되었습니다. 여기서 우리가 주목해야 할 것은 진화학자들과 생물학자들이 단세포에서 다세포로 발전된 것을 퇴화가 아닌 진화라고 본 것입니다. 언급했듯이 단세포는 남의 도움 없이 홀로 완벽히 존재하는 세포이고, 다세포는 다른 세포의 도움 없이는 존재할 수 없습니다. 그렇다면 이것은 진화가 아닌 퇴화가 아닐까요? 그런데 그들은 왜 완벽한 존재에서 불완전한 존재로 되어가는 과정을 퇴화가 아닌 발전과 진화라고 보았을까요? 여기에 생명의 신비가 있습니다. 이 책의 마지막은 그 생명의 신비로움을 밝히는 것입니다. 그리고 거기서 공존의 지혜를 찾는 것입니다.

인간의 역사, 생명의 역사를 생각해봅시다. 우리 행성은 45억 년 전에 태어났고, 생명이 출현한 것도 40억 년 전으로 오래되었습니다. 이후 75퍼센트의 시간이 흐를 동안 생명체는 **단세포**였습니다. 단세포는 오늘날 박테리아나 효모 또는 아메바와 같은 것입니다. 단세포라는 유기체는 '자족적인 개체'입니다. 아메바를 생각해보십시오. 아메바는 다른 세포와 독립적으로 움직이고, 홀로 감각을 느끼며, 홀로 먹고, 홀로 번식합니다. 한마디로 단세포는 홀로 완벽하게 살 수 있는 존재입니다. 30억년의 진화기간 동안 인류의 선조는 모두 아메바처럼 '독립적으로 알아서 하는' 독자 생존 세포(free-living cells)인 단세포였습니다.[544] 단세포는 다세포로 이루어진 현재 우리 몸의 어느 세포보다 다방면으로 유리 합니다. **다세포는** 홀로 존재하지 못하기 때문입니다. 앞에서 우리는 그렇다면 왜 우리는 단세포에서 다세포로의 변화를 진화라고 하는 지 의문하였습니다. 단세포처럼 홀로 존재하지도 못한다면 그것은 진화가 아니라 퇴화인 것처럼 보이기 때문입니다. 물론 다세포는 단세포에 비해 개별적으로만 본다면 더 열등한 것은 사실입니다. 그러나 다세포들은 자신의 한계를 극복하고 살아남기 위해 다른 세포와 적극적으로 **협력**합니다. 다세포 생물은 지원, 섭취, 번식 등 세포 각자가 개별적인 업무를 분업화하여 기능합니다. 분업과 분화를 거듭한 세포들이 팀을 이루어 활동하니 크기와 효율성, 복잡성 등에서 단세포인 선조를 크게 앞설 수 있었습니다. 그리고 전혀 새로운 부류의 유기체로 발전할 수 있었습니다. 단세포는 홀로 완벽히 존재할 수 있어도 발전할 수는 없습니다. 그러나 다세포는 **협력**이라는 네트워크를 통해 더 고등한 동물로 진화하고 마침내 인간이라는 생명의 꽃을 만들어 냈습니다.

불완전하지만 협력을 통해 공존하고 완성되는 생명의 신비, 그것의 절정이 인간입니다. 생명체는 자기 안의 불완전한 수십억 개의 세포들을 조율하면서 완전에 이르는 신비체입니다. 단 한 개의 세포도 반란을 일으키면 생명체는 교란됩니다. 우리 몸 안에는 지금도 수십억 개 세포들은 서로서로 유기적인 협력을 합니다. **인간의 삶도 역시 그러합니다.** 인간에게 협력은 거역할

---

544) John Brockman, c/o, Is The Internet Changing The Way You Think? W. Tecumseh Fitch, 최완규 역 (2013), 우리는 어떻게 바뀌고 있는가, 서울 : 책읽는수요일, p.277.

수 없는 운명입니다. 사람들은 갈수록 협력관계가 깨어지고 있다고 말하지만 그것은 사실이 아닙니다. 과거보다 현재가 그리고 미래가 훨씬 협력이 강화되고 세련되게 진화하고 있습니다. 아침에 문밖에 배달된 우유와 신문은 여러분이 만든 것 아닙니다. 여러분의 옷이나 신발 헤어스타일 역시 여러분이 만든 것 아닙니다. 먹거리는 말할 것도 없습니다. 지금 우리가 소유하고 있는 것 중에서 우리 자신이 만든 것이 얼마나 있겠습니까. 심지어 나의 생각조차도 오롯이 나의 것이 아닙니다. 책을 보았거나 강의를 들었거나 어찌어찌 엮여져서 지금의 나의 정신세계를 이루는 겁니다. 이처럼 인간은 한 순간도 혼자서 살 수 없습니다. 사회 역시 우리 몸과 마찬가지로 협력의 네트워크로 이루어져 있습니다. 다음의 사진들을 비교해 보세요.

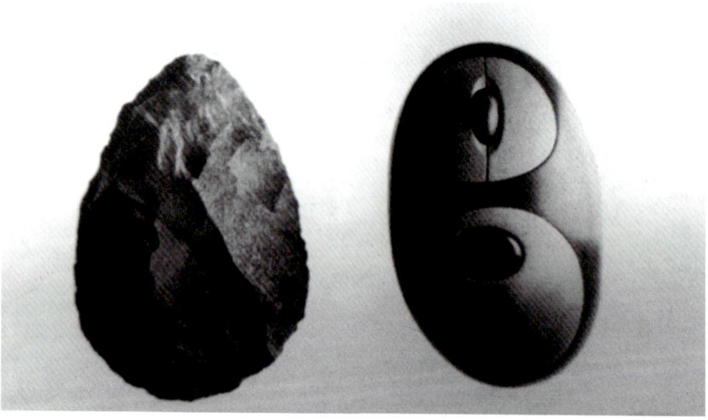

매트 리들리(M. Ridley)는 『이성적 낙관주의자』라는 저서에서, 주먹도끼와 마우스를 비교해보라고 합니다. 둘 다 사람이 만든 것입니다. 하지만 전자는 한 명이, 후자는 수백 명, 어쩌면 수백만 명이 만든 것입니다. 집단지능이란 바로 이런 것입니다. 개인으로서 컴퓨터마우스 제조법을 처음부터 끝가지 다 아는 사람은 별로 없습니다. 공장에서 마우스를 조립한 직원은 유정

(油井)에서 원유를 뽑아 올리는 방법을 모릅니다. 마우스의 겉 재료인 플라스틱은 석유를 원료로 만듭니다. 그것을 아는 사람 역시 마우스 조립방법은 모릅니다.

어느 시점에선가 인류의 지능은 집단적이고 누적적인 성질을 갖게 되었습니다.[545] 다른 어떤 동물에게서도 찾아볼 수 없는 방법으로 말입니다. 변한 것은 인간의 본성이 아니라 문화입니다. 인간의 문화는 **상호협력의 문화**입니다. 자동차는 만 개가 넘는 부속품이 있습니다. 각각의 부품 하나는 아무런 의미도 소용도 없습니다. 계획된 설계 안에 있는 자기 자리에 있어야 비로소 의미 있는 역할을 하게 됩니다. 인간도 마찬가지입니다. **휴대폰과 자동차를 만든 것은 인간이지만, 그러나 여기에서의 인간은 집단으로서의 인간, 집단 지능으로서의 인간을 말합니다. 고립된 존재로서의 개인이 아닙니다.** 인간은 혼자서 휴대폰이나 자동차를 만들지 못합니다. 인간은 '집단지능'을 통해 살아갈 수밖에 없도록 진화했습니다. 혼자서의 인간은 위대하지도 않고 능력자도 아닙니다. 오히려 너무도 무기력하고 무능합니다. 유발 하라리에 의하면 현대인의 평균 뇌 용적은 수렵채집 시대의 원시인들 보다 더 작다고 합니다. 우리의 생각과는 달리 그때 이후 인간의 뇌는 지속적으로 작아지고 있다고 합니다.[546]

사실 개인으로서의 우리는 수렵시대의 원시인들보다 훨씬 나약하고 무능력한 존재입니다. 원시인들은 몇 분 안에 부싯돌 하나로 창촉을 만들 수 있습니다. 그들은 돌과 나무에 대한 지식이 뛰어나서 그것들을 자유롭게 다룹니다. 구름 하나를 보고서도 일기를 예측할 수 있고, 동물의 소리만 들어도 그것이 무엇을 의미하는지 압니다. 그것에 비해 우리는 너무도 무력합니다.

---

545) Matt Ridley, The Origin of Virtue, 신좌섭 역 (2001), 이타적 유전자, 서울 : 사이언스 북스

546) Yuval N. Harari, Sapiens, p.83.

그러나 개인으로서의 인간은 그들보다 못하지만, 집단으로서의 우리는 그들과는 비교할 수 없는 능력과 지혜를 갖고 있습니다. 개인으로서의 지식은 원시인들의 지식에 못 미치지만 집단지력과 공동체의 지식은 상상할 수 없는 수준의 효용성을 갖고 있습니다. 인간은 이처럼 상호협력의 문화 속에서만이 자신의 의미와 능력이 극도로 발휘됩니다.

갈수록 상호협력의 범위가 점점 더 넓어지고 있습니다. 우리는 알지도 못하고 알 수도 없는 건너편 세계의 사람들로부터 지혜와 노동을 얻고, 그들 역시 같은 방법으로 도움을 받습니다. 외면하거나 외면 받아서는 세상은 단 한 순간도 돌아가지 못합니다. 우리의 경제 구조를 보면 외국인 노동자들의 노동에 크게 의존하고 있습니다. 그들에 대한 의존은 앞으로도 더욱 깊숙하고 넓어질 것입니다. 의존 속도 역시 더욱 빨라질 것입니다. 그들의 수고로부터 자유로운 사람은 없습니다. 그들 역시 그들 나라 보다 많은 소득을 통해 자신의 가정과 국가에 기여합니다. 협력의 관계는 어느 한 쪽이 기울어지지 않습니다.

독일 라이프치히에 있는 진화인류학연구소의 연구원들이 수행한 획기적인 연구가 있습니다. 이 연구에서는 침팬지 106마리, 오랑우탄 32마리, 두 살 반배기 독일인 아이 105명이 38가지에 이르는 인지 검사를 받았습니다. 이 일련의 검사는 공간, 수량, 인과, 사회적 학습과 관련된 능력을 파악하는 하위 검사들로 이루어져 있습니다. 결과는 매우 인상적이고 충격적입니다. 두 살 반배기들이 훨씬 더 큰 뇌를 지녔음에도 불구하고, 사회적 학습 검사를 제외한 하위의 정신적 능력 검사 모두에서, 침팬지와 두 살 반 된 인간 사이에는 본질적으로 아무런 차이가 없었습니다. 도구 사용에서는 오히려 침팬지가 꼬마 아이를 74% 대 23%로 압도했습니다. 이와는 대조적으로 **사회적 학습**

검사의 경우 두 살 반배기 아이들이 거의 100점을 받은 반면, 침팬지와 오랑우탄은 대부분 0점을 받았습니다.547) 조셉 헨릭(J. Henrich)은 대담하게도 인간과 다른 유인원과의 차이는 지능이 아니라고 과감히 말합니다. 인간의 위대함은 지능이 아니라 '사회적 문화적으로 획득한 정신적 기량과 노하우'에서 나온다고 주장합니다.548) 집단두뇌, 집단지능이야 말로 인간을 여타의 존재들과 차별화하는 결정적 요인입니다.

후란시스 후쿠야마(F. Fukuyama)는 그의 명저인 『트러스트』에서 선진국과 후진국의 차이는 신뢰와 협력이 어떻게 작동하는지에 달려있다고 말합니다.549) 예를 들어 중국 사회는 가족과 친족집단을 중심으로 신뢰관계가 형성되어 있습니다. 가족을 사회생활의 가장 중심이 되는 기본단위로 생각하는 유교주의적 전통에 영향을 받았기 때문입니다. 그래서 중국인들은 가족과 친족의 범위 내에서만 믿고 협력합니다. 중국인들이 거래할 때에 생명처럼 소중하게 생각하는 꽌시(關係)가 바로 그것입니다. 그들은 신뢰와 협력의 폭을 가족이나 친분이 있는 사람들 이상으로 넓히지 못하기에, 그들은 혈연공동체적 본능으로 자기들끼리만의 원시적 협력체계를 구축합니다. 그 결과 보편적이고 합리적인 신뢰와 협력을 구축하는데 실패함으로서 사회를 발전적으로 진보시키지 못했습니다. 그들의 가족주의적 끈끈함에 기초한 신뢰와 협력은 오히려 전근대적 후진성의 원인이 됩니다. 중

547) Joseph Henrich, The Secret of Our Success : How Culture Is Driving Human Evolution, Domesticating Our Species, and Making Us Smarter, 주명진 이병권 역 (2019), 호모 사피엔스, 그 성공의 비밀 : 문화는 어떻게 인간의 진화를 주도하며 우리를 더 영리하게 만들었는가, 서울 : 뿌리와 이파리, pp.38-40.

548) Joseph Henrich, Ibid., pp.19-23. pp.30-48.

549) Francis Fukuyama. F. Trust, 구승희 역 (2009), 트러스트, 서울 : 한국경제신문, pp.46-58.

국과 비슷한 신뢰관계 구조는 라틴계 카톨릭 국가들, 즉 남부 유럽 및 남미지역 국가들에게서 찾아볼 수 있습니다.[550] 이들 나라 역시 후진성을 면치 못하고 있습니다. 반면에 선진적 사회 운영을 하는 국가들의 특성은 신뢰와 협력의 네트워크가 가족의 울타리를 넘어 보편적 시민정신에 의해 구축되어 있습니다. 결론적으로 말하자면 신뢰와 협력을 수준 높은 방법으로 구축한 집단과 그렇지 못한 집단 간의 차이가 경쟁력의 차이라는 것입니다.[551] 마르크스와 그의 신도들이 비인간화의 전형으로 매도하는 자본주의와 시장경제 역시 들여다보면 볼수록 협력의 네트워크에 의해 짜여져 있음을 알게 됩니다.

상호교환성은 상호호혜성의 경제적 표현입니다. **인간이 가장 안전하고 풍요로울 때는 협력의 그물망이 건강할 때입니다.** 손 안의 휴대폰 속에는 이름도 알 수 없는 여러 나라 노동자들의 수고가 결합되어 있습니다. 이처럼 익명의 협력자들에 의해 세상은 유지되고 발전됩니다. 세상 또는 시장은 '너의 불행이 곧 나의 행복'이라는 유치한 감정이 스며들 수 없도록 철저하게 협력의 유기체로 구성되어 있습니다. 지구촌 어디에서의 불행도 어떠한 형태로든 나의 불행과 관련되어 있습니다. 고립되어서도 안 되고, 고립될 수도 없습니다. 인간은 자아중심적 조망에서 민족중심적 조망으로, 다시 세계중심적 조망으로 진화해 왔습니다.[552]따라서 인간의 지성의 크기는 그가 관계하는 공동체의 크기와 비례합니다. 지성인일수록 교감하는 공동체의 범위가 넓습니다. 반대로 반지성은 고립된 공동체를 고집합니다. 생각하면 할수록 세상은 신비롭도록 얽혀있습니다. 우리는 제한된 공간에서 서로 피를 나눈 제한된 공동체의 상호협력으로 안정을 찾는

550) Francis Fukuyama. Ibid., pp.89-91.
551) Francis Fukuyama. Ibid., pp.95-121.
552) Ken Willber, A Brief History of Everything, pp.345-349.

혈연공동체적 사고에서 벗어나야 합니다. **혈연 공동체가 아닌 협력 공동체만이 모두에게 대안입니다.**

10. 협력과 공존, 닮아가는 세상

자연은 근친 교배를 혐오합니다. 근친교배의 결과에 대해 잔인한 보복을 합니다. 기형이 출산될 확률이 매우 높습니다. 근친결합이 가까우면 가까울수록 기형의 위험은 더욱 커집니다. 사촌간이 결혼하여 낳는 자식에게서 해로운 결과가 나타날 확률은 1/16입니다. 형제간에는 1/4의 확률로 해악이 나타납니다.[553] 가까울수록 해악의 정도가 커집니다. 이것이 자연의 질서입니다. 그렇다면 자연은 왜 그런 선택을 했을까요. 자기들끼리만, 끼리끼리만 협력하지 말라는 뜻입니다. 협력을 혈연적 관계 속에 가두어두면 더 큰 생명의 공동체가 형성될 수 없다는 경고입니다.[554] 원시사회를 포함한 모든 사회는 근친상간을 금지하고 다른 종족 간 혼사를 강제하는 방법과 제도를 가지고 있습니다. 레비스트로스가 주장하듯, 사람들은 이를 통해 자기가 자란 종족의 품을 떠나 다른 사회와 교류하는 시스템을 갖출 수 있었습니다.[555]

553) Erwin Schrödinger, What Is Life? and Mind And Matter, 전대호 역(2014), 생명이란 무엇인가? 정신과 물질, 서울 : 궁리출판, pp.69-70.

554) 근친 교배를 멀리하는 현상은 단지 인간에게만 있는 것은 아닙니다. 원숭이나 침팬지와 같은 사회성 영장류에게도 보이는 현상입니다. 근친교배를 멀리하는 것을 웨스터마크 효과(Westermarck effect)라고 하는데 핀란드의 인류학자 알렉산더 웨스터마크(E. A. Westermarck)의 이름에서 나온 것입니다. 그는 '인간 결혼의 역사'라는 책을 통해서 인간사회에서 근친 교배를 거부하는 현상을 최초로 보고했습니다. Edward O. Wilson, Consilence : The Unity of Knowledge, pp.307-316.

555) Claude Levi-Strauss, The Elementary Structures of Kinship (Boston : Beacon Press, 1969), Fukuyama. F, The Great Disruption : Human

인간이라는 존재, 참으로 신비롭고 지혜롭습니다. 인간의 위대함은 전혀 알지 못하는 사람들과 유기적이며 생산적인 협력관계를 만들어 낼 수 있다는 것에 있습니다. 단편적으로 사고하는 사람들에게는 세상은 협력이 아닌 경쟁에 의해 지탱되는 것처럼 보이지만, 사실은 경쟁과 협력은 분리된 것이 아닙니다. 인간은 물론 경쟁합니다. 그러나 **협력하기 위해 경쟁**합니다. 인간은 치열하게 경쟁적으로 협력하는 존재입니다. 치열한 경쟁에서 살아남은 사람은 그만큼의 협력을 감당할 수 있는 자격이 부여되는 것입니다. 말단 사원보다 과장은 더 치열하게 경쟁하고, 그만큼 협력의 폭도 더 넓어집니다. 이것은 자신의 의지와는 상관없는 것입니다. 사회시스템이 그렇게 만드는 것입니다. 경쟁은 자신의 의지로 하지만 협력은 자신의 의지와 상관없이 이루어집니다.

예를 들어 봅시다. 대기업의 경영책임자가 베트남에 공장을 설립하려는 결정을 했다면, 그러한 판단의 동기는 회사의 발전과 경쟁력이었을 겁니다. 그러나 결과는 베트남의 수많은 노동자들과 협력하게 됩니다. **경쟁을 의도했지만 결과는 협력입니다.** 우리는 이러한 삶의 신비로움을 알아야 합니다. 개체로서의 인간이 위대한 것이 아니라 상호협력적 네트워크로 짜여진 집단으로서의 인간이 위대한 것입니다.

과학자들의 연구에 의하면 생명의 세계에서 절반 정도의 생물은 독자적 생존이 불가능한 상호 의존적 존재라고 합니다. 이러한 현상은 자연만이 아닙니다. 인간관계에도 이 원리는 무리없이 적용됩니다. 상호의존성은 인간관계의 본질이며 동시에 미래의 인간관계의 상징입니다. 현대인의 삶은 과거 그 어느 때보다 상호 의존적입니다. 국제정치는 공정치(co-politics)이고, 커뮤

Nature and The Reconstitution of Social Order, 한국경제신문 역, 대붕괴 신질서, 서울 : 한국경제신문, p.251.

니케이션 네트워크 공간사이에 건설되는 새로운 온라인 공동체는 바로 공세계(co-world)입니다. 경제도 공유경제(co-sharing economy)가 대세입니다.[556] 존재하는 모든 것은 필연적으로 공생관계에 참여하거나 참여해야 합니다. 손 안의 휴대폰을 보세요. 아이폰은 650개의 부품으로 구성되어 있습니다. 작은 기계 안에는 수많은 나라에서 만들어진 부품들이 조립되어 있습니다. 그들을 한 번도 본 적도 없고 알지도 못하지만 그들과 우리는 협력의 네트워크 구조 안에서 협력하며 상호의존 합니다. 누구도 이 시스템을 피해갈 수 없습니다. 고립된 인간은 있어서도 안 되며, 있을 수도 없습니다. 협력과 공생만이 생존의 길입니다.

많은 이들은 산업사회가 상호의존성을 파괴한다고 주장합니다. 산업화 현대화가 지속되면서 사람들 사이의 윤리적 의존관계가 훼손된다는 것입니다. 그러나 그것은 왜곡이며 단편적 시각입니다. 산업사회와 현대화는 다른 어떤 종류의 사회유형보다도 긴밀하고 광범위한 상호의존성을 만들어냅니다. 세상은 갈수록 서로 강하게 의존하며 고립에서 해방되고 있습니다. 거듭 강조하지만, 인간이 모든 종들 중에서 주인공이 될 수 있었던 가장 중요하고 결정적인 요소는 협력이었습니다.

자본주의 세계에서는 이기적인 행동이 이익을 극대화 합니다. 기업의 최고경영자들의 궁극적인 목표는 이익의 극대화입니다. 그러나 **이익을 극대화하려면 서로 간의 신뢰가 바탕이 되어야 합니다.** 억만장자가 이기적이라는 것은 확실하지만 그들은 협력을 통해서 돈을 법니다. 이익을 창출하는 가장 좋은 방법은 상호이타적인 협력입니다. 인간 이외의 동물세계에서 상호 이타적인 행위는 아주 작은 숫자의 개체 사이에서 짧은 시간 동안만 나타날 뿐입니다. 사자들은 사냥에 적합한 대여섯 마리씩만 무리를

556) 경북인성인문학연구소 (2019), 인성과 자기계발, 서울 : 동문사, pp.79-80.

지어 사냥합니다. 무리가 커지면 상호 이익이 지속될 수 없기에 자연스럽게 상호이타적인 행위를 보이지 않습니다. 이것이 그들의 한계입니다. 그러나 인간은 그것을 넘어서 협력할 수 있는 복잡한 방법을 개발해 냈습니다. 우리는 그것을 선(善)이라고 부릅니다. 반면에 비협력적 행위는 악(惡)이라고 부릅니다.[557] 여기서 우리는 선과 악의 새로운 차원을 봅니다. **선한 사람**이란 협력과 공존의 규칙을 준수하는 사람입니다. **악한 사람**은 협력과 공존의 규칙과 네트워크를 훼손하는 사람입니다.

지난 100만년 동안 아프리카에는 수많은 원인(原人)들이 출현했지만 성공적으로 번성해 세계로 퍼져나간 부류는 거의 없습니다. 종족 내에서 고도로 협력하는 행위를 보여준 호모 사피엔스만이 협력에 입각해 행동한 덕분에 다른 원인들과 동물을 제치고 번성할 수 있었습니다. 학자들의 연구에 의하면 우리의 조상인 호모 사피엔스는 다른 인간종인 네안데르탈인 보다 뇌의 크기가 작았다고 합니다. 실제로 네안테르타인의 뇌는 1.8리터였고, 현대인의 뇌는 1.4리터입니다.[558] 네안테르탈인은 사피엔스 보다 근육이 발달했고 추운 기후에도 더 잘 적응했습니다. 그럼에도 불구하고 호모사피엔스가 네안데르탈인을 제치고 최후의 승자가 된 것은, 협력의 자발성과 방법에 있어서 더 우수했기 때문입니다.[559] 만약 일대일 결투였다면 네안테르탈린이 사피엔스를 이겼을 겁니다. 그러나 수백 명이 맞붙는다면 그들은 사피엔스의 적수가 되지 못합니다. 네안테르탈인은 사피엔스처럼 대규모의 협력을 효과적으로 운영할 수 없기 때문입니

---

557) William F. Loomis, Life as it is, 조은경 역 (2010), 생명전쟁, 파주 : 글항아리, pp.257-265.

558) Lewin, Bones of Contention, p.82, Bill bryson, A Short Histoy of Nearly Everything, 이덕환 역 (2004), 거의 모든 것의 역사, 서울 : 까치글방, p.480.

559) Yuval N. Harari, Sapiens, pp.63-65.

다.[560)]

인류학자인 아구스틴 푸엔테스(A. Fuentes)는 호모사피엔스의 탁월함을 공동체를 통한 창의성에서 찾습니다. 그에 의하면 '인간의 뇌를 키우려면' 온 마을이 필요합니다.[561)] 위대한 창의성은 개인이 아닌 집단 지력에서 나옵니다. 개인의 창의성은 집단의 지력이 배경이 되어야 가능하다는 것입니다. 호모사피엔스는 이 놀라운 비밀을 안 최초의 존재입니다. 더욱이 현생 인류인 호모사피엔스에게는 네안테르탈인이 상상도 할 수 없는 보이지 않는 무기가 있었습니다. 그것은 바로 '초자연적인 세계'였습니다. 그들은 비록 원시적 형태이지만 종교적 의식과 세계관에 눈을 떴습니다.[562)] 집단의 결속과 협력을 강화하기 위한 주술적 행위들이 있었고 예식의 집행을 위한 무당도 있었습니다. 그들은 초자연적인 힘을 믿고 의지하는 영적인 존재였습니다. 이미 자기 삶에 초월적 힘이 들어와 있는 영적인 존재인 호모 사피엔스에게 네안테르탈인이 적수가 되지 못한 것은 당연했습니다. 물론 그들의 초자연적인 경험 역시 공동체의 협력과 팀워크를 원활하기 위한 것에서 출발했습니다.

약 십만 년 전에 북부의 기후가 몹시 추워지면서 건조해진 북아프리카는 짐승과 인간을 가장자리로 내몰았습니다. 호모 사피

---

560) 지금까지도 학자들 사이에서 몸이 더 크고, 적응도 잘하고, 지적인 능력도 가지고 있었던 네안데르탈인들이 왜 지금까지 살아남지 못한 것에 대한 의문점에 있어서 의견이 분분합니다. Bill Bryson, op.cit., pp.480-481.

561) Agustin Fuentes, The Creative Spark, 박혜원 역 (2018), 크리에이티브-무엇이 인간을 예외적 동물로 만들었는가, 파주 : 청림출판, pp.141-146.

562) 여러 가지 학설이 있어왔지만, 오늘날 전문가들은 호모사피엔스인 크로마뇽인의 동굴벽화는 복잡한 주술의식의 일부라는 주장에 의견을 모으고 있습니다. Brian Fagan, The Long Summer : how Climate Changed Civilization, 남경태 역 (2007), 기후, 문명의 지도를 바꾸다, 고양 : 예지, pp.46-49.

엔스가 그들의 고향 아프리카를 떠날 때 그들은 서로 협력하는 유전적인 성향을 장기간 보유했기 때문에 기후 변화가 급격하게 일어나 빙하기가 도래했을 때도 살아남았습니다. 그러나 반면에 오로지 자신만을 돌보는 이기적 구성원들로 이루어진 많은 종족들은 싸움에 패해 협력을 잘하는 종족의 노예가 되었습니다.563)

'공정성과 호혜'라는 개념은 분명 300만 년 전, 계약을 강요할 만한 법적 기구가 거의 존재하지 않았던 시기에 수렵-채집인들로 구성된 최초 집단의 생존에 핵심적인 역할을 했습니다. 이들 초기의 인간들은 다른 사람이 가진 식량을 얻기 위해서 단순히 상대를 살해해서 빼앗는 방법을 택할 수도 있었습니다. 그러나 그들은 그렇게 하지 않았습니다. **대신 그들은 집단으로서 사냥하고 거래했습니다.** 상대를 죽여서 얻을 수 있는 이득 보다 호혜와 협력의 관계를 유지하는 것이 자신의 이익을 극대화한다는 것을 알았기 때문입니다. 에두아르도 포토(E. Porter)는 이것을 '다윈의 가격 체계'라고 했습니다.564)

이러한 호혜와 협력을 통해 그들은 공정성을 배웠으며 그것은 진화의 과정에서 사람의 품성으로 진화되었습니다. 지난 100년 동안 개미, 벌, 그 외 다른 곤충의 사회적 행동에 관한 연구가 광범위하게 진행되었고 거기서 놀라운 사실과 통찰을 얻어냈습니다. 어떤 한 개체가 친척을 위해 자신을 희생하는 사례가 아주 많이 나타났으며, 이런 이타적인 행동은 혈연선택을 통해 설명되고 받아들여졌습니다. 희생적 행동으로 가까운 친족과 공

---

563) Yuval N. Harari, Sapiens, pp.261-262. Azar Gat, War in Human Civilization, 오숙은 이재만 역 (2019), 문명과 전쟁, 파주 : 문학동네, pp.87-88.

564) Eduardo Porter, The Price of Everything, 손민중 김홍래 역(2011), 모든 것의 가격, 파주 : 김영사, p.249

유하고 있는 유전자를 후대에 전달할 확률을 높인다면, 개체 하나의 희생이 그 종 전체에 이익이 되는 결과를 가져옵니다. 침입자를 공격하는 벌이 그 좋은 예입니다. 벌의 침은 내장과 연결되어 있어서 침입자를 쏘고 나면 자신은 죽습니다. 그러나 개체로서의 벌의 죽음은 자신과 똑 같은 유전자를 가진 다른 벌들을 지켜냅니다. 결국은 벌의 이타적 죽음은 자신의 유전자를 지켜내기 위한 이기적 선택입니다. 이것이 리차드 도킨스(R. Dawkins)가 말하고자 하는 이기적 유전자입니다.

여기서 우리가 주목해야 할 것은 인간의 이기적 유전자입니다. **벌은 혈연적 관계에서만 이타적이지만 인간은 그것을 뛰어넘는 이타적 희생과 헌신을 보입니다.**[565] 전혀 모르는 사람들을 위해 대신 죽기도 하고, 자신과 관계없는 사람에게도 연민과 아픔을 느낍니다. 물론 이것 역시도 유전자의 이기적 선택으로 설명됩니다. 다만 차원이 다릅니다. 모든 유전자는 이기적입니다. 그러나 인간의 유전자는 매우 고차원적인 이기적 유전자입니다. 자신의 혈통을 넘어 희생할 수 있는 만큼의 수준 높은 이기적 유전자입니다. 이타적 사랑과 포용이 인류적 차원에 까지 확대된 이기적 유전자입니다.[566]

---

565) 진화심리학자 로버트 트리버스는 인간의 이타성의 특징은 혈연적 이타성을 넘어 호혜적 이타성(Reciprocal Altruism)이라고 주장합니다. 호혜적 이타성은 다른 동물 세계에서도 흔히 볼 수 있는 현상이지만, 그러나 호혜적 범위와 수준은 인간의 그것과 비교할 수 없습니다. 호혜적 이타성이 인간 도덕성의 기초가 되었다는 것은 가장 유력한 가설 중 하나입니다. Robert Trivers (1971), “The Evolution of Reciprocal Altruism”, Quarterly Review of Biology, pp.35-57, 홍일립 (2017), 인간본성의 역사(The History of Human Nature), 서울 : 한언, pp.909-914.

566) 최근에는 이와는 다른 학설이 제기되고 있습니다. 이들 주장에 의하면, 사회적 곤충에게서 ‘이타심’을 만들어내는 유전자들 중 다수가 근래 새로 등장한 DNA 서열임이 밝혀졌다는 것입니다. 이는 인간의 이타심에 기여하는 유전자가 무엇이든 간에 개미나 일벌에서 이타심을 중재하는 것과 같은 유전자일 가능성은 희박하다는 의미입니다. 이들은 이타심이

문명과 도시, 문자와 언어가 발명되기 훨씬 이전부터 인간은 타인과 공동체의 아픔, 동물과 자연과의 아픔을 자신의 일부로 느끼는 영적인 동물이었습니다. 인간은 타인의 죽음을 자신의 죽음처럼 공감했고, 그들을 위해 정교한 장례를 치렀습니다. 인간은 경쟁자인 늑대를 공감과 교감을 통해 개로 길들이면서 인간의 친구이자 동반자로 만들었습니다. 최근에 진행된 발달 연구에 의하면 태어난 지 불과 14개월밖에 안된 아기들조차 타인을 돕는 행동을 보인다고 합니다.[567] 사실 우리가 외면했거나 몰라서 그렇지 공감과 연대는 인간의 운명입니다.

보울즈와 긴티스(S. Bowles, H. Gintis)는 『협력하는 종 A Cooperative Species』에서, 많은 종들에게서 협력은 보편적이지만, 호모 사피엔스의 경우 그 협력이 유전 혈통 상 가까운 친척들의 범위를 넘어 생면부지의 이방인들을 향해서도 이루어진다는 점, 그리고 다른 어떤 종들에 비해서도 대규모적인 협력을 수행한다는 점에서 예외적임을 밝히고 있습니다.[568] 보잘 것 없는 존재인 인간이 위대한 이유가 여기에 있습니다. 앞으로 인간은 이방인들을 품고 그들과의 지혜를 교환함으로써 더욱 고결하고 위대해질 것입니다.

이 책의 마지막 단계에 접어들었습니다. 마지막 장의 제목은 '닮아가는 세상'입니다. 사람들은 너무나 다양하고 저마다 독특

유전적 기반을 가지고 있다고 주장하는 사람들이 인간은 공동의 유전자보다는 '공동의 신념'에 더욱 큰 가치를 부여한다는 사실을 깨닫지 못하고 있다고 지적합니다. Jerome Kagan, On Being Human : Why Mind Matters, 김성훈 역 (2020), 무엇이 인간을 만드는가, 서울 : 책세상, p.130-135.

567) Warneken, F. & Tomasello, M. (2007), Helping and cooperation at 14 months of age. Infancy, 11(3), 271-294. 김학진, p.113.

568) Samuel Bowles, Herbert Gintis, A Cooperative Species, 최정규, 전용범, 김영용 역 (2016), 협력하는 종, 서울 : 한국경제신문, pp.23-24.

해서 비슷한 것이 없는 듯 보입니다. 생각은 물론 얼굴까지도 너무 다릅니다. 그러나 위대한 석학 에드워드 윌슨(E. Wilson)은 매우 독창적이며 따뜻한 전망을 합니다. 그에 의하면 세상 사람들의 얼굴이 서로 닮아가고 있다고 합니다. 사람들은 과거보다 현재가 더욱 비슷해졌고, 미래에는 더욱 닮아갈 것이라고 예언합니다. 그래서 언젠가는 마침내 DNA가 거의 똑 같은 날이 올 것이라고 전망합니다.[569] 왜 그럴까요?

과거 인간의 진화는 자연선택에 의존했습니다. 인간 자신의 의지와 상관없이 자연의 질서에 의해 진화가 이루어졌습니다. 진화과정에서의 자연선택은 아주 천천히 오랜 시간을 통해 이루어집니다. 그러나 윌슨에 의하면 지금은 자연선택이 아니라 인간 자신의 의지에 의한 선택에 의해서 진화가 이루어집니다. 국제결혼과 같은 것이 그런 경우입니다. 우리나라의 경우 시골 총각의 결혼상대로 베트남 여성이 급속히 증가하고 있습니다. 중국인과의 결혼도 증가하고 있습니다. 이것은 자연선택이 아닌 인간의 선택입니다. 진화과정에서 자연선택의 결과는 매우 오랜 시간에 걸쳐서 아주 조금씩 진화하지만, 개인선택(사회적 선택)에 의한 진화는 매우 빠른 시간 안에 변화를 가져옵니다.

에드워드 윌슨에 따르면, 최근 인간 진화의 두드러진 특징은 **이주(immigration)와 이질교배(interbreeding)를 통한 균질화(homogenization)입니다.**[570] 우리가 미처 생각해보지 못해서 그렇지 사람들의 얼굴은 점점 더 비슷해지고 있습니다. 옛날에는 거리가 먼 지역의 사람들은 서로의 얼굴이 극명하게 달랐습니다. 심지어 가까운 부족들 사이에도 달랐습니다. 그러나 지금은 그렇지 않습니다. 세계인들은 서로서로 닮아가고 있습니다. 그

569) Edward O. Wilson, Consilence : The Unity of Knowledge, pp. 468-470.

570) Edward O. Wilson, Ibid., pp.468-469.

것을 '균질화'라고 합니다. 균질화(均質化)는 성분이나 성질이 고루 같게 되는 것을 말합니다. 세상 사람들이 그렇게 되어가고 있다는 것입니다. 이주를 통한 국제결혼도 많아지고 있기에 서로의 DNA가 섞여 혼종을 이룰 경우가 많아진 것이 그 이유입니다.[571)]

인류는 지금 거리 소멸의 시대를 살고 있습니다. 세계 구석구석 한국인이 가지 않은 곳이 없고, 거기서 새로운 짝을 만나기도 합니다. 그렇게 균질화는 세계적으로 이루어지고 있습니다. **균질화는 이전의 인종 차이를 점진적으로 없애는 결과를 낳습니다.** 유전자의 영향을 받는 피부색, 얼굴 특징 그리고 재능 등에서 과거보다 더 많은 조합들이 생겨나고 있습니다. 지구의 서로 다른 지역에서 살고 있는 사람들의 얼마 안 되던 평균적인 차이마저 점점 좁혀지고 있습니다. 만일 이주와 상호 결혼이 현재의 속도대로 일어난다면 이론적으로는 수십 세대 혹은 수백 세대 후면 전 세계 개체군 간의 차이가 제거될 것입니다. 베이징에 살고 있는 사람들과 뉴욕에 살고 있는 사람들의 서울에 살고 있는 사람들의 DNA는 통계적으로 같을지 모릅니다. 진화를 발생시키는 규칙들이 근본적으로 변하기 시작하기 때문입니다. 유전학과 분자생물학의 계속되는 진보 덕분에 이제 유전적 변화는 자연선택보다는 오히려 **사회적 선택**에 더 의존하게 될 것입니다.

---

571) 역사적으로 사람들이 비슷해지는 과정은 다음과 같습니다. 역사의 흐름에 따라 개체군들은 서로 섞여왔습니다. 부족과 국가는 경쟁 부족과 국가와의 싸움에서 합병되기도 하고 멸망되기도 했습니다. 지난 5000년 동안의 유럽과 아시아의 역사는 인종 경계의 변동사입니다. 이러한 혼합과정은 유럽이 신대륙을 정복하고 아프리카 노예들을 데려왔을 때 급격하게 빨라졌습니다. 그리고 유럽이 오스트레일리아와 아프리카를 식민지화했던 19세기에 이런 균질화가 그 다음으로 빨리 진행되었습니다. 최근에는 산업화와 민주화의 팽창을 통해 다시 균질화가 빨라지고 있습니다. 근대화의 중심적인 특징인 산업화와 민주화는 사람들을 바삐 움직이도록 만들고 세계의 국경들에는 구멍이 생겼습니다. Edward O. Wilson, Ibid., p.469

유기적 협력체계로 인해 인간의 정신구조는 세계인이 서로 비슷해지고, 국제결혼을 통해 생물학적 요인들도 더욱 비슷해져 가고 있습니다. 정신과 몸 모두 같아지고 있습니다. 세계인으로서 우리는 서로 닮아가고 있습니다.

인간이 도덕적 존재라는 전제는 인간에 대한 보편적인 유대감과 존재하는 모든 생명체에 대한 자비심에 근거한 것입니다. 김우창은 이것을 '넓은 바다에 융합되는 느낌'이라고 표현했습니다.[572] 그러면서 덧붙이기를 그것은 자기가 속한 소속집단이나 친족에 대한 특별한 느낌이 아니라고 말합니다. 민족이라든가 어떤 혈연적 관계를 넘어서 보편적 인류애에 기초한 세계인으로서의 '인간원형'이 도덕성의 본질이라는 것입니다.

모든 인간은 저마다 걷는 길은 달라도 방향만은 같습니다. 수많은 사람들이 동시에 같은 곳을 향해 가고 있습니다. 그들의 언어, 그들의 종교, 그들의 관습은 다르지만 그들의 목표는 같습니다. 인종과 문화는 달라도 인간은 공통의 분모가 있기에 그렇습니다. 우리 인간은 다른 점보다도 같은 점이 훨씬 더 많습니다. 그럼에도 불구하고 다른 것이 눈에 띄는 것은, 같은 색들이 모인 중에 다른 색 하나가 유난히 눈에 들어오는 것과 같은 이치입니다. 인간은 닮은 점이 너무 많음에도 불구하고 다른 점 하나를 부각시키어 그것으로 인해 갈등하고 괴로워합니다. 수없이 많은 비슷한 점들을 고려해보면 사실 그것은 아무 문제도 아닌데 말입니다. 길 위의 철학자 에릭 호퍼(Eric Hoffer)는 유사성은 자연적인 것이지만 차이는 인간에 의해 만들어 졌다고 합니다.[573] 누군가 못된 짓을 한 겁니다.

---

572) 김우창, 깊은 마음의 생태학, p.333.
573) Eric Hoffer, Truth Imagined, 방대수 역 (2014), 길 위의 철학자, 서울 : 이다미디어, p.169.

우리는 외면했거나 미처 생각 못했던 인간의 공통분모를 발전시켜 나가는 수고를 감당해야 합니다. 심리학자들과 인류학자들은 모든 문화에서 **미소** 짓는 표정이 프로그램된 발달이라는 사실을 발견했습니다. 아기가 미소를 맨 처음으로 짓게 되는 때는 생후 두 달과 넉 달 사이라고 합니다. 아기가 미소 짓는 능력은 문화적 환경과 관계가 없습니다. 양육환경이 전혀 다른 아프리카의 아기도, 유럽의 아기도 미소만큼은 같은 시기에 나타납니다. 또한 미소는 앞을 못 보는 아이들과 듣지 못하는 아기들에게도 제때에 나타나며 심지어 기형적인 아이도 제때에 미소를 짓습니다. 평생을 통해 미소는 일차적으로 친근함과 승인을 표현하는 신호로 사용됩니다.[574] 인간이라면 그렇다는 것입니다. 문화적 환경의 차이가 우리를 이간시키려 해도, 모든 인간은 가르쳐주지 않아도 친근감의 표시로 미소 짓습니다. 타인을 향한 '미소본능'은 인간 안에 이미 프로그램화 되어있습니다. 이것은 공존을 가능케 하는 인간의 공통분모입니다. 우리가 공존에 대한 희망을 놓지 않는 것은 바로 이 때문입니다. 이제 공존에 대한 도덕적 의무는 우리가 선택할 수 있는 자유의 범위 밖에 있습니다. **참다운 자유는 필연에 복종하는 것'**이라는 칸트(I. Kant)의 철학적인 해답에 귀 기울여야 합니다. 우리의 자유는 공존의 책임으로부터의 자유인지, 공존을 책임지는 자유인지 진지하게 고민해야 합니다.[575]

아나키스트 혁명가이자 저명한 과학자였던 표트르 크로포트킨(Pyotre Kropotkin)은 1902년에 『만물은 서로 돕는다 Mutual Aid : A Factor of Evolution』라는 따뜻한 책을 썼습니다. 그는

574) Edward O. Wilson, Consilence : The Unity of Knowledge, p.273.

575) Wakamori Midori, Karl Polanyi no Keizaigaku Nyuumon, 지금 다시, 칼 폴라니, 김영주 역, 2017, 파주 : 생각의 힘, 폴라니는 '자유를 위한 계획'에서 책임으로부터의 자유인지, 책임지는 자유인지를 묻습니다. 어떤 선택이 진정 자유를 위한 계획인지 설명합니다. p.233.

사회적 다위니즘이 주장하는 '생존을 위한 경쟁적 투쟁' 이론에 맞서 '협력과 상호적 지원'이 진화과정에서 경쟁 못지않게 중요하다고 주장했습니다. 그는 개미에서 펠리컨에 이르기까지, 그리고 다람쥐에서 인간에 이르기까지 거의 모든 동물 종은 식량을 나눠 먹는다거나 포식자로부터 서로를 지켜주는 등의 협력적 성향을 나타낸다는 것을 보여주었습니다.[576] 영장류 동물학자 프란스 드 발(Frans de Waal) 역시 인간을 포함한 고릴라, 침팬지, 코끼리, 돌고래 같은 동물들을 광범위하게 연구한 결과, 이들에게 공통적으로 공감능력이 있음을 보여주었습니다.[577] 아름다운 이야기들입니다.

우리가 애써 외면하거나 무심해서 그렇지, 사실 세상은 따뜻한 온기로 가득합니다. 진화유전학자인 테오도르 도브잔스키(Theodor Dobzhansky)는 '인간이 천사로 진화할 수 있을까' 질문해 보았습니다.[578] 그에 의하면 날개 달린 천사는 불가능해도,

---

576) Peter Kropotkin (1998), Mutual Aid : A Factor of Evolution (London, Freedom Press), p.53. / Roman Krznaric, Empathy : A Handbook for Revolution, p.60. / 2010년 9월 인도 서부 벵골에서 무리를 따라 밀림 한 가운데를 지나던 새끼 코끼리 두 마리가 철길을 지나다가 다리가 끼이고 말았습니다. 그때 빠른 속도로 열차가 다가왔고 코끼리 무리 중 다섯 마리 암놈이 뒤를 돌아보고는 사고로부터 새끼들을 보호하기 위하여 에워쌌습니다. 결국 일곱 마리 모두 죽고 말았습니다. Martha C. Nussbaum, Political Emotions, 박용준 역 (2019), 정치적 감정 : 정의를 위해 왜 사랑이 중요한가, 파주 : 글항아리, p.223-224.

577) Ibid., p.61. 이와 같은 연구 결과들은 스펜서나 프로이트의 생각과는 정반대의 입장입니다. 프로이트(S. Freud)는 『문명과 그 불만 Civilization and its Discontents』이라는 책에서, 인간은 성적 욕망인 리비도에 의해 움직이는 존재이기에, 적절한 통제가 없으면 동족을 배려한다는 것이 무엇인지도 모르는 야수가 된다고 주장했습니다. 그에 의하면 인간은 본디, '온화한 생물이 아니라 공격성을 갖고 있는' 야만적 존재입니다. 이것은 19세기와 20세기 초 서구인의 세계관과 인간관을 반영한 것입니다.

578) Lewis Wolport, The Triumph of Embryo, 최돈찬 역 (2001), 하나의 세포가 어떻게 인간이 되는가. 서울 : 궁리출판, p.253.

천사의 기질로 진화하는 것은 가능하다고 합니다. 필자 역시 그 믿음에 동의합니다. 불편함을 감수하고 공존의 철학을 견지할 수 있다면, 이웃의 범위를 좀 더 확장할 수 있는 인류애적 시각을 기른다면, 그리고 정의의 실천을 미루지 않는다면, 우리의 마음에는 날개가 달려있을 겁니다. 모두가 천사가 되는 일, 못 할 일도 아닙니다.

참고도서

강남순 (2017), 정의를 위하여 : 비판적 저항으로서의 인문학적 성찰, 파주 : 동녘

강대석 (1988), 그리스 哲學의 理解, 서울 : 한길사

강영안 (2005), 타인의 얼굴 : 레비나스의 철학, 서울 : 문학과 지성사

경북인성인문학연구소 (2019), 청소년을 위한 인성과 자기계발, 서울 : 동문사

고병헌 외 (2016), 다수를 위한 소수의 희생은 정당한가, 서울 : 철수와 영희

권석만(2013), 긍정심리학-행복의 과학적 탐구, 서울 : 학지사

권혁범 (2009), 민족주의는 죄악인가, 서울 : 생각의 나무

김경만 (2015), 진리와 문화변동의 정치학-하버마스와 로티의 논쟁, 파주 : 아카넷

김경학 엮 (2015), 경계를 넘나드는 사람들, 광주 : 전남대학교출판부

김균 외 (1996), 자유주의 비판, 서울 : 도서출판 풀빛

김모세 (2018), 르네 지라르, 파주 : 살림출판사

김애령 (2020), 듣기의 윤리 : 주체와 타자, 그리고 정의의 환대에 대하여, 서울 : 봄날의박씨

김영순 (2017), 다문화교육의 이론과 이론가들, 서울 : 북 코리아

김용규 (2013), 혼종문화론, 서울 : 소명출판

김용환 외 7인 (2019), 혐오를 넘어 관용으로 - 관용 : 혐오주의에 대항하는 윤리, 파주 : 서광사

김우창 (2016), 깊은 마음의 생태학, 파주 : 김영사

김은일 (2018), 문화 간 의사소통과 언어, 파주 : 한국학술정보

김정기 편 (1997), 모더니티란 무엇인가, 서울 : 민음사

김지현 외 (2012), 탈식민주의의 얼굴들, 서울 : 역락

김창근 (2018), 다문화주의의 인식과 적용, 서울: 교육과학사

김태환 (2016), 다문화사화와 한국 이민정책의 이해, 서울 : 집사재

나인호 (2019), 증오하는 인간의 탄생 : 인종주의는 역사를 어떻게 해석했는가, 고양 : (주)역사비평사

딜로이트 컨설팅 저 (2016), 경계의 종말, 서울 : 원앤원북스

박경서 외 (2016), 인문학이 인권에 답하다, 서울 : 철수와 영희
박이문 (2014), 왜 인간은 남을 도우며 살아야 하는가, 고양 : 소나무
박이문 (1996), 이성은 죽지 않았다, 서울 : 도서출판 당대
박인철 (2015), 현상학과 상호문화성, 파주 : 아카넷
박종균 (2014), 전환시대의 기독교와 윤리, 성남 : 북코리아
배철현 (2017), 인간의 위대한 여정 (빅뱅에서 호모사피엔스까지), 파주 : 21세기북스
백낙청 편역 (1981) 민족주의란 무엇인가, H. Kohn의 민족주의의 개념, 제1부 제1장, 서울 : 창작과 비평사
서울대학교 철학사상연구소 엮음 (2013), 처음 읽는 윤리학, 파주 : 동녘
시오노 나나미, 또 하나의 로마인 이야기, 한성례 역 (2007), 부엔리브로
신승철 (2015), 갈라파고스로간 철학자, 파주 : 서해문집
양석원 (2018), 욕망의 윤리 : 라캉 정신분석과 예술, 정치, 철학, 파주 : 한길사
엄한진 (2017), 프랑스의 이민문제, 서울 : 서강대학교 출판부
오만석 외 (2018), 글로벌시대의 다문화교육, 서울 : 한국학중앙영구원 출판부
오욱환 (2004), 교육사회학의 이해와 탐구, 서울 : 교육과학사
유네스코 아시아 태평양 국제이해교육원 엮음 (2009), 다문화사회와 국제이해교육, 파주 : 동녘
유네스코 아시아 태평양 국제이해교육원 엮음 (2007) 다문화사회의 이해, 파주 : 동녘
윤인진 (2004), 코리안 디아스포라 : 재외한인의 이주, 적응, 정체성, 서울 : 고려대학교출판부
윤평중 (1996), 푸코와 하버마스를 넘어서, 서울 : 교보문고
이경원 (2015), 프란시스 파농 : 니그로, 탈식민지화와 인간해방의 중심에 서다, 서울 : 한길사
이선복 (2018), 인류의 기원과 진화, 서울 : (주)사회평론아카데미
이정은, 이병욱, 정창호 저 (2017), 다문화 사회와 철학, 서울 : 자유문고
이종은 (2016), 사회정의란 무엇인가 (현대 정의이론과 공동선 탐구), 서울 : 책세상

이진경 (2003), 노마디즘1, 2, 서울 : 휴머니스트
이진우 (1997), 도덕의 담론, 서울 : 문예출판사
이희수 외 (2016), 다수를 위한 소수의 희생은 정당한가, 서울 : 철수와 영희
이희용 (2018), 세계시민 교과서, 서울 : 라의눈 출판그룹
이한구 (2019), 문명의 융합, 서울 : 철학과 현실사
인현진, 서문기, 윤상우 (2016), 글로벌 패러독스, 서울대학교출판문화원
장대익 (2018), 울트라 소설-사피엔스에 새겨진 '초사회성'의 비밀
장재윤 (2018), 문화적 다양성과 창의성 (심리학적 접근), 서울 : 집문당
조효제 (2015), 인권오디세이, 서울 : 교양인
조효제 (2007), 인권의 문법, 서울 : 후마니타스
최병두 (2018), 초국적 이주와 환대의 지리학, 서울 : 푸른길
최성철 (2012), 과거의 파괴 : 19세기 유럽의 반역사적 사상, 서울 : 서강대학교출판부
최재천 (2017), 다르면 다를수록, 파주 : 아르테
최재천 (2012), 다윈 지능 : 공감시대를 위한 다윈의 지혜, 서울 : 사이언스 북스
최종덕 (2015), 생물철학-생명의 역사를 관통하는 변화의 철학, 파주 : 생각의 힘
최종렬 (2017), 다문화주의의 사용, 서울 : 한국문화사
최진우 (2016), 민족주의와 문화정치, 파주 : 한울엠플러
한국경제신문 논설위원실 (2016), 시대의 질문에 답하다, 서울 : 한국경제신문
한성훈 (2018), 학살, 그 이후의 삶과 정치, 서울 : 도서출판 산처럼
허영식 (2015), 다양성과 간문화, 서울 : 박영story
홍순만 (2015), 거리의 종말(The death of distance), 서울 : 문이당
홍일립 (2017), 인간본성의 역사(The History of Human Nature), 서울 : 한언
홍지수 (2018), 트럼프를 당선시킨 PC의 정체, 서울 : 북앤피플
홍찬숙 (2016), 울리히 벡 (Ulich Beck), 서울 : 커뮤니케이션 북스
황정규 (1985), 지능과 이데올로기 : 하나의 시도, 교육학 연구, 23권 1호

Adonis, Houria Abdelouahed, Violence et Islam, Entretiens avec Houria Abdelouahed, 은정 펠스너 역 (2019), 폭력과 이슬람, 파주 : 한울엠플러스

Agnes Heller, Die Welt der Vorurteile, 서정일 역 (2015), 편견-다양한 편견의 양상과 우리가 가진 편견에 관하여, 서울 : 이론과 실천

Agustin Fuentes, The Creative Spark, 박혜원 역 (2018), 크리에이티브-무엇이 인간을 예외적 동물로 만들었는가, 파주 : 청림출판

Alain Badiou, Notre mal vient de plus loin, 이승재 역 (2016), 우리의 병은 오래전에 시작되었다, 서울 : 자음과 모음

Alan Banard, History and Theory in Anthropology, 김우영 역 (2003), 인류학의 역사와 이론, 파주 : 한길사

Allan Bloom, The Closing of the American Mind, 이원희 역 (1997), 미국 정신의 종말, 서울 : 범양사출판부

Alan Francis Chalmers, What is this thing called Science? : An assessment of the nature and status of sciense and its method, 신일철 신중섭 역 (1985), 현대의 과학철학, 서울 : 서광사

Andew Carnegie (1900), The Gospel of Wealth, 박별 역 (2014), 부의 복음, 서울 : 예림북

Andy Merrifield, The Politics of the Encounter : Urban Theory and Protest Under Planetary Urbanization, 김병화 역 (2015), 마주침의 정치, 서울 : 이후

Anthony D. Smith, The Ethnic Origins of Nations, 이재석 역 (2018), 민족의 인종적 기원, 서울 : 그린비출판사

Anthony D. Smith, Ethno : symbolism and nationalism, 김인중 역 (2016), 족류-상징 주의와 민족주의, 파주 : 아카넷

Anthony Greenwald and Mahzarin R. Banaji, Blindspot : Hidden Biases of Good People, 박인균 역 (2014), 마인드버그, 서울 : 추수밭

Anthony Storr, Human Aggression, 이유진 역 (2018), 공격성, 인간의 재능, 파주 : 도서출판 푸른숲

Aristoteles, Ethica Nicomachea / Crisp. R. Aristotle, Nicomachean Ethics (Cambridge, 2000), 조대웅 편역 (2008), 니코마코스 윤리학, 서울 : 돋을새김

Arthur J. Klinghoffer, The Power of Projection, 이용주 역 (2007), 지도와 권력, 서울 : 도서출판 알마,

Auther W. Combs, Myths in Education, 이성호 역 (1998), 교육신화, 서울 : 서원

Azar Gat, War in Human Civilization, 오숙은 이재만 역 (2019), 문명과 전쟁, 파주 : 문학동네

Barbara Rogoff, The cultural nature of human development, 조희숙 조일동 역(2018), 문화적 유전자 : 인간 발달의 비밀, 파주 : 정민사

Benedict Anderson, Imagined Communites, 서지원 역 (2018), 상상된 공동체, 서울 : 도서출판 길

Bernard McGrane, Beyond Anthropology-Society and The Other, 안경주 역 (2018), 인류학을 넘어서-사회와 타자, 서울 : 이학사

Bill bryson, A Short Histoy of Nearly Everything, 이덕환 역 (2004), 거의 모든 것의 역사, 서울 : 까치글방

Brian Fagan, The Long Summer : how Climate Changed Civilization, 남경태 역(2007), 기후, 문명의 지도를 바꾸다, 고양 : 예지

Brooks Peterson, Cultural Intelligence, 이영훈, 백수진 역 (2006), 문화지능, 서울 : 청림출판

Carl Jimmer, Evolution : The Triumph of an Idea, 이창희 역 (2018), 진화 : 모든 것을 설명하는 생명의 언어, 파주 : 웅진싱크빅

Carolin Emcke, Gegen den Hass, 정지인 역 (2017), 혐오사회 (증오는 어떻게 전염되고 확산되는가), 파주 : 다산초당

Charles R. Darwin, On the Origin of Species, 장대익 역 (2019), 종의 기원, 서울 : 사이언스북스

Charles Darwin 원저, 심원 지음 (2010), 청소년을 위한 종의 기원 (The Origin of Species), 서울 : 두리미디어

Charles W. Mills, The Racial Contract, 정범진 역 (2006), 인종계약, 서울 : 아침이슬

Christopher Boehm, Hierarchy in the Forest : The Evolution of EgalitarianBehavior, 김성동 역 (2017), 숲속의 평등-강자를 길들이는 거꾸로 된 위계, 서울 : 토러스북

Christopher Boehm, Moral Origins : The Evolution of Virtue, Altruism, and Shame, 김아림 역 (2019), 도덕의 탄생-인간 양심의 기원과 진화, 서울 : 리얼부커스

Ciotaire Rapaille, The Culture Code, 김상철 역 (2007), 컬쳐코드, 파주 : 리더스북

Ciotaire Rapaille, The Global Code, 박세연 역 (2016), 글로벌 코드, 파주 : 리더스북

Clive Gamble, Robin Dunbar, THINK BIG : How the Evolution of Social Life Shaped the Human Mind, 이달리 역 (2047), 사회성, 두뇌 진화의 비밀을 푸는 열쇠, 서울 : 처음북스

Claude Lévi-Strauss, L'anthropologie face aux problémes du monde moderne, 류재화 역 (2018), 레비-스트로스의 인류학 강의, 서울 : 문예출판사

Claude Lévi-Strauss, Nous Sommes Tous des Cannibales, 강주헌 역 (2015), 우리는 모두 식인종이다, 파주 : 아르테

Daniel Nettle & Suzanne Romaine, Vanishing Voices, 김정화 역, 사라져가는 목소리들, 서울 : 이제이북스

Daniel R. Stalder, The Power of Context, How to Manage Our Bias and Improve Our Understanding of Others, 정지민 역 (2019), 판단하지 않는 힘. 파주 : 동녘

Daron Acemoglu, James A Robinson, Why Nations Fall, 최완규 역 (2018), 국가는 왜 실패하는가, 서울 : 시공사

David Berrby, Us and Them, 정준형 역 (2007), 우리와 그들 : 무리 짓기에 대한 착각, 서울 : 에코리브르

David Christian, Maps of Time : An Introduction to Big History, 시간의 지도 (빅히스토리 입문), 이근영 역 (2018), 서울 : 심산출판사

David Christian, Bob Bain, Big History, 조지형 역 (2013), 빅히스토리, 서울 : 북하우스 퍼블리셔스

David Day, Conquest : A New History of The Modern World, 이경식 역 (2006), 정복, 서울 ; Human & Books,

David Huddart, LP Routledge Critical Thinkers 21, 조만성 역 (2011), 호미바바의 탈식민적 정체성, 서울 : 도서출판 엘피

Dean K. Simonton, Origin of Genius : Darwinian Perspectives on Creativity, 김정희 역 (2011), 천재 101, 서울 : 시그마프레스

Don Mitchell, Cultural Geography : A Critical Introduction, 류재현 외 역 (2011), 문화정치 문화전쟁, 파주 : 살림출판사, pp.64-65

Donald R. Prothero, Evolution, 류운 역 (2019), 화석은 말한다, 서울 : 바다출판사

Doreen Massey, For Space, 박경환, 이영민, 이용균 역 (2016), 공간을

위하여, 서울 : 심산
Doreen Massey, Space, Place, and Gender, 정현주 역 (2019), 공간, 장소, 젠더, 서울 : 서울대학교 출판문화원
Eduardo Porter, The Price of Everything, 손민중 김홍래 역(2011), 모든 것의 가격, 파주: 김영사
Edward E. Said, Humanism & Democratic Criticism, 김정하 역 (2012), 저항의 인문학, 서울 : 도서출판 마티
Edward E. Said, Orientalism, 박홍규 역 (2002), 박홍규 역, 오리엔탈리즘, 서울 : 교보문고
Edward O. Wilson, Consilence : The Unity of Knowledge, 최재천 장대익 역 (2018), 통섭 : 지식의 대통합, 서울 : 사이언스 북스
Elliot Aronson, The Social Animal, 박재호 역 (2014), 사회적 동물, 서울 : 탐구당
Elvin Hatch, Culture and Morality : The Relativity of Values in Anthropology, 박동천 역 (2017), 문화 상대주의의 역사, 전주 : 모티브북
Emmanuel Levinas, Entre nous, 김성호 역 (2019), 우리 사이-타자 사유에 관한 에세이, 서울 : 그린비출판사
Enrico Coen, Cells to Civilizations : The Principles of Change that Shape Life, 이유 역 (2015), 세포에서 문명까지, 파주 : 청아출판사
Eric Hoffer, Truth Imagined, 방대수 역 (2014), 길 위의 철학자, 서울 : 이다미디어
Eric Klinenberg, 홍경탁 역 (2018), 폭염사회, 파주 : 글항아리
Ernest Gellner, Nations and Nationalism, 최한우 역 (2009), 민족과 민족주의 : 역사를 보는 새로운 관점, 서울 : 한반도국제대학원대학교 출판부
Erwin Schrödinger, What Is Life? and Mind And Matter, 전대호 역 (2014), 생명이란 무엇인가? 정신과 물질, 서울 : 궁리출판
Francis Fukuyama. F, The Great Disruption : Human Nature and The Reconstitution of Social Order, 한국경제신문 역, 대붕괴 신질서, 서울 : 한국경제신문
Francis Fukuyama. F. Trust, 구승희 역 (2009), 트러스트, 서울 : 한국경제신문
Frank J. Lehner & John Boli, World Culture : Origins and

Consequences, 윤재석 역 (2006), 문명의 혼성, 서울 : 부글북스
Frank J. Sulloway, Born to Rebel, 정병선 역 (2008), 타고난 반항아, 서울 : 사이언스북스
Frantz Fanon, Les damnés de la terre, 남경태 역 (2010), 대지의 저주받은 사람들, 서울 : 그린비출판사
Frantz Fanon, Peau Noire, Masques Blancs, 노서경 역 (2019), 검은 피부 하얀 가면, 파주 : 문학동네
George Kateb, Human Dignity, 이태영 역 (2012), 인간의 존엄, 서울 : 말글빛냄
Gilles Deleuze, Pelix Guattari, Mille Plateaux, 김재인 역 (2003), 천개의 고원, 서울 : 도서출판 새물결
Good News Bible, Today's English Version, British usage edition first published 1976
Gregory Berns, Iconoclast : A Neuroscientist Reveals How to Think Differently, 김정미 역 (2010), 상식파괴자, 서울 : 비즈니스맵
Guillaume Le Blanc, Dedans, debors : La condition d'etranger, 박영옥 역 (2014), 안과 밖, 파주 : 글항아리
Gundula Englisch, Jobnomaden, 이미옥 역 (2016), 잡 노마드 사회, 서울 : 문예출판사
Gurnek Bains, Culture DNA, 이미소 역 (2017), 컬쳐 DNA, 서울 : 시그마북스
Hannah Arendt, The Human Condition, 이진우 역 (2019), 인간의 조건, 파주 : 한길사
Hannah Arendt, Eichmann in Jerusalem, 김선욱 역 (2017), 예루살렘의 아이히만 (악의 범성에 대한 보고서), 서울 : 한길사
Hans Rosling, Factfulness, 이창신 역 (2019), 팩트풀니스, 파주 : 김영사
Harald Müller, Das Zusammenleben der Kulturen, 이영희 역 (2001), 문명의 공존, 서울 : 푸른숲
Hazel Rose Markus & Alana Conner, Clash, 박세연 역 (2015), 우리는 왜 충돌하는가?, 서울 : 흐름출판
Helena Norberg-Hoge, Ancient Futures (Learning from Ladakh), 양희승 역 (2011), 오래된 미래, 서울 : 중앙북스
Homi K. Bhabha, The Location of Culture, 나병철 역 (2012), 문화의

위치 : 탈식민주의 문화론, 서울 : 소명출판

Howard Zinn, The Politics of History, 김한영 역 (2018), 역사의 정치학, 의정부 : 마인드큐브

Ian Morris, Foragers. Farmers, and Fossil Fuels, 이재경 격 (2017), 가치관의 탄생, 서울 : 반니

Immanuel Kant, Zum ewigen Frieden und andere Schriften, 박환덕, 박열 역 (2015), 영구평화론, 파주 : 범우사

Iris Marion Young, Justice and the Politics of Difference, 김도균, 조국 역 (2018), 차이의 정치와 정의, 서울 : 모티브북

Jacques Attali, Homonomad, 이효숙 역 (2005), 호모노마드 (유목하는 인간), 서울 : 웅진 닷컴

Jacques Attali, Une Breve Historie de L'avenir, 양영란 역 (2007), 미래의 물결, 서울 : 위즈덤하우스

Jacques Derrida, De I'hospitalité, 남수인 역 (2004), 환대에 대하여, 서울 : 동문선

Jacques Derrida, Pardonner, 배지선 역 (2019), 용서하다, 서울 : 이숲

James Lovelock, Gaia, 홍욱희 역 (2018),가이아 : 살아있는 생명체로서의 지구, 서울 : 갈라파고스

James D. Watson, Andrew Berry, DNA : The Secret of Life, 이한음 역 (2003), DNA : 생명의 비밀, 서울 : 까치

Jane Elliott, 다른 사람 모카신 신고1마일 걷기, 정해영 역 (2018), 서울 : 한뼘책방

Jared Diamond, Collapse, 강주헌 역 (2013), 문명의 붕괴, 파주 : 김영사

Jared Diamond, Guns, Germs, and Steel, 김진준 역 (2018), 총, 균, 쇠, 파주 : 문학사상사

Jared Diamond, The Third Chimpanzee, 김정흠 역 (2015), 제3의 침팬지, 서울 : 문학사상

Jared Diamond, The World Until Yesterday, 강주헌 역, 어제까지의 세계, 파주 : 김영사

Jean-Pierre Warnier, La mondialisation de la culture, 주형일 역 (2000), 문화의 세계화, 서울 : 도서출판 한울

Jerome Kagan, On Being Human : Why Mind Matters, 김성훈 역 (2020), 무엇이 인간을 만드는가, 서울 : 책세상, p.130-135.

Jerry Mander & Edward Goldsmith (2001), The Case Against the Global Economy, 윤길순 김승욱 역 (2001), 위대한 전환, 서울 : 동아일보사, p.501

Jerry D. Moore, Vision of Culture : An Introduction to Anthropological Theories and Theorists, 김우영 역 (2003), 인류학의 거장들, 파주 : 한길사

Joana Breidenbach, Ina Zukrigl, Tanz der Kulturen, 인성기 역 (2003), 춤추는 문화, 서울 : 영림카디널

John Brockman, c/o, Is The Internet Changing The Way You Think? W. Tecumseh Fitch, 최완규 역 (2013), 우리는 어떻게 바뀌고 있는가, 서울 : 책읽는수요일

John Cartwright, Evolution and Human Behavior, 박한선 역 (2019), 진화와 인간행동, 서울 : 에이도스

John H. Relethford, Reflections of Our Past, 이경식 역 (2003), 유전자 인류학-유전자를 타고 가는 시간여행, 서울 : Human & Books

John Rawls, A Theory of Justice, 황경식 역 (1985), 정의론, 서울 : 서광사

Jonathan Haidt, The Righteous Mind, 왕수민 역 (2019), 바른 마음, 파주 : 웅진지식하우스

José Guilherme Merquior, Michel Foucault, 이종인 역 (1998), 푸코, 서울, 시공사

José Ortega y Gasset. La Rebelion De Las Masas/Que Es Filosfia, 김현창 역 (2016), 대중의 반란/철학이란 무엇인가, 서울 : 동서문화사

Joseph Cambell, Bill Moyers, The Power of Myth, 이운기 역 (2017), 신화의 힘, 파주 : 21세기 북스, p.18.

Josuah Greene, Moral Tribes, 최호영 역 (2018), 옳고 그름-분열과 갈등의 시대, 왜 다시 도덕인가, 서울 ; 시공사

Judith Butler, Excitable Speech, 유민석 역 (2016), 혐오발언, 서울 : 알렙

Karatani Kojin, 探究 1. 2, 권기돈 역 (1998), 탐구, 서울 : 새물결

Karl Jaspers, Allgemeine Psychopathologie, 송지영 외 (2015), 정신병리학 총론 1, 파주 : 아카넷

Karl Raimund Popper, The Open Society and Its Enemies, 이한구 역 (1997), 열린사회와 그 적들 1, 2, 서울 : 민음사

Karl Raimund Popper, The Lesson of this Century, 이상헌 역 (2000),

우리는 20세기에서 무엇을 배울 수 있나, 서울 : 생각의 나무

Kathleen Lynch, Affective Equality, 강순원 역 (2016), 정동적 평등, 파주 : 한울엠플러스

Kazumoto Ohno, Super Forecast : Jared Mason Diamond et al, 정현옥 역 (2019), 초예측, 파주 : 웅진지식하우스

Ken Willber, A Brief History of Everything, 조효남 역 (2018), 모든 것의 역사 : 마음과 세계는 어떻게 태어나고 어디로 진화하는가, 파주 : 김영사

Kevin Kelly, Out of Control, 이충호 임지원 역 (2019), 통제불능, 파주 : 김영사

Kevin Laland, Gillian Brown, Sense and Nonsense : Evolutionary Perspectives on Human Behaviour, 양병찬 역 (2014), 센스 앤 넌센스, 서울 : 동아시아

Konrad Lorenz, Er redete mit dem Vieh, den Vögeln und den Fichen, 김천혜 역(2000), 솔로몬의 반지, 서울 : 사이언스북스

Lee Goldman, Too Much of A Good Thing : How Four Key Survival Traits Are Now killing Us, 김희정 역 (2019), 진화의 배신, 서울 : 부키

Leslie White, The Science of Culture, 이문웅 역 (2002), 문화과학 : 인간의 문명과 연구, 파주 : 아카넷

Lewis H. Morgan, Ancient Society, 최달곤 외 역 (2000), 고대사회, 서울 : 문화문고

Lewis Wolpert, Passionate Minds : The Inner World of Scientists, 이숙연 역 (2001), 안양 : 다빈치

Lewis Wolport, The Triumph of Embryo, 최돈찬 역 (2001), 하나의 세포가 어떻게 인간이 되는가. 서울 : 궁리출판

Malcolm Gladwell, Talking To Strangers : What We Should know About the People We don't Know, 유강은 역 (2020), 타인의 해석, 파주 : 김영사

Mark Poster, Foucault, Marxism and History, polity (1984), 이정우 역 (1997), 푸코, 마르크시즘, 역사, 고양 : 인간사랑

Marvin Harris, Cows, Pigs, Wars and Witches : the Riddles of Culture, 박종렬 역 (2020), 문화의 수수께끼, 파주 : 한길사

Mark Buchanan, The Social Atom, 김희봉 역 (2010), 사회적 원자, 서

울 : 사이언스북스

Marshall Sahlins, Stone Age Economics, 박충환 역 (2014), 석기시대 경제학, 파주 : 한울아카데미

Martha C. Nussbaum, Creating Capabilities, 한상연 역 (2018), 역량의 창조 (인간다운 삶에는 무엇이 필요한가), 파주 : 돌베게

Martha C. Nussbaum, From disgust to humanity, 강동혁 역, (2017), 혐오에서 인류애로, 서울 : 뿌리와 이파리

Martha C. Nussbaum, Hiding From Humanity : Disgust, Shame, and the Law, 조계원 역 (2019), 혐오와 수치심 : 인간다움을 파괴하는 감정들, 서울 : 민음사

Martha C. Nussbaum, Political Emotions, 박용준 역 (2019), 정치적 감정 : 정의를 위해 왜 사랑이 중요한가, 파주 : 글항아리

Matt Ridley, Nature via Nurture, 김한영 역 (2017), 본성과 양육 : 인간은 태어나는 가, 만들어지는가, 파주 : 김영사

Matt Ridley, The Origin of Virtue, 신좌섭 역 (2001), 이타적 유전자, 서울 : 사이언스 북스

Matt Ridley, The Rational Optmist : How Prosperity Evolves, 조현욱 역 (2010), 이성적 낙관주의자, 파주 : 김영사

Maurice Mullard 외, Social Policy in a Changing Society, 박형신, 송영민, 박보영 역 (2006), 사회이론과 사회정책, 서울 : 일신사

Michel Foucault, Surveiller et Punir (1975), 박홍규 역 (1989), 감시와 처벌, 춘천 : 강원대학교출판부,

Michael Gazzaniga, Human : The Science Behind What Makes Us Unique, 박인균 역 (2009), 왜 인간인가 : 인류가 밝혀낸 인간에 대한 모든 착각과 진실, 파주 : 추수밭

Michael J. Sandel, Justice, 이창신 역 (2010), 정의란 무엇인가, 파주 : 김영사

Michael J. Sandel, Liberalism and the Limits of Justice, 이양수 역 (2012), 정의의 한계, 고양 : 도서출판 멜론

Michael J. Sandel, The Case against Perfection, 이수경 역 (2018), 완벽에 대한 반론, 서울 : 와이즈베리

Michael J. Sandel, What money can't buy, 안기순 역 (2018), 돈으로 살 수 없는 것들, 서울 : 도서출판 미래엔

Michael J. Sandel, Why Morality, 안진환, 이수경 역 (2011), 왜 도덕인

가, 서울 : 한국경제신문

Michael Taussig, Mimesis and Alterity : A Particular History of the Senses, 신은실 최석만 역 (2018), 미메시스와 타자성-감각의 독특한 역사, 서울 : 도서출판 길

Michael Walzer, Thinking Politically : Essay in Political Theory, 최홍주 역 (2009), 마이클 왈저, 정치철학 에세이, 서울 : 모티브북

Milton S. Mayer, They thought they were free : The German 1933-1945, 박중서 역 (2017), 그들은 그들이 자유롭다고 생각했다, 서울 : 갈라파고스

Mogan Freeman, Human Rights : An interdisciplinary approach, 김철효 역 (2005), 인권-이론과 실천, 서울 : 도서출판 아르케

Moretti, Enrico, The New Geography of Job, 송철복 역 (2014), 직업의 지리학, 파주 : 김영사

Maurice Mullard and Paul Spicker, Social Policy In a Changing Society, 박형신 외 역 (2006), 사회이론과 사회정책, 서울 : 일신사

Murray Bookchin, The Philosophy of Social Ecology, 문순홍 역 (1997), 사회생태론의 철학, 서울 : 도서출판 솔

Nik. Brandal, Ø. Bratberg and D. E. Thorsen, Nordic Model of Social Democracy, 홍기빈 역 (2017), 북유럽 사회민주주의 모델, 서울 : 책세상

Noah and His Sons, Genesis 9:18-9:29, Good News Bible, Today's English Version, British usage edition first published 1976

Paul Roberts, The Impulse Society, 김선영 역 (2016), 근시사회, 서울 : 민음사

Peter J. Richerson, Robert Boyd, Not by Gene Alone (How Culture Transformed human Evolution), 김준홍 역 (2009), 유전자만이 아니다, 원주 : 이음

Peter Singer, The Expanding Circle : Ethics, Evolution, and Moral Progress, 김성한 역 (1999), 사회생물학과 윤리, 서울 : 인간사랑

Ralph Ellison, Invisible Man, 조영환 역 (2008), 보이지 않는 인간 1.2, 서울 : 민음사

Richard Dawkins, The Blind Watchmakers, 이용철 역 (2012), 눈먼 시계공, 서울 : 사이언스 북스

Richard Dawkins, The God Delusion, 이한음 역 (2019), 만들어진 신,

파주 : 김영사

Richard Dawkins, The Selfish Gene, 홍영남, 이상임 역 (2018), 이기적 유전자, 서울 : 을유문화사

Richard Kearney, Strangers, Gods, and Monsters, 이지영 역 (2010), 이방인, 신, 괴물- 타자성 개념에 대한 도전적 고찰, 서울 : 개마고원

Richard Lewontin, Biology as Ideology : The Doctrine of DNA, 김동광 역 (2001), DNA 독트린, 파주 : 궁리

Richard Nissbett, The Geography of Thought, 최인철 역 (2019), 생각의 지도, 파주 : 김영사

Rob Wilson, Wimal Dissanayake, Global/Local, 김용규 역 (2019), 글로벌/로컬-문화생산과 초국적 상상계, 서울 : 에코리브르

Robert B. Cialdini, Douglas T. Kenrick, Steven L. Neuberg, Social Psychology, 김아영 역 (2020), 사회심리학, 파주 : 웅진싱크빅

Robert Bellah, Beyond Belief, 박영신 역 (1991), 사회 변동의 상징구조 (R. N. 벨라의 논문 모음집), 서울 : 삼영사

Robert Green, The Laws of Human Nature, 이지연 역 (2019), 인간 본성의 법칙, 고양 : 위즈덤하우스

Robert O. Paxton, The Anatomy of Fascism, 손명희, 최희영 역 (2017), 파시즘, 서울 : 교양인

Robert Wright, Moral Aminal, 박영준 역 (2003), 도덕적 동물, 서울 : 사이언스 북스

Robert Wright, Nonzero, 임지원 역 (2009), 넌제로, 서울 : 도서출판 말글빛냄

Robin Dunbar, Human Evolution, 김학영 역 (2015), 멸종하거나 진화하거나 (로빈 던바가 들려주는 인간진화의 오디세이), 서울 : 도서출판 반니

Robin Dunbar, How many friends does one person need?, 김정희 역 (2018), 던바의 수-진화심리학이 밝히는 관계의 메카니즘, 파주 : 21세기북스

Roman Krznaric, Empathy : A Handbook for Revolution, 김병화 역 (2014), 공감하는 능력, 서울 : 길벗

Ronald Dworkin, Justice for Hedgehogs, 박경신 역 (2016), 로널드 르워킨-정의론, 서울 : 민음사

Ross Holloway, A Little History of Religion, 이용주 역 (2019), 세계종

교의 역사, 서울 : 소소의 책

Sam Harris, The End of Faith, 김원옥 역 (2008), 종교의 종말, 서울 : 한언

Samuel Bowles, Herbert Gintis, A Cooperative Species, 최정규, 전용범, 김영용 역 (2016) 협력하는 종, 서울 : 한국경제신문

Samuel Huntington, Culture Matters, 이종인 역 (2001), 문화가 중요하다, 파주 : 김영사

Samuel Huntington, The Clash of Civilizations, 이희재 역 (2001), 문명의 충돌, 파주 : 김영사

Scott L. Montgomery, Daniel Chirot, The Sape of the New, 박중서 역 (2018), 현대의 탄생, 서울 : 책세상

Siddhartha Mukherjee, The Gene : An Intimate History, 이한음 역 (2018), 유전자의 내밀한 역사, 서울 : 까치글방

Spencer Wells, The Journey of Man : A Genetic Odyssey, 황수연 역 (2007), 서울 : 사이언스북스

Stephen Castles, The Age of Migration, 한국이민학회 역 (2013), 이주의 시대, 서울 : 일조각

Stephen J. Gould, The Mismeasure of Man, 김동광 역 (2003), 인간에 대한 오해, 서울: 사회평론

Stephen J. Gould, Wonderful life, 김동광 역 (2004), 생명 경이로움에 대하여, 서울: 경문사

Stephen Law, The Philosophy Gym, 하상용 역 (2007), 철학학교 2, 파주 : 창비

Stuart Hall, Selection and editorial matter, 임영호 역 (2015), 문화, 이데올로기. 정체성 : 스튜어트 홀 선집, 서울 : 컬처룩

Terry Eagleton, Hope Without Optimism, 김성균 역 (2016), 낙관하지 않는 희망, 서울 : 써네스트

Tode Rose, The End of Average, 정미나 역 (2019), 평균의 종말, 파주 : 21세기북스

Wade Davis, The Way Finders, 이승민 역 (2014), 웨이파인더, 서울 : 정은문고

Wakamori Midori. Karl Polanyi no Keizaigaku Nyuumon, 김영주 역 (2017), 지금 다시, 칼 폴라니, 파주 : 생각의 힘

Walter D. Mignnolo, The Darker Side of Western Modernity, 김영주,

배윤기, 하상복 역 (2018), 서구근대성의 어두운 이면, 서울 : 현암사
Werner Karl Heisenberg, Physics and philosophy-The Revolution in Modern Science, 조호근 역 (2018), 물리와 철학-근대과학의 혁명. 서울 : 서커스
White Stuart, Equality, 강정인 김도혁 역 (2017), 평등이란 무엇인가, 서울 : 까치
Wilfred R.Bion, Second Thoughts, 홍준기 역 (2018), 제2의 사고, 남양주 : 눈출판그룹
Will Kymlicka, Multicultural Citizenship, 장동진 역 (2010), 다문화주의 시민권, 서울 : 동명사
William F. Loomis, Life as it is, 조은경 역 (2010), 생명전쟁, 파주 : 글항아리
William Peters, A Class divided : then and now, 김희경 역 (2012), 푸른 눈 갈색 눈, 서울 : 한겨레출판사
Yamaguchi Shu, Buki ni Naru Tetsugaku, 김윤경 역 (2019), 철학은 어떻게 삶의 무기가 되는가, 파주 : 다산초당
Yang Zaho, 世界就像一隻小風車: 李維史陀與 憂鬱的熱帶, 박민호 역 (2019), 레비스트로스의 슬픈 열대를 읽다, 파주 : 유유
Yuval N. Harari, Homo Deus, 김명주 역 (2017), 호모데우스, 파주 : 김영사
Yuval N. Harari, Sapiens, 조현욱 역 (2016), 사피엔스, 파주 : 김영사
Yuval N. Harari, 21 Lessons for the 21 Century, 전병근 역 (2018), 21세기를 위한 21가지 제언, 파주 : 김영사
Zachary Shore, Blunder : Why Smart People Make Bad Decision? 임옥희 역 (2009), 생각의 함정, 서울 : 에코의 서재
杜維明, 對話與創新, 김태성 역 (2006), 문명들의 대화, 서울 : 휴머니스트

저자소개

이명선 (李明善)

저자는 6년 동안 사제(司祭)가 되기 위한 과정을 밟았으며 이 시기에 신학, 철학, 심리학을 공부했다. 또 다른 차원의 사목인 교육자로서의 삶을 위해 연세대학교와 경북대학교에서 교육학 석·박사 과정을 이수했다. 경남대학교, 안동대학교 외래교수, 극동메탈 교육이사, 안동과학대학교 교수를 역임하고 현재는 경북인성인문학 교육연구소장으로 인문학 연구 및 관련 저서의 번역과 집필을 하고 있다. 저자는 칼 포퍼(K. Popper)와 하이에크(F. Hayek) 철학의 전도사를 자임하고 그들의 철학을 지역사회에 전하고자 노력하고 있으며, 현재 주요 연구 분야는 미셸 푸코(M. Foucualt)와 포스트모더니즘 그리고 후기구조주의 철학이다. 저자는 7회에 걸친 '10주 간의 철학여행'을 통하여 청년들에게 우리시대의 철학적 담론과 존 롤즈(J. Rawls), 로버트 노직(R. Nozick), 마이클 센델(M. Sandel)의 정치철학을 비교, 소개하여 의미 있는 반향을 일으킨바 있다.

인문학적 관점에서 본
다문화 사회의 이해
(함께 보는 태양)

초판 1쇄 인쇄 / 2020년 8월 5일
초판 1쇄 발행 / 2020년 8월 10일

•

저 자 / 경북인성인문학 교육연구소
발행인 / 이 중 수
발행처 / **동 문 사**

•

서울특별시 서대문구 홍제원 1길 12
(홍제동 137-8)
Tel : 02)736-3718(대), 736-3710, 3720
Fax : 02)736-3719
등록번호 : 1974.04.27. 제9-17호
가격 : 23,000원

•

ISBN : 979-11-6328-202-0 (93370)
E-mail : dong736@naver.com
www.dongmunsa.com